외우는 공부는
명리학이 아니다

命理
바르게 학습하기

時空學 중급편

■ 머리말

23번째 책을 출판중이다.
격려와 채찍 사이에서 뿌듯한 보람 하나는 과거에는 무조건 맞는 것으로만 간주했던 중국 명리이론의 오류들을 조금씩 교정해 나가고 있다는 믿음이다.

2015년 즈음까지도 한국의 명리이론들은 格局, 旺衰, 用神, 十神의 범주를 맴돌고 있었다. 그 논리의 가장 큰 문제는 실생활과 부합하지 않는다는 것이었다. 우리는 매일 시공간 변화에 따라서 일상생활을 하는데도 그 이론들에는 時間도 空間도 없으며 十神과 五行으로 生하고 剋하거나, 強하고 弱할 뿐이다.

우리의 일상이 어떻게 生하거나 剋하고, 強하거나 弱하기만 할까? 강한 듯 약하고, 약한 듯 강할 수는 없는 것인가? 用神을 정하면 평생 바꾸지 못한다는 논리도 이상하지 않은가? 매년, 매월, 매일 에너지가 끊임없이 움직이고 변하는데 탄생할 때 받은 사주팔자에서 用神을 정한들 무슨 소용이 있단 말인가?

아침에 일어나 일하고 저녁에 쉬어야하고 밤에 잠자리에 들고 다시 아침을 맞는 과정을 생각해보면 그런 움직임을 결정하는 것은 時間과 집 혹은 사무실 혹은 침대라는 空間조합임이 분명하다.

時間과 空間을 十神으로 표현하면 너무 어색하다. 傷官이기에 아침에 일어나고 印星이기에 잠자리에 드는 것일까? 身強과 身弱으로 표현해도 어색하기는 마찬가지다. 신강해서 건강하고 신약하기에 질병에 시달릴까? 우리는 시공간을 따라 살아가는데 왜 사주이론만 현실에 부합하지도 않는 生剋, 强弱에만 빠져있는 것일까?

운명을 결정하는 정체가 무엇인지 답을 찾는 과정은 참으로 혼란스러웠다. 과정을 간략하게 소개하면 이렇다.

2008년 즈음 우연히 地藏干을 원통으로 말아보다가 四季가 순환하는 이치를 설명한 것임을 깨우쳤지만 순환을 주도하는 정체는 깨닫지 못했다. 2010년에 이르러 지장간의 원리라는 제목으로 6개의 칼럼을 소개할 때도, 2012년 時間의 정체를 찾아 방황하던 시기에도 해답을 찾지 못해 물리서적까지도 닥치는 대로 읽었지만 여전히 미궁에서 나오지 못했다.

신비로운 경험이었다.
분명히 地藏干은 四季가 순환하는 이치를 설명하는 것임을 깨우쳤음에도 순환을 주도하는 정체가 時空間이라는 것을 깨우치는데 근 5년의 시간을 허비한 것이다. 우리 내면에 이미 神이 존재하는데 자꾸 밖에서 神을 찾는 것과 다를 바 없었다.

時間과 空間이었구나!
四季를 순환하고 내 인생을 결정하는 정체가 바로 그였구나.
다행스럽게 時空間의 정체를 깨우쳐가던 2014년 즈음에 강의를 시작하게 되었고 자연스럽게 時空間 개념을 불어넣음으로써 실생활에 부합하는 명리이론이 나올 수 있었다.

자연의 순환원리를 완벽하게 설명할 수 있는 유일무이한 존재는 동서양을 통틀어 地藏干(지장간) 뿐이다. 時間과 空間이 톱니바

쿼처럼 회전하는 움직임을 그토록 정밀하게 그려내다니 놀라울 따름이다.

강의가 이어지면서 地藏干 내부에 깊이 감추어진 7개의 보물들을 캐내서 도덕경을 포함한 22권의 책에 그 이치를 펼쳐낸 것은 참으로 행복한 일이다.

수 년 동안 축적된 강의파일과 출판한 22권의 책 사이에는 일정의 거리가 있는데 모든 강의 내용을 책에 한꺼번에 풀어낼 수는 없었기 때문이다. 항상 아쉬웠던 점은 책은 책대로 강의파일은 강의파일대로 조화를 이루지 못하는 느낌이었기에 강의와 책이 유기적으로 연결될 시기를 기다렸었다.

감사하게도, 壬寅년에 時空學의 골수를 동영상 강의와 책으로 연결할 시간이 도래하였다. 하늘의 의지에 따라 강의파일과 책들 사이의 거리를 없애고 튼튼한 이론의 뼈대를 세울 기회가 생겼으니 감사할 따름이다. 강의에서 부족한 부분을 책으로 보충하고 또 책들에 빠져있던 뼈대를 동영상 강의로 보완하여 학습 효과를 극대화할 수 있을 것이라 믿는다.

2014년 ~ 2015년 강의내용들을 壬寅년 壬寅월부터 Youtube에 동영상으로 올리고 있으며 3시간 분량의 52강을 모두 올리기까지 나름의 시간이 소요될 것이기에 한편으로 예습하고 한편으로 복습이 가능하도록 5권 ~ 6권의 책으로 출판할 예정이다.

강의파일을 책으로 출판하는 것이 쉽지 않았던 이유는 구어체는 살리면서 가벼워 보이지 않도록 보완해야만 했고 강의로는 이해하지만 책으로 표현하기 어려운 부분들을 보충하고 추가했기 때문이다.

時空命理學 Youtube에 올린 동영상과 이 책을 활용하면 학습 효율을 획기적으로 높일 수 있을 것으로 믿는다.

마지막으로, 강의파일을 책으로 출판하려면 내용을 정리한 노트가 필요했는데 오랜 시간 힘들게 정리한 노트를 주저 없이 제공해주신 권 동우 선생님께 감사의 마음을 전합니다.

2023년 3월 19일

紫雲

- 차례 -

■제 18강■

◆ 宮位와 天干 合, 日干의 時節
   陰陽의 이해   10
   일간의 時節   14
   日干과 月支   22
   天干 合의 時空間   34
   天干 合과 月支時空   40
   天干 合의 육친개념   43

■제 19강■

◆ 干支陰陽, 사주팔자의 時間方向
   四季의 순환과정- 봄과 여름   56
   四季의 순환과정- 가을과 겨울   66
   三合운동과 四季의 순환   71
   時空間 흐름과 宮位   80
   사주구조와 時間方向   85
   天干의 時間方向으로 재물크기 살피는 방법   93
    -평범한 사주구조   93

■제 20강■

◆ 天干의 時間方向과 十神
   天干의 時間方向   107
    -수십억 재산가   113
    -수백억 재산가   122
   十神 論   132

제 21강

◆ 十干과 干支, 三合운동
　甲乙 干支와 三合운동　148
　丙丁 干支와 三合운동　161
　戊己 干支와 三合운동　168
　庚辛 干支와 三合운동　170
　壬癸 干支와 三合운동　172
　六親의 生剋원리　177

제 22강

◆時空命理學 학습 방법, 生剋원리
　時空命理學 학습 방법　182
　生剋과 十神, 十干　198
　地支의 時間方向　211
　生剋의 원리　212

제 23강

◆육친生剋 원리
　생극 원리의 이해　216
　생극의 정체　220
　生剋과 六親의 宮位　224

제 24강

◆天干 三字조합의 이해
　十神의 生剋 -干支 合　259
　六親생성 과정　273
　傷官見官의 三字조합　284

■제 25강■

◆地藏干의 순환원리

　　地藏干의 순환　297
　　戊己의 차이　307
　　地藏干 戊土　308
　　寅巳申亥 戊土　312
　　己土　313
　　戊己의 변화　316

■제 26강■

◆地藏干의 순환, 三合과 12運星

　　三合, 神煞, 12運星의 개념　327
　　地藏干 中氣　338
　　寅巳申亥 中氣와 正氣의 관계　339
　　子午卯酉　342
　　辰戌丑未　344
　　地藏干의 시공간 흐름　348

■제 27강■

◆地藏干의 시공간

　　地藏干의 시공간 흐름　356
　　地藏干 刑破의 작용이해　373
　　　-辰戌丑未의 刑破　375　377

■제 18강■

◆宮位와 天干 合, 日干의 時節

　　陰陽의 이해　　10
　　일간의 時節　　14
　　日干과 月支　　22
　　天干 合의 時空間　　34
　　天干 合과 月支時空　　40
　　天干 合의 육친개념　　43

질문 : 壬과 乙이 조합하면 어떤 의미인가요?
답변 : 壬, 乙이 모이면 움직임이 불안정하고 방탕, 외도, 바람 물상입니다. 庚이 壬水를 만나도 유사한 속성으로 기술, 에술, 방탕의 성향을 드러냅니다. 壬水는 申子辰 三合운동을 하므로 어두운 밤길을 어슬렁거리는 조폭, 강도, 강탈의 속성이라고 했습니다. 申의 딱딱한 체성이 子辰을 거치는 과정에 너덜거리는 것처럼 法이나 정해진 틀을 깨려는 속성이 강하기 때문입니다. 물은 절대로 흐름을 멈추지 않으려고 합니다. 流動의 속성을 가졌기에 흐름을 멈추는 것을 원하지 않습니다. 하지만 辛을 품으면 아이를 품은 엄마처럼 안정되면서 壬水의 가치가 미네랄워터처럼 높아집니다. 辛이 있어야 壬水는 흐름을 멈추는 겁니다. 반대로 壬水와 乙이 조합하면 좌우확산 움직임이 추가되면서 바람처럼 돌아다닙니다. 四季圖의 이치대로 壬乙의 時空間은 적절하지 않습니다. 壬水는 거울에 甲을 키우는데 己,十와 배합하면 壬甲己 三字로 작용하지만 壬乙은 겨울과 봄으로 시공간이 다르기에 기쁨조라고 표현했으며 방랑, 방탕의 속성입니다. 壬日이 乙을 만나면 十神으로 傷官의 속성이기에 변화가 잦습니다. 예로 말을 자주 바꾸거나 직업을 자주 바꿉니다. 꾸준하게 하지 못하고 계속 변화를 줍니다. 壬日이 乙年을 만나도 그런 반응을 보입니다. 壬乙을 干支로 바꾸면 乙亥로 허허 바다에 겨자씨처럼 떠다니며 乙木이 亥水의 시공간이 싫어서 해외로 떠나는 물상이라고 설명했습니다. 또 乙亥는 亥의 地藏干에 있는 甲을 의지해서 미래를 기다리거나 乙 자신을 亥水에 희생해서 亥중 甲이 子丑을 지나고 寅에서 새 뿌리로 나오도록 도와야 합니다. 만약 甲을 의지하는 구조라면 친정으로 돌아가고 甲에게 희생당하는 구조라면 시공간에 변화를 주고자 해외로 떠납니다. 해외 물상인 이유는 乙은 寅午戌 三合운동을 하는데 亥水의 공간은

劫煞에 해당하기 때문입니다. 또 乙은 亥水를 벗어나 丙火를 향하는 욕망 때문에 亥水로부터 멀어져야만 丙火를 만날 수 있습니다. 亥水에 들어가 응결되면 활동이 답답해지고 우울증에 걸릴 수 있습니다. 이런 문제를 해결하고자 해외로 도망가는 겁니다. 유학, 이민, 무역 등 모든 海外활동을 포함합니다. 역마 속성이 강한 간지로 壬乙도 유사한 성향입니다.

▌陰陽의 이해

지금부터 陽陰에 대해 살펴보겠습니다. 四季圖로 일간이 時節을 만나는 상황을 설명하였는데 이런 의미를 적절히 활용하면 한 사람의 성격과 심리를 비교적 쉽게 읽어냅니다. 봄과 여름에 있는 글자들은 발랄하고 밝습니다. 물론 水氣가 전혀 없으면 겉은 밝으면서도 내면에는 우울증이 있습니다. 火氣가 충만한데 무슨 우울증이냐고 하겠지만 水氣를 배합하지 않으면 사막처럼 변해서 生氣가 상하기에 우울증이 심한 경우도 많습니다. 적절하게 水氣를 배합하지 못하면 生氣도 사라지는 겁니다. 반대로 火氣가 없으면 어둡고 음침한데 이 개념은 명확하게 구분할 필요가 있습니다. 時節을 만나는 개념의 陽陰이 있고 天干에서도 陽과 陰의 조화에 따라 성질이 달라지고 地支도 마찬가지입니다. 추가적으로 時間방향이라고 설명했던 부분도 있습니다. 또 天干은 陽으로 조합하고 地支는 陰으로 조합하거나 天干은 陰으로 구성되어 있는데 地支는 陽으로 가득 찬 구조들도 있습니다. 따라서 겉과 속이 전혀 다른 이중적인 성격도 있습니다. 性情을 구분할 때 陽陰은 일정한 기준이 됩니다만 지금 살펴보려는 것은 일간이 時節을 만나는 상황입니다. 일간의 時節과 월지 時空은 다릅니다. 時節은 일간이 월지에서 어떤 空間을 만나서 어떤 반응을 보이느냐를 살피고 月支 時空은 일간과 상관없이 月支가 원하는 조건을 년과 월에서 맞추는가를 살피는 겁니다. 물론 日

干 時節과 月支時空만으로 사주전체를 파악할 수는 없지만 일간의 時節은 심리와 사회활동 상황을 분석하는데 유용합니다. 예로 巳月의 時空이기에 화려한 직업을 가졌으면서도 일간의 時節이 적절하지 않으면 항상 만족하지 못하고 방황하면서 살아갈 수도 있습니다.

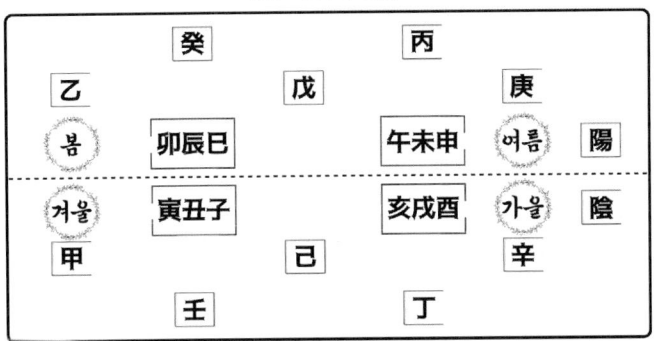

봄과 여름을 陽, 가을과 겨울을 陰으로 구분하면서 乙癸戊丙庚은 봄, 여름에 활용하고 地支는 卯辰巳月을 봄에, 午未申月을 여름에 배속했고 辛丁己壬甲은 가을과 겨울에 활용하고 地支는 酉戌亥月을 가을에 子丑寅月을 겨울에 배속했습니다. 따라서 十干은 자신의 에너지를 적극적으로 활용할 수 있는 地支 공간을 만났을 때 활발하게 움직입니다. 天干이 地支에서 반응하는 파동을 12運星이라고 부르며 12개의 명칭을 외우려고 하는데 무의미합니다. 자연의 순환과정을 陽陰으로, 四季로 나누고 天干이 地支에 내려왔을 때 조합하는 時間과 空間이 어떻게 조화를 이루냐에 따라서 쓰임이 결정되는 겁니다. 위에서 언급했던 乙亥干支의 경우 강약, 억부, 通根을 따지지만 乙이 亥中 甲에 의지하는지를 고민할 필요가 없습니다. 강약, 억부, 통근을 배제해야 중요한 관점을 놓치지 않습니다. 오히려 偏官의 작용을 활용하는 것이 현명할 수도 있습니다. 偏官은 내 존재를 부정하는 불편한 존재이기에 동태를 살필 수밖에 없습니다. 일간은 偏官의 공격으로 다양한 흠집이 생기는데 스트레스, 직업변동, 관재구설, 육체손상, 외도들통과 같은 물상들입니다. 偏官이 나의 존재를 부정하고 공격하는 상황에서 食傷으로 방어할지 印星으로 교화시켜서 활용할지를 살피는 상황을 빼고는 강약, 억부, 통근으로 분석할 이유를 느끼지 못합니다. 時空間이 반응하는 방식으로 운을 읽고 時間方向, 時空, 宮位, 三字조합을 활용하여 읽어내면 그만입니다. 干支를 이해하는 합리적인 원칙은 時間과 空間을 활용하는 겁니다. 乙木의 경우는 乙癸戊 三字조합이 卯辰巳月에 활용하니까 乙卯, 乙巳로 干支를 이루고 癸卯와 癸巳로, 戊土는 戊辰과 조합합니다. 이렇게 조합한 干支들은 시공간이 적절하기에 매우 활동적입니다. 하지만 乙亥로 干支를 이루면 을목이 만난 空間이 어그러져있습니다. 乙巳와 乙亥의 차이를 비교하면 乙亥를 해외干支라고 부르는 이유는 쉽게 이해합니다. 乙亥는 乙이 亥水 공간에서 적극적으로 좌우확산 못하기에 쓰임이나 가치를 상실하였습니다. 따라서 乙木이 쓰임을 얻으려면 亥水에서 벗어나야 합니다. 神煞을 가미하면 亥水는 乙木에게 劫煞이기에 해외 물상이 나오는 겁니다.

亥水를 天干으로 올리면 壬水이니 壬乙이 방랑, 방탕, 방황의 물상입니다. 또한 壬과 乙이 활동하는 시공간이 다르기에 서로를 기쁨조라고 표현합니다. 두 글자는 서로에게 어울리지 않는다고 생각하기에 방황하거나 서로를 멀리 합니다. 일상에서 시공간을 맞추는 행위는 예로, 학교에서 따돌림으로 전학가거나 대학에서 전공을 바꾸거나 직장에서 동료들과 어울리지 못해서 직장을 바꾸는 상황은 모두 자신에게 적절한 時空間을 찾으려는 시도입니다. 스스로도 자신이 적절하지 않은 시공간에 있음을 인지하는 겁니다. 乙木과 壬水가 독립적으로 존재할 때는 맞다, 틀리다를 규정할 수 없습니다. 하지만 乙木이 亥水를 보거나, 壬水가 乙을 만나면 둘 사이의 파동이 적절하지 않다는 것을 인식합니다. 우리는 丑戌未 三刑, 寅巳 刑을 불안정하다고 판단하지만 시공간이 적절하지 않은 天干조합도 파동이 극히 불안정해질 수 있음을 이해해야 합니다. 壬과 乙이 만나거나 癸甲이 戊土와 癸甲戊 三字로 조합하면 시공간이 어긋나기에 그 성정이 거칩니다. 辛戊乙 三字로 조합하면 乙이 辛金에 상하면서 殺氣가 강해집니다. 또 地支에서 寅酉, 寅戌이 만나도 殺氣가 강해집니다. 이처럼 명리학습 과정에 심각한 문제라고 인지하는 三刑이나 偏官과 같은 논리들 외에도 에너지 파동으로 발생하는 다양한 움직임을 이해해야 합니다. 壬水가 乙木은 서로 조화롭지 못하지만 癸水가 乙木을 만나면 매우 자연스럽게 반응합니다. 壬水가 아무리 乙木을 두우려고 해도 어려웠지만 癸水를 만난 乙木은 갑자기 발랄해지고 적극적으로 활동하면서 전혀 다르게 반응합니다. 일상생활에 비유하면, 현재의 선생님과 학습할 때는 아무리 노력해도 성적이 오르지 않았는데 선생님이 바뀐 후 강의가 너무 쉽고 성적도 쑥쑥 올라갑니다. 이것이 천간과 지지에서 시공간이 적절한 조합과 그렇지 않은 조합의 차이점입니다. 주의할 점은 天干조합을 十神으로 분석하지 말아야 합니다. 예로, 壬水가 乙을 만나면 傷官이니 나쁘다고 하지만 乙木이 壬水를 만나면 正印이니 친모처럼 좋은 어머니라고 이해하는 우를 범합니다. 壬水가 乙을 키우려고 노력해도 효과가 없었던 이유는 十神의 명칭 때문이 아니라는 겁니다. 예로 癸水가 乙木을 만나면 食神이기에 좋다고 인식하지만 乙木이 癸水를 만나면 偏印이니 계모처럼 나쁘다는 우를 범하는 겁니다. 조금만 임상하면 확인 할 수 있음에도 오류를 수정하려는 노력은 하지 않고 무조건 古書가 맞는다는 생각을 버리지 못합니다. 壬水의 노력이 효과가 없는데 癸水가 와서 乙의 움직임을 크게 호전시켜서 발전한다면 壬水는 乙을 키우는 행위가 부적절하거나 효과가 낮음이 분명합니다. 결국 壬水는 乙木을 키우려는 자신의 행위가 적절하지 않음을 깨우칩니다. 이처럼 天干조합의 파동으로 인간의 정신을 지배하고 행동을 결정하고 가치와 쓰임을 결정합니다. 갑자기 전공을 바꾸려고 한다면 에너지 파동이 맞지 않아서 투자한 돈과 시간을 포기하고서라도 새 길을 찾는 겁니다. 이런 이치를 이해하고 사주팔자에 활용하면 더욱 합리적인 판단을 하게 됩니다.

▍일간의 時節

일간을 기준으로 파동을 살피는 방법을 時節이라고 부르며 일간의 성정, 심리, 정신 상태를 분석해낼 수 있습니다. 물론 인간의 심리가 행동방식을 결정하기에 사회활동 측면도 판단할 수 있습니다. 乙癸戊가 봄에 卯辰巳月에 짝을 이루는 乙卯, 乙巳, 癸卯, 癸巳 干支들과 午未申月에 조합하는 乙未간지는 가치가 다릅니다. 戊午, 戊申, 丙午, 丙申, 庚午, 庚申과 같은 간지들에 대해서는 부연설명이 필요하지만 干支의 時空間이 적절하기에 時節이 적절합니다. 가을에 활용하는 丁辛己가 辛酉, 辛亥, 丁酉, 丁亥, 己酉, 己亥 또 겨울에 활용하는 壬甲己가 子丑寅月에 己丑, 壬子, 壬寅, 甲子, 甲寅으로 조합하면 적절한 시공간을 얻었습니다. 겨울에 활동하는 甲이 午월을 만나면 정반대편 공간에서 시절을 잃었기에 심리적으로 불편해합니다. 이상하게 초조합니다. 내가 소유한 것을 타인에게 빼앗기는 느낌이 들고 열심히 일해도 인정받지 못하고 손해 보는 느낌이며 아웃사이더처럼 내가 있어야 할 자리가 아니라는 생각에 사로잡힙니다. 어울리지 않는 옷을 입은 것처럼 현재의 상황에 만족하지 못하기에 무언가를 계속 보충해야만 한다는 강박관념으로 자격증을 따거나 학력에 집착합니다. 이런 심리상태는 겉으로 드러나지 않으니 본인만 알거나 스스로도 이유를 모릅니다. 사회에서 인정받는 의사로 활동하면서도 만족하지 못해서 휴직하거나 업종을 바꾸는 이유는 모두 時節을 만나지 못해서 심리적 안정감을 취하기 어려워서 그렇습니다. 이처럼 時節은 인간의 심리상태를 결정하는 중요한 인자입니다. 심리가 불안정하면 삶의 만족도가 떨어지면서 물질적으로는 풍요로울지 몰라도 심리적으로는 방황합니다. 사회에서 두각을 나타내면서도 정신적으로는 만족하지 못하니 답답할 노릇입니다. 남부럽지 않은 인생처럼 보이는데 만족하지 못하고 고민하는 심정을 주위 사람들은 이해하지 못합니다. 일간의 時節과 月支時空이 비틀리면 문제를 해결하고자 다양한 방법을 강구하는데 해외로 가거나 직업을 바꾸거나 학력에 집착하거나 자격증에 집착합니다. 方位를 가미하면 또 다른 의미가 도출됩니다. 예로 상점을 개업했는데 진열 방향이 맞지 않고 정반대라면 망할 수도 있습니다. 그 상태에서 문제를 해결하고자 땜질해도 한계가 있습니다. 時節과 月支時空이 적절하지 않는데 方位까지도 적절하지 않으면 힘들 수밖에 없습니다.

지금까지 十干이 어느 시공간에서 어떤 글자들과 조합해야 하는지를 살폈습니다. 각 글자들이 무슨 의미를 가지고 있으며 무슨 역할을 하는지에 대해서도 설명했습니다. 十干은 자신에게 적절한 시공간과 그렇지 않은 시공간을 가지고 있습니다. 자신에게 적합한 시공간을 만났을 때 자신의 존재가치를 적극적으로 드러낼 수 있습니다. 이런 이치가 사주팔자에서 동일하게 발현됩니다. 시공간에 따라서 삶의 질이 크게 달라집니다. 乙木이 辰巳月을 만나는 것과 亥子월을 만나는 것은 너무도 다릅니다. 乙木이 亥水를 만나면 六陰으로 陽氣가 전혀 없으니 불편하고 활동하는 것을 싫어합니다. 亥水에 들어가는 것을 저승길 가는 것처럼 불편해합니다. 일지에 亥水가 있다면 배우자가 나쁘지 않음에도 이상하게 싫어합니다. 집에만 들어가면 재미없고 두렵고 저승사자처럼 느낍니다. 물론 구조에 따라 예외도 있으니까 무조건 그렇다는 의미는 아닙니다.

辛巳干支의 경우, 巳火가 지지에 있으니 인체에서 하복부에 해당하고 화려하게 드러내니까 노출이 심하다고 표현했습니다만 천간 辛金은 또 혼자서 고독을 즐깁니다. 따라서 辛金과 巳火는 上下가 적절하게 어울리기 어렵기에 辛金은 巳火에서 벗어나려고 하므로 혼자서 타향이나 해외로 떠나면서 배우자와 별거하거나 이혼합니다. 이처럼 天干과 地支가 서로 적절한 時節을 만났는지를 살피면 사주분석 과정에 매우 중요한 정보를 찾아냅니다. 乙木은 좌우확산, 활력, 성장, 다양한 공간으로 이동하는 속성이기에 사주팔자 어느 宮位에 있더라도 그 행위를 멈추지 않습니다. 이런 이유로 남녀 공히 밖에서 활동하는 것을 기뻐하고 집에서 머무는 것을 좋아하지 않습니다. 물론 卯월, 辰월, 未월은 乙의 활동상황이 다르지만 乙木의 속성이 바뀌는 것은 아닙니다. 辰月에 가장 적극적으로 좌우로 펼치지만 未月에는 乙木의 움직임이 답답해집니다. 이처럼 乙木은 봄의 시공간에서 가장 활발하게 좌우확산하고 여름에 열매를 맺으면 점점 움직임이 둔해집니다. 따라서 庚金은 열매를 맺으려면 반드시 乙木을 끌어와 合해야 하므로 좋지만 乙木은 庚金을 싫어할 수밖에 없는 이유는 좌우확산 본성을 상실하기 때문입니다. 乙의 특징은 干支에 따라 달라집니다. 예로 乙亥, 乙丑, 乙卯, 乙巳, 乙未, 乙酉로 배합할 때 干支상황을 분석하려면 時節과 時空間이 적절한지를 살펴야 합니다. 乙이 가장 활발하게 자신의 에너지를 활용하는 干支는 乙卯와 乙巳이고 움직임이 가장 답답한 간지는

乙亥와 乙丑입니다. 乙未와 乙酉는 활동이 답답해졌지만 乙亥나 乙丑처럼 응결된 공간 환경은 아닙니다. 이런 이유로 乙亥는 현재의 공간에서 탈출해서 멀리 해외나 타향으로 떠난다고 했고 乙丑은 움직임이 너무도 답답해져 부도의 상황이라고 표현했습니다. 그럼에도 미련이 남아서 떠나지도 못하는 상황입니다. 어떤 면에서는 乙亥보다 乙丑이 더 답답합니다. 떠나지도 붙어있지도 못하는 좌불안석 상황입니다. 기존의 이론체계인 通根, 旺衰, 强弱과 같은 生剋 관점은 배제하고 에너지파동으로 시절과 시공간을 활용해서 干支의 동태를 살피는 겁니다. 癸水는 癸卯 癸巳가 癸水의 에너지 특징을 가장 적극적으로 활용합니다. 癸未의 경우는 癸水가 未土에서 발산작용을 전혀 못하고 힘들어하기에 庚金을 보충하지 않으면 심리, 육체적으로 불안정해지고 방랑자처럼 돌아다니고 갑자기 집을 나가 돌아오지 않거나 정서불안, 공황장애를 느끼면서 사이비종교 빠지게 됩니다. 직업물상으로는 부동산, 해외건설로 주로 밖으로 싸도는 직업에 종사합니다. 癸水가 午未에서는 발산작용을 전혀 하지 못하고 정화의 중력에 잡혀서 죽을 것 같은 느낌에서 탈출하고자 해외나 타향으로 도망가는 겁니다. 癸酉의 경우는 干支의 의지가 전혀 다릅니다. 癸水는 발산에너지로 生氣 乙木을 키워야하는데 엉뚱하게도 酉金과 짝을 이루어서 乙卯를 잘라내려고 하늘과 땅의 의지가 너무 달라서 조화를 이루지 못합니다. 癸亥의 경우도 통근해서 강하다는 주장은 무의미합니다. 물론 未月에 癸亥일이라면 亥水가 未土에 水氣를 보충해주기에 배우자의 도움을 받는다고 통변할 수 있지만 에너지 파동으로 살피면 폭발하는 본성을 가진 癸水가 무한응축의 亥水 공간에서는 아무 짓도 할 수 없는 겁니다. 天干이 地支에서 적극적으로 에너지를 활용하여서 쓰임이 좋은지를 살펴야 합니다. 天干이 만난 地支공간을 살피고 地支가 天干의 상황을 어떻게 받아들이는지를 살피면 더욱 명확해집니다. 乙木이 亥水를 만나면 쓰임이 없지만 乙木이 巳火를 만나면 꽃을 활짝 피울 수 있기에 화려합니다. 乙巳 일인데 년과 월에 庚金도 있으면 乙庚 合으로 열매를 완성하기에 국가, 사회를 바탕으로 일찍 성공할 수 있습니다. 즉, 年과 月에 庚金이 드러나야 乙巳가 추구하는 꿈을 이루는데 마침 年과 月의 궁위에 庚金이 있으니 조상, 父母宮에서 그 꿈을 이루는 겁니다. 辛의 경우는 亥子丑 月에 丁辛壬 三字조합으로 甲을 내놓으려는 것이기에 년이나 월에 甲이 있다면 辛이 추구하는 목적물을 이미 얻은 겁니다. 필요한 에너지를 年과 月에서 얻었으니 조상, 부모덕이 매우 좋습니다. 아직 시공간 개념이 없으니 이해하기 어렵겠지만 나중에 다시 자세히 학습하게 됩니다.

정리하면, 天干이 地支에서 어떤 상황의 空間을 만났는지를 살피고 반대로 地支는 어떤 天干을 만났느냐를 참조해야 합니다. 예로 辛未干支의 경우 未土를 기준으로 辛은 亥卯未 三合을 벗어난 申酉戌이 중에서 酉金이 천간으로 올라간 것이니 未土와 辛金은 이승과 저승처럼 서로를 이해하기 어렵거나 사고방식, 행동방식이 너무 달라서 다툼이 발생합니다. 辛金이 未土를 다루는 방식을 살피면 성장하는 亥卯未를 수확하려는 본성을 가졌기에 亥卯未는 辛金을 싫어합니다. 자기를 괴롭힌다는 강박관념에 사로잡히고 辛도 亥卯未의 산만한 행보를 좋아하지 않으니 자꾸 간섭하는 과정에 정신적인 문제도 발생할 수 있습니다. 예로, 의처증, 의부 증세 같은 것입니다. 이처럼 天干은 자신의 에너지를 적극적으로 활용할 공간을 좋아하며 쓰임을 상실하는 공간을 싫어합니다. 地支도 자신을 다스리는 天干과의 조합을 살피면 干支 의미를 읽어냅니다. 乙木의 경우, 봄에는 乙癸戊와 여름에는 戊丙庚과 배합하고 卯辰巳, 午未申 공간에서 존재감을 드러냅니다. 예로, 庚申 月의 경우 丙火를 배합하지 않으면 時

空間이 적절하지 않습니다. 열매는 열렸지만 丙火가 확장하지 못하니 가치가 낮은 겁니다. 이런 이유로 丙申월의 干支 가치는 좋습니다. 庚申은 年月日時 어디에 있든 火氣가 없으면 납덩어리에 불과합니다. 庚申이 함께 있다고 좋은 것이 아니라는 겁니다. 물론 丙火가 있다면 열매 가득한 庚申을 효율적으로 활용할 수 있습니다. 만약 乙卯를 배합하면 더욱 효과적입니다. 丙午 干支는 火氣 강렬하기에 己丑 혹은 丙辛 合해주면 좋습니다. 丙寅, 己丑이나 丙午, 己丑으로 조합하면 사업하기에 적절합니다. 또 丙火가 강렬한데 丙辛 合해주면 만물을 태워버리려는 丙火의 속성을 누그러뜨리고 적절하게 활용합니다. 엄청난 열기를 가진 丙午가 쓰임을 얻으려면 반드시 庚辛을 만나야 하기에 辛의 가치가 엄청나게 높아집니다.

현실에 응용하면, 辛金 여자에게 수많은 남자들이 달려듭니다. 丙午는 辛이 없으면 가치 없는 빛과 열에 불과하기에 반드시 辛金을 탐할 수밖에 없습니다. 헿으로 살피면 절대 이해하지 못하는 오묘한 에너지 파동입니다. 丙午는 辛이 있기에 가치를 활용하고 辛은 丙午의 빛을 온몸으로 받아서 화려하게 존재감을 드러냅니다. 타죽을 것 같은 辛이 화려한 남자들 사이에서 엄청난 존재감으로 살아가거나 남편의 극진한 사랑을 받습니다. 이것이 헿으로 살피는 것과 쓰임으로 살필 때의 차이입니다. 癸巳, 癸卯는 발산에너지를 가장 적극적으로 활용합니다. 폭발하는 움직임을 멈추지 못합니다. 이처럼 干支를 通根, 12運星으로 분석하면 干支의 時節과 時空을 전혀 살피지 못하는 겁니다. 어설프게 통근을 기준으로 癸卯, 癸巳는 전혀 통근하지 못해서 무기력하다고 판단하면 두 간지가 얼마나 적극적으로 자신의 에너지를 활용하는지 상상도 못합니다. 癸水가 卯辰巳月에 발산에너지를 최대로 활용하여 卯木의 성장을 촉진하고 巳火에서 꽃이 활짝 피웁니다. 癸水 입장에서는 가장 아름다운 공간에서 자신의 역할에 충실한 겁니다. 十神과 生剋으로 살피는 순간 癸水가 卯木 食神에 설기당하고, 巳火 財星에 휘둘린다고 판단하지만 그토록 무기력해 보이는 사주팔자가 크게 발전하는 이유를 이해하지 못하고 억지스러운 從格으로 몰고 가는 겁니다. 존재하지도 않는 억지스러운 이론 "從格"이 탄생한 배경입니다.

乾命				陰/平 1843년 2월 20일 10:30							
時	日	月	年	84	74	64	54	44	34	24	14	4
丁巳	癸巳	乙卯	癸卯	丙午	丁未	戊申	己酉	庚戌	辛亥	壬子	癸丑	甲寅

황희 정승 사주를 從格으로 몰고 가지만 時節과 時空으로 살피면 극히 아름다운 사주임을 빠르게 이해합니다. 四季圖의 이치대로 癸水가 卯月에 가장 적절한 쓰임을 얻었습니다. 乙卯는 癸水의 도움을 받아서 巳火에서 꽃을 활짝 피우니 노력의 결과물이 모두 일지가 취하고 巳火 속의 戊土와 戊癸 합하니 결국 모든 것을 일간 癸水가 취하는 것입니다. 만약 通根을 기준으로 하면 저렇게 무기력한 사주가 어떻게 한 나라의 재상을 하겠습니까? 從格이기에 그렇다고 주장하는 것은 마치 너무도 병약하여 병실에만 누워있었는데 갑자기 從格판정을 받고 슈퍼맨으로 변신할 수 있다는 황당한 주장을 하는 겁니다.

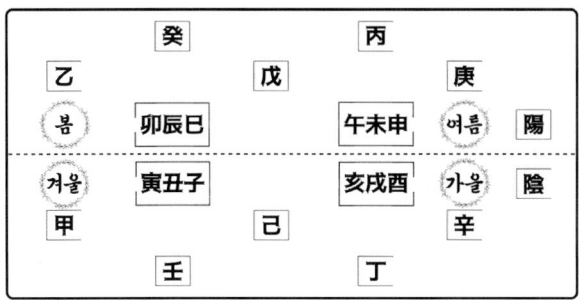

물론 癸卯, 癸巳 옆에 戊土나 己土 혹은 丙丁 火가 있어서 癸水의 발산작용이 과다하면 정신이 나가버리듯 癸水는 존재감을 상실합니다. 지금 설명하는 내용은 干支만을 살핀 것이기에 사주팔자의 癸巳, 癸卯는 사주구조에 따라 그 의미가 변할 수 있으니 오해하지 말아야 합니다. 사주구조는 감안하지 않은 상태에서 干支의 시공간 상황을 학습하는 중입니다. 癸卯, 癸巳의 通根을 따질 필요가 없습니다. 허약해 보이는 癸水를 강하게 만들고자 金氣를 보충하면 어떻게 될까요? 성장하는데 殺氣를 가진 金氣를 보충하면 卯木이 적절하게 성장할까요? 身弱해서, 通根하지 못해서 金氣를 보충했더니 癸卯의 가치가 매우 흉하게 바뀔 수도 있습니다. 强弱과 通根의 심각한 문제는 사실 다른 곳에 있습니다. 그것은 바로 <u>기준이 없다는 것</u>입니다. 무엇이 身强, 身弱한지, 무엇이 通根인지 명확한 근거를 제시하지 못합니다. 근거가 없기 때문입니다. 그래서 30년이 아니라 300년을 공부해도 무용지물이라는 겁니다. 여전히 格局 명칭을 정하지 못하고 身强한지, 通根했는지 구별하지 못합니다. 수백 년 화려한 명리역사를 가졌음에도 그렇습니다. 앞으로도 영원히 구분하지 못할 것임을 확신합니다. 판단기준이 없기 때문입니다. 서로 다른 주장을 할 뿐입니다.

時節과 時空間을 기준으로 干支를 살피면 명확합니다. 干支의미를 적절하게 분석했는지를 살피고 싶다면 四季圖를 기준으로 판단하면 됩니다. 명확한 기준이 있으니 그 기준이 맞는지 틀리는지 임상만 하면 그만입니다.

▎日干과 月支

이제 日干을 기준으로 月支를 살펴보겠습니다. 사주팔자에서 時間과 空間이 모두 존재하는 宮位는 月支뿐이며 공간, 물질, 환경, 육체, 계절 상황을 결정합니다. 예로, 乙木은 좌우확산 하기에 卯辰巳月을 만나 꽃을 활짝 피우지만 酉戌亥月을 만나면 쓰임이 적절하지 않고 辛金에게 乙木을 제공해야 열매와 씨종자를 완성하기에 희생당하고 이용당하는 時節입니다. 乙은 원하지 않은 시공간을 만나서 활동이 부자연스럽습니다. 사주전체 구조를 분석하는 경우, 乙木이 巳月을 만났음에도 나머지 글자들이 亥水라면 불편합니다. 사주명리 학습의 가장 높은 단계는 사주구조를 분석하는 것인데 乙이 巳火를 만나서 時節, 時空이 적절함에도 나머지 글자들이 모두 亥水라면 불편할 수밖에 없다는 겁니다. 日干이 적절한 時節을 만났을 때의 특징을 보겠습니다.

첫째, 時節이 적절하지 않으면 정신적인 측면에서 자신도 모르게 안정감이 결여됩니다. 불편한 공간이기에 존재감이 약하고 불안정하다고 느낍니다. 나에게 어울리지 않는 공간에 있다는 생각에서 벗어나지 못합니다. 입은 옷이 어색하게 느껴지고 자신도 모르게 맞는 옷을 찾고자 방황합니다. 이런 이유로 자격증에 집착하고 졸업장이나 학위에 집착합니다. 자격증이 필요해서 공부하는 것이 아니라 자격증을 통해서 불안정한 심리에서 벗어나려는 것입니다. 처음에는 자격증을 활용해서 직업으로 삼으려고 했지만 자격증을 따면 자신이 원했던 것이 아님을 깨닫고 다른 자격증에 도전합니다. 그 행위를 반복하는 이유는 자격증이 필요한 것이 아니라 자신의 존재가치를 찾고 싶었던 겁니다. 나를 찾아가는 가장 합리적인 공부는 命理입니다. 종교, 철학도 있습니다만 命理 공부를 통해서 정신적으로 방황하는 이유가 日干이 時節을 잃어서 그렇다는 것을 깨우치면 불안한 마음에서 벗어납니다. 자신의 정체성을 찾고 존재의미와 가치를 이해하는 과정이 命理입니다. 수많은 자격증이 정신안정을 제공할 것 같아서 계속 따려고 노력하면서도 활용하지 못합니다. 정신적으로 방황하지 않으려면 命理공부를 해야 합니다. 내가 진정으로 원하는 것은 나의 本性, 존재가치를 찾아서 마음의 안정을 얻으려는 것이며 자격증이 아니었음을 깨우치는데 오랜 시간이 필요합니다. 사업가 부친을 만나 사회, 물질적으로 화려한데 日干이 시절을 만나지 못하면 항상 마음이 공허합니다. 겉으로 부유하니까 정신적으로도 행복할 것이라는 생각은 적절하지 않습니다. 이런 상황을 견디지 못하면 좋은 직업을 버리고 갑자기 인도로 도 닦으러 떠나버립니다.

乾命				陰/平 1977년 7월 18일 14:30							
時	日	月	年	88	78	68	58	48	38	28	8
乙未	辛酉	戊申	丁巳	己亥	庚子	辛丑	壬寅	癸卯	甲辰	乙巳	丙午 丁未

학창시절 공부를 잘하여 명문대에 입학하였습니다. 하지만 각종 종교, 명상수련에 심취하여 방황하고 군대 제대 후에도 학업을 중단하고 미국의 교회에서 활동하다 회의를 느껴 신앙을 버리고 재입학하여 학교를 다니나 했더니 다시 명상수련에 매료되어 학교를 그만두고 인도에 갔습니다. 총명하고 능력 있고 대인관계도 원만한데 방황하는 이유를 모르겠습니다. 가장 좋지 않았던

해는 1998년 戊寅년으로 해병대에서 온갖 구타와 가혹행위에 시달렸고 훈련 중 부상을 입어 3차례나 병원에 입원 했습니다. 주위 사람들은 왜 저렇게 부러운 삶을 살면서도 정신적으로 방황하고 인도에 가서 명상하는지 이해하지 못하지만 당사자는 삶의 공허함을 치료하려는 겁니다. 내면의 심리를 이해하는 것은 물질의 길흉보다 훨씬 중요할지 모릅니다. 사주팔자에 존재하는 時空間과 時節은 인간의 오묘한 심리를 읽어낼 수 있는 가장 명확하고 합리적인 방법입니다. 기존의 이론으로는 분석하기 어렵습니다. 내면에 숨겨진 심리상태를 조언해주면 훨씬 만족하는 상담이 됩니다. 사실 심리를 파악하기 어렵지만 일간의 時節을 이해하면 현실에 만족하지 못하고 갈등하면서 살아가는 심리를 이해합니다. 壬이 乙을 만난 경우와 壬이 甲을 만난 경우 時空間이 상이합니다. 겨울에 배속된 壬水는 甲을 만나서 생명수를 공급하기에 丙火까지 배합하면 壬甲丙 三字조합으로 아름답습니다. 丙火가 없다면 壬甲으로 겨울에 땅 밖으로 나가지 못하기에 답답하지만 時空間은 적절하기에 원하는 행위를 하면서 주위로부터 따돌림 당하는 상황에 처하지는 않습니다. 壬乙로 조합하면 壬水는 겨울이요 乙은 봄이니 시공간이 어그러지면서 내가 여기에 있는 것이 옳은지를 고민하거나 그 행위가 적절하지 않음에도 자신이 왜 그런 행동을 하는지 이유도 모릅니다. 壬水는 甲木이 뿌리내리도록 도우니 봄의 새싹과 같은 乙木과는 시공간이 적절하지 않습니다. 癸水는 봄에 발산에너지를 활용하기에 乙木과는 매우 적절하지만 甲木과는 어색합니다.

이런 이치가 四季圖에 명확하게 드러나 있습니다. 그 이치에 따라 乙巳, 乙未, 乙酉로 간지를 만들어서 時空間 상황을 살펴보면 干支가 가진 상황에 익숙해집니다. 정신측면이 중요한 이유는, 壬水가 甲을 만났을 때 무슨 행위를 하든, 성공하든 실패하든 시공간이 적절하기에 행위의 만족도가 높습니다. 壬水가 乙과 조합하면 싫은데 하거나, 남을 위해 하거나, 남이 싫어하는 일을 합니다. 나를 위해서가 아니라 타인에게 만족감을 주는 행위를 하는 겁니다. 사람들이 좋아하지만 스스로는 만족하지 못하기에 타인을 위한 서비스 행위입니다.

乾命				陰/平 1969년 12월 3일								
時	日	月	年	89	79	69	59	49	39	29	19	9
모름	壬子	乙亥	己酉	丙寅	丁卯	戊辰	己巳	庚午	辛未	壬申	癸酉	甲戌

항상 문제를 몰고 다니는 변호사로 폭로 전문 유튜브를 운영하다가 壬寅년에 다양한 문제가 발생했습니다. 壬乙로 조합하니 乙木 입의 쓰임이 좋지 않습니다.

坤命				陰/平 1958년 4월 18일 04:30								
時	日	月	年	90	80	70	60	50	40	30	20	10
甲寅	癸丑	丁巳	戊戌	戊申	己酉	庚戌	辛亥	壬子	癸丑	甲寅	乙卯	丙辰

대운이 丙辰, 乙卯, 甲寅으로 흘러갑니다. 乙卯대운이 20대부터 30대까지로 癸水가 乙木을 만났고, 년에 있는 戊土와 乙癸戊 三字조합하고 년에 있으니 국가, 해외를 상징합니다. 또 사주원국 時에서 癸, 甲寅 조합은 요란하게 육체를 활용하는 기술(예로 빵집), 그림과 같은 예술 혹은 소설과 같은 창작재능입니다. 시공간이 적절하지 않기에 학교에서 배우는 것이 아니라 엇갈린

시공간이 제공한 독특한 기술, 예술 감각을 뜻합니다. 잘 활용하면 매우 독창적이지만 잘못 활용하면 환영받지 못하는 행위입니다. 癸日이 甲寅을 만나면 예술, 미술, 음악, 기술로 발현되는 이유입니다.

癸卯도 음악, 미술 등으로 육체를 적극적으로 활용하는 이유는 卯木에 甲乙이 모두 있으니 이거 저것 다양한 재주가 있지만 運에 따라 壬水를 활용해서 甲을 키우거나 癸水를 활용해서 乙을 키우지만 산만합니다. 이 사주는 20대에 乙癸戊 三字조합으로 戊土에서 乙을 활용하니까 미술을 전공했음에도 대한항공 비서로 활동했습니다. 乙卯대운에 사주팔자에 없던 에너지를 활용한 것으로 乙癸戊의 물상과 宮位의미를 대한항공 직업으로 활용하였습니다. 癸日이 乙을 활용해서 戊土에서 존재감을 드러냈던 겁니다. 일과 시의 癸丑과 甲寅에 이르면 미술학원을 하거나 개인교습을 활용합니다.

坤命				陰/平 1979년 9월 8일 00:40							
時	日	月	年	84	74	64	54	44	34	24	14	4
壬子	戊辰	甲戌	己未	癸未	壬午	辛巳	庚辰	己卯	戊寅	丁丑	丙子	乙亥

봄과 여름에 활동하는 戊土와 겨울에 활동하는 甲이 만나기에 시공간이 적절하지 않으니 水氣를 보충하지 않으면 부담스러운 관계이지만 戊土가 乙木을 만나면 매우 적절한 시공간입니다. 이 사주는 戊土가 甲을 보았는데 己土와도 슴하고 있습니다. 戊土가 戌月에 태어나서 時節이 적절하지 않지만 甲戌로 甲의 터전 역할을 합니다. 時干 壬水와 年의 己土로 壬甲己 三字조합

을 활용하므로 戊土는 己土에게 존재가치를 상실합니다. 회장실 비서로 재직했습니다. 정리하면, 戊土가 戌月을 만나 시절을 잃었고 甲을 대하기 싫지만 자신이 소유한 壬子로 甲의 성장을 도와야 하므로 희생, 봉사하는 직업을 택한 겁니다.

둘째, 時節과 物質관계를 살펴보겠습니다. 시절을 만난 사람과 그렇지 못한 사람은 차이가 많습니다. 時節을 만나지 못하면 원하지 않는 일을 하면서 살기에 사회발전, 물질에 제한이 따를 수 있습니다. 예로, 동창들은 모두 취직했는데 혼자 취직하지 못하거나 취직해도 동료들과의 관계가 힘들어서 자주 회사를 옮기거나 남들이 승진할 때 누락됩니다. 친구와 알바 하러 갔는데 외모나 스펙이 친구보다 훨씬 뛰어남에도 자리를 얻기 힘들고 면접을 보면 자기보다 못한 친구들에게 자리를 빼앗깁니다. 이런 경우가 時節을 만나지 못해서 물질적으로 손해 보는 상황입니다.

셋째, 時節과 空間을 종합해서 살피면, 時節이 적절하지 않으면 현재의 공간에서 자꾸 벗어나려고 합니다. 나에게 어울리는 곳이 아니며 숨 막혀 죽을 것 같다는 생각을 합니다. 쉬운 방법은 해외나 타향으로 떠나서 적합한 時空間을 찾는 겁니다. 地殺, 驛馬 중중하니 해외를 넘나든다고 표현하지만 그렇지 않은 경우가 훨씬 많습니다. 예로 乙亥나 壬戌처럼 해외와 인연이 되는 干支도 많고 時節이 적절하지 않아서 떠나는 경우도 많으며 十神으로 월지에 劫財가 있으니 경쟁하는 땅에서 해외로 도망갈 수도 있습니다. 만약 일간의 時節과 月支 時空이 적절하면 원하는 일을 하면서 살아가기에 굳이 그 공간에서 벗어나려는 생각을 하지 않습니다.

乾命				陰/平 1962년 8월 26일 06:30							
時	日	月	年	85	75	65	55	45	35	25	15	5
己卯	乙丑	己酉	壬寅	戊午	丁巳	丙辰	乙卯	甲寅	癸丑	壬子	辛亥	庚戌

卯丑으로 조합하고 卯酉 沖 당하고 월지가 酉月인데 대운이 庚戌, 辛亥, 壬子, 癸丑으로 흐르니 乙입장에서는 時節을 잃었으니 좌우확산 움직임을 활용하지 못합니다. 일간 좌우에 있는 己土는 수렴하고 壬水는 응축하기에 乙은 生氣를 상실하였습니다. 초년에 힘들게 살았고 辛亥대운 乙丑 年에 丑卯, 乙酉로 乙이 상해서 산에서 화약이 터져 실명했습니다.

坤命				陰/平 1943년 2월 16일 08:30							
時	日	月	年	85	75	65	55	45	35	25	15	5
丙辰	戊寅	乙卯	癸未	甲子	癸亥	壬戌	辛酉	庚申	己未	戊午	丁巳	丙辰

사주구조가 좋아 보입니다. 癸水가 乙木을 키우고 戊土 위에서 꿈을 실현합니다. 癸水는 乙卯를 향하고 乙卯는 戊土를 향하고 丙火는 戊土 위에 빛을 방사합니다. 모든 에너지들이 戊土에 모여서 物形을 결정합니다. 사회활동에 비유하면 戊土 주위에 항상 사람들이 몰려들고 활동할 무대를 제공합니다. 고위 공무원입니다. 時間方向을 보면, 癸水가 乙을 향하고 癸水가 戊土에 에너지를 방사하고자 戊癸 合하고 乙木은 戊土를 향하고 戊癸 合의 도움으로 성장합니다. 時干 丙火로 꽃을 활짝 피웁니다. 宮位를 감안하면 국가에서 癸水가 乙卯를 키워주면 戊土를 찾

아와 성장터전에서 꿈을 실현합니다.

坤命				陰/平 1962년 10월 20일 02:30								
時	日	月	年	83	73	63	53	43	33	23	13	3
癸丑	戊午	辛亥	壬寅	壬寅	癸卯	甲辰	乙巳	丙午	丁未	戊申	己酉	庚戌

戊土가 亥月인데 辛, 壬, 丑, 癸와 午丑으로 불편합니다. 傷官生財라고 부르는 구조인데 戊土는 년과 월에서 時節을 잃었습니다. 일간이 己土였다면 亥月에 辛씨종자를 풀어서 寅木을 내놓고 일지 午火와 寅午 合하니 時節을 만나서 좋지만 戊土일간이기에 초년부터 어렵게 살았고 이혼하고 재혼했으며 여전히 가난하게 살아갑니다.

坤命				陰/平 1969년 2월 23일 02:30								
時	日	月	年	89	79	69	59	49	39	29	19	9
乙丑	甲寅	戊辰	己酉	丁丑	丙子	乙亥	甲戌	癸酉	壬申	辛未	庚午	己巳

甲寅이 辰月을 만났습니다. 시간에 乙이 있으니 乙癸戊 三字로 조합하여 戊土 위에서 꿈을 이루려고 합니다. 대운이 巳午未를 지날 때는 甲寅과 乙丑 중에서 어느 글자가 활동하기 편할까요? 乙이 巳午未를 만나서 적극적으로 좌우확산 하지만 壬申, 癸酉, 甲戌로 흐를 때는 甲이 활동하기 편해집니다. 甲乙이 사주원국에 함께 있기에 巳午未를 지날 때는 甲이 힘들게 살지만 壬申대운에 乙이 불편해지고 甲이 壬水의 도움을 받아서 발전

합니다. 분명한 점은, 巳午未 대운에 乙이 강해져서 혹은 壬申 대운에 甲이 강해져서 좋거나 나쁜 것이 아닙니다. 時節을 만나서 쓰임이 있고 시공간이 적절한지를 살펴야 합니다. 甲이 辰月에 태어나 모내기 하는 공간에서 뿌리내릴 수는 없습니다. 새싹과 같은 乙이 辰月에 무럭무럭 성장하기에 時節을 잃은 甲木은 자신을 희생하여 乙木을 돕습니다. 자신을 희생해서 타인을 이롭게 하는 행위를 해야 합니다. 대행업, 상담 업, 결혼식장처럼 타인을 기쁘게 하는 행위를 해야 합니다.

坤命				陰/平 1958년 5월 5일 04:30							
時	日	月	年	85	75	65	55	45	35	25	15	5
丙寅	己巳	戊午	戊戌	己酉	庚戌	辛亥	壬子	癸丑	甲寅	乙卯	丙辰	丁巳

乾命				陰/平 1967년 5월 17일 04:30							
時	日	月	年	86	76	66	56	46	36	26	16	6
丙寅	己未	丙午	丁未	丁酉	戊戌	己亥	庚子	辛丑	壬寅	癸卯	甲辰	乙巳

여자사주가 더 나빠 보이지만 남자는 대학교를 졸업했음에도 직장도 없어서 명리를 업으로 삼았고 여자는 어려서는 어렵게 살았으나 고위공직자가 되었습니다. 여자는 巳중 庚이 있고 戌중 辛이 있으니 己土가 품을 열매가 있는데 남자는 未午未寅로 열매가 없고 열기만 가득합니다. 남자의 三合구조는 亥卯未와 寅午戌로 己土는 품고 저장해야 하는데 午月에 필요한 壬水도 없고 三合도 戊土에게 필요한 것들입니다. 亥卯未, 寅午戌은 성장과 분산운동이기에 戊土는 그들을 활용해서 木을 키우고 金을

수확하지만 己土는 그런 역할을 수행하기 힘듭니다. 따라서 己土는 존재가치를 적절하게 활용하기 어렵습니다. 神煞을 가미하면 남자는 未年을 기준으로 사주원국에 죽음을 상징하는 六害가 강력하니 사회에서 적극적으로 활동하지 못하고 명리를 업으로 살아갑니다.

乾命				陰/平 1962년 5월 9일 04:30								
時	日	月	年	89	79	69	59	49	39	29	19	9
丙	己	丙	壬	乙	甲	癸	壬	辛	庚	己	戊	丁
寅	卯	午	寅	卯	寅	丑	子	亥	戌	酉	申	未

위의 구조들과 다릅니다. 午月의 時空에 필요한 壬水가 年에 있기에 조상음덕이 좋습니다. 壬午하고 丙午는 다른데 壬午월은 午月의 시공에 적절하지만 戊己에 壬水가 증발하는 단점이 있습니다. 특히 月柱는 물질공간이기에 戊己에 상할 가능성이 높지만 年에 있으면 氣로 존재하기에 심하지는 않습니다. 이 구조는 壬水가 무기력하지만 午月에 壬水가 강하면 과일이 썩기에 오히려 무기력해야 좋습니다. 부자 집에서 태어나 미국유학을 다녀왔습니다. 다만 地支가 寅午戌, 寅午戌, 亥卯未, 寅午戌로 己土가 성장, 분산움직임을 품지 못하니 戊土에게 좋은 일만 합니다. 대기업 보험회사에서 활동했습니다.

乾命				陰/平 1975년 10월 16일 18:30								
時	日	月	年	83	73	63	53	43	33	23	13	3
辛	戊	丁	乙	戊	己	庚	辛	壬	癸	甲	乙	丙
酉	辰	亥	卯	寅	卯	辰	巳	午	未	申	酉	戌

辛酉와 乙卯의 宮位를 바꾸면 얼마나 좋았을까요? 아쉽게도 시간흐름이 뒤죽박죽입니다. 월의 丁亥는 바다의 등대처럼 고독하고 쓸쓸한 속성이기에 무토가 사회활동에 사용하기 불편합니다. 일간 戊土에게 丁火는 正印이지만 亥月에 쓰임이 없습니다. 丙火와 午未申月을 만나야 적극적으로 활동할 수 있습니다. 月의 부친 丁火도 수렴운동 하므로 사회활동이 위축됩니다. 月에 丁火, 己土, 辛金의 경우 부친이 陽에서 陰으로 바뀌기에 경제활동이 불편해집니다. 乙과 癸는 여성스럽지만 乙의 좌우확산, 癸水의 발산운동으로 丁火, 辛金, 己土에 비하면 훨씬 덜합니다. 年과 月이 乙卯, 丁亥이니 반드시 辛金 씨종자를 亥水에 풀어야 하는데 없고 時에 辛酉가 있으나 순탄한 흐름이 아닙니다. 만약 乙卯가 時로 가고 辛酉가 年으로 오면 辛酉, 丁亥, 戊辰, 乙卯로 戊土가 亥月에 時節을 잃었다고 해도 월지에서 원하는 辛酉 씨종자를 亥水에 풀고 丁火로 열을 가한 후 辰土와 卯木에 생명체를 내놓는 흐름이 좋습니다. 따라서 辛酉 조부모 대에는 가난했지만 점점 발전하는 흐름입니다. 이 구조의 좋은 점은 亥水가 辰土에 들어오니 부모로부터 유산을 받을 수 있습니다만 時柱가 辛酉이니 홀로 멀리 떨어져 고독해집니다. 특히 時柱는 개인적으로 추진하는 행위를 의미하기에 말년으로 갈수록 辛酉에 영향을 받고 亥水에 씨종자를 풀어내려는 욕망이 강해집니다. 2004년 甲午年에 辛酉에 열을 가하고 丁辛壬 三字로 풀어지니 스님이 되었습니다. 戊土가 辛酉를 보았으니 종교색채가 강하고 戊土의 내면은 쓸쓸합니다. 十神으로 乙卯, 丁亥, 戊辰이기에 官印相生이라고 주장하지만 戊土가 時節을 잃었고 월지 時空이 원하는 辛金을 년과 월에 갖추지 못했습니다. 月支時空에 대해 부연설명하면, 亥水 입장에서 年과 月에 丁火와 辛이 조합해주면 亥水에 풀어지는 흐름이 좋습니다. 만약 月柱가 乙亥인데 일간이 壬水라면 乙이 심하게 응결되면서 정신질환, 수

족마비, 중풍과 같은 문제가 발생합니다. 이런 문제를 해결하고자 乙木은 이리저리 돌아다니기에 부친이 방황합니다. 壬日도 16세에서 23세 사이에 방황합니다. 예로 年에 丙火가 있다면 해외로 가거나 運에서 丙火를 만나면 해외로 갈 수 있습니다. 예로 丙子년 乙亥월이라면 아버지가 丙火를 보고 년으로 도망가 부모가 이혼하거나 해외에 가거나 乙亥 부친은 壬아들과 亥水 부인이 싫어서 외도합니다. 乙입장에서는 壬亥에서 저승사자를 만난 것처럼 불편한데 丙火를 향해 나가서 마음에 드는 인연을 만나는 겁니다. 따라서 16세부터 23세 사이에 부친은 가정을 떠나기에 문제가 발생합니다. 부친 乙木은 壬日 자식이 나오고 힘들어진 겁니다. 지금 설명은 宮位를 활용한 것으로 月의 乙亥는 부모 宮이기에 年과 日에서 어떤 글자와 배합하느냐에 따라 부모 상황이 달라집니다.

질문 : 乙庚 合에 대해서 설명 해주세요.
답변 : 乙庚 合하는데 地支가 습하면 좋을 것이 없습니다. 乙庚 合하면 열매를 맺으려는 것이고 庚金은 丙火의 태양 빛으로 부피를 확장하는데 없으면 열매 가치가 높지 않습니다. 예로, 庚辰 月의 경우 아직 열매가 열리지 않았기에 이발사 물상으로 나옵니다. 庚子의 경우, 씨종자도 아닌 庚金이 子水에 상하기에 좋지 않습니다. 庚은 丙火의 도움으로 午未申월에 열매를 확장하는 것이 목적인데 子水 어둠 속에서 딱딱한 물형이 물렁해지는 것을 기뻐할 수 없습니다. 다만, 庚子인데 丙火를 배합하면 검찰, 경찰, 성악, 교육, 종교, 철학과 같은 물상으로 나옵니다. 丙火의 도움으로 庚을 子水에 풀어내기에 그렇습니다. 庚은 반드시 丙火가 있어야 가치가 높아지는데 특히 乙庚 合으로 열매를 확장할 때도 반드시 丙火가 필요합니다.

▌天干 合의 時空間

지금부터 天干 合의 時空間을 살펴보겠습니다. 古書에 주장하기를 合이 年과 時에 떨어져 있거나 年과 日에 떨어져 있는데 중간에 合을 방해하는 글자가 있으면 合하지 못한다고 주장했습니다. 하지만 생각해봅시다. 合하는 宮位가 年時, 年日, 年月이라면 宮位에 따라 合의 의미가 크게 달라지는데 宮位의 시공간 특징을 이해하고 合의 선후도 살펴야 합니다. 지금 설명하는 부분은 合의 時空間 즉, 年月, 月日, 月時, 年時처럼 宮位가 상이한 경우 合의 의미를 어떻게 판단하는가에 대한 겁니다. 먼저 천간 合의 가치가 높아지려면 시공간이 넓어야 합니다. 年과 時에서 合하면 시공간이 넓고 그 가치를 오래도록 누릴 수 있습니다. 年과 時에서 合하는 구조는 국제적, 장기적으로 合의 가치를 활용할 수 있는데 合에 필요한 조건을 갖추었는지를 살펴서 가치를 결정해야 합니다. 예로 戊癸 合하는 목적은 乙의 성장을 촉진하고, 乙庚 合하면 丙火로 확장하고, 丁壬 合하면 辛이 있어야 씨종자를 풀어서 木氣를 생산하고, 甲己 合의 경우는 壬水가 있어야 甲이 己土 터전에서 뿌리 내립니다. 이런 조건이 충족되지 않으면 合한다 해도 合의 가치는 낮습니다. 추가적으로 天干 合에 적합한 月支 時空은 戊癸 合은 卯辰巳月, 乙庚 合은 午未申月, 丁壬 合은 酉戌亥月, 甲己 合은 子丑寅月입니다. 이처럼 천간 合도 구조에 따라 달라지는데 기준을 정리하면;

> 1. 合의 시공간이 넓어야 좋고
> 2. 合의 가치가 높아지려면 필요조건을 충족해야 하고
> 3. 월지 時空이 적절해야 합니다.

예로, 乙庚 合하는데 午未申월이 아니라면 다른 宮位에 丙火나 巳火가 있어야 합니다. 이 조건을 충족할수록 合의 가치가 높아

집니다. 예로, 丙日이 時干에 辛을 두면 합의 범위가 좁아지면서 색을 밝히거나 돈을 탐합니다. 年과 時에서 합하면 시공간을 넓게 활용하고 합의 영향력이 강합니다. 빌 게이츠, 선박 왕 오나시스 사주팔자에서 그런 특징을 보입니다. 年과 月에서 합하면 조상과 부모 宮位의 합으로 시공간 범위가 좁기에 직업으로 활용하는 정도입니다. 육친으로 살피면 나이 많은 식구들의 합입니다. 日과 時가 합하면 개인적으로 추구하는 취미활동입니다. 만약 月과 時의 합이라면 月의 사회, 직업 宮과 개인적으로 추구하는 宮位가 합하고 20대 후부터 말년까지 영향력을 행사합니다. 세계적, 국가적 범위나 장기간을 뜻하지는 않지만 사회와 가족이 연결되어 있습니다. 직업, 취미생활을 열심히 하다보니까 직업에도 활용합니다. 고려할 점은 宮位와 時期를 따져야 합니다. 예로 年과 月에서 합하면 15세에서 20세 사이입니다. 丙辛 합하면 부모와 인연이 박한데 그런 현상이 17세 18세 즈음에 발생하는 겁니다. 月과 時에서 합하면 20대에서 50대 사이로 이해하면 됩니다. 이처럼 합하는 宮位와 時間方向으로 합의 가치가 달라집니다.

坤命				陰/平 1969년 2월 15일 08:30								
時	日	月	年	81	71	61	51	41	31	21	11	1
壬辰	丙午	丁卯	己酉	丙子	乙亥	甲戌	癸酉	壬申	辛未	庚午	己巳	戊辰

사주원국 月과 時에서 丁壬 합하는데 丁火가 月에 있고 壬水가 時에 있습니다. 丁火는 時干 壬水와 합해서 전문성을 필요로 하는 직업을 갖습니다. 젊어서는 丁火를 위주로 활용하는데 壬水가 없다면 丙丁己로 육체를 활용하거나 己土 傷官을 추가적으

로 활용합니다. 丙을 기준으로 時干 壬水는 偏官인데 丁壬 合으로 전문성을 필요로 하는 직업으로 활용합니다. 예로 젊어서는 丁壬 合을 교육 업으로 활용했다면 46세 이후 壬水를 활용하는 시기에는 壬水가 丁火를 끌어와 合하는 직업을 활용하기에 壬水에 丁火의 특징을 가미한 겁니다. 이처럼 시공간에 따라 合을 활용하는 방식도 다릅니다. 丁壬 合으로 木氣를 만들고 壬辰으로 종교, 명리, 철학에도 어울립니다. 정리하면, 丁卯를 교육 업으로 활용하고 46세 이후 壬水에서는 壬水와 壬辰간지를 명리에 활용합니다.

坤命				陰/平 1966년 7월 26일 04:30							
時	日	月	年	81	71	61	51	41	31	21	11	1
壬寅	壬申	丁酉	丙午	戊子	己丑	庚寅	辛卯	壬辰	癸巳	甲午	乙未	丙申

년과 월이 丙午와 丁酉로 酉金이 극도로 날카롭기에 중년에 대운에서 癸水를 만나면 酉金이 총알처럼 튀어나가면서 갑자기 丁辛壬 三字조합으로 폭발적으로 돈을 법니다. 合의 관점에서 살피면, 丁酉, 壬申, 壬寅으로 시간에 따라 合의 물상은 달라집니다. 丁酉가 壬申을 만나면 丁火가 酉金을 자극하고 壬水를 향해 총알처럼 튀어오기에 45세 이전까지 은행에서 근무하였습니다. 45세가 넘어가면 時干 壬水가 月 丁火를 合해서 命理로 활용합니다. 두 사주 모두 酉金이 있으니 丁壬 合의 가치가 있는 구조들입니다. 이처럼 사주팔자에 있는 丁壬 合도 시공간에 따라서 의미가 달라집니다. 丙辛 合하면 무조건 水氣를 만들어 낸다는 정도로는 合의 가치를 활용하지 못합니다. 癸水가 年에 있고 戊土가 月에 있다면 처음에는 癸水의 時間을 지나다가 月

에 이르면 戊土의 時間을 지나는 겁니다. 다만 사주구조에 따라서 戊土가 좋을 수도 癸水가 좋을 수도 있기에 물상이 달라집니다. 癸水가 좋다면 초년에 부유하게 살다가 16세 이후에는 戊土가 癸水를 묶어서 부모의 경제상황이 힘들어집니다. 地支의 刑沖破害도 동일한 방식으로 살펴야 합니다. 辰戌丑未, 寅巳申亥, 子午卯酉는 시공간 변화에 따라 먼저 동하는 쪽이 있고 나중에 동하는 쪽이 있으며 힘이 강하다고 일방적으로 공격하는 것도 아닙니다. 강한 글자가 약한 글자를 공격하는 것은 生剋작용을 살핀 것이고 時間方向과는 전혀 다른 개념입니다.

예로 사주원국에서 寅申 沖하는 경우, 시간방향으로 살피면, 寅이 申을 沖하는 경우와 申이 寅을 沖하는 경우로 나뉘기에 연령과 宮位까지 감안해서 물형을 고려해야 합니다. 寅申 沖하면 반드시 가해자와 피해자가 존재하며 모두 가해자이거나 피해자가 될 수 없습니다. 時間方向을 살피지 않으면 丑戌未 세 글자만 모이면 三刑을 범해서 무조건 나쁘다는 식으로 통변합니다. 時間方向을 감안하면 시간의 선후가 결정되고 가해자와 피해자를 구분하게 됩니다. 나중에 時間方向개념을 학습하겠지만 어느 글자가 어디를 향하는지는 엄청 중요한 통변기준입니다. 내가 돈을 취하는가? 타인이 내 돈을 취하는가를 결정하는 기준도 時間方向입니다. 예로 傷官生財 구조를 부자라고 인식하지만 時間方向으로 살피면 상관과 재성은 모두 일간으로부터 멀리 벗어나기에 財星을 취하는데 시간이 오래 걸립니다. 따라서 돈을 벌기도 힘들 뿐만 아니라 끊임없이 노력해야 일정 재산을 축적합니다. 傷官生財로는 큰 부자는 어려운 겁니다. 오히려 印星이 하나 있다면 일간을 향하기에 노력 없이도 돈이 나를 향하여 옵니다. 地支의 刑沖破害의 경우, 壬子 日이 月支에 午火, 時支에 午火가 있다면 반응방식이 다릅니다. 月支에 이르면 午火가 일지 子水를 沖하고 時支에 이르면 時支의 午火가 日支를 沖하는 겁니다. 만약 子水가 나쁜 작용이라면 日支 38~45세 사이에 子水가 午火를 공격합니다. 보통 午火가 강하니까 子水가 공격해도 다치지 않는다고 설명하지만 午火도 반드시 상합니다. 실제 사례인데, 午火의 시기를 지날 때는 대학교수로 지내다 38세에서 45세 사이에 갑자기 망하고 이혼하고 노동현장에서 근무합니다. 刑沖破害를 판단할 때 대충 辰戌 沖, 丑戌 刑 정도로 그칠 것이 아니라 時間方向을 참조해서 어느 宮位에서 어느 宮位를 향하고 누가 누구를 刑, 沖하는지 명확하게 구분해야 합니다.

乾命			陰/平 1975년 3월 6일 22:30							
時	日	月	年	84	74	64	54	44	34	24	14	4
癸亥	癸巳	庚辰	乙卯	辛未	壬申	癸酉	甲戌	乙亥	丙子	丁丑	戊寅	己卯

이 사주의 내용은 이렇습니다. 32세 당시의 상황으로 고등학교 2학년 때까지 공부를 잘했지만 갑자기 공부를 멀리하면서 지방대 법대에 들어가 놀다가 간신히 졸업장 따서 32세 당시까지 백수로 지냅니다. 고등학교 때까지 공부를 잘한 이유는 무엇일까요? 癸水가 초년에 乙卯를 만나서 에너지를 적극적으로 방사해서 뇌가 활발하게 움직이기에 총명합니다. 하지만 月의 庚金에 이르면 乙卯와 合하면서 癸水가 乙卯를 적절하게 키우지 못합니다. 뇌 활동이 느려지는 것처럼 공부에 집중하지 못하고 巳火까지 개입하여 乙丙庚으로 물질에 흥미를 갖기 시작합니다. 만약 월에 庚 대신 丙火가 있고 시간에 庚이 있다면 법대와 거리가 멀고 돈 버는데 집중합니다. 아직 열매가 열리지도 않은 辰月에 庚金 열매가 일찍 드러나서 乙卯의 움직임을 묶어버리

니 총명하던 사람이 갑자기 맹해지고 말았습니다.

坤命				陰/平 1987년 2월 3일 10:30								
時	日	月	年	81	71	61	51	41	31	21	11	1
辛	庚	壬	丁	辛	庚	己	戊	丁	丙	乙	甲	癸
巳	戌	寅	卯	亥	戌	酉	申	未	午	巳	辰	卯

년과 월에 丁壬 合이 있습니다. 壬水는 16세에서 23세 사이로 寅月이니까 丁辛壬 三字조합은 아니고 丁壬 合만 하니까 전문가적 자질을 뜻하고 庚金이 壬水를 활용해서 丁火와 합하기에 남녀관계에 눈을 빨리 뜨는 겁니다. 그 이유는 庚壬의 속성대로 방탕, 방랑의 물상을 연애하느라 공부에 집중하지 못하는 겁니다. 또 庚壬의 기술, 예술 물상을 활용하도록 부친이 미국에 미술전공하라고 유학을 보냈습니다. 寅月에 丁壬 合하는데 合木이라고 판단해도 의미가 별로 없습니다. 酉戌亥월에 丁壬 合하면 辛을 甲으로 바꾸려는 시도인데 壬水의 시기에 丁火와 합해도 辛이 없으니 남녀의 애정문제에 불과하며 일간 庚金이 개입되고 壬水에 방탕하면서 丁火와 합하면서 일찍 남자를 알게 된 것입니다. 정리하면, 丁壬 合할 때 合해서 木이 나오는가를 살피는 것이 중요한 것이 아니라 丁壬 合의 필수조건인 辛酉가 있느냐 없느냐를 살피는 것이 중요합니다. 만약 없다면 씨종자를 풀어서 새로운 생명체 甲木을 내놓는 행위를 하는 것이 아니라 이 구조처럼 방탕과 연애에 집중합니다. 寅月에 丁壬 合木이라고 판단할 수밖에 없는 이유는 五行의 왕쇠, 강약, 生剋작용을 살피려는 것이지만 통변에 유용하지 않기에 무의미합니다.

▌天干 合과 月支時空

天干 合해서 만들어내는 작용이 月支에 좋을 수도 나쁠 수도 있습니다만 合의 吉凶은 月支時空을 기준으로 판단합니다. 예로 月支에서 火가 필요한데 合해서 水로 바뀌거나 水氣가 필요한데 火로 바뀌면 좋지 않다고 판단합니다.

乾命				陰/平 1963년 5월 13일 12:30								
時	日	月	年	89	79	69	59	49	39	29	19	9
丙午	丁未	戊午	癸卯	己酉	庚戌	辛亥	壬子	癸丑	甲寅	乙卯	丙辰	丁巳

위에서 살펴본 사례인데 午月의 時空에 壬水가 필요한데 없고 戊癸 合해서 火氣를 만들어냅니다. 卯木은 성장하려면 癸水가 필요한데 火氣들이 너무 강하고 戊癸 合하고 卯午 破로 성장을 방해합니다. 丁巳대운에 다리불구가 되었습니다. 月支 時空을 기준으로 壬水가 필요한 상황에서 戊癸 合으로 증발하니 흉했습니다.

乾命				陰/平 1983년 5월 1일 10:30								
時	日	月	年	82	72	62	52	42	32	22	12	2
辛巳	庚午	戊午	癸亥	己酉	庚戌	辛亥	壬子	癸丑	甲寅	乙卯	丙辰	丁巳

위 사주와 다른 점은 午月에 필요한 癸亥로 있습니다. 년과 월에서 合하는 것은 동일하지만 癸水가 심하게 증발하는 상황이 아닙니다. 따라서 癸亥를 지나는 초년에는 잘 살았는데 16세 이

후 戊土의 시기에 癸水와 합하면서 火氣를 만들기에 月支 時空에 좋지 않게 작용하면서 17세 己卯 年부터 집안의 경제상황이 어려워졌습니다.

乾命				陰/平 1888년 10월 12일 04:30							
時	日	月	年	88	78	68	58	48	38	28	18	8
戊寅	庚寅	癸亥	戊子	壬申	辛未	庚午	己巳	戊辰	丁卯	丙寅	乙丑	甲子

년과 월에서 戊癸 합하지만 亥月이고 癸水와 子水까지 있으니 水氣가 지나치다 보입니다. 合化의 기준으로는 亥月이기에 不化하고 戊癸 합해도 가치가 없지만 月支 時空으로 살피면 전혀 다릅니다. 戊癸 합해서 직접적이지는 않지만 火氣를 만들고 亥중 甲木의 성장을 유도합니다. 또 亥水가 寅을 향하고 寅은 時干에 있는 戊土에서 안정적인 터전을 얻습니다. 더욱 좋은 점은 戊癸 합하여 火氣를 활용하여 庚金이 방탕하지 않도록 지도자 역할을 합니다. 시간 戊土는 굉장히 중요한 작용인데 庚金의 터전이자 亥寅寅 木氣들이 성장하는 무대와 같습니다. 庚金은 戊土에서 열매의 가치를 드러낼 수 있습니다. 이처럼 戊土는 존재를 드러내는 터전이자 물질을 적재할 공간입니다. 癸水와 丙火를 받아내고 물질 乙木과 庚金을 확장하는 터전입니다. 戊土가 없으면 안정적인 활동공간이 없고 존재를 드러낼 무대가 없습니다. 이 구조는 亥月에 戊癸 합하니까 火氣를 양산해서 庚金의 가치를 높이고 열을 가해서 亥水에 풀어지고 결과적으로 寅木을 생산하는 좋은 흐름입니다. 庚金이 뿌리가 없으니 흉하다고 생각하지만 엄청난 부자입니다.

乾命				陰/平 1938년 4월 11일 22:30							
時	日	月	年	89	79	69	59	49	39	29	19	9
辛亥	壬寅	丁巳	戊寅	丙寅	乙丑	甲子	癸亥	壬戌	辛酉	庚申	己未	戊午

丁巳月이니까 癸水가 필요합니다. 하지만 년에 戊寅이고 大運도 戊午, 己未로 가기에 壬日 입장에서 水氣가 부족합니다. 다행하게 辛亥로 보충하지만 말년에 해당하고 丁火가 壬水를 향하여 合하는 시간방향입니다. 壬水가 丁火에게 가는 것이 아니라 丁火가 壬水를 향해서 오는 겁니다. 水氣가 부족한 상황인데 丁火까지 壬水를 답답하게 만듭니다. 방광문제로 오랫동안 고생했습니다. 水氣가 부족한데 丁火가 壬水를 향해서 열을 올려서 탁하게 만들고 寅巳로 피의 흐름이 바르지 않기에 신장, 방광에 문제가 생겼습니다.

乾命				陰/平 1968년 6월 19일 18:30							
時	日	月	年	88	78	68	58	48	38	28	18	8
乙酉	乙酉	己未	戊申	戊辰	丁卯	丙寅	乙丑	甲子	癸亥	壬戌	辛酉	庚申

未月의 地藏干에 있는 乙이 申과 合하고 酉金에 상합니다. 庚申대운에 乙庚 合으로 乙이 답답해집니다. 사주원국에서 乙木 生氣가 상하고 있다가 庚申대운까지 오니까 교통사고로 하반신 불수가 되었습니다. 사주팔자에서 生氣가 상하면 육체, 정신, 재물에 좋지 않은 영향을 미칩니다. 다음 대운이 辛酉로 문제가 더욱 심각한데 庚申대운에 교통사고로 하반신을 사용하지 못하

니 일종의 액땜에 해당합니다.

▌天干 合의 육친개념

天干 合을 六親관점에서 살펴보겠습니다. 年과 月은 조상과 부모로 30세 이전의 삶에 지대한 영향을 미치고 30세가 넘어가면 배우자와 자식들과 관계를 형성합니다. 年과 月에서 合하면 해당 육친에 문제가 생길 수 있습니다. 두 글자가 合하면 각 글자가 가진 고유한 작용을 적극적으로 활용하지 못하기 때문입니다. 년과 월에서 合하는 상황은 대략 세 개 유형으로 정리할 수 있습니다. 年이 무기력해서 月에게 合당하는 경우, 月이 무력해서 年에 合당하는 경우, 年과 月의 글자가 모두 비슷하게 긴장을 유지하는 경우입니다.

예로, 丙午와 辛丑, 丙寅과 辛丑으로 조합하면 자신의 기운을 적극적으로 활용하기에 기세를 유지합니다. 한쪽이 일방적으로 合당하는 경우는 15세 전후에 年과 月의 宮位에 해당하는 육친에게 문제가 발생할 수 있습니다. 부친 혹은 모친이 사망하거나 심하면 부모가 모두 사망할 수도 있습니다. 대략 17, 8세에 문제가 발생하는데 특히 年과 月의 丙辛 合은 육친관계에서 좋지 않은 영향을 미치고 대부분 부모덕이 없습니다. 심하면 고아원에 가거나 부모 중 한분이 사망합니다. 미식축구 하인즈 워드도 년과 월에서 丙辛 合하기에 부친이 없습니다. 丙辛 合은 서로 밀어내기에 부모가 이혼하거나 한분이 단명할 수 있습니다. 이복형제가 있거나 양자로 가기도 합니다. 甲이 年에 있는데 己己己가 있다면 남자 하나에 여자가 줄 서는 상황이므로 남편이 외도합니다. 또 중간에서 양쪽을 合하는 구조라면 남녀 관계가 복잡합니다. 기억할 점은, 천간 합할 때 時間方向을 고려해서 육친을 살펴야 합니다.

乾命				陰/平 1957년 12월 11일 20:30							
時	日	月	年	88	78	68	58	48	38	28	18	8
壬戌	癸未	辛丑	丙申	庚戌	己酉	戊申	丁未	丙午	乙巳	甲辰	癸卯	壬寅

년과 월에서 丙申과 辛丑이니까 辛은 강하고 丙火는 약해 보입니다. 16세 壬子年을 만나 丙辛 合을 壬水로 沖하니 부친이 사망했습니다. 다만 丙辛 合은 종교, 명리, 철학, 교육에 적합하기에 고등학교 교사입니다.

坤命				陰/平 1966년 2월 28일 18:30							
時	日	月	年	84	74	64	54	44	34	24	14	4
己酉	丁丑	辛卯	丙午	壬午	癸未	甲申	乙酉	丙戌	丁亥	戊子	己丑	庚寅

月의 辛이 무기력해 보이는데 丙辛 合하니까 15세 이전에 부친이 간의 질병으로 사망했습니다. 이 여인은 丙辛 合 물상을 사주상담소 운영으로 활용했습니다.

乾命				陰/平 1966년 2월 18일 12:30							
時	日	月	年	89	79	69	59	49	39	29	19	9
丙午	丁卯	辛卯	丙午	庚子	己亥	戊戌	丁酉	丙申	乙未	甲午	癸巳	壬辰

년과 월에서 丙辛 합하니까 10세에 부친이 사망했습니다.

坤命				陰/平 1964년 4월 9일 12:30								
時	日	月	年	85	75	65	55	45	35	25	15	5
庚午	己巳	己巳	甲辰	庚申	辛酉	壬戌	癸亥	甲子	乙丑	丙寅	丁卯	戊辰

年에 甲이 己己를 줄 세웠습니다. 또 辰土까지 누르니까 남편이 외도하여 癸酉年에 이혼했습니다. 日支와 동일한 글자가 巳巳와 午火까지 혼잡하고 己己도 天干에 드러나 바람둥이 남편을 만나서 이혼할 수밖에 없습니다.

坤命				陰/平 1968년 9월 29일 02:30								
時	日	月	年	84	74	64	54	44	34	24	14	4
乙丑	癸巳	癸亥	戊申	甲寅	乙卯	丙辰	丁巳	戊午	己未	庚申	辛酉	壬戌

戊土가 癸癸亥를 줄 세워 놓았습니다. 日支 巳火가 巳亥 沖하고 巳申 合하고 巳丑 合으로 단일하지 못합니다. 이혼한 원인은 남편이 巳丑, 巳申으로 金들에게 巳火 빛을 활용하겠다고 설치면서 주식투자로 재산을 탕진하였기 때문입니다.

坤命				陰/平 1955년 2월 11일 08:30								
時	日	月	年	80	70	60	50	40	30	20	10	0
庚辰	乙丑	戊寅	乙未	丁亥	丙戌	乙酉	甲申	癸未	壬午	辛巳	庚辰	己卯

時의 庚과 乙이 슴하지만 丙火가 없고 乙丑과 庚辰으로 음습합니다. 乙庚 슴하는데 丙火가 없으면 슴의 가치가 없습니다. 남편과 친구가 바람나서 문제가 생겼습니다. 庚辰 남편 입장에서 乙丑보다 乙未를 좋아할 수밖에 없는 이유는 未土 속의 乙木을 활용해서 수확하려는 욕망이 훨씬 강하기 때문입니다.

坤命				陰/平 1967년 4월 8일 04:30							
時	日	月	年	87	77	67	57	47	37	27	17	7
戊寅	庚辰	乙巳	丁未	甲寅	癸丑	壬子	辛亥	庚戌	己酉	戊申	丁未	丙午

年의 丁火는 正官으로 남편이고 일간에서 멀리 떨어져 있으니 첫 남편과 해로하기 어렵습니다. 가벼우면 이혼이고 심하면 사망합니다. 未土와 巳火까지 있으니 남편이 많고 일지 辰土를 기준으로 未土와 戊土로 한 번에 끝날 결혼이 아닙니다. 남편이 壬午年에 차사고로 사망했습니다. 壬水가 丁火를 슴해서 丁火의 작용이 답답해진 해였습니다. 지금 학습하는 내용은 天干에서 슴하는 경우 해당 육친에게 어떤 영향을 미치는지 살피는 중입니다.

坤命				陰/平 1978년 4월 26일 08:30							
時	日	月	年	89	79	69	59	49	39	29	19	9
戊辰	甲午	丁巳	戊午	戊申	己酉	庚戌	辛亥	壬子	癸丑	甲寅	乙卯	丙辰

己丑年이 오면 일간과 甲己 슴하니까 하던 일을 중단하고 새

출발합니다. 일간과 합하기에 甲己 슴의 작용에 영향을 받아서 잘 다니던 직장을 그만두고 새롭게 공부를 시작했습니다.

坤命				陰/平 1973년 5월 10일 16:30								
時	日	月	年	89	79	69	59	49	39	29	19	9
戊	丁	戊	癸	丁	丙	乙	甲	癸	壬	辛	庚	己
申	丑	午	丑	卯	寅	丑	子	亥	戌	酉	申	未

壬戌대운 甲午年에 년과 월의 戊癸 슴에 甲木이 끼어들어서 癸甲戊 三字로 슴의 작용에 문제가 발생합니다. 결과적으로 甲에 의해서 戊土가 상하니 부친이 두 번이나 수술했습니다.

乾命				陰/平 1999년 3월 16일 10:30								
時	日	月	年	89	79	69	59	49	39	29	19	9
丁	癸	戊	己	己	庚	辛	壬	癸	甲	乙	丙	丁
巳	丑	辰	卯	未	申	酉	戌	亥	子	丑	寅	卯

일간 癸水가 월간 戊土와 합하는데 甲午年에 癸甲戊 三字로 조합하면서 정신이 이상해지고 폭력적으로 변했고 학업을 포기하는 상태에 이릅니다. 성적이 우수한 학생이 갑자기 癸甲戊 三字의 흉한 작용에 휘둘립니다.

乾命				陰/平 1972년 7월 25일 14:30								
時	日	月	年	82	72	62	52	42	32	22	12	2
乙	丙	戊	壬	丁	丙	乙	甲	癸	壬	辛	庚	己
未	申	申	子	巳	辰	卯	寅	丑	子	亥	戌	酉

癸丑대운이 오면 월의 戊土와 합합니다. 甲午年에 부친이 사망했습니다. 戊癸 합하는데 癸甲戊 三字로 조합하면서 戊土 부친이 甲의 공격을 견디지 못했던 겁니다.

坤命				陰/平 1993년 9월 21일 08:30								
時	日	月	年	81	71	61	51	41	31	21	11	1
戊辰	己丑	壬戌	癸酉	辛未	庚午	己巳	戊辰	丁卯	丙寅	乙丑	甲子	癸亥

년과 시에서 戊癸 합하고 있습니다. 甲午年이 오지만 합의 시공간이 넓기에 癸甲戊 三字의 영향이 크지는 않습니다. 오히려 중간에 있는 壬己와 甲이 壬甲己 三字로 조합해서 새 출발, 교육, 공직 물상을 활용해서 만화 창작대회에서 1등으로 당선하고 발전하였습니다. 이처럼 三字조합이 동시에 있을 경우 時空間의 원근에 따라 활용방식이 달라집니다. 사주원국 흐름으로 살피면, 2014년 甲午年은 20대 초반으로 월간 壬水를 지나기에 甲이 戊土를 날카롭게 공격하지 못합니다. 만약 46세 이후에 甲을 만났다면 水氣가 부족한 시공간이기에 戊土가 상할 수 있습니다. 天干 합의 時空間 상황을 살피고 글자의 배합을 고려해서 판단해야 합니다.

乾命				陰/平 1940년 4월 5일 20:30								
時	日	月	年	88	78	68	58	48	38	28	18	8
甲戌	甲寅	辛巳	庚辰	庚寅	己丑	戊子	丁亥	丙戌	乙酉	甲申	癸未	壬午

巳月에 필요한 것은 辰中 癸水인데 39세 乙대운에 辰土의 地藏干에 있는 乙이 천간에 드러납니다. 辰土가 반응하면 宮位의 속성대로 근본적인 터전에 변화가 발생합니다. 39세에 乙이 오면서 乙庚 合하고 乙丙庚 三字조합으로 물질욕망이 강해지면서 직장을 그만두고 사업했는데 매번 실패합니다. 丙戌대운 이르러 丙辛 合하기에 巳月에 필요한 약간의 水氣가 암암리에 생겨나고 丙火가 庚辰의 乙庚 合 열매를 키워서 돈을 벌었습니다. 하지만 戌대운에 들어와 또 힘들어졌습니다. 巳月에 丙辛 合하면 水氣를 만들지 못할 것이라 생각하지만 암암리에 생기는 것입니다. 다른 각도에서, 강렬한 丙火가 辛과 合하기에 빛을 조절해 주기에 丙火의 쓰임이 좋아지면서 돈을 벌었습니다.

乾命				陰/平 1945년 12월 8일 20:30								
時	日	月	年	85	75	65	55	45	35	25	15	5
丙	庚	丁	甲	丙	乙	甲	癸	壬	辛	庚	己	戊
戌	寅	丑	申	戌	酉	申	未	午	巳	辰	卯	寅

天干에 丁火와 丙火가 모두 있습니다. 상이한 에너지특징을 가진 丙, 丁이 모두 있으니 직업이 두 개이거나 직업이 자주 변합니다. 예로, 丁未년 丙午월 乙卯일 丁丑시의 경우, 월주 丙火에서는 화려하게 쓰다가 시주 丁火에서는 물리치료로 직업이 바뀌었습니다. 이 구조도 월에서 甲과 丁丑으로 교육 업으로 활용하다가 丙戌에서는 丙火를 활용하는 직업으로 바뀝니다. 아무 때나 바뀌는 것은 아니고 壬午대운에 이르러 丁壬 合해서 月의 丁火를 묶어주니까 교육 업에서 갑자기 경찰직으로 바꾸고 수사과장을 지냅니다. 직업도 사주구조에 따라 크게 변할 수 있습니다. 庚金은 여름에 丙火의 도움으로 성장하는 과일과 같기에 丙

火를 배합해야 존재감을 드러내는데 이 사주는 초년에 丁丑 月을 만나니 가치를 발현하지는 못합니다. 겉으로는 교사로 좋아 보이지만 내면에서는 자신에게 적절한 직업이 아니라고 생각합니다. 시간 丙火의 시기에 이르면 庚金의 지도자를 만나 변화를 원하는데 마침 壬水가 丁火를 합해주고 丙庚壬 三字조합의 물상대로 검경으로 전향하였습니다. 참고로 天干 合의 작용으로 엄청난 부를 축적하는 사주도 많습니다. 合으로 만들어내는 氣運에 따라 폭발적으로 재물을 축적하거나 원국에 있는 天干 合의 작용이 좋아서 크게 발전하는 구조도 많습니다.

乾命				陰/平 1963년 2월 29일 04:30							
時	日	月	年	86	76	66	56	46	36	26	16	6
庚寅	丙寅	乙卯	癸卯	丙午	丁未	戊申	己酉	庚戌	辛亥	壬子	癸丑	甲寅

時干 庚金을 제외하고 水木밖에 없으니 부자사주와 거리가 멀어 보입니다. 하지만 월주와 시주에서 乙庚 合하고 일주 丙寅의 納音이 火입니다. 따라서 일주가 庚金 財星을 합으로 만난 경우로 하늘에서 내리는 재물이라고 주장하는 이론도 있지만 乙丙庚 三字조합의 의미를 이해하면 부자인 이유를 쉽게 이해합니다.

乾命				陰/平 1953년 6월 15일 08:30							
時	日	月	年	86	76	66	56	46	36	26	16	6
甲辰	丁丑	己未	癸巳	庚戌	辛亥	壬子	癸丑	甲寅	乙卯	丙辰	丁巳	戊午

乾命				陰/平 1953년 6월 5일 06:30								
時	日	月	年	82	72	62	52	42	32	22	12	2
癸卯	丁卯	己未	癸巳	庚戌	辛亥	壬子	癸丑	甲寅	乙卯	丙辰	丁巳	戊午

두 사주는 비슷해 보입니다. 위의 丁丑 甲辰은 甲이 있으니까 좋습니다. 또 월간의 己土와 甲己 합해서 근본 터전에 甲을 위로 올렸다가 내렸다가를 반복합니다. 일주 丁丑이 納音으로 水에 해당합니다. 甲己 합으로 土가 되니까 하늘에서 내리는 관직이라고 주장합니다. 대법원장에 올랐습니다. 아래사주는 합이 없어서 교장선생님입니다. 굳이 납음으로 살피지 않아도 甲, 丁丑으로 교육의 가치가 훨씬 높고 甲己 합 사이에 夾字로 끼어 있는 丁火가 甲과 己의 좋은 작용을 수렴하기에 丁癸 沖하는 사주와 그릇이 많이 다릅니다.

乾命				陰/平 1985년 12월 9일 20:30								
時	日	月	年	84	74	64	54	44	34	24	14	4
庚戌	壬戌	己丑	乙丑	庚辰	辛巳	壬午	癸未	甲申	乙酉	丙戌	丁亥	戊子

년과 시에서 乙庚 합합니다. 일주 壬戌이 納音으로 水에 해당하니까 乙庚 합으로 만들어진 金氣 印星을 하늘에서 내려 준다고 주장합니다만 三字조합으로 살펴도 壬己乙로 굉장히 총명하고 교육, 공직, 정치에 적합하고 乙庚 합이 좋은 작용 하므로 의과대학에 다니고 학업성적도 뛰어나다고 합니다.

乾命				陰/閏 1963년 4월 20일 08:30								
時	日	月	年	82	72	62	52	42	32	22	12	2
庚辰	乙酉	戊午	癸卯	己酉	庚戌	辛亥	壬子	癸丑	甲寅	乙卯	丙辰	丁巳

몇 천억 부를 축적했습니다. 乙酉가 納音으로 水에 해당하고 戊癸 合하여 火氣를 만들기에 하늘에서 내리는 부자사주라고 설명합니다. 다만 구조가 좋아 보이지 않습니다. 戊癸 合으로 癸水가 잡혀서 답답하고 卯午 破로 卯木도 상합니다. 물론 卯午酉辰으로 丁辛壬, 丁辛癸 三字로 재물을 뻥튀기하는 구조가 분명합니다. 활용하지도 않는 납음으로 살피는 이유는 사주구조가 좋아 보이지 않음에도 크게 발전하는 경우에는 天干 合의 작용을 강조하기 위함입니다. 乙庚 合하고 戊午월에 丙丁이 열매를 확장하는 乙丙庚 三字조합이기에 엄청난 부를 축적하였습니다. 특히 卯年을 기준으로 庚金은 劫煞로 일반인들은 절대로 취할 수 없는 큰 재물을 한순간 취하는 겁니다.

坤命				陰/平 1947년 7월 10일 20:30								
時	日	月	年	85	75	65	55	45	35	25	15	5
戊戌	丙子	戊申	丁亥	丁巳	丙辰	乙卯	甲寅	癸丑	壬子	辛亥	庚戌	己酉

탤런트 오연수씨 모친으로 2000년 庚辰年에 미국 카지노에서 엄청난 돈을 벌었습니다. 癸丑대운의 시기였는데 좋아 보이지 않습니다만 戊癸 合으로 火氣를 만들어냅니다. 일주 丙子는 納音으로 水이고 火氣는 財星이기에 하늘에서 내리는 재물이라고

설명합니다. 納音을 살피라는 뜻은 아니고 사주구조가 좋아 보이지 않는데 많은 재물, 공직, 지위를 차지한 사주팔자에는 天干 合의 작용이 숨어있습니다. 대운이나 세운에서 天干 合하고 작용이 좋으면 상상을 벗어나는 기쁜 일이 발생할 수 있습니다.

乾命				陰/平 1952년 7월 10일 10:30								
時	日	月	年	83	73	63	53	43	33	23	13	3
丁	戊	戊	壬	丁	丙	乙	甲	癸	壬	辛	庚	己
巳	申	申	辰	巳	辰	卯	寅	丑	子	亥	戌	酉

정치인 이해찬 사주라고 합니다. 丁壬 合해서 木氣를 만들고 일주 戊申의 납음이 土이니까 하늘에서 내리는 관직이라고 설명합니다. 天干 合으로 살피면 年과 時에서 丁壬 合하기에 시공간이 넓고 오래도록 영향력을 행사합니다. 또 地支는 巳申辰으로 地藏干에서 乙丙庚 三字조합을 활용합니다.

乾命				陰/平 1977년 4월 5일 12:30								
時	日	月	年	86	76	66	56	46	36	26	16	6
庚	己	乙	丁	丙	丁	戊	己	庚	辛	壬	癸	甲
午	卯	巳	巳	申	酉	戌	亥	子	丑	寅	卯	辰

갑부입니다. 월과 시에서 乙庚 合하는데 많은 乙木들이 庚을 향하여 갑니다. 日支 卯木도 巳火를 통해서 庚을 향하니 乙庚 合의 작용으로 수천억, 수조원의 재산을 축적합니다. 기억할 점은 天干 合의 시공간이 넓을수록 그릇이 큽니다. 乙庚 合으로 묶여서 활용하지 못한다고 판단하지만 합의 작용은 그렇게 단순하지

않습니다. 또 乙庚 合 과정에 중간에 끼어있는 글자들과 접촉해서 다양한 파동을 일으킵니다.(기 출판한 夾字論을 참조하시기 바랍니다.)

제 19강

◆干支陰陽, 사주팔자의 時間方向

四季의 순환과정- 봄과 여름　56

四季의 순환과정- 가을과 겨울　66

三合운동과 四季의 순환　71

時空間 흐름과 宮位　80

사주구조와 時間方向　85

天干의 時間方向으로 재물크기 살피는 방법 93

　-평범한 사주구조　93

四季의 순환과정- 봄과 여름

四季의 순환과정을 세부적으로 살피는 중입니다. 앞에서 日干이 時節을 만났을 때와 그렇지 못할 때의 반응을 분석했고 이 章에서는 四季의 순환과정이 사주팔자에서 어떻게 반응하는지를 살펴보려고 합니다. 자연에서 戊癸 合으로 乙의 성장을 돕고 또 丙火로 乙庚 合한 열매를 키우는 과정이 인간의 육체, 정신 그리고 성격이나 재물에 어떤 영향을 미치는지 살펴보려는 겁니다. 天干은 물론이고 地支로도 살펴볼 수 있고 시간흐름으로 혹은 干支를 합쳐서 살펴볼 수도 있습니다.

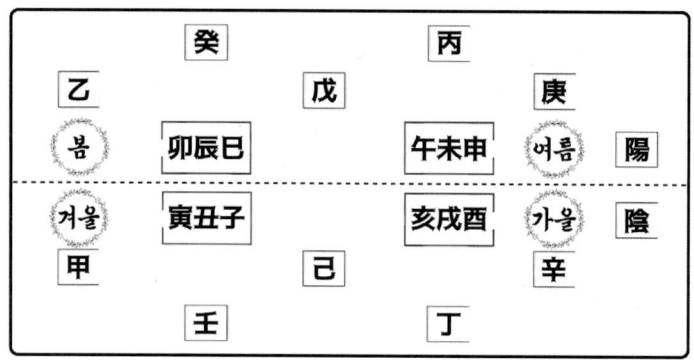

먼저 四季圖의 봄과 여름에 있는 글자들은 乙癸戊丙庚으로 이미 충분한 이해과정을 거쳤는데 甲에서 乙 새싹이 땅을 뚫고 나와서 庚 열매로 바뀌는 과정이 봄과 여름의 흐름입니다. 乙이 癸水의 윤택함으로 성장하고 丙火의 분산작용으로 戊土 위에서 庚 열매를 익히는 과정을 보겠습니다. 乙癸戊 三字 조합의 움직임은 모두 안에서 밖을 향합니다. 乙木도 좌우로 확산하기에 절대로 내부에 머물지 않습니다. 卯木을 公門이라고 부르는 이유도 모두 공적인 움직임 때문으로 卯時에 일어나 공적인 일을 처리하고자 사회를 향해 나가기 때문입니다. 따라서 가정에 흥미를 느끼지 못하거나 그럴 수밖에 없는 상황에 처하는 것이 乙卯의 특징입니다. 물론 乙酉나 乙亥로 조합하면 싫어도 어쩔 수 없이 내부로 들어와야 하지만 乙의 좌우확산 하려는 성향이 바뀐 것이 아닙니다. 乙木은 어떠한 상황에서도 절대로 내부에 머물지 않으려고 합니다. 가정 보다는 사회활동에 적합한 움직임이기 때문입니다. 癸水도 봄에 온기를 공급하고 아지랑이를 피우기에 안에서 밖으로 발산하는 움직임입니다. 겨울에 꽁꽁 얼었던 壬水를 氣化시켜서 넓은 시공간에 퍼트리는 움직임이 癸水입니다. 戊土 스스로는 주동적인 움직임이 없고 외부로부터 받는 기운에 반응합니다. 봄에는 癸水의 도움을 받아서 乙木의 성장을 촉진하는 터전역할에 충실하기에 乙木과 癸水의 움직임대로 乙癸戊 三字가 모두 밖을 향하여 움직이기에 해외, 타향, 확장의 움직임입니다.

봄을 맞이한 인간의 심리상태를 乙癸戊 三字로 표현하면 희망에 부풀어 들판을 뛰노는 것처럼 생기발랄합니다. 예로, 年과 月에서 寅卯辰, 日時에서 寅卯辰이라면 순수한 아이와 같은 심성을 가졌기에 철이 없습니다. 소녀와 같은 감성을 지녔고 아담과 이브처럼 들판을 뛰놀고 싶어 합니다. 이런 심리상태에 반응하면 깊은 사랑에 빠지게 됩니다. 물질측면에서는 성장, 확장, 팽창 과정이기에 사주원국의 년과 월에 乙癸戊 三字가 있다면 좋은 직업을 갖게 됩니다. 四季 중에서 성장의 기세가 가장 강하기에 특별한 구조를 제외하고는 나쁠 이유가 없습니다. 물론 사주팔자에 辛酉가 乙木의 성장 움직임을 방해하면 매우 흉하지만 乙癸戊 三字는 기본적으로 매우 좋습니다. 봄에 성장하고 여름으로 넘어오면 戊丙庚 三字의 특징을 활용해서 열매를 확장하기 시작합니다. 이 조합의 특징은 丙火가 庚金을 확장하고 익히는데 집중하기에 극히 현실적이며 물질에 흥미가 많습니다. 庚金 열매를 키우는 행위는 일상생활에서 재산을 늘려가는 과정과 동일합니다. 또 戊土 위에 庚金 열매가 드러났으니 외형적으로도 물질의 가치가 돋보입니다. 나쁜 의미는 굉장히 물질적이라 인간미가 없으며 외형, 외모만을 추구하는데 정도가 심해지면 실제보다 부풀리고 허세, 사치를 부립니다. 여름에는 아직 열매가 성숙하지 않았기에 戊丙庚 三字의 성숙 미는 떨어집니다. 외형은 크고 잘 익은 과일처럼 보이지만 미완성 입니다. 사업을 크게 하는 것처럼 부풀리지만 실제로는 훨씬 못합니다. 정신적인 측면에서 丙火는 내면을 살피지 못합니다.

태양처럼 빛을 밖으로 방사하는데 익숙하지만 외부에서 내부를 향하는 움직임이 없습니다. 이런 이유로 戊丙庚을 잘못 활용하면 외형만 중시합니다. 예로 타인의 돈을 끌어다 사업하는 과정에 외형만 부풀리다가 부도냅니다. 자신의 능력이 아니라 주위 사람들을 이용하다 망하고 맙니다. 乙癸戊는 계속 상승하는 움직임이라면 戊丙庚은 꼭짓점까지 올라갔다가 하강하는데 열매가 무거워지기 시작했기 때문입니다. 운동방향으로 살피면 上에서 下로 꺾이기 시작합니다. 이런 의미들이 사주통변과 관계없는 것처럼 보이지만 매우 다양하게 활용합니다.

乾命				陰/平 1888년 2월 1일 16:30								
時	日	月	年	87	77	67	57	47	37	27	17	7
庚申	癸未	乙卯	戊子	甲子	癸亥	壬戌	辛酉	庚申	己未	戊午	丁巳	丙辰

造化元鑰(조화원약)에 나오는 사주인데, 癸水가 乙木을 향하고 乙木이 戊土를 향합니다. 癸乙戊 時間方向을 보세요. 癸水가 日干이고 乙木을 향하고 乙木은 戊土를 향하니 癸水가 乙木을 통해서 戊土에서 꿈을 실현하려고 합니다. 월지에 卯月 봄의 시공간을 만났으니 그 의지가 더욱 뚜렷합니다. 地支도 흐름이 좋습니다. 子卯未申으로 순차적으로 흐릅니다. 말년에 庚申으로 튼실한 열매를 완성하는데 월주 乙卯와 合하기에 夾字로 끼어있는 癸水가 乙과 庚을 모두 취하니 더욱 좋습니다.

1800년대 말 사주임에도 어려서부터 수많은 나라를 돌아다녔고 귀국해서 육군소장이 되었습니다. 이때 乙癸戊의 결과물이 어디에 맺히는지 살펴야 합니다. 결국 戊土에서 물형이 결정될 수밖에 없습니다. 乙癸戊 세 글자는 동일해도 戊日의 乙癸戊와 癸日의 乙癸戊, 乙日의 乙癸戊의 물형이 다른 이유입니다. 이 사주의 시간방향을 보세요. 癸水가 乙木을, 乙木이 戊土를 향하여 갑니다. 年의 宮位는 해외, 국가를 상징하기에 내가 국가나 해외를 향하는 겁니다. 만약 乙日이고 癸水가 月에 있다면 癸水가 乙을 향해 오기에 오히려 넓었던 공간에서 좁은 공간을 향하는 움직임이 분명합니다. 이때 만약 戊土가 없다면 乙木이 癸水의 도움을 받아도 꿈을 실현할 땅은 없습니다. 만약 戊土가 時干에 있다면 국가, 사회가 아니고 사적, 개인적인 꿈을 46세 이후에 실현합니다.

```
日時月年
□乙癸戊---1
□癸乙戊---2
□戊乙癸---3
```

만약 1처럼 癸水가 月에 있고 戊土가 年에 있다면 먼저 癸水의 도움으로 성장하다 년의 戊土를 향하지만 乙木은 반드시 먼저 癸水를 지나 戊土에 이르기에 2번의 乙木이 戊土에 이르는 것보다 더 많은 시간을 소비해야 합니다. 이런 시간방향과 흐름에 집중해야 합니다. 3번 구조라면 癸水의 도움을 받은 乙木이 일간 戊土를 향하기에 국가, 해외를 향하는 움직임은 기본적으로 불가능하기에 예로 복잡한 남녀인연처럼 개인적으로 활용합니다. 戊土에게 乙은 남녀로 안정적인 터전을 제공해야 하므로 인간관계가 복잡해집니다. 乙木 여인들이 戊土에 와서 터전을 달라고, 키워달라고 부탁합니다.

乾命				陰/平 1955년 2월 24일 22:30							
時	日	月	年	84	74	64	54	44	34	24	14	4
癸	戊	己	乙	庚	辛	壬	癸	甲	乙	丙	丁	戊
亥	寅	卯	未	午	未	申	酉	戌	亥	子	丑	寅

년과 월에서 乙未와 己卯로 학업에 집중하지 못하기에 학력이 높지 않습니다만 판단기준은 日干과 상관이 없습니다. 년과 월에서 乙未와 己卯로 水氣가 부족하고 乙卯는 밖으로 나가 육체를 적극적으로 활용하기에 干支 속성대로 학업에 집중하지 못하기 때문입니다. 水氣도 없고 乙卯에게 己土의 땅이 좁아서 뚫고 나가버립니다. 戊土가 필요한데 없으며 水氣로 乙卯를 키울 수 있는 것도 아니며 丙火가 乙卯의 움직임을 촉진하지도 못합니다. 이런 이유로 乙未와 己卯가 조합하면 학력이 길지 않고 일찍 장사나 사업에 흥미를 느낍니다. 34세부터 乙亥대운이 오면 水氣가 들어오니 발전하기 시작해서 甲戌, 癸酉대운까지 돈을 많이 벌어서 천 억 부자라고 합니다. 이 구조는 乙癸戊 三字조합으로 많은 乙木들이 戊土 땅에 모이고 癸水로 성장을 촉진합

니다. 많은 木들이 水氣를 빨아올려서 戊土 위에서 성장하는 행위가 재물에 해당합니다. 사주원국에 수확하는 움직임은 없지만 戊癸 合하고 乙木이 戊土를 향하고 卯月에 卯木도 戊土를 향하고 戊寅으로 품고 亥寅으로 품고 戊癸로 품으니 모든 木氣들이 戊土를 향하는 시간방향으로 정해졌기에 천억 부자가 되었습니다. 이 사주의 핵심은 매우 허약해 보이는데 戊己로 己土 하나가 있는 구조들은 잘 관찰해야 합니다. 己土가 많은 官殺에 무기력하다고 살피는 것은 옳지 않습니다. 년과 월의 乙未, 己卯는 좋은 배합은 아닌데 戊土가 乙未, 己卯의 패를 이어받아서 일간의 시기에 이르면 자신의 재능으로 세상을 개척합니다. 비록 己土가 무기력해도 戊土가 겪어야할 문제들을 己土가 막아줄 뿐만 아니라 己土의 가치를 戊土가 활용합니다. 따라서 무기력해 보이는 己土에게 다양한 가치가 있습니다. 비록 比肩이나 劫財가 무기력할 때 從格을 방해하는 존재로 이해하지만 이런 구조들은 독특한 묘미가 있습니다.

乾命				陰/平 1918년 2월 6일 18:30								
時	日	月	年	86	76	66	56	46	36	26	16	6
癸	甲	乙	戊	甲	癸	壬	辛	庚	己	戊	丁	丙
酉	子	卯	午	子	亥	戌	酉	申	未	午	巳	辰

이 구조의 乙癸戊 三字의 결과가 어디에서 결정되나요? 年에 있는 戊土에서 결정됩니다. 甲子는 교육, 癸酉도 교육에 어울리는데 癸酉, 甲子, 乙卯, 戊午로 時에서 年으로 거슬러 올라가는 시간방향이며 모든 결과물이 戊土에서 완성됩니다. 따라서 년의 宮位가 상징하는 국가, 해외와 같은 물상을 활용합니다. 다만 卯月에 水氣가 말라서 癸水, 子水, 甲子, 癸甲으로 보충하고 다

양한 공부를 해서 국학대사, 시인, 종교철학가로 대만의 가장 영향력 있는 10人에 뽑혔습니다.

乾命				고서-조화원약							
時	日	月	年								
己卯	癸卯	乙卯	癸未	丙午	丁未	戊申	己酉	庚戌	辛亥	壬子	癸丑	甲寅

조화원약에 나온 사주입니다. 癸乙로 조합하는데 戊土 대신 己土가 드러났지만 그래도 있으니 다행입니다. 물론 戊土나 巳火로 대체했다면 그릇이 훨씬 커졌을 겁니다. "공장"이라는 벼슬에 올랐습니다. 癸水는 卯木이 있으면 戊土나 巳火가 있어야 수많은 卯木들이 성장해서 좋은 결과를 얻습니다. 亥卯未 三合으로 卯木들이 未土를 향해 갑니다. 이런 시간방향도 국가, 해외와의 인연입니다. 다만 年支이기에 그릇에 차이가 생깁니다.

坤命				陰/平 1970년 6월 9일 08:30							
時	日	月	年	81	71	61	51	41	31	21	11	1
丙辰	癸巳	癸未	庚戌	甲戌	乙亥	丙子	丁丑	戊寅	己卯	庚辰	辛巳	壬午

戊寅대운 乙未 年에 차를 벤츠로 바꿉니다. 戊寅대운이 오면 戊癸 合인데 乙年이 오니까 乙癸戊 三字조합이 형성됩니다. 아름다운 봄날을 맞이하자 평시에는 꾸미지도 않고 촌스럽고 멋을 모르는데 갑자기 乙癸戊 영향을 받아서 벤츠로 바꾼 이유는 모두 봄처럼 화사하게 드러내고 싶은 욕망이 생겼기 때문입니다.

乾命				陰/平 1947년 9월 1일 06:30								
時	日	月	年	82	72	62	52	42	32	22	12	2
辛卯	丙寅	庚戌	丁亥	辛丑	壬寅	癸卯	甲辰	乙巳	丙午	丁未	戊申	己酉

대운이 역행해서 己酉, 戊申, 丁未, 丙午, 乙巳, 甲辰으로 흐릅니다. 戌月에 火氣가 필요한데 중년에 巳午未로 보충해서 매우 좋습니다. 또 丙火가 庚金을 만나 사업에 어울립니다. 년과 월의 배합도 丁亥와 庚戌로 굉장히 좋고 국가와의 인연이 강하며 亥水가 戌土에 습기를 조절하면서 丙寅, 辛卯로 火氣도 강합니다. 庚戌의 庚이 丙丁에 타 죽을 수도 있는데 辛金이 丙辛 합으로 丙火를 조절합니다. 辛金의 작용이 중요하지 않아 보여도 강렬한 丙火의 분산기세를 누그러뜨립니다. 태양빛이 강렬해서 만물이 타죽는 상황에서 문제를 조절할 수 있는 방법은 두 가지인데 辛金으로 丙火를 합하거나 己丑으로 丙火의 기세를 누그러뜨리는 겁니다. 辛金이 없으면 그릇이 줄어드는 이유입니다.

수천억 재산가인데 戌月의 시공을 맞추는 巳午未 대운으로 흘러 매우 좋았습니다. 기억할 점은, 丙火가 庚을 키우는 과정에 태양빛과 열이 너무 강하면 辛金이 丙火의 기세를 누그러뜨립니다. 辛金은 地支에 根이 없고 쓰임이 없는 글자처럼 보이지만 매우 중요한 역할을 담당합니다. 사업으로 크게 발전했던 이유는 사주원국 乙丙庚 三字를 활용했고 대운에서 火氣로 열매를 확장했기 때문입니다.

乾命	陰/平 1918년 2월 28일 08:30								
時 日 月 年	89	79	69	59	49	39	29	19	9
壬 丙 丙 戊 辰 戌 辰 午	乙 丑	甲 子	癸 亥	壬 戌	辛 酉	庚 申	己 未	戊 午	丁 巳

이 사주는 특별히 할 일이 없습니다. 辰月에 丙火와 戊午가 미리 나와 버렸습니다. 일주는 丙戌로 辰月에 乙木을 키워야 하는데 辰土를 沖하므로 구조가 뒤죽박죽입니다. 전체구조는 火土로 조합하였지만 辰月에 너무 말랐습니다. 다행하게 時干 壬辰이 水氣를 채워주는 역할입니다. 丙丙이 戊土에 빛을 방사해도 金이 없으니 열매를 키우지 못하기에 할 일이 없습니다. 중국 출생인데 싱가포르에 가서 사업을 했습니다. 초년에는 쓸 만한 글자가 없으니 좋을 수 없습니다. 12세에 兄이 사망하고 16세에 부친도 사망하고 공부도 못하고 가정을 보살펴야 하는 상황이었는데 39세 庚申, 辛酉대운으로 흐를 때 時干에 있는 저승사자와 같은 劫煞(겁살) 壬水의 특징대로 해외에서 사업으로 수천억, 수 조원 돈벼락을 맞았습니다.

만약 사주원국에 庚申이 있다면 강렬한 丙火가 庚金 열매를 크게 확장하지만 없으니 火氣는 강렬해도 쓰임이 없습니다. 大運이 丁巳, 戊午, 己未, 庚申, 辛酉로 흐르니 초년에 辰土 속의 乙木들이 성장하기만을 기다렸다가 庚申에 이르면 乙庚 합하고 빈둥거리던 丙火가 큰 열매를 키우기 시작합니다. 만약 丙丙 두 개가 마른 땅에 드러난 庚申에게 강렬한 빛을 방사하면 타죽었을 겁니다. 다행하게도 할 일이 없어서 沖으로 丙火를 괴롭히던 壬辰이 庚申이 타죽지 않도록 적절하게 통제하고 열매가 확장하는 과정에 내부에 당도 높은 水氣를 채웁니다. 이처럼 사주팔자의 글자들은 빈둥거리다가도 운에서 갑자기 폭발적으로 쓰임을 얻어서 가치가 높아지거나 또 정반대로 화려하게 살다가 갑자기 빈둥거리다 어둠 속으로 사라지기도 합니다. 이런 변화를 이해하려면 사주구조를 읽는 안목을 길러야 합니다. 정리하면, 강렬한 丙火 때문에 사막처럼 변한 땅에 庚申열매가 열리면서 丙火도 壬水도 활발하게 움직이면서 갑부가 되었습니다.

乾命				陰/平 1962년 6월 10일 04:30								
時	日	月	年	89	79	69	59	49	39	29	19	9
戊	庚	丁	壬	丙	乙	甲	癸	壬	辛	庚	己	戊
寅	戌	未	寅	辰	卯	寅	丑	子	亥	戌	酉	申

乙庚 合 설명할 때 살펴본 사례이지만 丁未월에 庚戌일이면 未이 地藏干에 있는 乙木이 스스로 일간 庚을 향해갑니다. 壬水가 당도를 채워주고 未중 乙木, 寅木의 수많은 새싹들이 庚金 열매로 바뀌면 시간 戊土가 가치를 드러냅니다. 사업으로 백억 이상의 재산을 축적하였습니다.

▍四季의 순환과정- 가을과 겨울

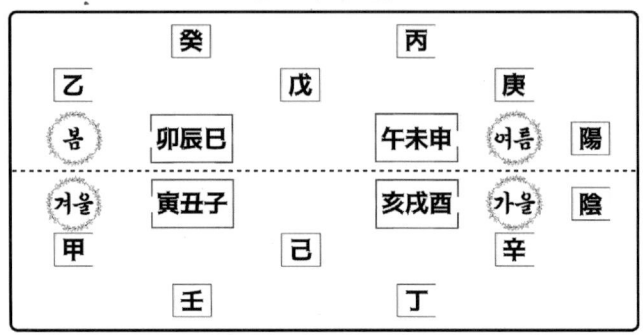

이제 가을과 겨울의 상황을 살펴보겠습니다. 庚金으로 열매가 성숙해지면 씨종자와 같은 辛金으로 완성됩니다. 이 상황을 생각해봅시다. 물질측면에서 庚과 辛은 많이 다릅니다. 봄에 乙庚 슴하고 여름에 庚이 부피를 확장하지만 가을에 辛으로 바뀌면 딱딱해지고 땅으로 낙하하기에 더 이상의 성장은 불가능합니다. 최대로 딱딱해지고 부피는 극도로 작아졌습니다. 더 이상 작아질 수 없을 정도로 작아졌기에 확장은 불가능합니다. 庚金과 辛金의 가치를 비교하면 辛金이 훨씬 높지만 부피는 庚金이 훨씬 큽니다. 사회에서는 존재가 드러나는 부피가 크고 화려한 물상을 좋아하고 작아서 그 가치를 알기 어려운 물상을 좋아하지 않습니다. 다이아몬드는 매우 작아도 엄청 비싸지만 구하기 어렵고 관리도 어려우며 극소수만 소유하기에 오히려 물질로 활용하기 어렵습니다. 정리하면 辛金은 가치가 높지만 활용이 어렵고 庚金은 활용하기 편하지만 가치는 떨어집니다. 이런 이유로 가을에 辛金으로 바뀌면 부피가 확 줄어듭니다. 운동방향으로 따지면 辛은 위에서 아래로 낙하하고 떨어진 공간에 홀로 정착하고 고립됩니다. 己土는 辛을 품어서 내부에 저장하면 丁火는 辛에게 열기를 전달합니다. 이 상황을 정리하면 丁辛己 三字조합으로 가을을 상징하며 그 속성은 하강, 축소하고 딱딱해지는 움직임입니다. 봄에 활용하는 乙癸戊 三字와 정반대편 시공간에 있으니 그 특징을 반대로 읽어야 합니다. 乙癸戊와 丁辛己가 만나면 乙辛 沖, 丁癸 沖하는 이유입니다. 움직임이 정반대이기에 충돌이 발생합니다. 자연에서는 필연적으로 발생하지만 물질세상을 사는 과정에는 줄어들고 축소되고 움츠리는 움직임을 좋아할 리 없습니다. 심리상태는 가을을 상상하면 됩니다. 쓸쓸하고 외롭고 내가 왜 사나 싶고 내면을 살피고 고독을 즐깁니다. 丁辛己 三字의 時間方向은 모두 내부를 향합니다. 겉으로 화려하게 드러나는 것을 즐기지 못합니다.

十干의 운동방향을 성정, 물질, 심리, 사회활동 측면에서 살피면 흥미로운 현상들이 보입니다. 辛金은 대중으로부터 멀어져 고독을 즐깁니다. 辛金이 사주팔자 어느 宮位에 있다면 그 시공간은 고독하고 쓸쓸하고 성정도 거칠어집니다. 예로 辛未 月의 경우 16세에서 23세 사이에 주위에 있던 사람들이 멀어지거나 사라지며 스스로도 외톨이를 자처하기에 외롭습니다. 부모가 사망하거나 형제가 떠나거나 다양한 이유로 힘들어집니다. 가을의 씨종자 辛金은 새 생명체로 태어나고자 윤회과정을 거치는데 己土 땅속에서 丁火 열기와 壬水의 응축작용을 활용해서 酉戌亥子丑寅月을 지나 물형이 甲으로 바뀝니다. 물질적으로 크게 발전하는 三字조합도 丁辛壬입니다. 丁火 열기를 품은 辛金이 壬水, 亥水, 癸水, 子水를 만나면 폭발하듯 크게 부풀려집니다. 이 三字조합은 酉戌亥 月에 이루어지는 것이 좋습니다. 이때 丁辛 두 글자가 어떤 구조로 짜여있는지 살펴야 합니다. 반드시 火氣가 먼저요 나중에 辛이 나와야 합니다. 예로 年에 丁火가 있고 月

에 辛金이 있어야 합니다. 거꾸로 辛이 年에 있고 月에 丁火가 있으면 時間이 역류합니다. 時間方向이 月에서 年을 향하기에 일간으로부터 점점 멀어져 내가 취하지 못하고 조상, 국가, 타인을 위한 행위를 합니다. 丁火가 辛金에게 열을 가하고 辛이 壬水나 癸水 子水, 亥水를 향해야 합니다. 만약 日支에 子水, 亥水가 있다면 혹은 日干이 壬癸로 취하면 돈이 스스로 나를 찾아오는 것처럼 큰 재산을 축적합니다. 時間方向이 뒤죽박죽이면 시공간이 비틀린 만큼 힘들어 집니다. 시간의 순차적인 흐름은 사주의 질을 높이는 중요한 요소입니다. 인생이 순탄하고 막힘이 없습니다. 고독하고 쓸쓸한 성향을 가진 가을에도 丁辛壬 三字조합은 재물을 뻥튀기하고 매우 총명하기에 그런 성향이 크게 줄어듭니다.

丁辛壬 과정을 거친 후 甲木이 己土에 뿌리 내리면서 겨울이 시작되고 壬水의 움직임을 따라서 甲木이 하강합니다. 다만 甲에게 직접 방사하는 것이 아니라 먼저 己土에게 생명수를 공급하면 己土는 甲을 품어서 뿌리 내리고 子月에 癸水가 폭발하면 밖으로 튀어나가기 시작합니다. 이처럼 壬甲己 三字조합은 겨울에 기초를 다지면서 어둠 속에서 봄을 기다립니다. 운동 방향으로 살피면 그 움직임은 하강하면서 뿌리 내립니다. 이런 이유로 壬甲己는 기초공사와 같은 움직임입니다. 꿈을 키우고, 미래를 설계하지만 그 존재를 드러내지 못하는 상황입니다. 성장의 기세가 가장 좋은 조합은 봄에 활용하는 乙癸戊요, 정반대편 丁辛己는 오히려 성장의 기세가 사라지지만 壬水와 조합하면 丁辛壬 三字로 총명하고 재물을 폭발시키는 재주를 가졌습니다. 겨울은 만물이 얼어붙었어도 희망이 있습니다만 가을의 丁辛己 조합은 봄이 오려면 많은 시간이 필요합니다. 봄과 여름에는 戊土 위에서 드러나고, 가을과 겨울에는 己土 내부에서 보이지 않게

순환과정을 반복합니다. 火는 金을 키워 물질을 얻고 水는 木을 키워 생명체를 내놓기를 반복합니다.

乾命				陰/平 1975년 10월 16일 18:30								
時	日	月	年	83	73	63	53	43	33	23	13	3
辛	戊	丁	乙	戊	己	庚	辛	壬	癸	甲	乙	丙
酉	辰	亥	卯	寅	卯	辰	巳	午	未	申	酉	戌

이 사주는 月支 偏財 格에 천간에서 官印相生한다고 주장합니다. 에너지 파동으로 살피면 乙卯와 戊辰의 좌우확산 움직임을 제외하고 丁亥와 辛酉는 亥月 내부로 들어가기에 쓸쓸하고 고독합니다. 十神으로는 官印相生이라고 부르지만 戊土가 亥月에 時節을 잃었기에 乙卯를 키울 수 없고 丙火도 없으니 乙卯가 적극적으로 활동할 수도 없습니다. 格局으로 좋아 보이지만 바다의 등대처럼 丁亥의 쓸쓸함과 辛酉 고독이 모여서 사회에서 활발한 활동은 어렵습니다. 甲午年 丁卯 月에 일을 그만두고 스님이 되었습니다.

坤命				陰/平 1982년 1월 7일 12:30							
時	日	月	年	81	71	61	51	41	31	21	11	1
庚	甲	辛	辛	庚	己	戊	丁	丙	乙	甲	癸	壬
午	寅	丑	酉	戌	酉	申	未	午	巳	辰	卯	寅

년과 월에서 辛酉, 辛丑이니까 수렴, 응축 기세뿐입니다. 甲寅으로 굉장히 굵은데 뿌리내릴 공간은 丑土 뿐이기에 丑土를 향했는데 그 공간에 다양한 金氣들이 모여 있고 寅丑 암합으로

연결되고 어둠 속에서 뿌리내리니 밝은 세상은 아닙니다. 水氣라도 있으면 辛酉의 날카로움을 풀어낼 수 있는데 없고 丑土 속의 癸水가 유일하기에 丑土를 따를 수밖에 없습니다. 時干 庚金은 인생의 고민과 같은데 時支 午火가 庚金의 지도자로 함부로 행동하는 것을 통제하고 丑月에 온기를 제공합니다.

이 여인은 癸卯대운 己卯年에 접대부가 되었습니다. 癸卯대운에 月支 丑土와 卯丑으로 조합하면 젊어서 결혼 못하고 죽은 영혼의 영향을 받아서 섹스를 갈망하는 물상입니다. 또 酉年을 기준으로 癸水는 六害로 성욕이 강해지고 卯대운 己卯年의 卯木은 甲寅과 함께 劫煞, 災煞 저승사자처럼 일반인들은 하지 못하는 행위를 과감하게 실행합니다. 또 丑土의 地藏干에 庚辛들이 모여 있는데 寅丑으로 暗合해서 일지로 끌어오니 그 의미가 더욱 뚜렷해집니다. 이런 이유로 1999년 己卯年에 어린 나이임에도 화류계로 빠졌습니다.

坤命				陰/平 1961년 12월 27일 20:30							
時	日	月	年	83	73	63	53	43	33	23	13	3
丙戌	乙丑	辛丑	辛丑	庚戌	己酉	戊申	丁未	丙午	乙巳	甲辰	癸卯	壬寅

년과 월에서 辛丑, 辛丑으로 좋아 보이지 않습니다. 유일하게 時干 丙火가 乙의 마음을 끌고 있습니다. 문 밖을 향하는 시간 방향으로 화류계, 접대부 쪽으로 빠질 수 있습니다. 그 이유는 亥子丑 추운 겨울 丙戌 時에 태어났기에 대문 밖에 丙火 등촉을 밝힌 모양이라 그렇습니다. 초년에 매우 힘들게 살다가 乙巳 丙午 丁未대운에서는 乙木의 시절을 만나 좀 발전했지만 戊申

대운에 비명횡사했다고 합니다. 乙辛으로 沖하기에 乙木의 활동이 적극적이지 않으니 문제가 없다가 戊土가 오면 辛戊乙 三字로 乙木이 戊土에서 갑자기 활발하게 움직이다가 辛金의 충격으로 갑자기 사망하였습니다. 특히 심각한 이유는 乙丙으로 이어져 있다가 乙木이 상하면 丙火로 가는 피가 막히니 심장마비, 뇌출혈처럼 급사를 암시합니다.

坤命				陰/平 1932년 12월 14일 08:30							
時	日	月	年	81	71	61	51	41	31	21	11	1
庚	乙	癸	壬	甲	乙	丙	丁	戊	己	庚	辛	壬
辰	亥	丑	申	辰	巳	午	未	申	酉	戌	亥	子

申이 丑土에 들어가고 내부에서 수많은 水氣들이 申의 물형을 부풀리고 金水로 조합하니까 비록 乙日이 丑月에 시절을 잃었지만 총명합니다. 아쉬운 점은 乙木에게 陽氣가 전혀 없으니 존재감을 드러낼 수 없기에 초년에 힘들게 살았지만 총명함으로 申酉戌 대운에 교사로 청빈하게 살았습니다. 씨종자 申酉戌을 水氣에 풀어내 교육에 활용하였습니다. 현대 직업으로는 연구원에 어울립니다. 또 종교, 명리, 철학에도 적절합니다. 이제 地支에 대해서 살펴보겠습니다.

▌三合운동과 四季의 순환

지금까지 天干을 살폈고 地支를 살펴야 하는데 기준은 三合운동입니다. 巳酉丑과 申子辰 三合은 가을과 겨울, 亥卯未와 寅午戌 三合은 봄과 여름으로 구분합니다. 申子辰 三合은 壬水의 운동으로 地支에서 물질로 현실화되는 과정이기에 물처럼 흘러 다니거나 낙하합니다. 폭포처럼 떨어지는 움직임을 상상하면 됩니다. 壬水의 時間方向은 위에서 아래로, 밝음에서 어둠으로 사라집니다. 계속 흐르며 낮은 공간으로 숨어듭니다. 壬水는 辛을 품어서 미네랄워터가 되거나 丁壬 合으로 辛을 甲으로 바꾸거나 물처럼 흘러 다니며 방황합니다. 방랑자, 미네랄워터, 丁壬으로 짝짓기 하는데 辛을 배합하면 총명하고 재물 복도 매우 큽니다. 따라서 申子辰 三合은 辛을 품지 못하면 가치가 낮고 水氣의 속성대로 정착하지 못하고 어두운 밤길을 어슬렁거립니다. 물상으로는 방랑, 방탕, 조폭, 도둑, 강도, 살인 등입니다.

巳酉丑도 숙살의 속성이 강하지만 申子辰도 생명수로만 볼 것이 아니라 살벌한 기운을 느껴야 합니다. 인간의 생명을 거칠게 빼앗아 갈 수도 있습니다. 홍수, 해일이 오면 한순간 다 쓸어가 바다 속으로 사라집니다. 한순간 많은 생명체를 죽일 수 있는 살벌한 기운입니다. 이런 이유로 申子辰 三合을 조폭, 살인, 강도에 비유하는 겁니다. 여자 사주팔자 일지에 辰土가 있으면 조폭과 인연이 있거나 조폭을 좋아합니다. 군인, 경찰처럼 살기를 가진 직업을 좋아합니다. 壬水와 申子辰의 신체특징은 저승사자처럼 눈이 크고 튀어나와 있습니다. 상담할 때 여자 日支에 辰土가 있다면 군인, 경찰, 조폭과 같은 남자들을 좋아한다고 통변합니다. 남편이나 남자의 직업은 申子辰 물처럼 흘러 다니기에 정착하려는 성향이 약하니 월급생활은 답답해하고 장사나 사업을 원합니다. 물론 종교, 명리, 철학 인연도 강하지만 申子辰의 방랑하는 속성 때문에 조폭, 사기, 강도, 껄렁거리는 이중적 성향입니다. 물처럼 돌아다니거나 조폭처럼 어슬렁거리거나 정신적으로 방황하거나 운전수처럼 방방곡곡을 돌거나 자유롭게 장사, 사업합니다. 여자의 사주에 申子辰이 강하면 방랑하는 상으로 문란하거나 문란한 직업에 종사합니다.

坤命				陰/平 1948년 7월 19일 00:40								
時	日	月	年	85	75	65	55	45	35	25	15	5
丙	庚	庚	戊	辛	壬	癸	甲	乙	丙	丁	戊	己
子	辰	申	子	亥	子	丑	寅	卯	辰	巳	午	未

심성은 착하나 여장부입니다. 辛未年부터 당뇨로 고생하는 남편에게 지극 정성입니다. 자식이 생기지 않아 구박받고 남편의 외도로 고생하다 壬戌년에 딸을 낳았습니다. 어릴 때 꿈이 교사였지만 텍사스촌 술집경영 및 24시간 슈퍼 경영합니다. 남편이 외도하여 庚申년 아들과 壬戌년 딸이 있으며 자식들에게도 지극정성입니다. 44세 辛未年 癸巳月에 운영하는 술집 종업원 애인이 찾아와 살해하고 말리는 남편을 칼로 찔러서 6개월 중상을 입혔습니다. 10년이 지나 辛巳年에는 남편의 당뇨 악화로 병원에 입원히고 이 여인은 庚辰年에 식당을 개업하였지만 辛巳午에 정리하면서 3억 손실을 보아 경제적으로 어렵습니다. 노름을 좋아합니다. 丙火가 庚申, 庚辰으로 남편은 두 여자와 삽니다. 壬辰年 生과 외도하여 庚申년 아들을 두었는데 헤어졌고 본부인의 이종사촌 동생으로 미혼인 壬辰 生이 찾아와 함께 생활하며 혼사문제만 나오면 화를 내고 싫어합니다. 가게는 항상 두 곳을 영업합니다. 이 사주의 남자 특징은 申子辰 三合물상대로 살고 있습니다. 申子辰의 운동방향은 물이 낙하하는 것처럼 인간이 원하지 않는 움직임입니다. 어둠속으로 사라지고 드러나지 못하는 공간에 머물기에 죽음을 상징합니다. 殺氣를 가졌으며 만물을 쓸어버리는 살벌한 기운입니다. 운동방향이 낙하, 하강하니 물건이 떨어지거나 사람이 추락합니다. 아파트에서 추락해서 사망하는 물상은 申子辰 三合의 움직임입니다. 酉子 破도 酉金이 子水를 따라 밑으로 추락하기에 殺氣가 숨어있습니다. 중력을

가진 물체가 낙하하는 원리입니다. 時間方向, 운동방향으로 살피면 낙하는 申子辰 三合의 독특한 특징입니다. 亥卯未는 어둠에서 밖으로, 내부에서 위를 향하는 움직입니다. 寅午戌은 분산하고 巳酉丑은 점진적으로 딱딱해집니다. 유일하게 申子辰은 하강하고 낙하하기에 어둠의 자식들과 같습니다. 사회의 일원으로 활동하기 어렵기에 개인장사, 사업을 원합니다. 辰土에서 공부하고 싶다면 유학가야 합니다. 辰月을 상상하면 이해가 쉽습니다. 辰月에 모내기 하느라 바쁘고 水氣가 부족하기에 공부에 집중하지 못합니다. 예로 戊辰대운을 만난 학생은 학업에 집중하기 어려우면 해외로 유학가라고 조언합니다.

巳酉丑은 물질의 三合운동입니다. 씨종자를 만들어야 하므로 물질을 추구하기에 재물로 대발할 가능성도 있습니다. 다른 三合에 비해 물질을 빠른 속도로 얻을 수 있기 때문입니다. 문제는 丑土에서 三合을 마감하기에 도둑, 강도, 도박, 투기, 교도소, 사망과 같은 물상이라고 했습니다. 이런 이유로 申子辰과 巳酉丑의 속성은 매우 어둡습니다. 寅午戌은 丙火의 三合운동으로 빛처럼 분산하기에 교육, 공직, 직장 물상으로 사업과는 거리가 있습니다. 亥卯未는 甲으로 성장하기에 성장과정에 문제가 발생할 수 있습니다. 예로 신체일부가 다치거나 사업하다 부도나는 경우도 마찬가지입니다. 三合에 대해서 구체적으로 정리하기로 하고 사주사례를 살펴보겠습니다.

乾命				陰/平 1985년 2월 24일 08:30							
時	日	月	年	83	73	63	53	43	33	23	13 3
甲辰	壬午	庚辰	乙丑	辛未	壬申	癸酉	甲戌	乙亥	丙子	丁丑	戊寅 己卯

년과 월에서 乙丑과 庚辰으로 合하고 지지에서 丑辰 破하기에 불안정하고 그릇이 작습니다. 丑辰 破는 丑土의 地藏干 내부에서 酉子파로 한탕을 노리는 도둑 속성과 辰土의 조폭성향, 방탕의 특징이 섞이면서 한탕을 노리고 사기, 도박, 투기와 같은 물상을 드러냅니다. 2006년 丙戌年에 엄마가 아들팔자를 보러 와서 언제 결혼하느냐 질문하니까 辰辰丑이 寅午戌 三合의 중심인 午火를 공격하기에 교도소에 갈 팔자라고 통변합니다. 모친이 답하기를, 어려서 범죄를 저지르고 교도소에서 살고 있다고 합니다. 이 설명처럼 午火를 극해서 범죄를 저지른다고 볼 수도 있지만 丑辰 破 작용만으로도 범죄를 저지를 수 있습니다. 또 丑年을 기준으로 寅卯辰과 甲乙은 저승사자 속성으로 일탈을 과감하게 행하기에 범죄를 저지를 가능성이 높습니다.

乾命				陰/平 1960년 10월 19일 02:00							
時	日	月	年	81	71	61	51	41	31	21	11	1
乙	己	丁	庚	丙	乙	甲	癸	壬	辛	庚	己	戊
丑	巳	亥	子	申	未	午	巳	辰	卯	寅	丑	子

地支에 亥子丑이 있는데 중간에 巳火가 夾字로 끼어서 음습한 水氣들의 공격을 받습니다. 살인죄를 저질러 사형에 처해졌다고 합니다. 이 구조의 핵심은 陽氣 하나가 중간에 끼었는지 아니면 時支나 年支에 있는지 살펴야 하는데 만약 중간에 끼어있다면 문제가 발생할 확률이 높아지지만 年支나 時支에 있다면 심각한 상황은 아니라고 판단합니다. 夾字로 끼어있다면 비틀어지는 속성 때문에 문제가 훨씬 심각해집니다. 이 구조도 자년을 기준으로 丁火, 巳火가 겁살, 재살 저승사자와 같아서 방탕, 일탈의 성향이 강합니다.

乾命				陰/平 1969년 7월 5일 12:30							
時	日	月	年	83	73	63	53	43	33	23	13	3
庚午	甲子	壬申	己酉	癸亥	甲子	乙丑	丙寅	丁卯	戊辰	己巳	庚午	辛未

庚午의 午火만 밝은 기운을 가졌고 나머지는 어둡습니다. 이 사주에게 직업을 물었더니 곡식을 수매하는데 싫어서 己丑年에 직업을 바꾸려고 한다고 합니다. 교도소에 갈 팔자인데 과거에 그런 적이 없냐고 질문하니 젊은 시절에 친구들 따라다니다 살인죄 공범으로 오해받아서 4천만 원을 쓰고 풀려났다고 합니다. 庚午 時인데 13세에서 22세 대운도 庚午로 복음입니다. 사주원국 구조대로 午火가 子午 沖으로 상하고 수많은 金水에 상하며 庚이 甲을 沖하는데 그 정도가 심하지 않아서 돈을 내고 풀려났습니다. 午火가 夾字로 중간에 끼어있지 않은 것도 풀려난 원인 중 하나입니다.

坤命				陰/平 1964년 5월 5일 08:30							
時	日	月	年	83	73	63	53	43	33	23	13	3
戊辰	甲午	庚午	甲辰	辛酉	壬戌	癸亥	甲子	乙丑	丙寅	丁卯	戊辰	己巳

이 구조를 설명하기를, 辰辰이 寅午戌의 중심 午火를 포위하고 있다고 표현합니다. 陰的이라고 판단하는 辰土가 陽的이라고 판단하는 午火를 통제하고 있다고 보는 것입니다. 사고방식이 음습하기에 사기죄로 교도소에 수감되었다는 예문입니다. 다른 각도에서 살피면 辰年을 기준으로 午火 두 개는 災煞에 해당하기

에 범죄를 저지를 개연성이 높습니다. 또 午火가 庚金을 자극하면 날카롭게 甲木을 沖하기에 충동적이며 다혈질로 과감하게 불법을 저지를 수 있는 성정입니다.

坤命				陰/平 1977년 12월 5일 16:30							
時	日	月	年	87	77	67	57	47	37	27	17	7
甲申	乙亥	癸丑	丁巳	壬戌	辛酉	庚申	己未	戊午	丁巳	丙辰	乙卯	甲寅

申亥丑巳로 어두운 글자들이 丁巳를 공격합니다. 年支에 있으니 탈출구는 있지만 귀퉁이에 몰린 巳火를 두들겨 팹니다. 乙이 좋아하는 巳火를 추구하는 과정에 나머지 글자들이 巳火를 밀어내 버리니 乙木과 巳火의 거리가 멀어지면서 서로 의지하고 활용하기 어렵습니다. 구조가 음습하기에 財를 취함이 불법적입니다. 巳丑으로 불법, 비리, 사기, 도박 물상이기에 사기 쳐서 돈을 벌려다 체포되었습니다. 저승사자 개념을 활용하면 巳年을 기준으로 甲乙이 劫煞과 災煞로 입만 열면 거짓말을 합니다.

乾命				陰/平 1992년 10월 11일 22:30							
時	日	月	年	81	71	61	51	41	31	21	11	1
丁亥	乙酉	庚戌	壬申	己未	戊午	丁巳	丙辰	乙卯	甲寅	癸丑	壬子	辛亥

戌月의 時空에 火氣가 필요한데 壬水에 酉金에 亥水까지 있고 대운도 辛亥, 壬子, 癸丑으로 戌土 화로가 꺼지는 상황입니다. 乙에게 부담스러운 金氣도 강한데 무기력해 보이는 丁火로 막

으니 신경질적이고 조폭 같은 성질로 변합니다. 부모의 말을 듣지 않아서 무술을 배우게 했지만 더욱 심하게 깡패 짓만 합니다. 결국 庚寅年에 행패를 부리다가 교도소에 들어갔습니다. 庚壬의 방탕성향으로 어려서부터 못된 짓을 하다가 결국 교도소에 들어간 것입니다.

乾命				陰/平 1984년 11월 19일 00:30							
時	日	月	年	89	79	69	59	49	39	29	19	9
甲	戊	丁	甲	丙	乙	甲	癸	壬	辛	庚	己	戊
子	申	丑	子	戌	酉	申	未	午	巳	辰	卯	寅

戊土를 제외하고 모두 내부로 수렴하는 에너지들로 구성되어 있습니다. 丁丑으로 殺印相生한다고 주장해도 무의미합니다. 戊土가 丑月에 시절도 잃었습니다. 다만, 년과 월에서 甲, 丁丑으로 좋은데 甲子, 甲子로 복음이고 모두 습한 기운들입니다. 己卯대운에 丑土가 반응하고 卯丑으로 응결되는데 2005년 21세 乙酉年에 乙木으로 드러나 六害의 작용으로 이상한 행위를 할 수 있으며 酉子丑으로 퍽치기처럼 돈을 노리고 살인을 저질러서 사형에 처해졌습니다. 무모한 행위를 하는 이유는 첫째 卯丑으로 귀신장난에 놀아나고 둘째 子年을 기준으로 월간 丁火가 저승사자와 같은 작용이며 丑土의 도둑, 강도, 살인과 같은 어두운 물상에서 벗어나지 못했기 때문입니다. 특히 乙酉年은 己卯대운의 卯丑의 작용이 乙木육해로 천간에 드러나 현실화 되자 정신적으로 불안정해지고 지지에서는 酉丑으로 한탕을 노리는 해였습니다. 부연설명하면 己卯대운의 卯木은 사주원국과 子卯 刑, 卯丑, 卯申으로 己土가 소유한 卯木을 卯申으로 빼앗으려는 대운이 분명합니다.

乾命				陰/平 1975년 4월 22일 14:30								
時	日	月	年	89	79	69	59	49	39	29	19	9
己	戊	辛	乙	壬	癸	甲	乙	丙	丁	戊	己	庚
未	寅	巳	卯	申	酉	戌	亥	子	丑	寅	卯	辰

戊土와 己未로 있으니 친구들을 모아서 辛으로 乙을 자르는 구조입니다. 만약 己土가 없으면 세력을 모으려는 의지가 없기에 경쟁, 시기, 질투의 속성이 없거나 약합니다. 己未만 없으면 辛을 홀로 활용하는데 己未까지 있으니 육체를 활용하고 세력을 모아서 폭력을 행사하고 교도소에 들어갔는데 그곳에서도 두목 행세 한답니다. 출소 후 戊子年에 또 폭력으로 사람을 죽여서 교도소에 들어갔습니다. 사주원국에 己未로 육체, 戊土와 함께 시비의 속성이 강한데 辛이 傷官일 뿐만 아니라 卯年을 기준으로 災煞에 해낭하고 국가자리 乙을 공격하니 범죄자 유형이 분명합니다. 천간에서 辛戊乙 三字가 조합하고 乙木이 戊土를 향하는 과정에 辛金이 중간에서 자르니 살인까지 저질렀습니다.

乾命				陰/平 1971년 4월 24일 22:30								
時	日	月	年	84	74	64	54	44	34	24	14	4
癸	癸	癸	辛	甲	乙	丙	丁	戊	己	庚	辛	壬
亥	卯	巳	亥	申	酉	戌	亥	子	丑	寅	卯	辰

亥亥와 癸癸癸가 卯巳를 중간에 夾字로 끼고서 巳亥 沖하는 구조입니다. 己丑대운이 34에서 43세 사이인데 卯丑으로 걸리고 巳丑으로 조합하여 물질을 추구합니다. 또 丑土의 도둑, 강도 속성으로 회사 돈을 훔치려다가 검찰에 조사받고 있다고 합니

다. 나중에 교도소에 수감될 가능성이 높은 이유는 바로 丑土에서 탐욕을 부렸기 때문입니다.

乾命				陰/平 1979년 1월 8일 04:30								
時	日	月	年	80	70	60	50	40	30	20	10	0
壬寅	壬寅	乙丑	戊午	甲戌	癸酉	壬申	辛未	庚午	己巳	戊辰	丁卯	丙寅

대운이 丙寅, 丁卯, 戊辰, 己巳, 庚午로 흐르는데 丑土 하나를 戊午 寅寅이 寅午戌 三合으로 비트는 구조입니다. 밝음이 어둠을 공격하고 있으니 직업이 형사입니다. 지금까지 살펴본 내용은 사주팔자에서 밝음과 어둠이 어떤 방식으로 발현되는지 이해해보자는 취지입니다.

▍時空間 흐름과 宮位

地支의 時間과 宮位에 따른 명암을 구분해보겠습니다. 어렵지는 않은데 통변에 활용하지 못하고 있습니다.

乾命				陰/平 1964년 6월 20일 00:30								
時	日	月	年	84	74	64	54	44	34	24	14	4
壬子	戊寅	辛未	甲辰	庚辰	己卯	戊寅	丁丑	丙子	乙亥	甲戌	癸酉	壬申

辰土는 乙癸戊로 성장, 확장하는 움직임입니다. 未土는 亥卯未 성장과정을 끝냈으니 열매가 최대로 확장한 공간이고 희생양의 속성과 함께 종교, 명리, 철학, 교육 무역, 원자재, 식료품 유통

과 인연이 많습니다. 未土의 地藏干에 乙木이 묶여서 답답하기에 신체장애 물상도 있습니다. 辰土에서 未土까지는 성장하고 발전하는 흐름입니다. 未土에서 가장 바쁘게 살았습니다. 일간 戊土는 봄과 여름에 활용하는 터전, 무대와 같으며 偏財 속성으로 활동공간이 넓고 다양합니다. 日柱 戊寅을 지날 때 화려함 속에 고독함이 감추어져 있습니다.

寅午戌 三合을 출발하는 寅木은 성장 움직임이긴 해도 겨울의 시공간이기에 존재감을 드러내지 못합니다. 壬子의 시기에 이르면 어둠 속으로 들어갑니다. 밖으로 나가는 것을 좋아하지 않고 나갈 수도 없는 환경에 직면합니다. 물질을 추구하려는 의지가 점점 사라지고 자신도 모르게 정신을 추구합니다. 이런 설명은 사주팔자를 시공간 흐름으로 살피는 겁니다. 이때 壬子의 속성이 月支 時空에 흉한지 길한지 살펴야 합니다. 어둡지만 月支에 좋을 수도 있고 어두우면서도 月支에 나쁠 수도 있으며 이에 따라 상황이 달라지는 겁니다. 未月이니까 水氣가 필요하므로 壬子가 월지에 나쁜 작용을 하는 것은 아닙니다. 따라서 사회에서 두각을 나타내지는 못하지만 그렇다고 삶이 힘들어졌다는 의미는 아닙니다. 또 壬子가 원하는 대로 종교, 명리, 철학에 집중하다 보면 새로운 길이 열리는 겁니다.

乾命				陰/平 1980년 2월 4일 00:30								
時	日	月	年	85	75	65	55	45	35	25	15	5
庚子	壬辰	己卯	庚申	戊子	丁亥	丙戌	乙酉	甲申	癸未	壬午	辛巳	庚辰

申卯辰子로 가장 활발하게 활동하는 공간은 38~45세 辰土가 분

명합니다. 월주 己卯에서 己土는 내부로 들어가고 卯木은 밖으로 튀어나가지만 卯申으로 묶여서 활발하지 못합니다. 壬水도 응축에너지요. 壬己로 조합하면 겨울의 시공간으로 내부를 상징하는데 오로지 辰土에 이르는 38 ~ 45세 사이에는 밖으로 나가서 적극적으로 활동합니다.

坤命				陰/平 1968년 11월 1일 20:30								
時	日	月	年	84	74	64	54	44	34	24	14	4
甲戌	甲子	甲子	戊申	乙卯	丙辰	丁巳	戊午	己未	庚申	辛酉	壬戌	癸亥

申子子戌 어두운 글자들인데 유일하게 時支 54세 즈음에 이르면 寅午戌 三合으로 사주구조에서는 가장 온기를 느끼는 공간을 만납니다. 申子子는 어둠 속에서 드러나지 못하거나 드러내기 싫어하는 인생입니다.

乾命				陰/平 1966년 12월 16일 22:30								
時	日	月	年	83	73	63	53	43	33	23	13	3
丁亥	庚寅	辛丑	丙午	庚戌	己酉	戊申	丁未	丙午	乙巳	甲辰	癸卯	壬寅

역술인 사주입니다. 丙午, 辛丑으로 辛丑을 지날 때 화려한 丙午를 어둠속으로 끌고 들어갔고 庚寅에서 寅午戌로 새롭게 출발하고 丙午로 庚열매를 확장합니다. 丁亥는 또 쓸쓸함과 고독을 상징합니다. 46세 이후에는 그런 환경과 성향으로 살아갑니다. 고독을 종교, 명리, 철학 같은 직업으로 활용하면 좋습니다.

乾命				陰/平 1967년 5월 13일 02:30								
時	日	月	年	84	74	64	54	44	34	24	14	4
丁丑	乙卯	丙午	丁未	丁酉	戊戌	己亥	庚子	辛丑	壬寅	癸卯	甲辰	乙巳

丙午, 丁未를 지날 때는 그 색채가 화려합니다. 대규모 공장에서 인사과에 근무하면서 수천 명 직원을 상대합니다. 乙卯의 卯를 지날 때부터는 점점 내부로 들어갑니다. 午火, 未土에 비하면 卯木은 발전하는 공간은 아닙니다. 또 丑土의 영향을 받아서 내부로 들어가기 시작합니다. 46세 이후에는 丁丑으로 더 깊이 들어갑니다. 丁火로 수렴하고 丑土 어둠 속에서 활동합니다. 이런 분석은 사주팔자의 음양을 굵게 살핀 겁니다. 예로 癸卯 日, 癸亥 時인데 46세가 되니까 사회활동을 접고 도 닦으러 산에 들어갑니다. 젊어서는 화려한 삶을 살았지만 癸亥에 영향을 받으면 자기도 모르게 반응하면서 어둠 속으로 들어가는 겁니다. 매우 간단한 논리이지만 나름의 묘미가 있고 유용한 분석방법입니다. 물론 겉으로 굉장히 화려하지만 水氣가 없으면 우울증을 호소하는 경우도 있습니다.

乾命				陰/平 1924년 1월 3일 12:30								
時	日	月	年	89	79	69	59	49	39	29	19	9
甲午	丙辰	丙寅	甲子	乙亥	甲戌	癸酉	壬申	辛未	庚午	己巳	戊辰	丁卯

1964년 41세, 庚午대운 甲辰년 11월 26일에 전처와 10세 아들을 살해하고, 전처의 애인에게 부상을 입히고 자살하였습니다.

미국인 교도관으로 당시에 이혼하여 화가 많고 질투심이 많았다고 합니다. 기본적으로 丙火는 밝음으로 壬水는 어둠으로 분류하지만 무조건은 아닙니다. 에너지 파동으로 이해하면 간단하지만 글자에는 다양한 속성이 공존합니다. 이 구조는 丙辰을 활용해서 교도관이 되었지만 전처와 아들을 살해하는 살인마이기도 합니다. 묘하게 火가 많고 질투심이 많았습니다. 子年을 기준으로 三合을 벗어난 巳午未와 丙丁은 저승사자와 같아서 그 행실이나 사고방식이 남달라서 아웃사이더로 살아갑니다. 이런 상황 때문에 주위에 인정을 받지 못하고 부정적인 생각에 사로잡히고 열등감이 깊어지면 피해망상에 시달립니다. 이런 심리 내면에는 우리가 모르는 시기와 질투, 피해의식이 숨어있습니다. 丙火의 글자 속성이 밝으니까 무조건 공명정대하고 밝거나 壬水가 블랙홀과 같아서 무조건 어두운 것이 아닙니다. 사주전체 구조를 다양한 각도에서 살펴야 합니다. 중년에 水氣가 마를 때 丙火가 庚을 자극하면 殺氣가 강해지고 甲을 沖하면서 살인을 저지릅니다. 특히 甲辰년은 甲庚 沖하고 辰辰으로 殺氣가 강해지는 해였습니다.

사주구조에 天干과 地支가 상이한 속성으로 구성된 사례도 많습니다. 사주팔자 方向에 대해 다루겠지만 겉으로는 굉장히 화려한데 地支는 음습한 조합도 있고 겉은 매우 어두운데 地支는 陽氣로 조합한 구조들도 있기에 겉으로만 판단할 수는 없습니다. 겉과 속이 전혀 다른 구조들도 많습니다. 天干은 官印相生인데 地支는 傷官生財라면 표면적으로는 굉장히 점잖아 보이지만 내면에서는 돈에 대한 욕망이 강합니다. 겉으로 드러난 태도에 속지 말라는 겁니다. 또 天干에서 傷官生財이지만 地支는 돈 버는 것에 흥미가 없는 구조도 많습니다. 傷官生財 속성을 地支가 도와주지 않으면 실현하지 못합니다. 天干과 地支가 추구하는 방향이 동일하면 삶의 목적이 뚜렷하고 사고방식과 행동방식이 단일합니다. 天干이 陽이고 地支가 陰이면 겉은 밝고 속은 어둡습니다. 天干은 陰이고 地支는 陽이면 겉은 어둡지만 속은 밝은 사람으로 훨씬 솔직합니다. 天干도 陽, 地支도 陽이면 성질이 조급하고 숨길 것이 없는 성격입니다. 天干도 陰, 地支도 陰이면 본색을 감추고 드러내지 않습니다. 다만, 이런 분류는 陽陰을 굵게 나눈 것에 불과하고 사주전체 구조를 살핀 것은 아닙니다. 사주구조와 시간방향을 감안해서 살펴보겠습니다.

▌사주구조와 時間方向

이런 표현이 있습니다. 天干을 읽으면 高手다. 三字조합, 時間方向, 夾字를 감안해서 천간구조를 읽어야 합니다. 時空間이 반응하는 방식도 天干을 읽고 판단하는 겁니다. 물론 地支에서 時空間이 반응하는 방식을 이해하고 天干 변화를 살펴야 합니다. 地藏干을 읽으면 中手라고 합니다. 地藏干변화를 읽는다는 의미는 時空間의 움직임을 이해하고 순환원리를 깨우치는 겁니다. 지구에서 발생하는 모든 변화는 時間이 주도합니다. 공간의 변화를 刑沖破害라고 부르는데 이것을 다루면 下手라고 하는 이유는 재물과 육체, 현실 문제를 다루기 때문입니다. 辰戌丑, 丑戌未로 子宮에 문제가 생겨 수술한다고 통변하는 것은 地支구조를 읽은 것입니다. 하지만 언제 수술하는지는 天干이 결정합니다. 천간에 수술하는 시간이 도래해야만 가능합니다. 地支에서 아무리 복잡하게 刑沖破害가 반응해도 실현되는 것이 아닙니다. 반드시 天干에 時問이 도래했을 때 현실화됩니다. 天干, 地支, 地藏干의 반응방식을 이해하고 사주팔자의 길흉을 분석하는 과정에 天干을 읽어내는 실력이 高手라는 뜻입니다. 天干의 三字조합, 夾字, 時間方向과 같은 분석방법을 갈고 닦아야 합니다. 天干을 활용해서 사주를 분석하는 방법을 時空 論에서 사주

꼴과 方向이라는 명칭으로 설명했습니다.

天干의 정체는 時間, 에너지, 氣로 규정합니다. 地支는 空間, 환경, 물질, 육체, 심리로 규정합니다. 地支 空間과 物質은 중력에너지 丁火의 작용으로 物形을 갖추기에 질량을 가져 무거우며 動하기 어렵고 동하면 시끄럽습니다. 時間은 목적이나 방향 없이 멈추지 않고 파동을 일으키며 계속 변합니다. 이런 움직임을 時間으로 이해하면 쉽습니다. 天干은 시간이니까 시계처럼 멈추지 않고 움직입니다. 이와 반대로 空間은 스스로 변하지 못하고 반드시 時間이 空間 위를 지날 때에서야 비로소 物形이 변화합니다. 이처럼 물질은 時間을 따라 변하지만 중력을 가졌기에 움직임이 둔합니다. 사주팔자 天干은 時間, 氣運인데 日干이 태어났을 때 4개의 글자가 드러나 독특한 꼴과 시간방향이 결정됩니다. 천간을 十神으로만 살피는데 합리적이지 않습니다. 十神은 十干보다 훨씬 하부 개념이고 다루는 범주가 극히 협소합니다. 사주구조와 時間方向은 天干을 살피는 기준입니다.

乾命				陰/平 1980년 2월 4일 00:30							
時	日	月	年	85	75	65	55	45	35	25	15	5
庚	壬	己	庚	戊	丁	丙	乙	甲	癸	壬	辛	庚
子	辰	卯	申	子	亥	戌	酉	申	未	午	巳	辰

天干은 간단합니다. 官印相生 구조이지만 흐름이 섞였습니다. 官印相生하려면 己土가 年에 있고 庚이 月에 있어야 순차적으로 흘러 편하지만 庚己壬으로 庚과 己의 위치가 바뀌었습니다. 인생을 살아감에 회오리치듯 순탄하지 못하고 일을 완성하는데 많은 시간을 낭비합니다. 己土가 먼저 庚을 향하고 庚은 멀리

있는 壬水를 향하는 과정에 己土를 중복으로 접촉하고 번거롭습니다. 속도가 늦어지는 만큼 진행과정도 순탄하지 않습니다. 地支를 살펴보면, 月支 卯木으로 좌우확산하면서 성장하는데 壬日 입장에서 卯木은 존재를 드러낼 수 있기에 자신의 뜻을 빠르게 전달해서 원하는 바를 추구합니다. 문제는 卯木이 地支에만 있기에 時間, 기운이 아니기에 천간에서 반응하지 않으면 원하는 것을 실현하지 못합니다. 겉으로는 壬己庚 무거운 글자로 조합하였기에 행동은 점잖고 위엄이 있는데 속에서는 卯木으로 빨리빨리 움직여야 하는데 그렇지 못해 답답합니다. 드러내고 싶지만 못하는 겁니다. 오로지 卯木이 天干으로 드러나는 시간을 만나야 그 욕망이 현실화됩니다. 이 과정이 바로 質이 氣로 바뀌는 상황이자 時間이 空間으로 현실화 됩니다.

예로 甲午年이 오면 卯중 甲이 천간에 드러나고 壬水가 甲을 향해서 지신의 의지를 표현하는데 甲의 꿈을 실현할 己土나 戊土가 있어야 결과를 얻습니다. 따라서 천간으로 드러나기 전까지는 卯木의 욕망은 억압된 상태입니다. 이것이 氣와 質의 차이입니다. 이 관점은 매우 중요합니다. 심리적으로 원하지만 현실화시키느냐는 전혀 다른 문제입니다. 마치 꿈과 이상처럼 天干에 드러나면 주위에서 존재를 인지하지만 地支에 숨겨진 욕망은 천간에 드러나 발현되기 전까지는 아무도 모릅니다. 부부싸움을 해도 밖에서는 모르는 이유입니다. 日支는 안방과 같아서 당사자만 아는 겁니다. 이처럼 天干은 드러난 時間이라고 인식해야 합니다. 天干 4개 글자는 당사자가 살아가는 과정에 밖으로 표출하는 성정, 행동, 직업, 외형과 같습니다. 천간구조가 어떤 모양으로 생겼느냐에 따라 日干의 인생이 결정되기에 삶의 방향을 결정하는 부호가 분명합니다. 인생방향을 분석하는 방법이 필요한데 바로 天干구조와 時間방향을 살피는 겁니다. 이때 地支에서 天干의 방향을 지지하면 인생의 목표와 가치관이 단일하기에 인생이 복잡하지 않습니다. 比劫이 많고 적음이 중요한 것이 아니라 天干과 地支가 추구하는 方向이 단일한지가 중요합니다. 예로, 天干도 돈을 추구하고 地支도 돈을 추구하면 인생방향이 극히 명확하기에 목표를 향해서 돌진합니다. 하지만 시간방향이 이리저리 갈라지면 어디로 튈지 모르는 인생입니다. 天干은 傷官生財인데 地支는 官印相生이거나 天干은 官印相生인데 地支는 傷官生財라면 겉과 속이 달라서 겉으로 드러난 행동과 내면의 심리는 철저히 다릅니다. 天干과 地支를 함께 살펴야 하는데 天干은 時間처럼 動하면서 方向을 결정합니다. 天干의 시간방향을 판단하는 방법을 정리하면 첫째, 글자조합을 살핍니다. 둘째, 天干 方向을 地支가 유지하는지 살핍니다. 셋째 大運이 天干의 방향을 유지하는지를 살핍니다.

乾命				陰/平 1953년 6월 25일 02:30								
時	日	月	年	89	79	69	59	49	39	29	19	9
辛丑	丁亥	己未	癸巳	庚戌	辛亥	壬子	癸丑	甲寅	乙卯	丙辰	丁巳	戊午

乾命				陰/平 1953년 6월 5일 06:30								
時	日	月	年	82	72	62	52	42	32	22	12	2
癸卯	丁卯	己未	癸巳	庚戌	辛亥	壬子	癸丑	甲寅	乙卯	丙辰	丁巳	戊午

2013년 당시에 인터넷에서 이해하기 어렵다고 하는 사주사례입니다. 사실 비교하기에 무리가 있는 구조들입니다. 日干대비 月支 格局으로 살펴서 乙卯대운에 偏印倒食(편인도식)으로 흉하다

는 판단으로는 충분하지 않습니다. 丁火가 己未 月을 만나 食神格이 뚜렷합니다. 財星을 추구하거나 食神과 偏官이 대치하거나 印星으로 丁火를 生하고 己未 食神을 활용할 수 있습니다. 己未 月을 기준으로 두 사주 모두 乙卯대운에 偏印倒食이 발생했는데 한 사람은 사업하다 망해서 운전하고 한 사람은 교장으로 승진하는 이유를 모르는 겁니다. 時間方向으로 살피면 위 사주는 己未 食神이 財星을 만나 食神生財나 偏官을 만나 制殺하거나 印星을 활용해서 食神을 고급스럽게 활용할 수 있습니다. 물론 偏印이 倒食하기에 印星이 흉하다고 생각하지만 印星의 작용이 나쁘지 않으니 偏印倒食을 주장하기도 어렵습니다. 이 사주의 食神은 己未로 바쁩니다. 첫째 癸巳와 己未 조합에서 食神이 癸水 偏官을 制殺합니다. 둘째 己土가 食神인데 時에 辛이 있으니 食神生財를 원합니다. 천간에서 時間方向이 두 갈래로 나눠집니다. 30대 중반까지는 丁己癸로 食神으로 制殺하는 직장생활, 군인과 같은 활동이라면 일시에 이르면 時干에 있는 辛金 偏財를 추구하는 方向으로 바뀝니다.

따라서 40대 이전과 이후에 추구하는 인생方向은 전혀 다릅니다. 辛金에 대한 욕망을 버릴 수 없고 사업을 추진하는데 문제는 방향이 산만합니다. 食神制殺로 가거나 食神生財로 가야 하는데 食神生財로 가고자 하면 癸水가 丁火를 때리고 食神制殺로 가려고 하면 時干 辛金을 노리기에 갈등합니다. 食神生財에서 욕심을 부리면 偏官에 괴롭힘을 당하는데 어떻게 해야 할까요? 己土에서 멈춰야 합니다. 그 뜻은 丁己만 활용하는 겁니다. 辛金도 노리지 말고 癸水도 가만둡니다. 물론 癸水가 없다면 사주구조가 단일하지만 이렇게 섞이면 己未만 활용해야 문제가 없습니다. 연구, 개발, 전문기술이나 특기를 활용하는 번역, 통역과 같은 행위에 만족해야 합니다. 욕심을 부리고 재물을 추구하는 순간 문제가 발생합니다. 丁辛으로 돈을 추구하다 망하는 겁니다. 아래사주는 교장선생님인데 癸巳, 己未, 丁卯, 癸卯로 財星이 없습니다. 巳中 庚이 있지만 드러나지 않았기에 방향이 단일합니다. 己未로 癸水를 통제해서 교육에 종사합니다. 물론 丁과 己未, 丁卯, 癸卯 모두 교육간지요 癸巳도 교육에 최적화된 간지입니다. 乙卯대운의 길흉은 명확합니다. 未月에 木氣를 공급하면 未의 지장간에서 卯午 破로 시들한 乙木에게 生氣를 공급하는 겁니다. 乙卯대운에 癸水가 乙木을 키워서 丁火를 향하니 소위 殺印相生으로 印星이 나를 生하고 일간이 취하는 흐름이지만 굳이 十神으로 분석할 이유는 없습니다. 十干에 집중하면 十神을 잊게 됩니다. 十神은 중요하지 않기에 기초원리만 살피고 넘어갈 예정입니다. 十神을 몰라도 사주분석에 지장이 없습니다. 근본이치를 모르는 상태에서 偏財는 부친이요 첩이라고 외웁니다만 오히려 宮位의 작용이 훨씬 중요합니다. 두 사주 중에서 교장선생님의 시간방향은 매우 단일합니다. 물론 癸癸로 두 개이니 교장도 하면서 사적모임에서 자리를 맡는 식으로도 활용합니다. 하지만 운전수의 시간방향은 갈팡질팡 산만한 구조입니다. 이제 地支를 살펴봅시다. 교장의 구조는 食神制殺의 꼴을 흐트러뜨리는 글자가 없습니다. 운전하는 분은 食神制殺도, 傷官生財도 활용하기 애매합니다. 子平眞詮 사주 예문입니다.

乾命				陰/平 자평진전 사주							
時	日	月	年								
己未	癸酉	辛卯	辛卯	壬午	癸未	甲申	乙酉	丙戌	丁亥	戊子	己丑	庚寅

책에서 설명하기를 食神을 버리고 殺印相生을 쓴다고 합니다.

印綬가 旺한데 身弱하니 財運이 가장 나쁘다. 食傷 運도 나쁘고 印綬 運과 比劫 運이 좋다고 설명합니다. 官殺 運은 印綬가 化殺하니 무방하다고 합니다. 이렇게 복잡하게 살필 필요가 없습니다. 卯月에는 성장해야 하는데 辛金이 卯木의 성장을 방해하니 먼저 癸水에 辛金의 날카로움을 풀어내고 卯木의 성장을 촉진해야 합니다. 년과 월에 있는 辛辛이 사주원국의 유일한 水氣 癸水를 향하기에 조상과 부모의 음덕이 좋습니다. 己丑, 戊子, 丁亥 대운에 印綬와 比劫으로 좋다고 주장하지만 강약을 따질 필요가 없습니다. 다만 辛卯로 상할 수 있으니 癸水를 활용해서 辛酉의 殺氣를 풀고 卯木의 성장을 촉진하는 겁니다. 대운에 따라서는 火氣를 활용해서 辛酉에 열을 가하고 癸水에 풀어지면 부와 권력을 취할 수 있습니다. 혹은 대운이 巳午未로 흐르면 金氣로 木氣를 수확할 수도 있습니다. 이런 과정을 통해서 계수는 돈과 명예를 취합니다. 물론 火氣에 자극받은 금들이 卯木을 沖히는데 너무 신하면 육체가 상하거나 질병에 시달릴 수도 있지만 일간 癸水가 날카로움을 해소하므로 그 정도가 줄어듭니다. 사주를 분석할 때 무조건 좋거나 나쁘다는 흑백논리로 관찰하는 것은 옳지 않습니다. 마치 사주팔자에서 用神을 정하고 水運으로 가면 무조건 좋고 火運으로 가면 무조건 흉한 것이 아니라는 겁니다.

지금까지 살아온 경험이 있으니 내 사주팔자를 대입해보면 用神이면 무조건 좋다는 논리가 얼마나 터무니없는지 이해할 수 있습니다. 물론 火氣로 辛酉에 열을 가하였는데 癸水가 날카로움을 풀어내지 못하면 묘목이 심하게 상할 수도 있습니다. 예로 戊癸 合하면 辛이 癸水에 적절하게 풀어지지 못할 때 辛金은 卯木을 잘라버리니 흉합니다. 辛戊乙 三字로 殺氣가 강해지는 겁니다. 天干에서 殺印相生 구도가 명확한데 食神을 버리고 殺

印相生을 쓰라는 주장을 믿을 필요가 없습니다. 이미 卯月로 태어났는데 어떻게 食神을 포기할까요? 사주에 정해진 꼴대로 살아가는 것이지 포기하고 말고의 문제가 아닙니다.

乾命				陰/平 1964년 6월 20일 11:30								
時	日	月	年	84	74	64	54	44	34	24	14	4
壬子	戊寅	辛未	甲辰	庚辰	己卯	戊寅	丁丑	丙子	乙亥	甲戌	癸酉	壬申

天干의 꼴이 傷官生財, 傷官制殺 구조입니다. 위에서 살펴보았던 사업하다 망한 운전수 사주구조와 유사합니다. 傷官으로 制殺하면서도 傷官生財의 갈림길에서 왔다 갔다 하는데 그 방향은 대운이 결정합니다. 壬申, 癸酉, 甲戌, 乙亥, 丙子, 丁丑으로 흐르니 傷官生財로 가라고 알려줍니다. 만약 대운이 거꾸로 흐르면 庚午, 己巳, 戊辰로 傷官制殺로 활용합니다. 이런 판단은 大運까지 고려한 것이지만 사주원국에서는 傷官生財, 傷官制殺의 갈림길에서 산만합니다. 傷官生財의 方向을 유지하려면 水氣가 충분하거나 金氣가 강해야 하는데 辛未로 무기력합니다. 傷官制殺 하려고 해도 辛이 未土에서 적절한 時節을 만난 것도 아니죠. 다행하게 大運이 傷官生財를 선택하도록 돕고 辛金이 혼잡하지 않으니 추구하는 방향은 단조롭습니다.

坤命				陰/平 1955년 11월 29일 06:30								
時	日	月	年	88	78	68	58	48	38	28	18	8
癸卯	丁丑	己丑	乙未	戊戌	丁酉	丙申	乙未	甲午	癸巳	壬辰	辛卯	庚寅

己丑 月을 받았는데 己土가 癸水를 尅해서 食神制殺 하려는데 年의 乙木이 己土의 행동을 방해합니다. 따라서 食神制殺을 포기하고 殺印相生을 하려고 해도 癸水와 乙木은 멀리 떨어져 있으니 이러지도 저러지도 못합니다. 물론 丁, 癸卯로 교육, 행정 물상을 활용할 수는 있습니다. 단점은 己土가 癸水를 제어해도 丁火가 싫어하는 癸와 丑土가 많으니 丁火에게는 근심거리입니다. 대운은 庚寅, 辛卯, 壬辰, 癸巳, 甲午, 乙未로 흐르니 丑중 癸水 두뇌를 활용합니다. 중산층으로 행정직에 종사합니다만 丁火가 丑月이니 시절을 잃어서 초년에 부친이 사망했고 40세 넘도록 결혼도 못했습니다. 물론 癸卯와 丑丑이 조합하고 丑丑未로 일지와 동일한 글자가 많으니 여러 번 결혼하거나 결혼하지 못할 수 있습니다.

▎天干의 時間方向으로 재물크기 살피는 방법

지금부터는 가난하거나 평범한 구조, 수십억 구조, 수백억 사주구조로 나누어서 천간구조를 살펴보겠습니다.

평범한 사주구조

乾命				陰/平 1950년 3월 24일 12:30								
時	日	月	年	89	79	69	59	49	39	29	19	9
壬午	乙巳	辛巳	庚寅	庚寅	己丑	戊子	丁亥	丙戌	乙酉	甲申	癸未	壬午

天干에서는 庚辛과 壬水로 殺印相生 구조입니다. 즉, 관살로부터 무언가를 받아서 내 것으로 化하려는 움직임입니다. 이런 구조들은 무서운 官殺을 壬水로 교화시켜서 내 것으로 만들기 위해서 타협을 잘합니다. 너무 잘하는 경우에는 아첨으로 변질됨

니다. 地支는 午巳巳寅로 직업 宮位의 글자가 중복, 혼잡하기에 직업이 계속 바뀔 수 있습니다. 또 午巳巳로 생각이나 행동이 산만해서 어디로 튈지 모릅니다만 천간에는 乙이 年과 月에서 庚辛을 만나 통제능력이 강하고 壬水까지 있으니 그 움직임이 무겁습니다. 하지만 내면은 산만하기에 생각이 수시로 바뀌니 天干과 地支의 뜻이 전혀 다르고 겉과 속이 다릅니다. 사업한다고 이곳저곳 돈만 빌리고 사기치고 수감되고 출소하였으나 이혼당하고 큰돈을 벌겠다고 일을 벌이지만 방향을 잡지 못합니다. 天干에서 官殺혼잡하고 殺印相生구조니까 직장생활이라도 해야 하는데 地支는 통제받지 않으려는 생각이 강하기에 타협이 어렵습니다. 財星이라도 있으면 좋은데 드러나지 않았고 위아래가 조화를 이루지 못하니 殺印相生으로 직장생활 하거나 傷官生財로 장사라도 해야 하는데 이도 저도 어려운 구조입니다.

乾命				陰/平 1918년 6월 12일 06:30								
時	日	月	年	85	75	65	55	45	35	25	15	5
癸卯	丁巳	己未	戊戌	戊辰	丁卯	丙寅	乙丑	甲子	癸亥	壬戌	辛酉	庚申

丁火가 己未를 보았기에 두 방향으로 갈 수 있습니다. 癸水를 보았으니 己未로 방어하거나 己未의 결과물 財星을 만나야 합니다. 초년에 수많은 土氣들의 기운을 배출해주는 庚申, 辛酉로 흘렀습니다. 물론 未月이기에 庚申, 辛酉로 흐르면 未中 乙木과 乙庚 合하여 열매를 맺습니다. 따라서 총명하고 결실을 추구하는 흐름은 좋습니다. 일찍 돈에 눈을 뜨기도 하지만 庚申, 辛酉 대운은 너무 어리기에 주위에 여자 친구들이 많이 따릅니다. 사실 이 대운은 중년에 들어와야 크게 수확하는데 너무 일찍 들어

와 버리니 애정으로 활용합니다. 天干의 시간방향은 戊己가 癸水를 대적하는데 金은 없습니다. 초년에 庚申, 辛酉가 왔지만 사주원국에 없기에 食神生財를 추구하는 구조는 아닙니다. 사주원국은 戊戌, 己未, 丁巳, 癸卯로 인생의 방향이 명확한데 초년에 庚辛, 辛酉를 만나 대운을 쫓아 사업하면 일시적으로 좋지만 중년에 壬戌, 癸亥, 甲子로 흐를 때는 갑자기 사주원국 구조대로 재물을 추구하지 못하고 癸水에 복종하는 구조로 변해버립니다. 이런 상황에 처하면 사업을 그만두고 취직하는 것도 쉽지 않습니다. 젊어서 사업한다고 뛰어다니다가 35세, 40세가 되어서 취직할 수밖에 없는 사주구조들이 있습니다. 초년에 사주원국에 정해진 구조를 유지할 수 있는 대운이 들어오면 원국과 운이 동일하니까 산만하지 않는데 庚申, 辛酉와 같은 운을 만나면 열매를 맺겠다고 달려들다가 중년에 낭패를 볼 수도 있습니다.

乾命				陰/平 1978년 6월 20일 10:30								
時	日	月	年	85	75	65	55	45	35	25	15	5
乙	丁	己	戊	戊	丁	丙	乙	甲	癸	壬	辛	庚
巳	亥	未	午	辰	卯	寅	丑	子	亥	戌	酉	申

戊午, 己未를 乙이 제어하는 구조입니다. 물론 乙木이 年에 있는 戊土를 꾸미기에 국가와 인연이 있지만 산만합니다. 지금 쉽게 설명하고자 十神을 활용해서 천간구조를 설명하지만 나중에는 十神을 활용하지 않습니다. 未月에 水氣가 필요한데 日支에 亥水가 있기에 배우자 궁이 좋습니다. 대운도 초년에 庚申, 辛酉로 주위에 여자들이 많은 미남일 가능성이 높습니다. 전화로 상담하면서 미남이네요 했더니 보지도 않고 미남인줄 아느냐고 반문하더군요. 초년에 년과 월의 흐름을 적절하게 소통해주니까

좋은 대학졸업하고 대기업에서 일합니다. 甲午年 당시에 대기업을 그만두고 사업하려고 준비 중이었습니다. 癸亥대운을 만나 乙癸戊 三字로 사업하고 싶은데 사주원국은 사업을 추구하는 구조는 아닙니다. 戊午, 己未가 강렬하니까 丁火를 활용해서 庚申, 辛酉 열매를 수확하려는 의지가 강하지만 구조가 산만한 편입니다. 또 日支 亥水가 수많은 土氣에 비틀리기에 亥水에서 일시적으로 발전하지만 어느 시점에 이르면 망할 수 있습니다.

따라서 직장 생활하는 것이 좋다고 조언은 했습니다만 그 후의 상황은 모릅니다. 運에 따라 乙癸戊 三字로 봄을 만나니 확장하려는 욕망이 생기지만 사주원국에서 추구하는 방향과 다르기에 운을 잘못만나면 고꾸라질 수도 있습니다. 이 사주에서 재물은 亥水에 있으니까 일시적으로 발전하다가 亥水 속의 壬水가 천간으로 드러나 사라지면 결혼문제, 돈 문제가 발생합니다. 사주원국에서 추구하는 방향과 대운에서 일시적으로 보여주는 방향이 엇박자가 날 때 욕망을 참느냐 못 참느냐에 따라 인생이 달라집니다.

乾命				陰/平 1974년 1월 21일 12:30							
時	日	月	年	87	77	67	57	47	37	27	17	7
庚午	甲申	丙寅	甲寅	乙亥	甲戌	癸酉	壬申	辛未	庚午	己巳	戊辰	丁卯

천간구조는 食神制殺 모양입니다. 자연이치로 살피면 丙火가 庚金 열매를 키우는 흐름입니다. 이처럼 사주구조를 다양한 방식으로 분석할 수 있는데 丙寅, 甲申, 庚午로 시공간 흐름이 木에서 火로 金으로 흐르기에 순차적이고 추구하는 방향도 단일합니

다. 어려서 군대에서 근무를 시작하고 특수 업무를 담당하면서 군관으로 살아갑니다. 추구방향이 산만하지 않기에 인생도 단조롭습니다. 사주팔자에 水氣가 전혀 없고 木火의 기세가 강렬하면 사회에서 활동하면 잡음이 많지만 이 사주처럼 군대, 경찰, 종교인 등 특수조직에서는 발전하는 것을 많이 봅니다.

乾命				陰/平 1969년 6월 4일 10:30							
時	日	月	年	83	73	63	53	43	33	23	13	3
丁巳	癸巳	辛未	己酉	壬戌	癸亥	甲子	乙丑	丙寅	丁卯	戊辰	己巳	庚午

天干의 시간방향을 살피면 황당합니다. 사주원국에서 癸水가 未月에 태어나 증발하는 상황인데 巳巳와 丁火로 癸水를 극도로 증발시키니 불안정합니다. 정신에 문제가 생기거나 사방팔방 돌아다니는 사람입니다. 냄비에 물이 수증기로 증발하는 상황을 상상하면 이해가 쉽습니다. 다행하게 大運은 庚午, 己巳, 戊辰, 丁卯, 丙寅으로 흘러갑니다. 문제는 천간 방향으로 己辛으로 殺印相生이지만 時干 丁火가 辛을 극해서 財剋印처럼 변합니다. 丁火 대신 乙이었다면 殺印相生 후에 癸水가 乙을 내놓는 흐름으로 좋습니다. 丁火가 辛을 극하니 印星이 상합니다.

예로 거래처에서 뒷돈을 받았다가 교도소에 수감되는 구조들입니다. 이 구조는 정신적으로 문제가 있어서 사기치고 돈을 벌면 바로 써버리고 사기를 칠 수 없으면 밥 먹기도 힘들다고 합니다. 돈을 써버리는 이유는 돈을 축적하면 정신에 문제가 발생하기 때문입니다. 사기 치고 힘들게 벌었는데 바로 써 버리는 이유를 이해하기 힘듭니다. 마치 로또에 당첨됐는데 돈을 담을 그릇이 못되니 깨지고 부서지고 이혼 당하고 무일푼으로 사망하거나 자살합니다. 이 사주는 丁, 巳, 巳로 癸水가 증발하면서 다중영혼처럼 변하고 사기 쳐서 돈 벌면 써버리는 겁니다. 癸水가 未月을 만나고 巳巳로 증발하니 정신병원에 가야 하는데 辛金, 酉金이 있어서 꿈같은 현실세계를 살면서 거짓말을 입에 달고 삽니다. 즉, 사기꾼이 아니라 허풍 떨다보니 사기꾼이 되었습니다.

乾命				陰/平 1963년 5월 2일 18:30								
時	日	月	年	85	75	65	55	45	35	25	15	5
丁	丙	戊	癸	己	庚	辛	壬	癸	甲	乙	丙	丁
酉	申	午	卯	酉	戌	亥	子	丑	寅	卯	辰	巳

天干은 丁丙戊로 육체를 활용하는데 戊癸 合하고 또 午月이니 火氣를 만들어내므로 水氣가 부족하니 卯木도 성장하기 어렵고 卯午 破로 다리에 문제가 생깁니다. 다행하게 대운이 丁巳, 丙辰, 乙卯, 甲寅으로 흐르고 戊癸 合하고 卯午丙丁으로 강렬하기에 申金 열매를 수확하는 행위를 할 수 있습니다. 하지만 사업할 수 없는 이유는 비겁이 財星을 다투기 때문입니다. 만약 戊土와 癸水가 合하지만 않았다면 戊土을 활용하거나 癸水를 활용할 수 있는데 합으로 답답해졌습니다. 日支에 申이 있으니 사업에 대한 욕망이 강하지만 水氣가 없으니 날카로운 金氣를 풀어내지 못합니다. 봉재기술을 배웠다가 운전수로 살아갑니다. 水氣가 날카로운 金氣를 풀어내는 丁辛壬 三字조합이었다면 전혀 다른 상황입니다. 戊癸 合으로 활용도가 낮아졌습니다.

坤命				陰/平 1976년 10월 14일 06:30								
時	日	月	年	89	79	69	59	49	39	29	19	9
辛卯	辛卯	己亥	丙辰	庚寅	辛卯	壬辰	癸巳	甲午	乙未	丙申	丁酉	戊戌

天干에서 官印相生 흐름이지만 地支는 돈을 추구하는 욕망이 강합니다. 亥水가 辰土에 들어가고 辰土 위의 丙火가 丙辛 合합니다. 이 구조는 천간과 지지의 방향이 너무도 다릅니다. 고향 떠나 외지에서 화류계로 일하다가 2008년에 이혼했습니다. 年과 月의 구조가 좋지는 않습니다. 亥月이기에 丁火가 있어야 辛金에게 열기를 가하고 日干이 씨종자 역할로 亥水에 풀어지기에 辛金이 자신을 희생해서 식구들을 먹여 살리는 구조입니다. 지금은 천간방향에 대해 학습하는 과정이기에 자세히 다루지 못하지만 대운도 戊戌, 丁酉, 丙申으로 흐르기에 辰午을 기준으로 저승사자와 같은 겁살, 재살, 천살을 지나면서 일반인들은 하지 못하는 행위를 과감하게 실행해서 화류계에 종사했습니다. 卯木 두 개도 육해이기에 색욕이 강해서 화류계로 빠졌습니다. 천간에서는 官印相生이요, 地支는 돈을 추구하기에 하늘과 땅의 의지가 전혀 다릅니다.

乾命				陰/平 1969년 10월 20일 13:40								
時	日	月	年	87	77	67	57	47	37	27	17	7
壬子	戊申	乙亥	己酉	丙寅	丁卯	戊辰	己巳	庚午	辛未	壬申	癸酉	甲戌

亥月에 申과 酉가 양쪽에서 亥水의 지장간에 있는 甲木이 밖으

로 나오지 못하게 방해하고 월에 乙木은 나오지 말아야할 시기에 천간에 드러났으니 天干과 地支 모두 어두운 글자들로 구성되었습니다. 癸酉대운에 싸움으로 교도소에 세 번이나 수감되었습니다. 이 구조는 官印相生도 傷官生財도 아니고 乙에서 멈춰 있습니다. 壬水 財星이 乙을 生하면 乙은 그 다음 동작을 취해야 하는데 가만있는 겁니다. 예로 丙火를 보고 확장하거나 癸水와 乙癸戊 三字로 새싹을 키워야 하는데 없고 乙木이 亥水에 앉아서 申酉에 응결되니 움직임이 답답합니다. 또 申, 酉金이 乙木을 자르고 亥중 甲이 나오지 못하도록 방해하기에 乙木이 매우 불편합니다. 일간 戊土가 己酉年을 만나 劫財와 傷官으로 시기, 질투가 강하고 육체를 활용하기에 계속 교도소에 들어갑니다.

坤命				陰/平 1972년 11월 16일 04:30								
時	日	月	年	85	75	65	55	45	35	25	15	5
庚寅	丙戌	壬子	壬子	癸卯	甲辰	乙巳	丙午	丁未	戊申	己酉	庚戌	辛亥

天干에서 財生殺하니 그 다음 동작을 해야 하는데 할 수 없으니 남편에게 맞고 살아갑니다.

坤命				陰/平 1986년 6월 6일 12:30								
時	日	月	年	82	72	62	52	42	32	22	12	2
丙午	丁巳	乙未	丙寅	丙戌	丁亥	戊子	己丑	庚寅	辛卯	壬辰	癸巳	甲午

丙寅, 丙午, 丁巳로 육체를 활용하고 乙未로 손재주를 활용해서 미용실에서 일합니다. 화기가 강하니 반드시 金氣 財星이 있어야 쓰임이 좋은데 사주원국에 없습니다. 丁火가 좋아하는 甲도 없고 寅木도 멀리 있으니 도움을 받지도 못합니다. 이혼한 남자와 결혼하지 않고 살아갑니다.

坤命				陰/平 1970년 4월 16일 04:30								
時	日	月	年	85	75	65	55	45	35	25	15	5
戊	庚	辛	庚	壬	癸	甲	乙	丙	丁	戊	己	庚
寅	子	巳	戌	申	酉	戌	亥	子	丑	寅	卯	辰

천간구조는 比劫의 무리만 가득하지만 다행하게 戊土가 있습니다. 巳月에 辛巳로 특별한 방향은 없고 比劫의 무리가 巳火를 경쟁하는데 巳火는 戊土를 향하여 멀리 가버립니다. 술집에서 일합니다. 모두에게 필요한 巳火(남자) 빛을 년에 있는 戊土에게 빼앗기니 다른 여인 庚이 소유한 사화를 기다리는 모습입니다. 또 巳火는 辛金과 丙辛 합하니 庚子여인에게 다가오는 남자들은 모두 유부남들이 분명합니다.

乾命				陰/平 1963년 2월 26일 18:30								
時	日	月	年	85	75	65	55	45	35	25	15	5
辛	癸	乙	癸	丙	丁	戊	己	庚	辛	壬	癸	甲
酉	亥	卯	卯	午	未	申	酉	戌	亥	子	丑	寅

癸卯 辛酉 혹은 癸酉 乙卯 조합은 배우자나 주위 사람들이 상할 수 있습니다. 32세에 부인이 백혈병으로 죽고 여자를 만나기

만 하면 이상하게 돈을 가지고 도망가 버린다고 합니다. 癸, 乙卯로 巳火가 있으면 훨씬 좋은 구조인데 오히려 日支에 亥水가 있으니 巳火도 들어오기 어려운데 辛酉까지 있습니다. 天干의 방향은 辛이 乙을 충 합니다.

年과 月의 구조로 유지는 하지만 時干 辛酉의 흉한 작용으로 여자들에게 시달립니다. 辛酉의 殺氣가 항상 乙卯를 자르기에 주위에 사람들이 머물지 못합니다. 일지 亥水도 乙卯의 움직임을 방해하니 배우자 때문에 발전하기 힘듭니다. 만약 癸亥대신 癸巳였다면 乙卯를 巳火로 받아서 꽃이 활짝 피니 배우자의 역할이 매우 좋으며 辛酉의 살기도 적절하게 통제하였을 것입니다.

坤命				陰/平 1962년 8월 9일 18:30								
時	日	月	年	90	80	70	60	50	40	30	20	10
辛酉	戊申	戊申	壬寅	己亥	庚子	辛丑	壬寅	癸卯	甲辰	乙巳	丙午	丁未

壬寅, 戊申, 戊申은 여명의 사주구조에도 무리가 없는데 辛酉로 기술을 활용하거나 종교, 명리, 철학이 아니면 스님이나 접대부 계통으로도 빠집니다. 월과 일에 있는 申을 활용할 수 있어야 하는데 辛酉로 탁해졌습니다. 또 申月은 丙火로 열매를 키워야 하는데 없고 寅申 沖으로 寅中 丙火를 활용해야 하는데 辛酉가 방해합니다. 천간구조는 傷官生財라고 부르기도 애매합니다. 목욕탕에서 세신 하는데 성격은 호탕하고 낙천적입니다. 만약 丙火가 천간에 드러났다면 전혀 다른 인생입니다.

乾命				陰/平 1961년 12월 7일 08:30								
時	日	月	年	82	72	62	52	42	32	22	12	2
庚辰	庚戌	辛丑	辛丑	壬辰	癸巳	甲午	乙未	丙申	丁酉	戊戌	己亥	庚子

庚庚辛辛 丑丑戌辰, 辰戌 沖으로 복잡하지만 단일한 기운으로 뭉친 사주입니다. 굉장히 흉해 보이지만 丑月의 도둑 심보를 戌 土로 刑하고 위아래가 산만하지는 않습니다. 다만 丑戌 刑, 辰 戌 沖하기에 子息에 문제가 있거나 배우자 인연이 좋지 않을 수 있습니다. 많은 차량들이 丑土에 몰려서 답답한데 戌土로 刑 하여 막힘을 해소하니 교통경찰입니다.

乾命				陰/平 1968년 7월 22일 22:30								
時	日	月	年	88	78	68	58	48	38	28	18	8
辛亥	丁巳	庚申	戊申	己巳	戊辰	丁卯	丙寅	乙丑	甲子	癸亥	壬戌	辛酉

丁火가 庚辛申申 金무더기를 만나 오지랖이 넓습니다. 丁火는 甲이 하나 있어야 좋은데 없다면 乙이라도 있는 것이 좋습니다. 木이 없는데 金이 많으면 이것저것 벌리면서 바쁘기만 하고 실 속이 없습니다. 여자들이 많이 붙는 이유는 수많은 金氣들(여자) 이 丁巳의 열과 빛이 필요하기 때문입니다. 일지에 巳火가 수많 은 金들을 다스리기에 부인 덕은 있습니다. 부인이 여행사를 운 영하는데 이 남자는 일자리가 없습니다.

제 20강

◆ 天干의 時間方向과 十神

　　天干의 時間方向　　107
　　　-수십억 재산가　　113
　　　-수백억 재산가　　122
　　十神 論　　132

四季圖에는 四季의 순환과정은 물론이고 삼라만상이 모두 들어 있음을 이해하게 됩니다. 四季圖를 이해하면 天干 조합들의 의미도 쉽게 이해합니다. 자연 순환과정에 보여주는 의미들을 깨우치고 이해하면 외울 필요가 없습니다. 예외적으로 봄과 여름 그리고 가을과 겨울의 시공간이 적절함에도 좋지 않은 예외 조합들만 따로 정리하면 됩니다. 예로 丙庚으로 조합하면 丙火가 庚 열매를 키웁니다. 干支로 丙申이고 여름 시공간이며 열매를 확장하고 익힙니다. 또 간지 속성은 물질을 추구하기에 사업성향이 강합니다. 따라서 木의 성장을 원하는 것이 아니라 金열매를 수확하는데 집중합니다.

丙申과 丙寅의 경우 어느 간지가 사업성향이 강할까요? 丙申은 申子辰으로 장사, 사업 속성이 강합니다. 申子辰을 조폭이라고 표현하는 것처럼 정해진 틀에서 벗어나 자유를 원하기에 장사, 사업에 어울립니다. 水氣로 金氣의 딱딱한 속성을 부드럽게 변형시키기에 정해진 틀을 싫어합니다. 반대로 寅午戌은 火氣를 활용하여 부드러운 물형을 딱딱하게 만들기에 직장, 단체, 조직에 적합합니다. 만약 日支에 申子辰이 있다면 본인이나 배우자가 사업할 가능성이 높습니다. 寅午戌로 있다면 교육, 공직, 직장에 있을 가능성이 높습니다. 巳酉丑으로 있다면 금융, 검경, 의료, 사업 등 木을 거두는 행위에 적합합니다. 차량이나 금속에도 어울립니다. 亥卯未는 木氣를 키우는 일에 적합합니다. 敎育, 채소, 수목원 등 키우는 행위와 인연이 있습니다. 현재에 키우고 미래에 수확하니까 장기투자에 어울립니다. 예로 교육과 같은 행위입니다. 이처럼 四季圖에서 보여주는 四季의 순환과정과 卯辰巳, 午未申, 酉戌亥, 子丑寅으로 순환하는 과정에 물형이 어떻게 변하는지 살펴야 합니다. 지금 설명하는 내용들은 지장간의 순환원리이며 時空間의 순환원리입니다. 확장하면 月支

時空이 어떤 조건이어야 좋은지 이해하고 年과 月에서 어떤 조합일 때 月支 시공이 좋은지를 분석하는 방법이 바로 <u>時空論</u>입니다. 사주팔자 宮位들이 이동하고 서로 조합하여 의미를 도출합니다. 年과 月, 年과 日 그리고 年과 時가 조합합니다. 日干을 기준으로 살피면 宮位는 절대로 바뀔 수 없는 것으로 생각하지만 宮位는 자연스럽게 이동하면서 조합합니다. 日干에서 벗어나야 宮位를 기준으로 구조를 다양하게 읽어낼 수 있습니다. 月干을 주인공으로, 年干을 주인공으로, 時干을 주인공으로 살필 수 있습니다. 月支도 日支도 모두 가능합니다. 과거에는 일간을 기준으로 十神을 정하고 偏財를 찾아서 부친이라고 읽었습니다. 偏財가 時干에 있어도 부친으로 읽는 것은 時空間과 宮位의 의미를 전혀 고려하지 못한 겁니다. 年은 祖上이면서도 어떤 경우에는 父母 宮이고 月도 父母 宮이라고 주장하니 기준이 혼란스러운 겁니다. 宮과 星을 어떻게 다룰지 갈팡질팡합니다. 偏財는 양생의 원천이라고 부르면서 일간이 剋하는 대상이라고 합니다. 내가 부친을 剋해서 괴롭히니까 生剋작용과 十神논리도 충돌합니다.

十神에 대해 다뤄야 하는데 偏財는 부친이라는 논리는 흥미가 없습니다. 그런 자료들은 인터넷에 넘치기에 찾아서 공부하면 됩니다. 여기에서 학습할 내용은 六親의 근본원리가 무엇이고 六親과 十干을 함께 살피면 어떤 의미가 도출되고 天干조합이 十神과 十干 관계를 형성할 때 어떻게 이해해야 하는지 살펴야 합니다. 天干조합에 대한 것인데 기존의 내용들과 다릅니다. 철저하게 四季圖를 기준으로 자연의 순환원리를 따르기 때문입니다. 宮位論에서 壬甲에 대해 설명했지만 기존의 자료들은 이것도 좋고 저것도 좋고 이것도 나쁘고 저것도 나쁘다는 식으로 설명합니다. 어려운 한문으로 포장하고 외우라고 합니다. 무의미합니다. 명리이론은 외울 필요가 없습니다. 외워야 한다면 명리학이 아닙니다. 명리는 외우는 학문이 아니라 이해하는 학문임을 알게 됩니다. 먼저 앞 章에서 못했던 부분을 이어서 하겠습니다.

▌天干의 時間方向

天干구조와 方向의 개념을 생각해 보세요. 天干 구조를 十神으로, 十干으로, 두 글자 혹은 세 글자 조합으로 살피던 時間方向으로 살피던 天干은 우리가 사회에서 살아가는 과정에 누구나 확인할 수 있습니다. 地支 조합이 아니라 天干에 존재하는 글자로 이루어집니다. 물론 運에 따라 계속 변할 수는 있습니다. 예로, 月柱 丙丁의 시기에 壬癸를 만난다면 원래 가야할 丙丁의 길을 가지 못하고 20년 세월을 낭비한다고 했습니다. 원래 정해진 길을 가지 못하도록 時空間의 틀어진 겁니다. 그런 상황에 처하면 내가 갈 길이 아닌데, 내 직업이 아닌데 하면서 마음의 안정을 취하기 어렵습니다. 마치 日干이 月支에서 時節을 잃으면 직업도 좋고 경제적으로 발전하는데 심리적으로는 방황합니다. 안정적인 직장에 다녀서 겉으로는 좋아 보이지만 본인은 만족하지 못합니다.

내면에서는 내가 있을 곳이 아닌데 공부를 더 해야 하나, 직업을 바꿔야 하나, 자격증을 더 따야할지를 고민합니다. 겉으로 드러나지 않아서 사람들이 모르는 고민이 있으며 정신적으로 방황합니다. 이런 심리상태를 이해하는 방법이 바로 <u>時節</u>로 정신적인 부분을 살필 수 있습니다. 내면의 심리상황을 설명해주면 상담자는 자신을 좀 더 자세히 이해합니다. 내가 정신적으로 방황했던 이유가 무엇이었는지 깨닫습니다. 天干方向은 그런 개념이 아닙니다. 日干의 존재는 天干에 드러난 구조대로 발현됩니다다. 예로 時干에 偏財가 있다면 偏財를 추구하려는 욕망이 時干으로 향할수록 강해집니다. 물론 偏財를 취하느냐는 食神生財로 하는지 財官으로 하는지 偏財와 正印으로 合해서 새로운 五行을 만들어내는지 구조에 따라 다릅니다. 사주구조를 읽는 방법들을 이해해야 합니다. 사주를 풀어내는 기교들은 평생 학습해 봐야 항상 그 자리입니다. 70억 명의 인생이 모두 다른데 70억 개의 기교를 학습할 수도 없고 학습해도 시공간에 따라 변하는 物形을 읽어낼 수도 없습니다. 70억 개의 인생이 매일 시간에 따라 변하니 70억 곱하기 12 곱하기 365일이 정확한 사주팔자의 종류입니다. 이런 이유로 명리를 학습할 때는 근본이치가 무엇인지 고민해야 합니다. 기교가 아니라 본질을 고민해야 흔들리지 않는 기준을 잡습니다. 극히 단순한 원리로 다양한 사주들을 풀어낼 수 있기 때문입니다.

四季圖는 十干과 12地支를 활용해서 사계의 순환원리를 표현했으니 사실 글자는 22개뿐입니다. 하지만 사계도를 기준으로 100권의 책도 1000권의 책도 출판할 수 있습니다. 지구자연의 순환원리를 담았으니 살피는 각도에 따라서 다양하게 설명할 수 있기 때문입니다. 우주, 지구자연의 모든 것이 들어 있으니 얼마나 이해하고 풀어내느냐에 따라서 정신적인 깨우침도 가능하고 덤으로 사주팔자도 풀어냅니다. 기교만 신경 쓰면 평생 공부도 그 자리입니다.

坤命				陰/平 1967년 12월 2일 22:30							
時	日	月	年	82	72	62	52	42	32	22	12	2
丁亥	庚午	壬子	丁未	辛酉	庚申	己未	戊午	丁巳	丙辰	乙卯	甲寅	癸丑

天干에서 丁壬 合하지만 地支는 子未로 불편합니다. 壬水하나에 丁火가 두 개입니다. 庚壬으로 기술, 예술, 방탕의 속성이니 통제받지 않으려는 성향이고 丁火는 庚을 통제하기에 원하는 것과 절제하는 것이 갈등합니다. 또 地支는 未土와 午火 사이에 子水가 夾字로 끼어서 合하는 과정에 子水를 비틉니다. 壬子가 천간과 지지에서 비틀립니다. 다만 丁火, 午火 세 개가 丁壬 合으로 잡아 주기에 공무원입니다. 하나를 합하고 하나를 남겨서 丁庚으로 庚이 방탕하지 않도록 잡아줍니다. 다만 문제는 산만합니다. 丁, 午, 丁未로 十神으로는 正官이지만 神煞로는 六害 3개로 정신적으로 불안정합니다. 天干은 食神이 官星을 다루는 꼴입니다. 印星이 없으니 마이너스 요인은 분명합니다.

乾命				陰/平 1971년 2월 11일 22:30								
時	日	月	年	80	70	60	50	40	30	20	10	0
己	辛	辛	辛	壬	癸	甲	乙	丙	丁	戊	己	庚
亥	卯	卯	亥	午	未	申	酉	戌	亥	子	丑	寅

천간에서 己辛辛辛으로 己土로 배우고 辛辛辛으로 세력을 모으고 육체를 활용하려는 의지요 辛卯는 성장하는 卯木을 자르거나 辛 침으로 卯木 生氣를 치료할 수 있습니다. 호텔 주방장인데 겉으로는 己辛辛辛으로 배워서 육체를 활용하거나 세력을 활용하는데 地支는 亥卯로 재물을 추구합니다. 천간과 지지의 뜻이 다릅니다. 다행히 구조가 산만하지는 않습니다. 천간과 지지의 의도가 상이한 구조들은 잘 살펴야 합니다. 天干은 官印相生인데 地支는 傷官生財라면 겉과 속이 다릅니다. 天干은 陽으로 조합하고 地支는 陰으로 조합하면 겉은 발랄해도 속은 어둡습니다.

乾命				陰/平 1933년 10월 2일 10:30							
時	日	月	年	84	74	64	54	44	34	24	14	4
己	己	癸	癸	甲	乙	丙	丁	戊	己	庚	辛	壬
巳	丑	亥	酉	寅	卯	辰	巳	午	未	申	酉	戌

己己癸癸로 財星이지만 글자속성으로 살피면 전혀 다릅니다. 年의 酉金은 씨종자로 亥癸癸로 풀어내면 총명합니다. 다만 己巳의 巳火를 제외하고는 모든 글자들이 내부로 파고드는 속성입니다. 地支에서 巳酉丑으로 밖으로 드러나기 보다는 안으로 들어가려는 욕망이 강합니다. 글자의 속성은 살피지 않고 十神으로 財星이 좋으니까 사업하고 부자라고 통변하면 실수할 가능성이 높습니다. 癸酉, 癸亥로 총명한 이유는 씨종자 酉金이 저장한 정보를 癸亥로 풀어내기 때문입니다. 만약 己丑과 己巳가 己卯와 己巳로 조합하였다면 흐름이 좋아서 재물을 추구하기 편합니다. 아쉽게도 己丑 己巳로 뿌리내리는데 집중하니 亥의 地藏干 甲이 나오려고 해도 불편합니다. 대운이 壬戌, 辛酉, 庚申으로 흐르니 내부에서 머물러야 합니다.

辛酉대운이 14세부터 24세로 金을 水氣에 풀어내는데 14세에 사업할 수는 없고 공부하는 겁니다. 40년 교사로 지냈습니다. 亥의 지장간에 있는 甲木이 正官이기에 공직이라고 단정할 수 없습니다. 十神 명칭대로 正官은 무조건 공직이라고 판단하면 실수할 확률이 매우 높습니다. 시간흐름으로 살피면 亥水에서 甲木이 밖으로 나오기 어려우니 甲木을 편하게 활용할 수 없는 구조입니다. 다만 天干과 地支 구조와 배합이 흐트러지지 않아서 40年을 교직에서 활동했습니다.

乾命				陰/平 1979년 10월 6일 06:30								
時	日	月	年	86	76	66	56	46	36	26	16	6
辛卯	丙申	乙亥	己未	丙寅	丁卯	戊辰	己巳	庚午	辛未	壬申	癸酉	甲戌

甲子와 乙亥干支는 사실 사용하기 불편합니다. 甲子와 乙亥月의 경우는 丁, 辛亥로 조합해야 좋습니다. 亥月의 時空을 생각하면 이치가 명확합니다. 亥月에 할 일은 丁火 열기를 품은 씨종자 辛을 亥水에 풀어서 子丑 月을 지나 寅을 내놔야 합니다. 따라서 亥水에서 당장 필요한 것은 丁火 열기와 辛 씨종자이며 이 조건을 충족하지 않으면 亥의 地藏干에 있는 甲은 생겨날 수 없습니다. 또 亥月에는 甲木이 생겨나기 전인데 乙亥로 간지를 조합하면 나오지 말아야할 시공간에 乙이 서둘러서 튀어나온 상황입니다.

甲子와 乙亥는 甲이나 乙이 드러나지 말아야할 공간에 너무 일찍 존재를 드러내서 時節이 적합하지 않습니다. 亥子丑 月에는 辛이 드러나 水氣에 풀어져야 寅월에 甲木이 자연스럽게 생겨납니다. 지금은 이런 표현들이 무슨 의미인지 모를 겁니다. 하지만 자연 순환원리를 이해하면 너무도 당연하고 자연스러운 시공간 순환개념입니다.(**2021년에 출판한 月支時空 子月을 참조하시기 바랍니다.**) 亥月의 구조에서 심각한 문제는 亥水가 戌未 사이에 夾字로 끼어 있다면 亥중 甲이 나오고 싶어도 戌未에 상해서 나오지 못합니다. 특히 亥子는 뇌수와 같은데 열이 오르고 상하면 정신적으로 문제가 발생할 수도 있습니다. 혹은 분노조절 장애처럼 성정이 불안정 합니다. 이 구조의 천간은 산만합니다. 乙로 받아서 己土로 내거나 己土로 드러내서 辛으로 흘러야 합니다. 즉, 官印이나 食傷生財의 방향이어야 함에도 乙로 받는데 辛이 乙木을 沖합니다. 己土가 辛을 生하려는데 乙이 중간에서 己土를 망칩니다. 이런 이유로 천간의 時間方向이 갈팡질팡 하기에 인생의 행보도 그러합니다.

乾命				陰/平 1978년 2월 17일 02:30							
時	日	月	年	84	74	64	54	44	34	24	14	4
己	丙	乙	戊	甲	癸	壬	辛	庚	己	戊	丁	丙
丑	戌	卯	午	子	亥	戌	酉	申	未	午	巳	辰

이 구조는 위와 다릅니다. 乙을 받아서 戊己로 활용하려는 의도가 뚜렷합니다. 乙木은 젊어서는 戊土를 활용하다 나중에 己土로 흘러갑니다. 년과 월에 乙戊로 국가, 교육, 공적인 일을 하다가 己丑에 이르면 戊土를 버리고 己土를 활용합니다. 물론 戊土를 활용하면서도 己丑을 개인적으로 사용할 수도 있습니다. 己丑을 활용하니까 일정 시점에 공직을 포기하고 개인 사업으로 돌아섭니다. 天干에서 동일한 글자가 있거나 동일한 오행이 혼잡하면 산만해서 집중하지 못합니다. 직업이나 지위나 업종이 바뀌는 겁니다. 여기까지 분석했다면 글자 속성을 읽어 줍니다. 戊土가 먼저고 己土가 나중이기에 戊土는 확장하고 己土는 수렴합니다. 월주 乙卯는 戊午와 조합하는데 성장하려면 水氣가 필요하지만 사주원국에 없고 대운도 丙辰, 丁巳, 戊午, 己未로 火氣만 탱천하기에 乙卯가 성장하는데 한계가 있습니다. 丙日 입장에서 乙卯가 적절하게 성장하지 못하니 권위, 지위가 제한적임을 암시합니다. 배워서 육체를 활용하는 기술과 같은 물상을 활용하는 정도입니다. 직업은 통신회사 기술자입니다. 만약 년과 월에서 水氣를 보충해서 乙卯의 성장을 촉진했다면 그릇이

크게 달라집니다. 戊午, 乙卯와 丙戌로 水氣가 없으니 공부에
집중하지 못하고 乙卯 육체기술을 활용하는 직업을 고른 겁니
다. 다만 46세 이후에 己丑을 만나면 丙火의 강렬한 기세를 己
丑으로 조절하기에 사업할 가능성이 높습니다.

수십억 재산가

坤命				陰/平 1969년 2월 21일 08:30								
時	日	月	年	90	80	70	60	50	40	30	20	10
甲	壬	戊	己	丁	丙	乙	甲	癸	壬	辛	庚	己
辰	子	辰	酉	丑	子	亥	戌	酉	申	未	午	巳

天干의 방향이 甲으로 戊土를 다루고 己土와 合하려는 의도입
니다. 소위 食神制殺이나 甲己 合으로 官殺混雜을 제거합니다.
壬水가 甲에게 자신의 의사를 전달해서 戊己를 다스립니다. 다
만 甲의 위치가 月에 있었다면 戊己를 다루는 솜씨가 훨씬 더
좋았을 겁니다. 그래도 壬, 甲辰은 나름 조합이 좋습니다.

다만, 壬子가 시주 甲辰으로 조합할 경우에 辰土 속에 있는 乙
의 움직임이 답답하면 자식이 질병에 시달릴 수 있습니다. 예로
성정이 거칠거나 지능이 낮거나 심하면 자폐와 같은 문제가 발
생합니다. 그래도 壬甲으로 조합하니 時空間이 적절하고 남자다
운 성격입니다. 壬水가 甲을 활용할 때는 반드시 戊己의 성장할
터진이 필요합니다. 사회생활에 비유히면 壬水가 甲을 활용하여
자신보다 높은 단체나 조직을 다룹니다. 20억 재산입니다.

坤命				陰/平 1968년 2월 27일 20:30								
時	日	月	年	87	77	67	57	47	37	27	17	7
甲	甲	乙	戊	丙	丁	戊	己	庚	辛	壬	癸	甲
戌	午	卯	申	午	未	申	酉	戌	亥	子	丑	寅

天干방향은 甲甲乙로 육체를 활용해서 戊土를 다루려는 의도가 분명합니다. 또 주위 사람들과 함께 戊土를 다툽니다. 甲甲乙로 乙卯가 月에 있으니 甲이 乙에게 자신이 소유한 것을 전달하고 戊土의 땅을 꾸미라고 합니다. 이런 구조는 사람들을 잘 이용합니다. 甲이 戊土를 바로 만나면 상할 수 있지만 乙木이 戊土와 먼저 접촉하기에 시간방향대로 甲은 乙에게 자신의 의지를 전달하고 乙이 甲을 대신해서 戊土를 다스립니다. 천간에서 甲甲乙戊로 群劫爭財(군겁쟁재)로 단식 판단하기 전에 地支 구조를 살펴야 합니다. 사람들이 함께 모여 戊土를 추구하는 과정에 戊土가 견딜 수 있는 상황인지를 따져야 합니다.

卯戌, 卯午戌로 戊土의 땅이 박하지는 않습니다만 배합이 약간 비틀려 있습니다. 예로 戊戌년, 甲申시라면 시간흐름이 매우 순차적입니다. 글자의 배치와 구조에 따라서 2억 짜리, 20억짜리, 200억 짜리를 결정합니다. 극히 미세한 차이로 5억과 500억으로 갈라집니다. 八字로 배치를 바꿔봐야 무슨 차이가 생길까 싶지만 8글자로 70억 인구의 운명을 읽어야 하므로 극히 미세한 차이로 엄청난 차이가 발생합니다. 사주구조에 따라 그릇이 크게 달라지는 겁니다. 정리하면, 甲甲乙戊는 甲甲乙이 힘을 합쳐 戊土를 활용하거나 경쟁적으로 戊土를 다툴 수 있습니다. 만약 甲甲乙戊가 아니라 乙甲甲戊라면 어떻게 될까요? 戊土가 심하게 상했을 겁니다. 時間方向에 따라 甲甲이 乙에게 에너지를 전달하고 戊土 위에 乙의 존재를 자연스럽게 드러냅니다. 十神과 强弱으로는 甲甲乙이던 乙甲甲이던 다를 것이 없지만 時間方向과 時空間으로 살피면 하늘과 땅 차이로 다릅니다. 甲甲乙戊의 모든 결과가 戊土에서 발생하고 이루어집니다. 乙戊로 조합하는데 卯月이니 비록 乙癸戊 三字조합은 아니지만 乙戊의 가치를 적절하게 활용합니다. 만약 乙甲甲戊 구조라면 時間方向이 전혀 다릅니다. 먼저 甲甲 두 개가 戊土를 상대합니다. 壬水가 있어야 甲목이 성장하는데 卯月을 만나 모든 壬水가 癸水로 바뀌었기에 甲이 戊土에게 물을 달라고 뚫어버립니다. 바로 癸甲戊 三字조합입니다. 또 甲甲이 乙에게 자신의 의사를 전달해도 乙이 戊土를 향하려면 오랜 시간이 필요합니다.

生剋과 十神만 고려하면 아무런 차이가 없는 甲甲乙, 乙甲甲, 甲乙甲 조합이 時間方向과 時空間의 특징에 따라서 무시무시한 차이가 있음을 깨닫습니다. 甲甲이 乙에게 戊土를 관리하라는 흐름이기에 사장체질입니다. 사주구조를 이해해야 재산이 5억인지 200억인지를 이해하는데 사주배치는 평면도에 8개의 글자가 매우 근소한 차이로 약간씩 변동하는 것처럼 보이지만 입체적으로 살피면 엄청난 차이를 만들어냅니다. 만약 戊戌, 乙卯, 甲午, 甲申이라면 흐름이 크게 다릅니다. 다릅니다. 戊土의 땅을 乙卯가 꾸미기 좋은 넓은 땅으로 바뀝니다. 또 卯午申으로 흐름이 매우 좋습니다. 유사해 보이는 구조로 500억 차이를 만들어냅니다. 각 궁위의 시공간이 좋으면 답답합니다. 예로, 卯辰으로 붙어 있다면 간격 때문에 활동범위가 좁고 답답합니다. 卯와 午는 4개월이 지나갔습니다. 또 午와 申으로 3개월이 지났습니다. 년에 무엇이 있어야 좋을까요? 亥子가 있으면 亥子丑寅卯로 흐름이 바릅니다. 三合으로 표현하면 亥卯未, 寅午戌, 巳酉丑, 申子辰으로 흘러가면 삶의 범위가 엄청 넓습니다. 예로 辰未寅子로 흐르면 申子辰, 亥卯未, 寅午戌로 흐르다가 時에서 申子辰으로 돌아갑니다. 만약 巳酉丑이라면 三合이 순차적으로 흐를 뿐만 아니라 4개의 三合을 모두 가졌기에 삶의 범위가 굉장히 넓어 졌을 겁니다.

다시 천간구조로 돌아와서, 甲甲乙戊가 戊土를 박살내는지 재산을 축적하는지를 이해하려면 반드시 地支를 살펴야 합니다. 甲甲乙로 사람들이 모인 이유는 戊土의 땅을 활용하려는 것이 분명하기에 서로 활용하는 과정에 반드시 경쟁심리가 동하고 육체를 활용합니다. 만약 地支에서 戊土를 돕지 않으면 문제가 발생할 겁니다. 만약 戊土의 땅을 재물로 활용하지 않고 세력으로 활용하면 정치가 물상입니다. 물론 地支구조에 따라 戊土 육체가 상하면 조폭이 되거나 육체가 쉽게 상할 수 있습니다. 성정이 조급해서 주위사람들을 괴롭히거나 탐욕을 부리다 교도소에 갈 수 있습니다. 甲甲乙戊인데 地支에서 戊土를 살리면 단체의 속성을 활용하지만 戊土가 상하는 구조라면 삶의 터전을 박살납니다. 이 구조는 썩 좋은 것은 아닙니다. 戊申이 아니라 戊戌로 바꾸고 甲申으로 보내면 戊戌의 땅이 넓고 추구할 땅덩어리가 넓으니 부자입니다. 이 남자의 재산은 20억 정도입니다. 천간에서 戊乙로 조합하고 地支에서는 午卯申으로 乙丙庚 三字조합을 활용하였습니다. 정리하면, 天干의 時間방향과 時空間을 살피고 地支에서 天干의 의지를 돕는지 살펴야 합니다.

여자사주인데 戊申, 甲子, 甲子, 甲戌입니다. 甲甲甲 셋이 戊土를 취하는 구조입니다. 지지는 申子子戌로 戊土의 환경을 활용하기 어렵습니다. 甲이 丙丁으로 戊土를 활용할 수도 없습니다. 갑 세 개가 戊土를 거칠게 다루지만 수기가 넉넉하니 크게 상하지는 않습니다. 가정주부입니다. 두 차이를 이해해야 합니다. 시간방향과 시공간의 이치가 익숙해지면 사주구조를 이해하기 편해집니다. 천간과 지지가 서로 협력하지 않으면 마치 뇌에서는 이것을 원하는데 몸은 다르게 행동하는 겁니다. 참으로 중요한 개념입니다. 하늘과 땅의 의지가 동일해야 앞으로 나아가고 발전합니다. 天干은 앞으로 가려는데 地支는 뒤로 가려 한다면 발전할 수 없습니다.

乾命				陰/平 1965년 6월 8일 06:30								
時	日	月	年	90	80	70	60	50	40	30	20	10
辛卯	辛酉	壬午	乙巳	癸酉	甲戌	乙亥	丙子	丁丑	戊寅	己卯	庚辰	辛巳

天干에서 辛辛壬乙로 흘러갑니다. 辛 두개가 壬水에 풀어지고 乙木을 만들려고 하기에 天干흐름은 나쁘지 않은데 만약 乙卯, 壬午, 辛酉, 辛巳라면 흐름이 훨씬 편합니다. 乙卯로 집중하는 것이 이리저리 흩어져 있는 것보다 좋습니다. 乙木과 卯木이 서로 연결하려고 해도 辛酉가 乙卯를 沖하기에 위와 아래의 뜻이 다릅니다. 天干구조는 나쁘지 않기에 地支도 乙巳, 午, 酉의 흐름으로 꽃 피고 열매 맺고 완성하면 좋았을 것입니다. 하지만 천간에서는 時에서 年을 향하고 地支는 巳午酉 日支까지 가는데 時支에 卯木이 있으니 충돌합니다. 만약 辛亥였다면 훨씬 부드러웠을 겁니다. 辛酉, 辛卯로 조합하니 말년에 수많은 辛들이 卯木을 노립니다. 문제는 일주 辛酉가 卯木을 소유한 것이 아니기에 타인이 소유한 卯木을 탐하는데 辛辛을 풀어내는 壬水는 日干 바로 옆에 있습니다. 辛卯는 壬水를 활용하고 싶지만 辛酉가 먼저 차지합니다. 따라서 辛酉와 辛卯가 추구하는 것이 달라서 갈등합니다. 辛酉는 卯木이 필요해서 동업하고 辛卯는 壬水

가 필요해서 동업하는데 위와 아래가 卯酉 沖하니 동업해도 갈등합니다.

坤命				陰/平 1968년 5월 30일 16:30							
時	日	月	年	87	77	67	57	47	37	27	17	7
丙申	丙寅	戊午	戊申	己酉	庚戌	辛亥	壬子	癸丑	甲寅	乙卯	丙辰	丁巳

丙丙戊戊 구조는 丙火 빛이 戊土 위에서 화려하게 존재를 드러내고 느긋합니다. 하지만 地支 구조는 결코 느긋하지 않습니다. 戊申, 丙申으로 丙과 午가 申열매의 부피를 확장해서 취하려는 욕망이 강합니다. 丙丙戊戊로 丙火도 두 개, 戊土도 두 개로 항상 두 개나 두 번인데 동일한 글자이니 속성이 동일합니다. 예로 丙丙戊己라면 戊土와 己土의 속성이 전혀 다르기에 상이한 직업입니다. 이 여인의 직업은 다양합니다. 미용실, 식당, 목욕탕을 동시에 운영합니다. 겉으로 드러나는 것과 속으로 드러나는 것의 차이입니다. 戊丙申으로 겉으로는 보이지 않는 알부자입니다. 만약 庚이 丙火 옆에 있다면 쉽게 상하기에 사업하다 망하기 쉽습니다.

乾命				陰/平 1974년 9월 7일 22:30							
時	日	月	年	86	76	66	56	46	36	26	16	6
丁亥	乙未	甲戌	甲寅	癸未	壬午	辛巳	庚辰	己卯	戊寅	丁丑	丙子	乙亥

戌月인데 亥水가 약하기에 戌月의 시공에 나쁘지 않습니다. 甲

甲 둘이서 乙木에게 기운을 전달하고 丁亥로 활용하라고 하기에 乙은 조상, 부모의 음덕이 있습니다. 위에서는 甲甲이 月에 있는 乙木을 향해 갔지만 이 구조는 甲이 乙에게 전달하기에 년과 월의 어른들의 도움을 받기에 순차적 흐름입니다. 乙입장에서는 윗사람들이 자신을 도와줍니다.

이런 時間方向을 잘 살펴야 합니다. 방향이 어디를 향하느냐에 따라 인생이 크게 달라집니다. 년에서 시로 흐르는지 시에서 년으로 흐르는지 혹은 순탄한지 굴곡이 심한지 중복으로 발전하지 못하는지 또 초년에는 순탄하다가 중년에 갑자기 막히는지에 따라 발전 정도를 결정합니다. 이 구조는 음덕이 좋고 戊土에 필요한 亥水까지 있습니다. 乙甲甲丁, 寅未로 조금 탁하지만 戌月에 亥水가 나쁘지 않습니다. 또 甲寅, 甲戌로 日支 未土가 년과 월에 있는 수많은 木氣들을 담습니다. 戌未 刑만 없으면 매우 안정적인데 다행히 亥水가 亥未로 합해서 戌未 刑을 해소하는 맛이 있기에 수십억 재산가입니다.

坤命				陰/平 1958년 9월 17일 16:30								
時	日	月	年	87	77	67	57	47	37	27	17	7
壬	己	壬	戊	癸	甲	乙	丙	丁	戊	己	庚	辛
申	卯	戌	戌	丑	寅	卯	辰	巳	午	未	申	酉

己土와 戊土 사이에 戊壬 己壬로 구성되어 있습니다. 수단도 없고 방법도 없고 官星으로 연결하는 것도 아니고 印星으로 연결하는 것도 아닙니다. 전체구조와 시간방향이 불편합니다.

乾命				陰/平 1962년 11월 3일 20:30								
時	日	月	年	83	73	63	53	43	33	23	13	3
戊戌	辛未	辛亥	壬寅	庚申	己未	戊午	丁巳	丙辰	乙卯	甲寅	癸丑	壬子

戊土에서 年의 壬水를 향해 갑니다. 따라서 배우고 익혀서 壬水를 활용하려는 흐름입니다. 辛辛 두 개에 담겨진 정보나 기술을 壬水에 풀어냅니다. 壬水가 년에 있기에 국가, 해외로 멀리 갑니다. 寅이 寅亥未戌로 흐름이 불편합니다. 만약 亥寅未戌로 흘렀다면 훨씬 순탄하지만 干支 조합이 그럴 수 없기에 시공간이 비틀리고 막힙니다. 天干은 戊辛辛壬으로 흐름이 바른데 地支는 寅亥未戌로 그렇지 않습니다. 亥水가 寅을 향하고 寅이 未土에 들어가고 未土가 戌土로 가는 흐름이면 아름답습니다만 寅이 未土에 들어가려고 해도 亥水가 먼저 寅과 합해버리니 시간이 역류합니다. 일의 진행에 비유하면 1시간에 끝낼 일을 5시간이 걸려서 해결하기에 발전이 더딥니다. 20억 정도의 재산입니다.

坤命				陰/平 1958년 6월 12일 04:30								
時	日	月	年	87	77	67	57	47	37	27	17	7
庚寅	丙午	己未	戊戌	庚戌	辛亥	壬子	癸丑	甲寅	乙卯	丙辰	丁巳	戊午

戊戌, 己未로 未月입니다. 대운이 寅卯辰으로 흐르면 未土에 乙木 生氣를 보충합니다. 아쉬운 점은 丙申일이었다면 未土 속의 乙과 乙庚 합하여 乙丙庚 三字로 좋은데 丙午로 쓰임이 덜합니다. 戊戌년 己未월 조합은 중년에 30억~50억 정도의 돈 그릇으

로 未土에 寅卯辰으로 生氣를 공급해서 庚 열매를 계속 만들기 때문입니다. 또 丙申일이었다면 더 빠르게 재물을 창출했을 겁니다. 또 己未에서 丙午로 시간이 역류하는 것도 아쉽습니다. 未土에서 申으로 가면 훨씬 효과적인데 午火로 역류하면 불편해집니다. 時가 庚寅으로 未中 乙이 자연스럽게 庚을 향하고 乙庚 合해야 하는데 그 과정도 불편합니다. 반드시 午火를 지나쳐야 하므로 그만큼 시간을 지체합니다. 이런 이유로 일주의 시기 38세에서 45세 사이에 순탄하지 않다고 읽어야 합니다. 년과 월에 戊戌과 己未는 대부분 공부하기 싫어합니다. 고등학교나 전문대 졸업 정도인데 돈복은 있습니다. 20억 정도의 재산입니다.

乾命				陰/平 1978년 9월 6일 18:30								
時	日	月	年	80	70	60	50	40	30	20	10	0
己酉	壬寅	辛酉	戊午	庚午	己巳	戊辰	丁卯	丙寅	乙丑	甲子	癸亥	壬戌

戊午, 辛酉, 壬寅까지 흐름이 좋습니다만 己酉에서 막히고 답답합니다. 天干에서 戊辛壬, 地支에서 午酉寅으로 흐름이 좋은데 己土에서 역류합니다. 天干의 時間方向은 官印相生으로 地支에서는 약간 비틀리긴 해도 심하지는 않습니다. 나쁜 점은 辛酉, 壬寅. 己酉로 壬水가 寅에게 생각을 전달하는데 時支 酉金이 양쪽에서 寅을 비틀어 버립니다. 부인의 건강이 좋지 않습니다. 피가 돌지 않으니 기절하거나 심장이나 뇌에 이상이 발생할 수 있습니다. 재산은 20억 정도입니다.

乾命				陰/平 1962년 11월 22일 20:30							
時	日	月	年	86	76	66	56	46	36	26	16	6
丙	庚	壬	壬	辛	庚	己	戊	丁	丙	乙	甲	癸
戌	寅	子	寅	酉	申	未	午	巳	辰	卯	寅	丑

천간에서 丙庚壬 三字 조합입니다. 丙火로 庚을 키우고 壬水에 활용합니다. 子月에 丙火가 있고 壬寅, 壬子에 戊土라도 하나 있었으면 변호사, 검찰, 경찰과 같은 물상인데 壬寅, 壬子, 庚寅으로 壬子에 풀어져 방탕합니다. 다행하게 시간 丙火가 庚의 틀을 잡아주기에 기술자로 활동하다 중년에 사업해서 30억 부자입니다. 庚寅, 壬子의 기술을 활용하는데 水氣들이 日支 寅을 향하고 丙火로 펼쳐내기에 壬甲丙 三字도 함께 활용합니다.

수백억 재산가

수백억 재산가를 학습하기 전에 生剋의 정체가 무엇인지 생각해 봅시다. 日干인 내가 生을 받으면 인생살이가 순탄합니다. 내가 힘을 빼지 않아도 나를 향하여 들어옵니다. 傷官이나 偏官을 활용한다면 불편합니다. 偏官은 나의 움직임을 느리고 불편하게 만들고 브레이크를 밟아버립니다. 印星은 차량이 멈추어진 상태와 같으며 움직임이 편한 겁니다. 주차장을 만들어 두었더니 차들이 주차하고 비용을 지불하는 이치입니다. 食傷生財처럼 돈을 벌고자 육체를 활용하는 수고로움이 없어도 계속 돈이 들어옵니다. 生해야할 食傷이 많다면 반드시 직접 육체를 움직여야 합니다. 사주팔자에 財星이 있다면 그것을 얻고자 반드시 내가 움직여야 합니다. 만약 印星과 財星이 배합하면 배워서 재성을 얻고자 움직이기에 印星과 財星이 배합한 구조가 더 좋습니다. 偏官이 많으면 短命한다고 주장하는 이유는 나의 활력을 제거하기 때문에 육체가 상할 가능성이 많습니다. 질병에 시달리거나 육체가 상하거나 직장을 그만둬야만 하는 상황에 처하거나 사회활동이 답답해지고 발전이 느립니다. 偏財는 삶의 터전과 같아서 偏財를 얻고자 나의 에너지를 사용해야 합니다. 食傷까지 있다면 반드시 육체를 움직여야 원하는 것을 얻습니다. 印星은 하나만 있으면 좋지만 많으면 움직임이 둔해지고 게을러집니다. 丁日이 乙亥처럼 木氣가 많으면 피의 흐름이 둔해지고 두뇌회전이 느려집니다. 印星이 많으면 계속 외부로부터 받으려고만 합니다. 날로 먹으려는 심성이지만 印星이 하나라면 받아들이는 통로가 깔끔합니다. 印星이 年과 月에 있다면 조상과 부모의 음덕을 받습니다.

乾命				陰/平 1978년 1월 3일 04:30								
時	日	月	年	88	78	68	58	48	38	28	18	8
壬寅	壬寅	甲寅	戊午	癸亥	壬戌	辛酉	庚申	己未	戊午	丁巳	丙辰	乙卯

壬甲戊 三字입니다. 壬水 생명수가 있기에 甲寅이 戊土를 심하게 상하지 않지만 년과 월의 구조만 보면 甲寅과 戊午로 水氣가 부족하니 부친 甲은 戊土의 터전을 상하게 만듭니다. 부친은 戊土를 꾸미고자 이것저것 벌이지만 조상의 터전을 깨트립니다. 다행하게 아들 壬水가 나오면 壬寅으로 甲이 힘들지 않게 생명수를 공급해주고 사막과 같은 戊土의 땅도 축축해져 甲이 아름드리나무로 성장할 여건이 조성됩니다. 따라서 사주당사자가 태어나고서 甲 부친의 상황이 호전되기 시작합니다. 이것이 인연법입니다. 부친사주 살피지 않아도 아들 사주에서 부친과의 인연이 명확하게 드러납니다. 부친이 힘들게 살다가 아들이 나오

니 갑자기 발전할 수도 있고 정반대로 크게 발전하다가 아들이 나온 후로 갑자기 망할 수도 있습니다. 만약 日干이 庚이었다면 부친은 더욱 힘들어집니다. 水氣가 없어서 戊土를 괴롭히는데 庚이 甲 부친을 沖해버립니다. 일간 壬水 입장에서 자신의 생각을 甲에게 전달하여 戊午를 다스리기에 년의 戊土 국가정책이나 법을 효율적으로 활용합니다. 다만 문제는 壬水가 마르면 모두 힘들어집니다. 외부에서 활용하는 에너지가 아니라 壬水가 자체 생산한 힘을 활용하기에 샘물이 고갈되듯 甲에게 생명수를 공급하지 못하면 戊土가 사막처럼 변합니다.

乾命				陰/平 1940년 5월 23일 04:30							
時	日	月	年	83	73	63	53	43	33	23	13	3
壬	壬	壬	庚	辛	庚	己	戊	丁	丙	乙	甲	癸
寅	寅	午	辰	卯	寅	丑	子	亥	戌	酉	申	未

天干에 壬壬壬인데 달랑 庚 하나가 드러나 있습니다. 모호해 보이는 구조임에도 부잣집 외동아들로 태어나 S대를 졸업하고 건설 회사를 운영하면서 수백억 재산가요 부족한 것 없이 살아왔습니다. 財格으로 따지면 세 개의 壬水가 부담스럽고 식신생재로 따지면 庚의 倒食이 불편하고 殺印相生을 따지기에는 午火의 財剋印이 두렵습니다. 그런데 왜 실제 상황은 전혀 다를까요? 庚이 壬水를 향하는 時間方向은 정해져 있기에 庚열매가 壬水에 방탕하기 쉬운데 午月의 丙丁 지도자가 寅午로 午火가 상하지 않고 계속 庚을 자극하여 부피를 확장해주면 자연스럽게 일간 壬水를 향합니다. 壬水는 庚金 내부에 생명수를 공급해서 당도를 채우면 가치 높은 과일이 됩니다. 에너지 파동과 時間方向 그리고 宮位를 이해하면 부족함 없이 살아가는 이유를 이해

합니다.

乾命				陰/平 1932년 3월 8일 08:30								
時	日	月	年	88	78	68	58	48	38	28	18	8
戊	甲	甲	壬	癸	壬	辛	庚	己	戊	丁	丙	乙
辰	辰	辰	申	丑	子	亥	戌	酉	申	未	午	巳

年의 壬水가 甲甲을 향하고 甲甲은 戊土의 땅을 다스립니다. 辰辰辰으로 甲이 다스릴 땅이 넓습니다. 땅이 축축해지면 甲은 넓은 영토를 적절하게 다스립니다. 선대에 물려받은 땅이 酉대운에 폭등해서 수백억 부자가 되었습니다. 년과 월에서 壬申과 甲辰으로 마른 땅에 壬水 생명수를 공급하기에 학력이 높고 조상의 음덕이 지대합니다.

乾命				陰/平 1972년 7월 15일 08:30								
時	日	月	年	85	75	65	55	45	35	25	15	5
壬	丙	戊	壬	丁	丙	乙	甲	癸	壬	辛	庚	己
辰	戌	申	子	巳	辰	卯	寅	丑	子	亥	戌	酉

가난한 집안에서 태어나 명문대를 졸업하고 하루에 4시간씩 자면서 금융계에서 열심히 일해서 많은 돈을 법니다. 丙火가 戊土로 壬子 국가정책이나 사회규율을 다스리지만 時間方向으로 살피면 丙火가 戊土에게 에너지를 방사해서 壬水를 다스리느라 수고롭습니다. 수백억을 벌었지만 그 대가로 4시간 자면서 열심히 일합니다. 戊土로 壬子를 막을 경우에는 두 방향을 살펴야 합니다. 첫째, 甲을 키우는가? 둘째 金氣를 활용하는가? 이 구

조는 金氣를 활용하려는 의지가 강하기에 물질에 집중합니다. 다만 긴장감을 유지하는 구조들은 운에 따라 한순간 힘들어질 수 있습니다. 특히 丙火를 도와서 金열매를 만들어내는 木氣가 없기에 한번 무너지면 회복이 어렵습니다. 시지 辰土에 있는 乙木을 활용하지만 그 위에 壬水가 있으니 申辰으로 乙庚 합하여 돈을 추구하는 과정에 壬水에게 冲당하면 관재가 동합니다. 특히 월주 戊申은 癸丑대운을 만나면 불편한데 시주 壬辰과 겹치는 대운입니다.

乾命				陰/平 1921년 10월 4일 10:30								
時	日	月	年	88	78	68	58	48	38	28	18	8
辛	庚	戊	辛	己	庚	辛	壬	癸	甲	乙	丙	丁
巳	午	戌	酉	丑	寅	卯	辰	巳	午	未	申	酉

신격호(辛格浩) 회장 사주입니다. 사주전체 기운이 집중적이고 天干에 戊土 하나가 辛庚辛의 터전을 제공합니다. 무슨 의미일까요? 많은 사람들이 세력을 모아서 戊土 터전에서 존재를 드러냅니다. 다만 年에 辛酉요 戌月로 庚이 경쟁에서 밀리는 시공간이기에 초년에 불편한 환경입니다. 月支 時空으로 살피면, 戌月에 필요한 火氣들 午火와 巳火가 戊土를 향하고 그 위에 戊土가 수많은 열매의 존재를 드러냅니다. 대운을 감안하면, 중년에 火대운으로 흐르면서 戌月의 時空을 맞추고 시절을 만난 庚은 戊戌에서 두각을 드러낼 뿐만 아니라 辛酉 경쟁자들을 희롱합니다. 十神으로 살피면 無財 사주이니 부자가 될 수도 없고 戊土 偏印뿐이니 좋지 않다고 판단하지만 時間方向과 月支時空으로 살피면 전혀 다릅니다. 戊土는 庚의 존재를 뚜렷하게 드러내고 巳午는 戊土에 담기니 사회에서 두각을 나타냅니다. 食傷

生財를 부자라고 생각하지만 일간은 生財를 위해서 수고롭게 일해야 합니다. 본인의 수고로움이 없으면 돈을 벌지 못하기에 큰 부자사주는 어렵습니다. 財星이 돈을 상징하는 것이 아니라 사주구조가 돈을 창조합니다. 十神의 명칭과 상관없이 사주에 존재하는 글자들이 존재가치를 얻고 쓰임을 발휘할 때 발전하는 겁니다. 사주의 글자들이 중요한 것이 아니라 어떤 조합으로 구성되어 있는가가 중요합니다. 예로, 甲木은 壬水를 만나야 하고 辛은 丁火와 壬水를 만나야 하고 乙癸는 戊土를 만나야합니다. 이처럼 주위 글자들과 활발하게 파동을 보이면 발전하고 부자가 되는 겁니다.

乾命				陰/平 1932년 10월 30일 04:30								
時	日	月	年	83	73	63	53	43	33	23	13	3
壬	壬	辛	壬	庚	己	戊	丁	丙	乙	甲	癸	壬
寅	辰	亥	申	申	未	午	巳	辰	卯	寅	丑	子

겉으로 좋아 보이지 않는데 수백억 재산가입니다. 食神生財도 아니고 官印相生도 아니요 財星도 없으며 比肩만 가득합니다. 글자 쓰임으로 살피면 月의 辛이 지나치게 많은 壬水와 亥水에 풀어집니다. 방탕의 성질을 가진 壬, 亥가 미네랄과 같은 辛金 씨종자를 품어서 안정됩니다. 아쉬운 점은 丁火가 辛을 자극하는 丁辛壬 三字조합으로 더욱 효율적으로 활용할 수 있음에도 없습니다. 좋은 점은 日支에 辰土가 있기에 辛亥로 미네랄을 품은 亥水와 亥水가 품은 木氣를 담아서 갈무리 합니다. 또 세 개의 壬水도 辰土에 모두 수렴됩니다. 壬水를 墓地로만 인식하고 좋지 않다고 생각하지만 사주구조의 시공간 흐름을 살펴야 합니다. 이 사주의 辰土는 가치 높은 생명수를 담아서 寅卯辰을 키

우는 물탱크입니다. 墓地에 관한 것으로 墓庫에서 다시 자세히 다루겠습니다.

乾命				陰/平 1967년 5월 20일 18:30								
時	日	月	年	87	77	67	57	47	37	27	17	7
庚子	壬戌	丙午	丁未	丁酉	戊戌	己亥	庚子	辛丑	壬寅	癸卯	甲辰	乙巳

丁未와 丙午의 기세를 日支 戌土에 담습니다. 時間方向에 따라서 丁未와 丙午가 스스로 안방으로 들어와 머뭅니다. 이런 시공간 흐름을 살필 수만 있다면 사주를 보는 순간 재물크기가 백억대 이상임을 읽어냅니다. 十神으로 분석하면 정반대 해석을 합니다. 그럴 수밖에 없는 이유는 生剋과 十神 그리고 通根 논리로는 일간 壬水가 어디에도 뿌리를 내리지 못하고 년과 월에서 강력한 財星 丁未와 丙午가 壬水를 더욱 무기력하게 만들고 未戌로 官殺이 혼잡하니 壬水가 증발하는 상황입니다. 따라서 庚金 인성과 子水를 일간을 돕는 用神이라고 판단합니다. 대운을 살펴보니 用神 金水는 말년에나 들어오지만 실제 상황은 수백억 재산가이기에 이해가 어렵습니다.

庚子의 작용은 정확하게 무엇일까요? 身弱한 日干을 돕는다고 판단하는 것은 生剋과 旺衰 논리입니다. 에너지파동으로 살피면 년과 월에 있는 火氣들이 할 일은 午月에 열매를 키우는 것입니다. 만약 庚金이 없다면 화기들은 존재하지만 존재가치가 없습니다. 다행하게 시간에 庚이 있으니 강력한 火氣를 활용하여 庚金을 확장하기에 존재가치를 얻습니다. 즉, 국가, 사회에서 활용하는 火氣의 움직임이 일지와 시주에서 결과물을 얻어서 좋은 겁니다. 만약 丙丁이 庚을 극하는 財剋印이라고 읽으면 生剋 작용만을 분석한 겁니다. 에너지 파동으로 살피면 태양 빛을 품은 열매 庚金은 내부에 壬水를 채워서 당도 높은 과일로 변합니다. 결론적으로 壬水는 크고 달콤한 열매를 얻는 겁니다. 十神, 生剋, 用神으로는 전혀 이해할 수 없는 글자의 존재가치와 에너지 파동, 時間方向을 이해하면 수백억 재산을 소유한 이유를 비교적 쉽게 이해합니다. 만약 丁未 丙午 壬戌 丙午시나 丁未 시에 태어났다면 돈을 관리하는 은행계통에서 일했을 겁니다. 나름의 재산을 모으지만 수백억대 수준은 아니라고 읽어야 합니다.

乾命				陰/平 1958년 8월 20일 12:30								
時	日	月	年	82	72	62	52	42	32	22	12	2
丙午	壬子	辛酉	戊戌	庚午	己巳	戊辰	丁卯	丙寅	乙丑	甲子	癸亥	壬戌

이런 흐름은 매우 좋습니다. 辛酉가 壬子에 자연스럽게 풀어집니다. 또 丙午가 있으니 辛酉를 자극해서 壬子에 풀어내기에 가치가 높습니다. 월과 시에서 辛과 丙火가 合하기에 夾字로 끼어있는 壬水 일간은 자연스럽게 辛酉와 丙午를 취합니다. 원하지 않아도 주위에서 돈과 명예를 떠먹여 주는 겁니다. 수백억 사주입니다.

乾命				陰/平 1969년 5월 11일 02:30								
時	日	月	年	86	76	66	56	46	36	26	16	6
己丑	辛未	庚午	己酉	辛酉	壬戌	癸亥	甲子	乙丑	丙寅	丁卯	戊辰	己巳

이 구조는 쓰임이 없어 보입니다. 官印相生을 논하겠지만 食傷도 없고 印星만 가득하니 좋은 사주라고 판단하기 어렵습니다. 하지만 전체흐름이 일정한 방향으로 모입니다. 時間方向으로 살피면 일간 辛이 모든 글자들을 수렴합니다. 모든 에너지들이 辛未를 위해 존재합니다. 庚午도 辛未를 향하고 未土 속의 乙과 庚이 슴해서 열매를 만들고 午火가 확장합니다. 선박 왕 오나시스, 트럼트 대통령 사주팔자와 비교하면 이해가 쉽습니다. 수천억 사주라고 합니다.

乾命				陰/平 1966년 7월 25일 16:30								
時	日	月	年	90	80	70	60	50	40	30	20	10
丙	辛	丁	丙	丙	乙	甲	癸	壬	辛	庚	己	戊
申	未	酉	午	午	巳	辰	卯	寅	丑	子	亥	戌

위 사주보다 훨씬 못합니다. 印星이 日支에 하나 밖에 없지만 문제는 년과 월에서 丙午와 丁酉로 辛酉가 강력한 火氣를 잔뜩 머금었으니 亥子丑, 壬癸를 만나서 水氣에 풀어져야 酉金을 부풀리는 丁辛壬 三字조합으로 빠른 속도로 재물이 유입됩니다. 이 구조를 偏官과 관살혼잡으로 살피는 것은 무의미합니다. 대운이 己亥, 庚子, 辛丑, 壬寅, 癸卯로 흘러가니 자극받은 금기를 빠르게 풀어내면서 발전합니다.

乾命				陰/平 1967년 7월 10일 06:30								
時	日	月	年	82	72	62	52	42	32	22	12	2
辛	辛	戊	丁	己	庚	辛	壬	癸	甲	乙	丙	丁
卯	亥	申	未	亥	子	丑	寅	卯	辰	巳	午	未

丁戊辛辛으로 시간방향이 바르고 未申亥卯도 年에서 時까지 흐름이 좋습니다. 丁火가 辛을 자극하면 亥水에 풀어지고 卯木을 만들어냅니다. 또 未土 속의 乙과 申이 乙庚 합하여 열매를 완성하고 火氣로 키운 후 水氣에 풀어져 새로운 木氣를 생산합니다. 수백억 재산가입니다.

乾命				陰/平 1928년 6월 13일 22:30								
時	日	月	年	83	73	63	53	43	33	23	13	3
丁	庚	己	戊	戊	丁	丙	乙	甲	癸	壬	辛	庚
亥	午	未	辰	辰	卯	寅	丑	子	亥	戌	酉	申

未土 속의 乙이 스스로 庚을 찾아옵니다. 戊辰과 己未로 다스리는 땅이 넓고 庚의 존재를 년과 월에 드러냅니다. 다만, 戊辰 己未로 혼잡하니 초년에 좋은 환경은 아닙니다. 이 구조의 핵심은 未의 地藏干 乙이 스스로 일간을 찾아오는 겁니다. 모든 글자들이 庚을 향하고 亥未가 木을 만들어냅니다. 대운도 중년에 癸亥, 甲子, 乙丑으로 未月에 필요한 水氣를 보충했습니다. 부자사주는 기세가 좋습니다. 오행이 중화를 이루어서 혹은 오행이 모두 있어서 부자라는 주장은 황당합니다. 전체 기세가 순탄하고 집중력이 좋으면 부자가 되는 겁니다. 十神으로 印星처럼 일간을 향하여 집중하는 흐름이라면 매우 좋습니다.

▌十神 論

지금부터 十神에 대해 한동안 학습해야 하는데 부족한 점은 時空學 책을 보충하고 이해가 어려운 부분이 있으면 따로 질문하면 됩니다. 책에 없는 혹은 인터넷에서 찾을 수 없는 내용에 집중해서 설명할 겁니다. 첫째, 十神의 명칭을 財星 혹은 食傷이라 부르는 이유는 무엇인지 이해해야 합니다. 둘째 六親이 생겨난 근본원리를 살필 겁니다. 셋째, 十干과 十神을 합친 天干조합을 살필 겁니다. 먼저 十神의 근본속성을 살피고 干支와 섞어서 살펴보겠습니다. 기억할 점은 **六親은 宮位를 기준으로 판단하고 十神은 참조만** 합니다. 예로 남편의 동태는 日支를 기준으로 살피고 官殺은 참조합니다. 宮位로는 부족한 정보를 十神으로 보충하는 겁니다.

十神의 속성은 반드시 자연이치로 살펴야 합니다. 日干을 기준으로 傷官이요 食神이요 偏財요 印星이라고 살필 것이 아니라 기준을 잡아야 합니다. 壬癸는 생명수입니다. 지구에 살아가는 생명체는 물이 없으면 죽습니다. 따라서 壬癸는 생명체가 살도록 돕는 어머니와 같은 작용입니다. 모친이 자식들에게 젖을 물리는 작용입니다. 모친을 통해서 생명이 태어나고 성장할 동력, 밑거름을 얻습니다. 즉, 壬癸는 지구에 존재하는 甲乙 생명체를 탄생시키는 작용입니다. 이런 속성을 十神으로 표현하면 印星입니다. 이렇게 근본이치를 이해하면 十神조합의 의미를 쉽게 깨우칩니다. 印星이란 모친처럼 나를 낳아주는 존재라고 이해해야 합니다. 사주팔자에서 전혀 모친답지 않은 글자를 印星으로 인식하는 것이 문제로 일간을 기준으로하기 때문에 발생하는 폐단입니다. 우리는 자연의 순환원리에서 十神의 기준을 찾아야 합니다. 壬癸는 생명수요 인간은 생명체를 가졌기에 생명의 탄생을 책임지는 역할은 壬水요 癸水는 乙木의 성장을 촉진합니다.

모친역할이므로 印星이라고 부르는 겁니다. 인간이 갈 수 없는 영혼, 귀신세계와 같은 壬癸가 無에서 有를 창조하는 과정이 壬癸와 甲乙입니다. 영혼세계에서 영혼을 공급하는 것이나 생명수로 인간을 양육하는 것이나 동일한 이치입니다. 壬癸 모친이 甲乙생명체를 낳았습니다. 甲乙은 반드시 활력과 생기를 유지해야 합니다. 사람뿐만 아니라 세상에 존재하는 생명을 가진 모든 것은 甲乙입니다. 甲은 자라고 乙은 번식합니다. 번식은 생명체의 본능이자 의무이기에 게을리 할 수 없습니다. 생명체는 태어나면 좌우확산하고 성장하고 산소를 공급하면서 외형을 변화시킵니다. 성장하고 확장하는 움직임을 十神으로 比肩과 劫財라고 표현합니다. 比劫을 가장 적절하게 표현하면 <u>육체활용</u>입니다. 혹은 주위에 사람들을 끌어 모으는 겁니다. 정치를 하려면 比劫이 좋아야 한다는 이유가 日干 혼자서는 정치하기 어렵기 때문으로 세력이 없으니 어떻게 정치를 하겠습니까? 比劫을 財星을 박살내는 나쁜 것이라고만 인식하는 것은 옳지 않습니다. 比劫이 있어야 경쟁하고 성장하고 발전하고 세력을 모읍니다. 戊日인데 비겁이 없으면 세력이 없으니까 혼자 노는 겁니다.

세상을 환하게 밝혀서 존재를 드러내는 작용이 丙火입니다. 만물의 부피를 확장하고 발전하게 해줍니다. 丁火는 열을 가해서 열매를 딱딱하게 만들고 등촉을 밝혀서 어두운 길을 인도하는 역할입니다. 밝혀 주고 드러나게 만드는 속성을 食神과 傷官이라고 부르며 丙火와 丁火의 행위가 가장 적합합니다. 환하게 밝히고 옆으로 살찌고 위로 올라가기를 반복하기에 食神이라고 부릅니다. 十神에서 食字를 붙인 것은 食神뿐입니다. 比肩, 劫財, 食神, 傷官, 偏財, 正財, 偏官, 正官, 偏印, 正印 중에서 神이라는 표현은 유일합니다. 원래의 物形을 최대로 확장하고 부풀리는 十神은 食神이라는 겁니다. 일간을 기준으로 陽陽은 食神이고 陽陰은 傷官입니다만 속도로는 食神보다 傷官이 훨씬 빠릅니다. 甲丙으로 조합하면 느긋합니다. 甲丁의 경우는 조급하기에 성정이 전혀 다릅니다. 甲丙과 甲丁, 丙戊와 丙己는 차이가 큽니다. 丙己나 丙未로 조합하고 水氣가 없으면 엄청나게 급합니다. 丙戊로 조합하면 느긋합니다.

戊己 土는 지구 표면입니다. 모든 역사는 땅 위에서 발현됩니다. 만물의 터전, 五行의 바탕에서 생장쇠멸이 순환합니다. 戊己가 없다면 인간도 존재할 수 없습니다. 戊己가 있기에 삶의 터전으로 활용합니다. 만물이 존재하고 가치를 드러내는 공간입니다. 이런 이유로 戊己 土는 養生의 공간이자 財星이라 부릅니다. 壬子를 만물의 養生공간, 존재를 드러내는 터전이라고 부르지 못합니다. 十神의 심각한 문제로 日干이 戊土일 경우 壬癸를 財星이라 부르는데 養生터전이므로 壬子가 그런 작용을 하는 것이 됩니다. 즉, 블랙홀처럼 만물을 없애버리는 壬水가 戊土에게 양생의 터전을 제공한다는 논리가 됩니다. 지구표면이 환하게 드러나고 생명체가 살아가려면 丙火의 작용이 필요한데 블랙홀, 흑색, 어둠과 같은 壬水가 그 역할을 담당한다는 주장을 하는 겁니다. 이런 이유로 자연의 이치와 十神의 작용 사이에 괴리가 존재합니다. 食神의 명칭은 동일해도 丙火食神, 壬水食神에 따른 물성치가 전혀 다릅니다. 食神은 음식의 神처럼 부피를 확장하는데 壬水는 응축하는 기운입니다. 그래서 十神으로 살피면 오류를 범하기 쉽습니다. 日干을 기준으로 일률적으로 명칭을 정한 十神으로 분석하지 말라는 겁니다. 글자의 속성이 우선입니다. 十神 따지지 않아도 사주분석에 문제가 전혀 없습니다. 오히려 훨씬 더 명확하게 분석합니다. 이제 官星에 해당하는 庚辛을 살펴보죠. 庚辛은 세상에 존재하는 물질을 표현합니다. 그 본질은 甲乙의 다른 모습입니다. 뿌리나 새싹이 열매나 씨종자

로 바뀐 겁니다. 따라서 庚辛을 얻기 위해서는 반드시 生氣를 가진 甲乙이 있어야만 여름에 열매로 바뀌고 가을에 씨종자를 얻습니다. 다른 각도에서 살피면, 甲乙은 生氣요 庚辛은 生氣를 통제하고 숙살합니다. 이런 특징을 가진 庚辛을 十神으로 正官과 偏官이라 부릅니다. 十神은 오로지 日干을 기준으로 하기에 日干이 무어냐에 따라 획일적으로 분류하면서 상위개념인 에너지 특징은 사라지고 말았습니다.

壬癸甲乙丙丁戊己庚辛 十干이 地支로 내려와 干支를 만들어냅니다. 예로 壬子는 빅뱅이전에 극도로 응축된 기운이라고 했습니다. 그 내부에 무엇이 얼마나 담겨있는지 알 수 없습니다. 地藏干을 연구해보면 판도라의 상자처럼 계속 쏟아져 나옵니다. 壬子의 속성이 그러합니다. 세상에 존재하는 우주의 모든 것을 壬水라고 표현하기에 내부에 무엇이 있는지 알지 못합니다. 지구에서의 출발점을 壬子라고 표현할 수는 없고 生氣를 상징하는 甲子에서 시작합니다. 즉, 지구에 존재하는 수많은 생명체들을 甲으로 표현합니다. 만약 生氣가 존재하는 시작점을 甲寅이라는 干支로 표현했으면 복잡하지 않았을 겁니다. 甲寅은 우주와 지구의 시공간이 즉각적으로 반응하는 겁니다. 요술 방망이처럼 돈을 원하면 즉각 돈이 나오고 대학교에 들어가려는 의지만 있으면 공부할 필요도 없이 바로 들어갑니다. 天干과 地支의 시공간에 간극이 없는 상황입니다. 하지만 우리가 살아가는 현실은 그렇지 않습니다. 天干과 地支의 時空間에 격차가 있기에 甲子에서 출발합니다. 子水는 甲의 時間을 따라야 합니다. <u>지구空間은 우주의 時間을 따르려면 준비가 필요합니다.</u> 甲子와 甲寅은 甲과 亥子丑寅으로 시공간에 간극이 존재하고 이런 이치를 근묘화실(根苗花實)로 활용합니다. 甲子는 지구에서 甲의 시간이 子의 공간 위를 출발함을 표현한 겁니다. 甲子, 乙丑, 丙寅, 丁

- 135 -

卯에서 다시 丙子, 丁丑으로 흘러갑니다. 즉, 甲子와 乙丑, 丙子와 丁丑, 戊子와 己丑, 庚子와 辛丑, 壬子와 癸丑으로 마감하고 다시 甲子와 乙丑으로 순환합니다. 만약 六十壬子로 시작했다면 壬子, 癸丑으로 흐르는데 이 기준은 인간이 생기기 이전의 우주 상태를 표현한 겁니다. 生氣를 가진 인간의 입장에서는 壬子, 癸丑을 기준으로 잡을 수 없습니다. 그래서 甲子, 乙丑으로 시작해서 丙子 丁丑, 戊子 己丑, 庚子 辛丑, 壬子 癸丑의 흐름으로 甲을 만들고 丙을 만들고 戊를 만들고 庚을 만들고 壬을 만들고 다시 甲을 만들기를 반복합니다. 이런 이치를 이해해야 육십갑자의 흐름을 확장해서 다양한 명리이론을 활용할 수 있게 됩니다.

甲子 乙丑, 丙子 丁丑은 의미가 다릅니다. 甲의 시간이 子水 공간에서 출발하고, 丙의 시간이 子水 공간에서 출발하고, 戊의 시간이 子水공간에서 출발하는 것입니다. 이런 이치는 十神, 12운성, 12神殺과 전혀 다른 근원적인 시공간 개념입니다. 우주에서 발현되는 시공간이자 에너지로 지구자연의 구성 원리를 표현한 것입니다. 인간의 기교로 살핀 것이 아니라 시공간의 순환이치를 干支로 표현했습니다. 다양한 각도에서 干支의 뜻을 살필 수 있습니다. 삼라만상을 모두 담았기 때문에 인간의 능력으로는 알 수 없을 정도로 무궁무진합니다. 그중 하나를 살펴봅시다. 干支를 분석하는 방법은 최소한 다섯 가지로 살펴야 하는데 여기에서는 시공간으로 干支를 분석해보겠습니다. 甲子는 生氣, 생명체가 생겨나려고 준비합니다. 丙子는 빛이 드러나고자 준비하는 것으로 十神으로 食傷이 시작되는 겁니다. 戊子는 삶의 터전, 양생의 터전, 偏財의 속성이 子水에서 드러나고자 준비합니다. 庚子는 열매, 결실이 子水에서 출발하여서 열매를 준비합니다. 壬子는 생명수, 生氣를 잉태하는 출발점입니다.

甲과 乙은 生氣이기에 시공간의 출발점을 甲子로 잡은 겁니다. 우주가 시간을 시작하는 것과 동일합니다. 운동경기에서 시작을 알리는 순간이 甲입니다. 새로운 시간이 도래하니 과거를 버려야만 합니다. 지구에서의 時空間은 生氣를 위해 존재하는 겁니다. 즉, 生氣의 역사를 증명하는 방식이 時空間입니다. 甲子는 물질, 직업, 인연 등 새로운 출발을 의미하지만 숨겨진 의미는 먼저 과거를 청산해야만 합니다. 과거에 이어져 왔던 일이나 인연을 마감해야만 새롭게 출발할 수 있습니다. 그것이 바로 甲子와 乙丑이 원하는 조건입니다. 인연과 물질을 버려야만 하므로 모든 것을 잃어야하는 상황이기에 乙丑을 부도의 상이라고 표현합니다. 甲子는 陽이고 乙丑은 陰으로 한 쌍이며 독립된 시공간이 아닙니다. 60甲子를 양음으로 짝을 지으면 30쌍입니다. 차이점이라면 甲子는 氣的이고 乙丑은 質的이기 때문에 乙丑에서는 실질적인 돈을 포기하거나 빼앗길 수밖에 없는 상황입니다. 갑자기 부도가 나거나 크게 발전하다가 심하게 꺾입니다. 이런 방식으로 간지속성을 관찰하다 보면 다양하게 활용할 수 있습니다. 만약 대운이나 세운에서 甲子와 乙丑이 오면 동일한 의미로 이해해야 합니다. 다만, 구조에 따라서 반응이 다르기 때문에 기본의미를 참조하고 사주구조를 살펴야 합니다. 乙丑 日에 전화 와서, "부도나는 상황이네요. 정리하는 것이 좋습니다."했더니 "사주도 안 보고 어떻게 아세요?" 하더군요. 이처럼 干支의 속성에는 묘한 이치들이 담겨져 있습니다. 十神, 神煞, 12운성, 地藏干 외에도 시공간의 순환이치를 살펴야 합니다. 木은 모든 것의 시작점인데 甲이 새 출발, 새로운 時間을 여는 겁니다. 乙은 시간을 이어가는 개념입니다. 출발한 時間이 지속적으로 이어집니다. 甲은 癸水 모친으로부터 영혼을 얻고 난 후 육체를 가진 생명체로 삶을 출발합니다. 과거에 소유했던 영혼을 털고 새로운 영혼과 육체를 얻은 겁니다. 따라서 癸水와 甲은 저승과 이승의 갈림길입니다. 癸甲은 기시감과 같습니다. 저승과 이승 사이에서 혼란스러운 겁니다. 甲은 갑자기 생겨난 것이 아니라 癸水가 넘겨준 前生의 기운을 육체 내부에 담고 생명체로 탄생했기 때문입니다. 결론적으로 甲의 출발은 조상, 前生의 기운이 있기에 가능한 겁니다. 甲이 오면 새 출발도 이야기 하지만 저승과 이승, 과거와 현재 사이를 이어주는 것들, 과거에 알았던 것, 과거의 추억들을 이야기 합니다. 甲이 있는데 水氣가 없으면 기억력이 떨어지고 맹합니다. 또 水氣가 너무 많으면 과대망상에 시달립니다. 여자가 자식 낳고 멍해지는 이유는 양수와 같은 壬水로 甲을 낳는 과정에 양수가 터지면서 맹해지는 겁니다. 壬水는 지혜를 상징하는데 甲 生氣를 창조하는 과정에 水氣를 쏟아내니까 기억력이 떨어지는 겁니다. 乙은 甲의 상황을 유지합니다. 生氣를 좌우로 펼쳐냅니다. 乙木에서 좌우확산 했네, 많이 컸네, 시간이 많이 흘렀네, 언제 이렇게 성장했어? 이런 개념들입니다. 예로 乙未간지는 시간흐름이 未에서 답답해집니다. 출발했던 일이나 인연을 未에서 중단하는 상황입니다. 甲乙을 時間, 生氣의 출발로 이해하면 됩니다. 乙은 甲을 대신해서 시간을 좌우로 펼치는데 未土에서 흐름이 답답해지고 활동이 정체됩니다. 乙卯, 乙巳와 乙未, 乙酉는 상황이 전혀 다릅니다. 이런 방식으로 干支를 이해하면 12운성을 외울 필요가 없습니다.

丙火는 만물을 환히 비추고 밝혀서 표출하는 움직임입니다. 丙子는 새로운 빛, 空間이 子水에서 출발합니다만 상황이 좋지는 않습니다. 子水에서 출발해서 子丑寅, 卯辰巳, 午未申, 酉戌亥까지 가야 합니다. 丙子대운이라면 丙火가 子水의 어둡고 답답한 땅에서 활동이 불편합니다. 기존보다 활동공간은 넓어지지만 子水에서 움직임이 시작되기에 초기단계입니다. 丙辰에 이르면 水氣가 부족하고 모내기 하느라 바쁜 공간을 확장합니다. 이처럼 丙子는 새로운 공간을 확보하는 출발점으로 해외, 타향을 암시합니다. 丙子일이라면 31세에서 45세 사이 특히 38세 이후에 배우자가 타향이나 해외로 떠나서 홀로 살아갈 가능성이 높습니다. 子水가 어둡기에 밝은 공간을 찾아 떠나는 겁니다. 丙申年의 경우 申은 열매이므로 공간과 물질의 문제입니다. 현재 공간을 벗어나 새로운 환경으로 떠나려는 이유가 申열매, 재물, 여인을 위한 것으로 驛馬의 속성도 가미됩니다. 丙火는 寅午戌 三合운동을 하므로 申이 驛馬로 새로운 공간을 확보하고자 이동합니다. 丙子, 丙寅, 丙辰, 丙午, 丙申으로 丙火의 공간을 거의 완성한 상태입니다. 丙申을 지나 丙戌에 이르면 丙火의 공간이 사라지고 丙子에서 새로운 공간을 찾고자 떠납니다. 丙寅이라면 寅午戌 三合의 출발점이고 신살로 地煞이고 12운성으로 長生입니다. 새로운 공간의 형태를 드러냅니다. 丙寅 앞에서 준비했던 행위가 丙子와 丁丑입니다. 丙子에서 새 공간을 확보하고자 떠났습니다. 따라서 丙子, 丁丑에서의 고민은 어떻게 새로운 공간을 만드느냐에 대한 겁니다. 甲子와 乙丑은 출발을 위해서 과거를 청산했고 丙子와 丁丑은 현재의 공간이 적합하지 않기에 새로운 공간으로 이동해야만 하는 상황입니다. 丙寅에 이르면 공간이 보이고 넓어질 기회가 생겨나지만 시간이 많이 필요합니다. 丙午와 丙申에 이르면 공간이 최대로 확장하고 성숙해진 상태입니다.

丙火가 공간을 확보하면 丁火가 공간의 특징을 결정합니다. 즉, 丙火는 공간을 확보하고 丁火는 결정합니다. 丙火는 공간을 찾고 확장하는 과정이고 丁火는 정착할 공간을 결정하는 과정입니다. 丙火는 공간을 확보할 가능성을 뜻하지만 丁火는 실질적인 공간입니다. 공간의 크기로 살피면 丙火는 넓고 丁火는 좁습니다. 따라서 사주팔자에 丙火가 있으면 공간을 넓게, 丁火가 있으면 좁게 활용합니다. 어떤 여인이 말하기를 호주에 살다가 미국에 갔는데 호주에서는 번화한 시내에서 사니까 도저히 맞지 않아서 미국 시골에 정착했다고 합니다. 사주에 丙火는 없고 丁火가 많더군요. 조용하고 한적한 곳을 좋아할 수밖에 없습니다. 丁火는 조용하고 한적한 공간을 요구하는 겁니다. 물론 丙火가 물질의 세상을 살기에 좋습니다. 丁火가 있으면 서울이나 중심가에 살지 못하고 주변을 맴돕니다. 태양이 진 어두운 밤에 활용하는 공간입니다. 이처럼 甲乙의 時間이 생기고 丙丁의 공간이 드러납니다. 木火가 바로 時間과 空間입니다. 다만 甲乙은 입체적이지는 않습니다. 丙火는 분산움직임이기에 굉장히 입체적입니다. 丙子와 丁丑은 공간이 넓어지기에 활동범위를 벗어나는 겁니다. 예로, 직장생활 하는데 丙子에서 새로운 공간이 생기면서 사업하거나 회사에서 원하던 자리가 생길 수 있으며 해외에서 근무할 기회가 생길 수도 있습니다.

時間과 空間이 생겨난 후 戊己에서 생명체들이 살아갈 터전이 생깁니다. 이런 이치는 추후에 육친관계와 연결됩니다. 丙火의 空間과 戊土 터전은 다릅니다. 丙火의 공간이 생긴 후 생명체의 삶을 정착할 실질적인 공간이 戊土입니다. 예로 丙火는 텅 빈 공간이라면 戊土는 지구 표면입니다. 육체를 가진 생명체들이 터전을 확정하는 과정이 戊子와 己丑에서 시작됩니다. 이런 이유로 戊子와 己丑년에 새로운 터전을 찾아 나섰습니다. 이사하거나, 직장을 바꾸거나, 해외로 가거나, 결혼하여 부모로부터 독립합니다. 未土나 丑土도 멀리 떠나는 속성이 강한데 특히 戊子는 새로운 땅을 찾아가는 여정입니다. 戊子에서 己丑년 사이에 땅을 고르고 己丑年 말에 새로운 땅으로 떠납니다. 己丑은 멀리 떠나려는 의지가 강합니다. 사주팔자 기교들과 상관없이 자연은 자신이 해야 할 행위를 묵묵히 실행합니다. 새로운 땅으로 떠나라고 요구하면 우리는 그대로 따라야 합니다. 과거에 살던 터전을 버려야합니다. 甲子, 丙子, 戊子, 庚子, 壬子는 과거를 청산하고 새롭게 출발해야 합니다. 시간, 공간, 터전, 물질, 영혼을 버리고 시작합니다. 그래서 子水는 물질이나 육체가 없는 공간이라고 했습니다. 子水 위에 어떤 天干을 끌고 왔는지를 살피면 무엇을 버려야 하는지 알 수 있습니다. 時間, 空間, 터전, 열매, 영혼 중에서 하나를 버리고 시작합니다. 己丑과 己未는 巳酉丑과 亥卯未로 물질의 완성을 뜻하기에 더 이상 머물지 못합니다. 이런 이유로 未月과 丑月에 해외, 타향으로 떠나는데 아주 멀리 갑니다. 다만 丑土는 미련이 남아서 그 공간에서 벗어나려고 하지 않습니다. 丑土는 펼치는 속성이 강하지 않고 丑土에 辛金 씨종자와 물질에 대한 집착과 미련이 남아있기 때문입니다. 未月과 丑月은 멀리 떠나는 것이 좋습니다. 未月, 丑月 뿐만 아니라 未土, 丑土가 있는 宮位는 모두 유사합니다. 日支에 있으면 배우자가 밖을 향해 떠나려고 합니다. 결혼해서 일지의 시기에 이르면 배우자가 그 자리를 지키지 않으려고 합니다. 己丑과 己未는 가까운 곳으로 이사하는 정도가 아니라 제주도에서 서울, 서울에서 부산 혹은 해외로 가는 거리입니다. 己丑에서 이동해도 활동범위가 넓지 않습니다. 己丑은 어두운 상황이기에 이동해도 활발하게 활동하는 것은 아니라는 겁니다. 戊土는 활동공간이 넓고 외부요, 유동적이지만 己土는 내부, 변화가 제한적이고 활동범위가 좁습니다. 따라서 己丑에서 옮기면 원래 공간보다 좁거나 공간은 넓지만 사회활동은 답답해질 수 있습니다.

庚辛은 열매의 틀, 씨종자를 만들어 갑니다. 庚은 열매에 해당하기에 부피, 중량을 확장하는 과정입니다. 辛은 열매에서 씨종자로 바뀌기에 수확의 개념입니다. 이런 이유로 庚子와 辛丑에서 물질을 얻고자 출발하는 공간을 만납니다. 열매를 만들려면 원래의 씨종자를 포기해야 합니다. 소유했던 씨종자를 포기할 때에서야 비로소 새 열매가 생겨납니다. 따라서 庚子와 辛丑年에 자연이 요구했던 행위는 물질을 포기하라는 겁니다. 庚子에서 물질을 얻기 쉽지 않은 이유입니다. 四季圖 여름에 乙丙庚 三字로 열매를 확장해서 가을에 丁己辛 三字로 열매를 완성했고 庚子와 辛丑에서 씨종자를 활용해서 甲木을 내놓아야 하므로 기존의 씨종자를 버리는 겁니다. 희생과 봉사의 의미로 소유했던 물질을 지키지 못합니다. 자연이 원하는 행위는 낡은 과거를 포기하고 새로운 세상을 열라는 겁니다. 이에 어울리는 직업은 교육, 종교 철학, 명리입니다. 庚子에서 준비하고 辛丑에서 버려야 합니다. 庚子년과 辛丑년의 상황을 상상해보세요. 이런 이치들은 사주팔자를 분석하는 인위적인 이론들과는 다른 겁니다. 格局과 用神을 생각하면 자연에서 時空間이 순환하는 이치를 상상할 기회조차 없습니다.

戊子, 己丑은 새로운 땅, 庚子, 辛丑은 새로운 생명체를 얻고자 亥子丑에서 풀어냅니다. 나의 DNA를 새로운 세대에게 전달하는 행위가 庚子와 辛丑입니다. 교육, 종교의 속성이 강할 수밖에 없습니다. 새 틀을 만들려면 원래의 물형을 활용할 수밖에 없습니다. 庚子에서 출발해서 辛丑에서 열매를 만드는 기운이 생겨나고 庚寅과 辛卯에서 물질을 강하게 추구합니다. 天干의 陽氣는 흐름이 동일합니다. 甲子, 丙子, 戊子, 庚子, 壬子가 子丑寅, 卯辰巳, 午未申, 酉戌亥로 子에서 시작해서 亥에서 끝나기를 반복하는데 天干글자 배합만 다른 겁니다. 예로 庚子는 庚의 時間이 子水의 空間에서 출발하는 이유는 地藏干에 壬水의 응축에너지가 癸水의 빅뱅과 같은 폭발력(발산에너지)으로 바뀌기 때문입니다.

고인들은 이런 과정을 子에서 하늘이 열리고(天開於子) 丑과 寅에서 땅과 사람이 생겨났다고 보았습니다. 새 열매를 만들고자 庚을 내놓지만 물형이 바뀌는 공간은 庚寅과 辛卯이기에 과거와 다른 인연, 공간, 직업, 직장, 주택이 생깁니다. 운에서 庚寅과 辛卯를 만나면 직업, 배우자, 주택, 차량을 바꿉니다. 金에서 木으로 바꾸는 겁니다. 庚寅干支의 물상을 세분하면 庚은 寅 공간을 만났으니 체성이 딱딱할 수 없습니다. 겉은 딱딱해 보이지만 속은 이미 말랑말랑 합니다. 빵이 딱딱해 보이지만 한 입 물었더니 속에 잼이 가득합니다. 배합을 정반대로 바꾼 甲申은 딱딱한 기계 위에 甲이 있습니다. 기계로 나무를 자르거나 木氣를 얇게 펴기에 원단이나 섬유 물상입니다. 金은 많은데 木은 박하니까 얇게 펼치는 겁니다. 甲申 月에 木은 두텁고 金은 얇다면 원목이 작은 기계에 올라탄 상황입니다. 간지에서 물상을 추론하는 습관을 길러야 합니다.

庚寅 辛卯年에 과거 물건이나 사람을 바꾸고자 己丑에서 멀리 떠난 겁니다. 戊子, 己丑, 庚寅, 辛卯가 이런 과정을 거칩니다. 지금 설명은 일의 출발점이 어디냐에 따라서 결과물이 달라지는 것을 의미합니다. 月支에서 직업을 잘못 선택하면 20년을 낭비합니다. 내가 乙未年에 어떤 행위를 했다면 결과가 어디에서 어떻게 발현되는지 상상해야 합니다. 乙未의 결과물과 丙申의 결과물은 다른 겁니다. 庚金이 庚子, 辛丑, 庚寅, 辛卯, 庚辰, 辛巳, 庚午, 辛未, 庚申, 辛酉, 庚戌, 辛亥로 흐르는데 庚열매는 庚申과 辛酉에서 완성됩니다. 戊子의 경우는 戊申과 己酉에서 공간이 결정됩니다. 戊申과 己酉는 터전을 확실하게 결정했기에 존재가치가 높다고 판단합니다. 丙申과 丁酉는 자신의 공간이 쓸 만하다고 생각합니다. 干支의 좋고 나쁨을 표현한 것은 아니지만 시간흐름으로 간지를 살피는 방법을 설명하고 있습니다.

壬癸는 流動의 속성입니다. 물이 흐르는 방향입니다. 壬癸는 어느 방향으로 흐를 것인가를 고민합니다. 庚辛에서 열매를 얻고 壬癸에서 새 영혼을 얻습니다만 일상에서 움직임을 뜻합니다. 壬日은 흐름에 민감합니다. 예로 집을 선택하는 기준이 교통이 편한가? 활동이 편한가를 살핍니다. 壬水는 흐름을 중시하고 막히면 답답해합니다. 壬午, 癸未는 흐름이 막혀 매우 답답한 상황입니다. 壬午 日에 상담하면 壬水의 흐름이 午火에서 답답해진 상황입니다. 壬午, 癸未는 답답하니까 현재의 공간에서 도망갑니다. 정신이 혼미해지고 사이비 종교에 빠져서 정신 줄을 잡으려고 합니다. 壬子, 癸丑은 流動의 속성을 준비합니다. 壬寅, 癸卯는 흐름의 정체가 드러나는데 좋은 이유는 흐름의 결과물을 얻기 때문입니다. 생명수 壬癸가 木 生氣의 성장을 촉진하기에 時空間이 매우 적절합니다. 하지만 壬午, 癸未에 이르면 흐름이 막히고 정체성을 상실합니다. 이런 이유로 壬午, 癸未에서는 庚을 보충해야만 안정됩니다. 예로 壬午 혹은 癸未월에 태어났다면 부친은 그 공간을 벗어납니다. 庚金을 보충하지 않으면 부친은 일간을 떠나서 해외로 가거나 외도하거나 모친과 이혼하고 떠납니다. 흐름이 좋은 공간으로 이동하려는 행위입니다. 庚+壬午, 庚+癸未로 조합하면 구조가 좋아집니다. 만약 일간이 庚이라면 壬癸 부친을 도우니까 日干을 기뻐합니다. 壬癸는 壬子, 癸丑에서 흐름을 만들고자 출발하기에 이 역시도 타향, 해외의 뜻이 강합니다. 흐름이 출발했기에 멀리 떠나려는 겁니다.

정리하면, 甲乙에서 생명체의 시간이 시작되고 壬子와 癸丑에 이르면 새로운 方向을 타진합니다. 정신이던 물질이던 새로운 흐름을 모색합니다. 壬子와 癸丑은 정신적인 부분이 훨씬 강해서 영혼이라고 표현했습니다. 종교, 명리, 철학, 교육에 힘써야 하고 물질을 추구하려면 그 공간을 벗어나 멀리 떠나야 합니다.

甲에서 癸까지 순환하고 子에서 亥까지 순환합니다. 또 천간은 甲子 乙丑, 丙子 丁丑, 戊子 己丑, 庚子 辛丑, 壬子 癸丑으로 순환하고 다시 甲子 乙丑으로 돌아갑니다. 여기에 陽陰을 붙이면 甲子는 陽, 乙丑은 陰입니다. 甲子와 乙丑이 전혀 다른 것이 아닙니다. 표면적으로는 굉장히 상이하지만 甲子의 陽氣가 陰氣로 바뀌면 乙丑입니다. 결론적으로 干支는 時間과 空間의 조합에 따라서 의미가 달라집니다. 물론 천간의 속성이 변하는 것은 절대로 아닙니다. 단지 地支 공간특징에 따라서 변형될 뿐입니다. 어떻게 변하느냐? 그 것을 파악해보고자 12운성이라는 기준을 활용하는 겁니다. 즉 天干이 地支에서 어떤 파동상태인가를 살피는 것이지만 地藏干의 흐름을 이해하면 12운성을 잊게 됩니다. 12神煞은 地支의 공간, 환경, 물질, 육체를 상징하는 극히 현실적인 물질세계를 다루기에 반드시 학습해야하지만 12운성은 지장간의 순환원리를 이해하면 학습할 필요가 없음을 깨닫는 겁니다.

예로, 丙火가 戌土를 만나면 寅午戌 三合 운동을 마감한 공간이기에 丙火는 묘지를 만나 무기력하고 丁火의 수렴운동은 여전히 유지되고 있습니다. 따라서 丙火가 戌土 좁은 공간으로 들어가기에 교도소와 같은 물상에 비유합니다. 月柱가 丙戌이라면 丙火는 넓은 공간을 원하기에 월지, 모친과 형제와 함께 살지 못하고 홀로 떨어져 살아야 합니다. 月支시공으로 살피면 丙火가 戌土에 火氣를 공급하기에 좋지만 丙火 스스로는 존재가치를 상실하기에 戌土를 좋아하지 못하는 겁니다. 육친으로 살피면 丙火는 부친이기에 일정 시점에 부친이 몰락할 수도 있음을 암시합니다. 만약 乙, 丙戌로 조합하면 丙火가 어둠 속으로 사라지는 문제를 일정부분 해결하지만 시간흐름을 거역할 수는 없습니다. 즉, 乙木이 丙火를 향하고 丙火는 戌土를 향하는 흐름을 거역할 수 없는 겁니다. 甲이 未土를 보면 출발과 성장과 흐름이 막히니까 불편합니다. 壬辰은 흐름이 답답해지고 乙未는 좌우확산 활동이 답답해지고 丙戌은 시공간이 좁아집니다. 辛丑은 물질의 크기가 제한되고 변질됩니다. 이처럼 모든 간지는 고유한 時空間 특징을 가졌습니다.

제 21강

◆十干과 干支, 三合운동

甲乙 干支와 三合운동　148
丙丁 干支와 三合운동　161
戊己 干支와 三合운동　168
庚辛 干支와 三合운동　170
壬癸 干支와 三合운동　172
六親의 生剋원리　177

지금 학습하려는 내용은 十干에서 파생된 十神의 명칭을 이해하고 十干과 十神을 섞어서 다른 글자들과 조합할 때 파생의미를 살피려고 합니다. 이것을 이해해야 三字조합, 時間方向, 에너지 파동과 쓰임, 宮位를 이해합니다. 이것을 살펴보고자 앞 章과 이 章에서 天干의 근본개념을 간략하게 살피는 겁니다. 이것을 정립하고 우주 생성원리와 六親 생성원리를 살피고 天干조합을 학습할 예정입니다. 다만 책에 있는 내용들은 스스로 학습해야 합니다. 책에 나온 내용까지 설명하려면 하 세월입니다. 앞장에서 학습한 내용은 지구가 생성되고 시간과 공간이 열리고 甲 生氣가 생겨나면서 생명체가 존재하기 시작합니다. 戊土 지구터전이 생겨났기에 甲木이 庚金으로 물형이 바뀌고 열매를 확장하고 辛金 씨종자를 얻고 壬水에서 새 영혼을 얻고 甲에서 재탄생합니다. 이 章에서는 十干 개념을 좀 더 확장해보겠습니다.

▌甲乙 干支와 三合운동

甲木은 生氣라고 했습니다. 甲은 생명체의 탄생으로 새로운 生氣를 창조하여 성장합니다. 출발은 필연적으로 지도자를 상징하기에 남들이 하지 않던 행위를 앞장서서 해야 합니다. 甲乙, 亥卯未의 독특한 특징은 生氣충만이자 인본주의입니다. 이런 시기에는 사람들과 어울리고 육체를 활용하고 부단히 움직이면서 성장합니다. 새 출발하려면 사람을 모으거나 사람들과 더불어서 해야 합니다. 甲乙, 亥卯未의 성패는 사람들과 얼마나 잘 화합하느냐에 따라 달라집니다. 문제는 처음 출발하는 甲子와 乙丑에서 과거를 모두 버려야 한다고 했습니다. 그 조건일 때에서야 비로소 출발이 가능하니까 과거의 물질, 행동, 사고방식과 충돌이 발생합니다. 甲은 반드시 기존과 다른 행위를 합니다. 그 작용이 좋으면 창조요 나쁘면 배신입니다. 그럴 수밖에 없는 이유는 과거와 전혀 다른 세상을 향해 출발해야만 하는 운명이기 때문입니다. 새로운 시작은 오랜 시간이 걸려야 결과를 볼 수 있고 그 과정에 좌충우돌 합니다. 甲은 사건의 출발이라면 地支 寅은 탄생과정과 같아서 교통사고처럼 상처, 흉터, 수술과 같은 물상을 만들어냅니다. 만약 육체가 상하지 않으면 사고치는 행위입니다. 난생 처음으로 출발해야 하니까 기존의 시공간으로부터 공감을 얻기 어려운 엉뚱한 행위를 할 수밖에 없거나 황당한 사건이 발생합니다. 기존에 경험해보지 못한 것들이기에 좌충우돌 하는 겁니다. 사회활동에서는 기획, 구상. 팀장, 지도자입니다. 甲乙丙丁 순서대로 처음이요 육체로는 甲을 머리로 乙을 목으로 丙을 가슴으로 丁을 심장 부위로 戊己庚辛壬癸로 점점 발바닥까지 내려가기에 癸水가 발바닥이기에 癸水는 엄청 돌아다닙니다. 구름처럼 바람처럼 빅뱅처럼 밖으로 튀어나갑니다. 壬水는 허벅지, 종아리입니다. 壬癸는 水氣로 流動의 속성이요 흐르는 개념입니다.

甲木도 육체부위로 머리이기에 기획, 구상과 같은 개념입니다. 따라서 사회에서 지위가 높으며 지도자 역할입니다. 年에 甲이 있으면 일간이 무엇이던 거래하는 상대가 다국적기업, 공기업, 대기업, 동종업계 1위 기업과 인연합니다. 甲이 하나 있으면 가치가 높아 보입니다. 다만 甲은 기존의 것을 포기하고 새 출발하는 과정에 큰 변화가 발생합니다. 따라서 잘못 다루면 사고를 칩니다. 동의나 공감을 받기 어려운 행동하기 때문입니다. 甲이 성공하려면 주위에서 공감대를 얻어야하며 그렇지 못하면 표현 그대로 반역행위와 같습니다. 물론 甲이 年月日時 어디에 있느냐에 따라 의미는 다릅니다. 일간이 甲이면 지도자성향이 강합니다. 남 밑에 있지 못하고 고개 숙이지 못하기에 자존심이 강합니다. 時에 있으면 자식들이 그런 성향입니다. 甲木은 十神으로 比肩이니까 子丑寅에서 생명과 성장을 뜻하지만 午未申 월에 가면 수확하는 환경으로 바뀝니다. 천간의 의미가 매월의 공간특징과 연결됩니다. 기존에 사용했던 天干조합은 月支의 공간환경을 무시하기에 무의미 했습니다. 예로 乙癸戊 三字조합은 봄에 활용하는데 적절하지만 동일 조합도 申酉戌월을 만나면 키우는 성향은 사라지고 수확행위를 해야 합니다. 간단해 보이지만 이런 이치 하나로 사주팔자에 지대한 영향을 미칩니다. 천간에서는 성장하려는 의지가 강한데 地支에서는 수확하므로 이상과 현실 사이에 괴리가 큽니다. 추구방향이 전혀 다르니 갈등하면서 살아갑니다. 甲의 글자속성은 탄생과 성장인데 午未申 공간을 만나니 성장은 불가능합니다. 이 개념은 이미 학습했으니까 그 의미를 확장하면 干支의 근본의미를 파악합니다. 예로 甲午, 甲申의 경우는 성장을 멈추고 수확하려는 것이라고 인식해야 합니다. 甲午는 성장을 멈추고 甲己 合으로 땅으로 돌아가는 겁니다. 甲申은 수확의지가 뚜렷합니다. 따라서 申金의 공간에서 甲은 성장의지를 드러내기는커녕 수확해야할 대상입니다. 이처럼 12운성도 자연의 순환과정으로 이해하면 외울 필요가 없습니다.

예로, 甲年인데 未月에 태어나면 성장은 불가합니다. 30세 즈음에 甲의 작용을 마감해야 합니다. 회사를 그만두고 사업으로 전환하거나 하던 일에 변화를 주어야 합니다. 시간이 흘러서 亥子丑을 지나면 또 새로운 甲으로 드러납니다. 甲이 丑土에서 새로운 땅을 얻습니다. 즉, 甲이 未土에서 성장을 마감하고 申酉戌에서 수확하고 亥子丑에서 새 뿌리를 내리고 寅卯辰에서 다시 성장합니다. 그 첫걸음이 바로 丑土입니다. 이런 방식으로 十干이 12개 공간에서의 상황을 읽는 겁니다. 丑年에 새로운 터전을 얻고 寅年에 甲이 성장하기 시작하며 寅卯辰에서 사람들과 교류합니다. 甲乙, 亥卯未의 특징대로 인본주의 성향이 강해집니다. 반대로 나이를 먹고 늙어갈수록 甲乙 生氣가 사라지기에 주위에 사람들이 떠나고 고독해집니다. 庚寅과 辛卯는 과거의 틀을 벗어던지고 새 출발하는데 甲이 있으니까 寅卯辰을 지나면서 인맥을 확장합니다. 만약 甲乙이 없다면 인맥을 확장하려는 의지가 없습니다. 이런 방식으로 시공간의 순환원리를 이해하게 됩니다.

乙木은 좌우확산 운동이라고 했습니다. 번성하고자 좌우로 확장합니다. 乙木도 甲乙, 亥卯未로 사람상대입니다. 乙은 인맥을 형성하려고 노력합니다. 乙이 가장 잘 하는 행위가 사람들과 접촉해서 인맥을 형성한 후 활용하는 것입니다. 따라서 乙木의 본성은 사방팔방으로 펼치는 행위입니다. 물상에 비유하면 방송, 정보통신입니다. 하지만 乙이 巳酉丑 三合과 조합하면 乙木의 속성을 전혀 활용하지 못하고 오히려 乙木을 수확대상으로 간주합니다. 乙木의 반대편 辛은 사람상대를 좋아하지 않습니다. 乙木 生氣를 없애야만 씨종자 辛을 만들기 때문입니다. 辛金은 사람들과의 접촉을 피합니다. 乙木의 좌우확산 움직임을 잘 생각해보세요. 동일한 물형을 유지하지 못하고 계속 변화합니다. 원래의 물형을 유지하지 못하지만 변화의 기준은 甲木입니다. 辛은 甲乙의 物形을 철저하게 버리지만 乙은 甲에서 일부만 변화를 주는 겁니다. 甲뿌리를 타고 올라와 새싹이 좌우로 펼치는 자연이치를 상상하면 됩니다. 따라서 乙에는 새 출발, 창조, 지도자, 독립과 같은 개념은 없습니다. 타인이 창조한 것을 응용하고 활용합니다. 한약제조에 비유하면 기본을 벗어나 자꾸 이거저거 변형을 주어서 잡탕을 만들어 버립니다. 물론 응용력은 乙木의 뛰어난 자질입니다. 乙木의 모양을 보세요. 이리 저리 왔다 갔다 하면서 굴신의 움직임으로 살아갑니다. 이쪽에서 충돌하면 저쪽으로 가고 저쪽에서 충돌하면 이쪽으로 옵니다. 근본이 生氣이기에 절대로 포기하지 않는 불굴의 의지가 있습니다. 따라서 乙木을 쫓으면 가랑이 찢어지기 쉽습니다만 그렇다고 乙木의 유혹을 거부하기도 힘듭니다. 그 이유는 항상 희망을 전달하기 때문입니다. 乙木에게 이루지 못할 일은 없어 보입니다. 좌우확산 하면서 적극적으로 인맥을 형성하고 자신의 재능을 홍보합니다. 성향이 밝고 미래지향적이며 심지어 중단된 인맥이나 상황을 이어주려고 노력합니다. 이런 이유로 乙木의 희망가에 속기 쉬운 겁니다. 乙木의 단점은 일정 시점에 이르면 갑자기 정반대편으로 이동합니다. 언제 그랬냐는 듯 과거의 행동을 잊고 또다시 새로운 희망을 찾아 떠납니다. 완성도 없고 끝도 없으며 새로운 것을 찾아다니면서 生氣를 퍼트립니다. 乙木이 이런 단점에서 벗어나려면 양쪽과 접촉하고 빠져야 합니다. 어느 정도 일이 이루어지면 미련을 두지 말고 벗어나야 합니다. 甲을 활용해서 生氣와 활력을 불어넣는 일에만 집중하고 더 이상 욕심을 부리지 말아야 합니다.

乙木은 庚까지 갈 수 없습니다. 결실은 庚金에게 맡겨야 합니다. 乙은 甲이 기획한 것들을 실행하는 인사, 행정에 어울리지만 일의 완성까지는 갈 수 없습니다. 제품 생산의 경우 응용개발에 참여하는 것에 그쳐야 합니다. 홍보는 丙火에게 맡겨야 하고 戊己 土에서 사람들이 모이도록 매장을 만들고 판매해야 합니다. 판매행위는 모두 戊己 土에서 이루어집니다. 庚辛에서 매출의 결과가 도출되고 이윤을 창출합니다. 壬癸에 이르면 제품의 생명주기가 끝나고 새로운 제품을 구상합니다. 그리고 甲木이 그 구상을 구체화 시키고 기획하고 乙이 기획을 현실화시킵니다. 세상은 이렇게 뱅글뱅글 돌아갑니다. 甲에서 乙에 이르면 제품에 변화가 생기고 크게 다르지는 않지만 계속 새로워집니다. 乙木은 그 과정까지만 참여하고 丙火에게 넘기는 겁니다.

乙木은 계속 변화를 주고 새 제품을 만들어 내는데 집중해야 합니다. 丙火는 乙木의 도움을 받아서 적극적으로 홍보, 광고에 힘써야 합니다. 甲에서 生氣가 동하여 움직임이 시작되고 乙까지 이어졌는데 甲은 움직임이 둔하기에 두뇌를 활용해서 기획하고 실질적인 실행은 乙木이 합니다. 乙木은 어떤 방식으로 활용할까요? 乙은 인체에서 얼굴과 몸통을 이어주는 목 부위로 부드럽고 상하좌우를 연결합니다. 이런 물형들은 모두 乙木입니다. 움직임으로 살피면 甲의 기획을 언어로 표현하는 것이 乙입니다. 甲의 생각을 乙의 입을 통하여 의사를 밝힙니다. 다만 좌우 확산 속성을 가진 乙은 기록하는데 소질이 없습니다. 주로 입과 육체를 활용하는 것을 선호합니다. 굉장히 현실적이며 이곳저곳을 돌아다니며 말로 전파합니다. 乙木이 기록하는 것에 소질이 없는 이유는 저장행위에 익숙하지 않기 때문입니다. 글로 기록하는 행위는 己土로 내부에 저장하기에 乙木은 어려운 동작입니다. 이런 이유로 입이나 행동으로 甲의 기획을 좌우로 펼치지만 언어도 좌에서 우로, 우에서 좌로 수시로 변하기에 그대로 믿으면 골탕 먹습니다.

예로 乙亥대운에 중국어를 배우러 중국에 갔습니다. 乙亥가 해외이자 乙木이 언어입니다. 乙木은 甲에서 이어지니까 甲의 생각을 가장 빨리 입으로 드러내고 표현합니다. 乙은 甲의 생각을 전달하는 매개체로 甲이 주인공이고 乙은 甲의 분신과 같습니다. 甲木을 대변하는 행위이기에 乙이 보스로 올라서는 것이 어렵습니다. 다만 乙은 펼치고 확장하지만 결과를 얻기 어렵습니다. 乙이 金氣가 없고 火氣만 강하면 "주둥이만 나불나불 한다"는 표현에 어울립니다. 산만한 내용을 쉬지도 않고 떠들어댈 수 있는 에너지가 乙이지만 글로 표현하는데 애를 먹고 기록도 힘들어 합니다. 멈추지 않는 활력, 生氣이기 때문입니다. 丙火까지 강하면 뻥쟁이처럼 과장하고 부풀리기에 말의 신빙성이 떨어집니다. 일간이 아니라고 해도 乙巳나 乙丙이 사주팔자에 있다면 그런 속성을 드러냅니다. 하지만 庚金도 있다면 그릇이 크게 달라집니다. 乙이 庚과 合하면서 무거워지고 실속이 있으며 丙火로 확장하니 가치 높은 열매로 바뀝니다. 甲의 의지를 乙이 丙火로 드러내고 庚이 실행하는데 바로 乙丙庚 三字조합입니다. 나중에 학습하겠지만 乙巳는 庚辛이나 申酉가 없으면 뻥만 치는 겁니다. 乙이 丙午 月이고 金이 없다면 庚申, 辛酉로 들어와야 묵직해지고 결과를 얻습니다. 일이 없어서 놀던 丙火가 金氣를 만나면 바쁘게 움직여 열매를 완성합니다. 乙木은 입으로 전달하는 행위에 익숙하기에 乙庚 合하면 대리점이나 조직을 형성하는데 적합합니다. 입과 단체가 합하여 일정한 틀에서 소식을 공유합니다. 三合으로 연결해 봅시다. 乙木이 亥卯未와 乙亥, 乙卯, 乙未로 조합합니다. 甲乙은 生氣, 사람, 亥卯未 三合운동은 성장의 움직임이라고 했는데 乙木처럼 亥卯未도 결과물이 없습니다.

乙亥는 寅午戌 三合을 완성하고 亥水에서 甲이 나오기를 기다리기에 乙木의 움직임을 중단한 공간입니다. 乙卯는 위아래 동일한 성질이 경쟁하는데 터전이 부족하기에 불안정합니다. 乙未는 乙木이 未土에서 답답해집니다. 이처럼 乙木이 亥卯未와 조합하면 일을 진행함에 문제가 있음을 암시합니다. 亥卯未 성장 과정에 문제가 발생하는 겁니다. 生氣, 사람을 상징하니 주로 사람들과 성장하는 과정에 문제가 생깁니다. 乙木이 巳酉丑과 조합하면 巳酉丑으로 乙木의 움직임을 정리하고 수확하고 마감하는 과정입니다. 乙巳, 乙酉, 乙丑 干支에 그런 속성을 가졌습니다. 巳酉丑과 조합하면 현실적이고 물질 지향적입니다. 寅중 丙火가 있고 巳중 丙火가 있는데 어떻게 다릅니까? 寅중 丙火

는 寅午戌의 출발점이고 巳中 丙火는 巳酉丑 三合의 출발점에 있으니 전혀 다릅니다. 寅午戌의 목적은 분산, 확장 움직임입니다. 부피, 무게, 공간을 발전시키려고 노력합니다. 화려한 문명, 色界의 세상을 만들려는 의지입니다. 이런 이유로 교육, 공직에 어울립니다. 巳中 丙火도 글자는 동일하지만 巳酉丑 三合운동을 출발하기에 겉으로 화려해 보이고 인맥형성을 좋아하지만 甲乙과 亥卯未가 추구하는 방향과는 다릅니다. 巳火에서 홍보, 광고 행위는 결국 酉金과 丑土에서 결실을 얻고자 하는 겁니다. 寅에서 출발하는 丙火와 달리 巳에서 출발하는 丙火는 화려하고 순수해보이지만 숨은 의지는 물질추구입니다. 巳酉丑 三合운동을 해야 하기에 좋고 나쁨의 문제가 아니라 결과를 얻으려는 의지입니다. 열매를 수확하고자 꽃을 활짝 피웠습니다. 亥卯未처럼 성장에 목적을 두는 것이 아니라 결과를 취하려는 강렬한 의지가 巳酉丑입니다. 三合의 속성을 잘 이해해야 간지의 뜻을 쉽게 이해합니다. 三合에 대해서는 따로 학습할 예정입니다.(기 출판한 60간지 상권과 하권을 참조하시기 바랍니다.)

亥卯未 三合은 성장운동입니다. 木은 끊임없이 성장하려는 욕망입니다. 맘에 드는 이성이 있다면 亥卯未 三合은 장기전으로 지치지 않고 계속 도전합니다. 巳酉丑은 그렇지 않습니다. 과정보다 결과만을 중시합니다. 열매를 수확하려는 의지가 강하기 때문에 차이가 큽니다. 亥卯未는 물질을 추구하는 정도가 약하기에 巳酉丑에 비해 순수합니다. 巳酉丑은 겉으로 보이는 의도와 다릅니다. 반드시 목적이나 결과물을 정하고 접근합니다. 나쁘다고 할 수 없는 이유는 정해진 팔자가 그렇기 때문입니다. 寅卯辰은 봄날에 토끼처럼 들판을 뛰어 놀고 싶은 욕망으로 순수합니다. 乙癸戊 三字도 유사합니다. 卯辰巳, 乙癸戊, 甲乙, 亥卯未는 순수함이 있습니다. 庚辛, 巳酉丑, 申酉戌은 로맨티스트가

아닙니다. 사랑도 물질적으로 합니다. 만약 두 개의 성향이 섞이면 갈등합니다. 三合운동을 학습할 때 자세히 다루겠습니다만 巳酉丑은 정리, 마감입니다. 乙巳, 乙酉, 乙丑은 금기의 속성대로 인맥을 자르고 정리하고 수확합니다. 따라서 원래의 인연이 끊어집니다. 조상, 부모, 남편, 부인, 친구, 자식 모두 포함합니다. 乙酉日 여자가 남편을 잘라내고 계속 남자를 만나는 이유입니다. 乙丑은 卯丑으로 年에 乙丑, 月에 乙丑이면 부모랑 인연이 없거나 부모가 일찍 죽을 수 있습니다. 巳酉丑으로 乙 生氣, 인맥이 상하기 때문입니다. 乙丑年, 乙酉年으로 태어난 사람들은 조상과 인연이 없고 부모와도 인연이 없을 가능성이 많습니다. 乙木이 상하기 때문에 그렇습니다. 干支의 뜻은 이렇게 무섭습니다. 乙丑年에 태어나면 生氣가 상하는 문제를 가지고 태어난 겁니다. 乙木은 甲의 시간을 이어서 좌우로 확장해야 하는데 상하고 잘리면 인연이나 하던 일들이 중단되거나 바꿔야 하는 문제가 발생합니다.

亥卯未는 성장과정처럼 불안정하기에 계속 좌충우돌하지만 성장의지는 절대로 포기하지 않습니다. 巳酉丑은 중단하고 마감하고 정리합니다. 다만 천간에 乙이 있으니 좌우로 펼치다가 중단하기를 반복합니다. 예로, 乙酉는 乙木의 좌우확산 움직임이 결과적으로 酉金에서 상하기에 움직임을 멈추었다가 시간이 지나면 다시 좌우확산 합니다. 이런 움직임을 인간관계에 대입해보세요. 처음에는 乙이 좌우로 펼치니까 주위사람들과 인맥을 형성하지만 일정 시점에 이르면 갑자기 관계를 정리합니다. 시간이 지나면 다시 새로운 인맥을 형성하고 자르기를 반복합니다. 왜 그럴까요? 乙木은 인본주의로 근본속성은 生氣를 퍼트리려고 접촉합니다. 하지만 일정 시점에서 酉金 결실과 접촉하면 처음에 순수했던 인본주의, 사람들이 좋아서 접촉했다는 사실을 망각하고 인맥을 이용해서 수확하려는 욕망을 드러냅니다. 이런 움직임이 乙巳, 乙酉, 乙丑에 담겨져 있습니다. 乙丑은 甲子와 乙丑으로 과거의 모든 것들을 버려야 한다고 했습니다. 乙巳, 乙酉, 乙丑에 묘한 의미들이 숨어있습니다. 이처럼 天干과 三合 운동을 연결해보면 생각하지 못했던 干支의 뜻을 이해합니다. 亥卯未와 巳酉丑은 그 목적이나 방향이 정반대입니다. 亥卯未는 성장과정이기에 변화가 계속 발생하므로 불안정합니다. 의미를 확장하면 불량, 하자, 장애, 조정, 조절 등이며 성장을 완성하는 未土에서 육체장애나 일의 진행과정이 순조롭지 못하고 자꾸 조정할 일이 발생합니다. 乙亥는 乙木이 해수에 응결되면서 성장하지 못하니 해외로 도망갑니다. 혹은 내부로 들어가 내면을 살핍니다. 乙卯는 성장과정에 경쟁하면서 터전이 부족해서 다투는 문제가 발생합니다. 乙未는 未土에서 丁火와 己土에 의해서 乙木의 좌우확산 움직임이 묶이니까 신체가 상하거나 부도나거나 일이 막히거나 중단됩니다. 乙未는 진행이 막혀서 답답하고 乙丑은 과거를 마감하고, 새롭게 출발할 수밖에 없습니다. 따라서 과거인연은 이어지기 어려운 상황입니다.

정리하면, 丑土와 未土는 해외의 속성을 가졌습니다. 현재의 공간에서 벗어나야하기 때문입니다. 日支, 時支 어디에 있던 未土, 丑土는 그 宮位를 벗어나야 합니다. 未土의 장애의 개념과 해외특징을 활용하면 무역, 유통, 종교, 교육, 철학과 같은 직업입니다. 未土는 열매는 완성했지만 열매가치는 부족하기에 미완성을 뜻하고 무역에 비유하면 가공하지 않은 원료, 혹은 식품재료를 뜻합니다. 따라서 완제품 보다는 반제품을 다루는 것이 좋습니다. 기초상품이나 1차 가공 제품입니다. 未土에 맛 味가 들어가기에 식자재 납품이나 유통도 많습니다.

乾命				陰/平 1960년 6월 2일 18:30								
時	日	月	年	84	74	64	54	44	34	24	14	4
癸酉	甲寅	癸未	庚子	壬辰	辛卯	庚寅	己丑	戊子	丁亥	丙戌	乙酉	甲申

월주가 癸未로 치즈가공업으로 대기업이 제공한 포장지에 포장해서 공급합니다. 甲辰 辛未 戊寅 壬子의 경우는 未土에서 광물원료를 공급합니다. 젊어서 섬유도 했지만 적성에 맞지 않습니다. 다만 원단을 인도네시아에 공급하고 그곳에서 완제품을 생산해서 유럽으로 수출했습니다. 이런 활동도 모두 반제품에 해당합니다. 未土가 미완성이기 때문에 그렇습니다. 乙未年 자꾸 진행이 답답합니다. 만약 日支에 未土가 있다면 부인이 아프거나 종교, 명리, 철학을 하거나 교육 업에 종사합니다. 다만 乙巳, 乙酉, 乙丑은 장애의 개념이 아니라 중단, 마감입니다. 예로 이혼, 사별처럼 인연이 끝납니다.

甲辰年 己巳月 乙酉日 여자도 일주 乙酉의 시기에 이르러 己丑年에 巳酉丑 삼합으로 일지가 묶이자 이혼했습니다. 乙丑과 乙酉는 다른데 乙酉는 절단을 뜻하며 집착이 없지만 乙丑은 집착이 있습니다. 골절 등으로 육체가 상합니다. 甲申, 乙酉는 육체, 뼈가 상할 수 있습니다. 甲乙은 生氣인데 金에 상하는 겁니다. 물론 골절도 몸이 상하는 것도 수술도 팔다리가 상하는 문제도 포함됩니다. 甲寅과 乙卯가 申酉에 심하게 상하면 사망할 수도 있습니다. 乙酉日 여자는 남편을 굉장히 불편해 합니다. 乙이 칼 위에 서 있는 느낌입니다. 그래서 乙酉日 여자들이 외도하거나 혹은 외도하지 않아도 집에 있지 않고 밖으로 돕니다. 어떤 여인이 乙酉일인데 남편이 손에 장애가 있어서 불편하니까 이혼

하지 않고 살더군요. 乙酉는 몸매가 여성스럽습니다. 金으로 木을 조각하니까 그렇습니다. 육체가 멀쩡하면 입이 거친 이유는 酉金이 있으니까 乙辛 沖처럼 조폭, 깡패처럼 辛酉의 날카로움을 방어하는 과정에 성정이 거칠어집니다. 만약 丙丁으로 辛酉를 막으면 좀 너그럽지만 막지 못하고 殺氣에 노출되면 거칩니다. 乙酉여인의 남편은 결코 나쁘지 않습니다. 남편이 나쁜 것이 아니라 乙이 酉金을 감당하지 못해서 힘들어하는 겁니다. 하지만 남편이 불편하다고 이혼하면 첫 남편보다 못한 남자들과 만나게 됩니다. 乙酉 日여인의 남편인연은 37세 ~ 45세에 판가름 납니다. 乙酉가 까다로운 이유는 火氣도 필요하고 水氣도 필요하기 때문입니다. 丁巳도 필요하고 癸亥도 필요합니다. 辛酉 殺氣를 해결해줄 水氣가 있어야 乙木이 상하는 문제를 해결합니다. 날카로운 칼날을 水氣에 풀어내서 부드럽게 합니다. 결론적으로 亥卯未 삼합운동은 흐름에 문제가 발생하는 것이고 巳酉丑은 일의 완성, 마감이라고 기억하면 됩니다.

甲은 생각, 기획, 출발, 탄생이고 寅午戌과 조합하면 그것의 확장입니다. 甲이 寅午戌을 만나면 확장이 지나칩니다. 甲寅, 甲午, 甲戌로 심하게 팽창하면서 집중하기 어렵습니다. 水氣가 있어야 문제를 해결합니다만 없다면 산만하고 집중은 어렵고 수습도 힘듭니다. 甲午를 기획으로 활용하면 잡생각으로 문제가 생깁니다. 열이 오르고 마릅니다. 火氣 팽창의 문제로 水氣를 찾아 방황합니다. 水氣가 없으면 우울증이 생깁니다. 우울증은 水氣기 많을 때 발생하는 문제가 아니라 火氣가 너무 강해서 水氣가 증발하는 경우에도 생깁니다. 水氣를 찾으러 다니는데 오히려 열심히 공부하면 우울증이 치료됩니다. 더러는 사이비 종교에도 의지합니다. 甲이 申子辰을 만나면 甲 生氣의 윤회과정인데 어두운 공간에서 비밀스럽게 이루어지는 것이 특징입니다.

甲申, 甲子, 甲辰으로 甲子는 60甲子의 새로운 출발입니다. 申子辰 三合으로 살피면 申에서 출발하고 子에서 응축이 극대화되고 辰에서 흐름을 마감합니다. 巳午未 공간에서 水氣의 흐름이 막히고 답답합니다. 甲의 입장에서 亥卯未 三合과정이기에 巳月에 이르러 乙庚으로 꽃이 피면 쓰임을 잃기에 성장을 멈춰야 합니다. 申子辰은 윤회과정으로 짝짓기를 통하여 세대를 이어가는 숙제를 가졌기에 비밀스러운 애정사가 발생합니다. 申子辰은 영혼의 세계처럼 겉으로는 드러내지 않기에 겉으로는 판단하기 어렵습니다. 이런 의미를 가진 申子辰 공간 위에 生氣 甲과 배합하였습니다. 甲辰은 甲이 경쟁에 밀려 생이별하는 상황이라고 했습니다. 멀리 떠나서 타향에서 젊은 여자와 재혼하는 상황입니다. 甲子는 새로운 출발을 원하기에 배우자는 계속 밖으로 돕니다. 시작을 반복하지만 불안정합니다. 子水는 地藏干에 癸水가 있어서 배우자가 밖으로 돌아다니는 겁니다. 日支에 子水가 있으면 이런 속성을 가집니다. 子水는 酉金 씨종자를 破시켜서 재물을 축적하는 것이 아니라 반대로 재물을 탕진할 수 있습니다. 그런 문제를 해결하고자 배우자는 밖으로 나가는 겁니다. 甲子, 丙子, 戊子, 庚子, 壬子 일주는 배우자와 함께 살기 어렵습니다. 戊子의 경우는 戊癸 합으로 연결되지만 子水의 폭발력이 사라지는 것은 아닙니다. 특히 38 ~ 45세 사이에는 배우자와 떨어질 가능성이 높습니다. 또 떨어져 사는 것이 좋을 수 있습니다.

坤命				陰/平 1990년 11월 21일								
時	日	月	年	89	79	69	59	49	39	29	19	9
모름	丙子	戊子	庚午	己卯	庚辰	辛巳	壬午	癸未	甲申	乙酉	丙戌	丁亥

젊은 여인인데 애정에 관해서 드러내는 것을 싫어하고 비밀스럽게 행동합니다. 천간은 丙戊庚으로 밝아 보이지만 地支는 子水로 어둡기에 겉으로 드러내지 못하고 고민이 많아 보입니다.

丙丁 干支와 三合운동

이제 丙丁을 살펴보겠습니다. 火氣는 문명, 문화, 화려함을 상징합니다. 丙火가 寅午戌과 조합하면 분산에너지와 寅午戌 三合이 만나 매우 화려하기에 문명, 교육, 공직과 같은 물상입니다. 丙火와 申子辰 三合이 배합하면 丙火의 속성과 전혀 다릅니다. 丙火가 寅午戌을 만나면 丙火의 특징을 유지하지만 申子辰을 만나면 화려한 빛이 어둠 속으로 사라집니다. 물처럼 흐르는 申子辰과 조합하여 분산에너지가 흐릅니다. 丙火와 寅午戌을 활용해서 화려한 문명을 이루고 巳酉丑으로 완성하면 申子辰으로 후대에 전달하는 겁니다. 이런 이유로 丙火와 申子辰 三合은 丙火가 만든 화려한 문명을 후대에 전송하는 움직임입니다. 인간이 만든 문명을 달나라에 수출하는 것과 다를 바 없습니다.

이런 의미를 가진 간지가 바로 丙申, 丙子, 丙辰으로 문명을 전파하는 간지들입니다. 丙, 寅午戌은 문명을 꽃피우는 과정이고 巳酉丑에서 결실을 맺고 申子辰에서 후대에 전파해주기에 火가 金을 통해서 水로 전파하는 겁니다. 丙火가 申子辰 조폭, 도둑, 어둠, 개인장사, 사업 물상과 조합하면 丙火가 申子辰 三合을 분산하는 움직임입니다. 丙申은 사업 속성으로 申子辰 水氣의 흐르는 성질로 일정한 틀에서 멈추는 것을 극도로 싫어합니다. 丙火가 申金 열매를 확장하는 움직임까지 가미하면 사업물상이 분명합니다. 丙子는 子水 속의 생명체를 밖으로 인도하는 교육, 공직의 속성도 있지만 申子辰 三合의 旺地요 地藏干에 癸水의 폭발력이 있으니 현재의 공간에서 튀어나가 새로운 공간을 확보하려고 노력합니다. 그렇게 하는 목적은 타향, 해외로 이동해서 사업을 하려는 겁니다. 丙辰은 申子辰의 흐름이 완성되는 공간입니다. 흐름이 멈추기도 하지만 申子에서 진행했던 모든 정보가 담겨져 있으니 丙火로 밝혀내고 확장하기에 정보, 통신, 스마트폰 등에 적합한 물상입니다. 물론 丙辰에는 乙의 도움을 받아서 丙火를 확장하기에 교육의 뜻도 있습니다. 또 丙火가 시공간을 넓게 활용하고 辰土도 밖을 향하기에 해외의 속성도 강하며 정보, 통신을 활용해서 사업이나 장사를 하려는 것이 목적입니다. 丙辰은 공부에 집중하기 어렵습니다. 육체를 활용하면 조폭성향도 좀 있고 申子辰의 어둠을 丙火로 밝히면 교도관, 검찰, 경찰에도 어울립니다.

丁火는 열과 중력 작용인데 三合과 干支로 조합할 경우 어떤 의미가 있는지 살펴봅시다. 간지를 살피는 방법이 다양하다는 것을 느껴야 합니다. 丁火가 巳酉丑 三合과 조합하면 열기를 가하고 수렴하여 열매를 맺고 단단하게 뭉쳐서 결과적으로 열매를 완성하려는 욕망입니다. 十干의 글자가 무엇이던 巳酉丑 三合과 조합하면 물질과 권력이나 이권을 활용하려는 속성이 강하고 수확욕망이 강합니다. 또 일정한 틀을 형성하기에 단체, 조직을 결성하고 물질을 추구하는 금융, 권력, 사채, 조직을 이용한 이권행위로 의미를 잡아야 합니다. 또 甲乙 生氣가 상하고 부서지기 때문에 의료행위가 필요합니다. 의사, 간호사가 申酉戌에 많은 이유입니다. 만약 丁火와 亥卯未 三合이 조합하면 성장, 생기, 인맥형성, 미완성, 불안정의 개념에 丁火의 특징을 가미하는 겁니다. 정리하면, 丁火가 巳酉丑과 조합하면 물질추구, 丁火가 亥卯未와 조합하면 성장의 기세를 조절하기에 교육관련 직업이 많습니다. 亥卯未는 성장을 위주로 하므로 의식주 관련 직업에도 많이 보입니다.

坤命				陰/平 1978년 2월 18일 22:30								
時	日	月	年	87	77	67	57	47	37	27	17	7
辛	丁	乙	戊	丙	丁	戊	己	庚	辛	壬	癸	甲
亥	亥	卯	午	午	未	申	酉	戌	亥	子	丑	寅

이 여인은 년과 월에서 戊午, 乙卯로 공부에 전념할 수 있는 구조는 아닙니다. 다만 丁, 乙卯와 조합하여 옷 장사를 하였지만 계속 직업이 변합니다. 일지 亥水는 午年을 기준으로 겁살에 해당하기에 남편은 외국인이지만 亥亥로 복음이니 아들 하나 낳고 이혼했습니다.

坤命				陰/平 1975년 2월 10일 04:30								
時	日	月	年	85	75	65	55	45	35	25	15	5
壬	丁	己	乙	戊	丁	丙	乙	甲	癸	壬	辛	庚
寅	卯	卯	卯	子	亥	戌	酉	申	未	午	巳	辰

丁火와 亥卯未로 조합하니 대학을 졸업하고 섬유관련 미국 에이전트에서 무역 업무를 담당하다 결혼 후에는 다시 공부하여 초등학교 교사로 활동합니다. 월지 卯木과 동일한 글자가 많으니 직업이 바뀌고 사는 공간도 자주 변합니다. 서울은 물론이고 부산까지 이사 다닙니다. 亥卯未 三合의 직업에 교육과 의식주 관련업이 많습니다. 또 丁壬 合하면 집중력이 뛰어나서 전문가적 성향도 강합니다. 亥卯未 중에서 가장 전문적인 성향은 亥水입니다. 未土는 성장은 완성했지만 가을의 씨종자 상태는 아니기에 미완성입니다. 전문가의 속성 중에서 80% 수준까지 올라왔습니다. 亥水의 地藏干에 응축에너지 壬水가 丁壬 合하면 블

랙홀처럼 에너지를 극도로 응축해서 폭발적으로 활용하기에 집중력이 뛰어납니다. 亥水는 블랙홀처럼 깊이 파고들어가는 속성으로 日支가 亥水라면 성장운동을 반복합니다. 일지가 申子辰이면 개인장사, 사업을 원하지만 亥卯未는 주로 교육, 보험, 증권, 의식주, 끊임없이 성장하려는 노력을 멈추지 않기에 전문가적 자질이 강합니다. 이렇게 丙丁 火는 새로운 공간을 확보하고자 해외나 타향으로 떠납니다.

정리하면, 寅午戌은 공간을 확장하고 申子辰은 물처럼 흘러 다니며 丙火를 전파합니다. 따라서 丙火가 申子辰과 조합하면 驛馬 속성이 강해지고 공간을 넓게 활용합니다. 위에서 甲이 寅午戌, 申子辰과 조합할 경우를 살폈는데 天干의 속성이 寅午戌 三合과 申子辰 三合의 특징과 섞이는 겁니다. 甲 亥卯未, 乙 亥卯未 조합들은 주로 인맥확장으로 기억하면 됩니다. 木이 土와 조합하는 甲辰, 乙未, 甲戌, 乙丑 간지들은 토를 다스립니다. 甲戌, 甲己도 木이 土를 만나 뿌리내리고 안정적인 터전에서 土를 아름답게 장식합니다. 戊己가 十神으로 財星인 이유입니다. 甲辰, 乙未, 甲戌, 乙丑은 땅을 다스리니까 남자는 부인을 부려먹으려고 합니다. 여자의 경우에는 좀 더 심하게 남편을 부리려고 합니다. 乙未는 乙이 未土를 괴롭히고 부려먹습니다. 옆에 재떨이 두고 가져오라고 시킵니다. 그래서 甲戌日 여자들이 팔자가 세다고 합니다. 甲辰도 유사합니다. 이런 개념을 기억하고 있어야 합니다. 만약 庚辛이 土를 만나면 庚辰, 庚戌, 辛未, 辛丑으로 庚辛이 땅에서 일정한 틀을 만들려는 속성입니다. 辛未는 亥卯未 三合운동 과정에 辛金이 있습니다. 만물을 응축하는 辛金이 辛亥, 辛卯, 辛未로 조합하였습니다. 辛亥에서 미용이 나오는 이유는 亥卯未 성장움직임을 辛金이 다스리기 때문입니다. 辛金의 날카로운 속성이 亥水에 들어가 甲의 성장을 통제합니다. 이때 丁火가 없으면 辛金의 행위에 통제력이 없으니 살벌합니다. 깡패, 조폭, 살인과 같은 물상입니다. 辛亥는 亥水 속 甲의 성장을 방해하고 辛卯는 새싹과 같은 卯木 어린애를 자르려고 하므로 어린아이를 희롱하는 모습입니다. 庚寅과 辛卯를 공간으로 분석하면 새롭게 출발하는 상황인데 물상으로는 새싹을 희롱합니다. 辛이 乙卯를 만나 건들면서 가지고 놉니다. 남의 물건을 내 것처럼 생각하는 것이 辛이 乙卯를 보았을 때입니다. 水氣가 없으면 날로 먹으려고 합니다. 사주구조가 나쁘면 모든 물건이 자기 것이라는 생각에 사로잡힙니다. 따라서 辛乙이 사업하면 어려움이 많습니다. 사람을 쳐내고 탐욕이 강합니다. 하지만 辛甲으로 조합하면 수백억 재산가도 많습니다. 동일한 金木 조합도 이렇게 다릅니다. 辛이 乙을 보면 沖으로 자를 수밖에 없으니 육체도 상하고 일도 막히고 정신도 불안정합니다. 辛未는 성장 완료된 공간에 辛이 있습니다. 未土의 地藏干 乙木을 辛으로 정리합니다. 辛卯는 성장하지도 않은 새싹을 자르지만 辛未는 성장을 마친 열매를 정리, 정돈합니다. 辛卯나 辛未를 약초를 자르는 물상으로 활용하면 한약, 침술입니다. 또 亥卯未 성장흐름을 辛으로 결정하면 회계와 세무물상인데 未土는 주로 회계입니다. 성장결과를 辛으로 계산하는 겁니다.

辛金이 巳酉丑과 조합하면 生氣가 상합니다. 辛巳, 辛酉, 辛丑은 주위의 생기를 자르기에 인맥을 형성하는 행위에 적합하지는 않습니다. 물질 지향적이며 사람들과의 교류가 중심이 아니기에 주위에 사람이 없습니다. 다만 辛丑의 특징은 피붙이에 대한 집착은 굉장히 강한데 씨종자를 丑土에 품었기 때문입니다. 세 개의 간지는 사람들과의 교류에 적합하지 않다고 기억해야 합니다. 亥卯未, 寅卯辰, 巳酉丑과 申酉戌의 차이점을 크게 구분해서 살피면 됩니다. 寅卯辰은 주로 뿌리내리고 좌우로 펼치고 巳

午未는 뿌리와 상관이 없습니다. 申酉戌은 유사한 열매끼리 팀을 이루며 亥子丑은 윤회과정으로 종족, 혈육, 피붙이들이 모였습니다. 寅卯辰 月의 경우는 식구들 특히 형제들과 인연을 유지하면서 살아갑니다. 巳午未는 모르는 사람들과 사회에서 교류합니다. 해외, 무역의 속성이 강합니다. 식구들과의 인연이 별로 없는 겁니다. 亥子丑은 丑土에서 멀리 가지만 피붙이들이기에 떨어져 살아도 식구들에 대한 집착을 버리지 못합니다. 그것이 巳午未와 亥子丑의 차이점입니다. 丑土가 있으면 식구들과 벗어나려고 하지만 이상하게 붙어살면서 애증을 갖고 살아갑니다. 해외에서 살아도 본국 식구들과 계속 끈을 이어가려는 것이 丑土입니다. 이와 반대로 未土는 해외로 떠나면 식구들과 일정 거리를 두려고 합니다. 또 丁火의 속성은 여자위주, 내부, 협소한 공간, 남자의 활동은 위축되는 상황이라고 했습니다. 十宮圖 2에서 傷官 丁火는 남자가 무능해집니다. 丙火는 넓고 무한대의 공간인데 丁火는 丙火를 수렴하기에 위축됩니다. 기본개념들을 곰곰이 생각해야 합니다. 丁火가 있으면 밝지 않고 좁기에 시내 중심과 인연이 없습니다. 사람들이 많은 공간과 어울리지 않는 겁니다. 예로, 丁일에 상담하면 남편은 무능해서 집에서 살림하고 여자가 돈 버는 상황입니다. 년과 월에 丁火나 乙木이나 辛金이 있다면 모친이 가정을 이끌어가는 겁니다.

坤命				陰/平 1985년 4월 10일 04:30							
時	日	月	年	83	73	63	53	43	33	23	13	3
甲寅	戊辰	辛巳	乙丑	庚寅	己丑	戊子	丁亥	丙戌	乙酉	甲申	癸未	壬午

아버지가 일찍 사망해서 엄마가 가정을 이끌어 갑니다.

坤命				陰/平 1967년 9월 28일								
時	日	月	年	83	73	63	53	43	33	23	13	3
모름	戊辰	庚戌	丁未	己未	戊午	丁巳	丙辰	乙卯	甲寅	癸丑	壬子	辛亥

엄마가 주도권을 쥐고 살아갑니다.

坤命				陰/平 1977년 11월 6일 12:30								
時	日	月	年	87	77	67	57	47	37	27	17	7
모름	丁未	壬子	丁巳	辛酉	庚申	己未	戊午	丁巳	丙辰	乙卯	甲寅	癸丑

아버지는 사망했고 엄마가 가장역할입니다.

坤命				陰/平 1975년 2월 10일 04:30								
時	日	月	年	85	75	65	55	45	35	25	15	5
壬寅	丁卯	己卯	乙卯	戊子	丁亥	丙戌	乙酉	甲申	癸未	壬午	辛巳	庚辰

부친은 히위 공직자인데 엄마아 이모의 세력이 강합니다. 年과 月은 가정을 책임지는 사람인데 丁火, 乙木처럼 음간이 있다면 여성스럽고 만약 부친이 그런 성향이 없다면 식구들과 떨어져서 다른 공간에서 사회활동 할 수도 있습니다. 年에 甲, 丙, 戊라면 남자가 집안을 대표한다. 木化가 강하면 남자, 金水가 강하면

여자가 가세를 잡는다고 볼 수 있다.

▌戊己 干支와 三合운동

戊己는 삶의 터전으로 丙丁의 공간개념과 다릅니다. 공간은 활동에 대한 것이고 영역은 터전에 대한 겁니다. 丙丁에서 공간을 확보하고 戊己에서 공간을 확정합니다. 戊土는 偏財라 부르고 己土는 正財라 부르는데 丙丁이 만들어 놓은 일정구역에서 터전으로 활용해서 살아가기에 공간의 경계가 정해집니다. 운에서 戊나 己를 만나면 삶의 터전에 변화가 발생합니다. 현재의 공간을 벗어나거나 용도를 바꾸려는 겁니다. 戊土 땅의 용도를 바꾸거나 떠나는 겁니다. 戊土는 偏財로 넓은 공간이지만 丙丁에 비하면 훨씬 좁습니다. 己土는 내부공간으로 戊土에 비교할 수 없을 정도로 협소합니다. 예로 己丑년에 멀리 떠났다면 활동 영역이 답답해서입니다. 戊辰이라면 寅卯辰 뿌리 형제, 종족을 벗어나지 못했습니다. 巳午未로 넘어가기 일보 직전입니다. 戊辰日은 시공간을 아무리 적극적으로 활용하려고 해도 제약이 많이 따르는 이유가 寅卯辰 식구, 형제들 때문입니다. 형제들과의 인연에서 벗어나지 못하고 애를 먹습니다. 예로, 동생이 속 썩이거나 부모를 부양하는 상황입니다. 己未는 木에서 金으로 넘어가지 못한 상태입니다. 성장이 끝나고 결실로 가려고 대기 합니다. 己未에서 보살펴야할 형제가 있다고 합니다.

未土의 地藏干에 乙木이 좌우확산 못하기 때문에 그렇습니다. 戊辰, 己未는 부모나 형제의 경제, 육체적 부족함 때문에 책임져야 하는 상황입니다. 戊戌은 寅午戌 三合으로 확장을 끝내고, 己丑은 巳酉丑삼합으로 물질을 완성하고 그 터전을 벗어나는 상황입니다. 戊土와 丑土에서 답답함을 느끼지만 벗어나지 못해서 답답합니다. 戊辰 己未는 넓은 세상으로 나가고 싶은데 벗어나지 못하고 戊戌과 己丑은 寅午戌과 巳酉丑 三合운동을 마감해서 더 이상 얻을 것이 없어서 새로운 땅을 개척해야 하는데 벗어나지 못하고 있습니다. 이런 이유로 土는 영역, 터전, 경계를 결정해야만 하는 문제를 가졌습니다. 정리하면 戊土, 己土는 밖으로 나가려는 상황입니다. 癸甲은 모두 버리고 새 출발합니다. 甲子, 癸甲, 子寅은 이런 의미들이 숨어있습니다. 새 출발과정에 과거를 버리고 미래를 위해서 열심히 배우는 상황이라면 戊己 土는 현재의 영역, 터전에 답답함을 느껴서 벗어나는 겁니다. 天干에서 己土의 상황은 甲乙丙丁戊-己-庚辛壬癸로 戊土와 己土에서 陽에서 陰으로 바뀝니다. 己土, 癸水, 甲木과 같은 글자들이 많으면 과거사를 정리할 일들이 많아서 불안정합니다.

坤命				陰/平 1962년 1월 26일 19:30								
時	日	月	年	89	79	69	59	49	39	29	19	9
甲	己	壬	壬	癸	甲	乙	丙	丁	戊	己	庚	辛
子	亥	寅	寅	巳	午	未	申	酉	戌	亥	子	丑

己, 甲, 子가 모두 있습니다. 亥子丑寅은 어둡기에 인간이 살기 어려운 영혼의 세계와 같아서 답답합니다. 亥水는 戌亥로 육체와 물질을 포기하고 영혼의 세계로 가야합니다. 亥卯未로 甲木을 내놓으려는 과정의 초입입니다. 子에서 출발해서 亥에서 과거를 정리해야 하므로 일을 중단하고 앞으로 살아갈 방향을 고민해야 합니다. 子水는 어떤 면에서는 午火보다 낫다고 볼 수도 있습니다. 申子辰으로 어둡고 어디로 튈지 몰라서 방황해도 어둠에서 밝음을 향하기에 희망은 있습니다. 壬水에서 癸水로 응축에서 분산으로 바뀌는 첫 단계입니다. 다만 여전히 申子辰의 어둠 속에서 벗어나지 못했습니다.

丑土는 도둑, 사망의 의미로 그 공간에서 벗어나야 합니다. 乙丑처럼 부도의 상황도 있다고 했습니다. 寅木은 저승과 이승의 갈림길처럼 丑土로부터 벗어나는데 그 시공간이 매우 큽니다. 神殺로 劫煞의 뜻이 강합니다. 丑土에서 멀리 떠나고 寅木에서 탄생하기에 생소한 땅에서 적응해야 합니다. 子水 반대편에 午火가 있는데 계속 펼치다가 수렴하는 출발점입니다. 午火를 낙차 큰 커브라고 표현하는 이유는 午火에서 丙火가 丁火로 바뀌면서 확 줄어듭니다. 子水는 어두워도 응축에서 발산으로 희망이 생기지만 午火는 화려한 세상에서 멀어지는 출발점입니다. 午火나 子水나 낙하, 추락의 의미가 강합니다. 午火가 생각보다 답답한 이유입니다. 丁火, 午火가 運에서 흉하게 작용하면 활동범위가 크게 줄고 정신적으로 불안정해집니다. 丙午, 丁未도 사이비 종교에 빠질 수도 있습니다. 丁火, 午火는 水氣가 증발하는 과정에 정신이 불안정해지는 문제까지 겹치면 10년에서 15년 정신적으로 불안정해지면서 사이비 종교에 빠집니다.

▌庚辛 干支와 三合운동

庚과 辛은 열매가 결정됩니다. 여기에서 중요한 개념은 열매를 결정하므로 틀의 물형이 변합니다. 운에서 庚辛을 만나면 새싹이나 꽃에서 열매로 물형을 바꾸려고 합니다. 직업을 바꾸거나 남편을 바꾸거나 공부하다 직장을 잡거나 과거에 하던 일에서 벗어나 새로운 물형으로 전환합니다. 크게 바뀌는 것은 아니지만 바뀌려고 시도합니다. 十宮圖의 宮位로 살피면 46세 이후 偏官에서 크게 변화를 주고 말년을 준비해야 합니다. 인생에 큰 변화가 발생하는데 회사를 그만두거나 사업을 시작합니다. 이처럼 宮位와 연령을 감안해서 그 시기에 우리는 어떤 생각이나 행동을 보이는지 살펴서 활용하면 틀림이 없습니다. 庚金이 사주팔자에 많으면 偏官의 행위 즉, 기존의 틀에서 벗어나는 행동을 합니다. 戊午년 庚申월 庚戌일로 부모가 일간의 인생을 좌지우지해서 힘들게 삼수해서 약국을 운영합니다. 庚申, 庚戌로 庚金이 열매의 물형을 자꾸만 바꾸려고 합니다. 乙木은 좌우로 펼치는 행위로 움직임에 변화를 주는데 庚金은 열매, 물질, 결과물을 바꾸려고 합니다. 즉, 乙木은 물형을 결정하는 것이 아니라 일을 확장하는 모습이고 庚金은 물질의 형태를 바꿉니다. 따라서 乙庚 합하는 과정에는 그런 의미가 담겨집니다. 乙庚 합은 庚金 틀에서 乙이 밖으로 나갔다가 안으로 들어오기를 반복하는 움직임이라고 했습니다. 庚年이 오면 다양하게 바꾸려고 시도합니다. 庚寅年에 寅午戌 三合을 출발하니까 열매를 확장하려는 욕망이 강해집니다. 庚 씨종자를 새 뿌리 寅으로 내놓으려는 의지입니다. 글자와 干支 속성은 인간이 결정할 수 없습니다. 지구자연이 결정한 기운을 인간이 읽고 문자화한 것이기에 마음대로 바꾸지 못합니다. 辛은 열매를 완성합니다. 씨종자로 독립합니다. 새로운 新으로 그 과정에 쓴맛, 단맛 다 봅니다. 辛亥 日의 경우는 새로운 일을 시작하는 과정에 쓴맛, 단맛을 봅니다. 辛金은 내부에서 성숙해지는 과정에 반드시 쓴맛을 봐야하고 과거를 정리하고 홀로 떨어져 나와 후대를 이어가야만 하는 사명감을 가졌습니다.

따라서 辛金은 과거와 전혀 다른 사람이나 사물입니다. 정신적으로는 기존과 전혀 다른 자아입니다. 辛金은 참으로 고독한 글자입니다. 庚열매에서 辛씨종자로 철저히 달라졌으니까 丙辛 합하면 외형, 사고방식이 전혀 다른 사람끼리 만나지만 합하고 머지않아 별거하거나 이혼합니다. 만약 年과 月에서 丙辛 합하면 부모가 이혼하거나 사망합니다. 干支로 辛巳입니다. 남녀가 만났는데 외국인 느낌입니다. 辛巳의 속성이 그렇습니다. 辛에서 만나는 이성은 차이가 큽니다. 왕자와 거지처럼 다릅니다. 辛은 인생의 쓴맛, 단맛 경험하면서 완벽해집니다. 인생의 고통을 암시합니다. 辛 대운을 만나면 혼자 인생의 쓴맛을 봅니다. 글자 속성은 변하지 않습니다. 辛으로 맺어진 인연은 결국 丙辛 合으로 연결됩니다. 丁火가 오면 壬水와 짝하는 겁니다. 壬水에 丁壬의 속성이 함께 있습니다. 辛에 丙辛 合의 속성이 있습니다. 辛日 상담하면 쓴맛, 단맛 다 본 경험이 풍부한 사람입니다. 辛이 亥卯未 三合을 만나면 자르고 정리하면서 인간관계도 정리합니다. 완벽함을 추구하기에 마음에 들지 않으면 용납하지 못합니다.

▮壬癸 干支와 三合운동

壬水를 살펴보겠습니다. 물처럼 流動의 속성이 강합니다. 정착하지 못하고 흘러 다닙니다. 壬水는 조폭 성향을 갖는 이유는 申子辰과 연결되고 물처럼 뭉쳐서 흘러가는 과정에 땅, 나무, 사람, 물건을 쓸어버립니다. 조폭, 어둠, 강도, 살인과 같은 속성으로 만물을 블랙홀과 같은 어둠 속으로 빨아들입니다. 壬水의 속성은 혼자 흘러가는 것이 아니라 해일처럼 주위에 있는 사람이나 물질을 함께 끌고 들어갑니다. 申子辰, 壬水에 잘못 걸리면 해일과 같은 일이 발생합니다. 癸丑일 여명의 경우 壬辰年에 자식 세 명이 1년 만에 모두 사망하는 불행한 일이 발생했습니다. 남편 사주에 甲 자식이 申子辰과 壬水에 의해 해일처럼 사라졌습니다. 어떻게 1년 만에 세 명의 자식이 사망합니까? 성인이기에 한명도 죽기 힘든데 세 명이 한꺼번에 사망한 이유는 부친 사주에 申子辰과 亥水가 많았고 생기 甲木이 해일에 사라졌습니다. 壬水의 심각한 문제입니다. 임수 내부에 무엇이 들어 있는지 모릅니다. 色界의 만물이 담겨진 블랙홀과 같습니다. 壬水가 빅뱅 이전이라고 하는 이유는 지구자연에 존재하는 만물을 담았기 때문입니다. 壬水를 종교, 명리, 철학으로 활용하면 깊은 내면에 이릅니다. 독특한 특징이나 전문적인 자질입니다. 壬水와 亥水가 그런 특징이 있습니다. 日支에 亥水가 있으면 배우자가 전문가입니다. 壬水 운에는 丁壬 슴으로 전문가의 길을 가게 되는 겁니다.

乾命				陰/平 1972년 4월 9일 12:30								
時	日	月	年	85	75	65	55	45	35	25	15	5
丙午	壬子	乙巳	壬子	甲寅	癸丑	壬子	辛亥	庚戌	己酉	戊申	丁未	丙午

귀신도 보는 한의사입니다.

乾命				陰/平 1971년 12월 26일 08:30								
時	日	月	年	88	78	68	58	48	38	28	18	8
壬辰	辛未	壬寅	壬子	辛亥	庚戌	己酉	戊申	丁未	丙午	乙巳	甲辰	癸卯

이 사주도 한의사입니다. 壬辰은 약사처럼 생명수를 공급하는 치료물상도 있고 辰土에서 水氣가 탁해지면 전문가처럼 행동할 뿐 깊이가 없어서 사이비나 짝퉁 개념도 강합니다. 辰未로 조합하면 가치도 없는 물품을 고가로 팔다가 부도내거나 계 놀이 하다 자금회전이 막혀서 도망가는 상황이라고 설명했는데 辰未의 또 다른 특징은 壬水 생명수가 마르니까 활용하지 못하는 자격증과 같은 개념입니다. 水氣가 얕으니까 깊이 들어가지 못하고 水氣를 찾아야 하니까 계속 공부하기 때문으로 특히 일간이 시절을 만나지 못하면 그런 속성이 더욱 강해집니다.

乾命				陰/平 1952년 6월 27일 19:40								
時	日	月	年	87	77	67	57	47	37	27	17	7
丙	乙	戊	壬	丁	丙	乙	甲	癸	壬	辛	庚	己
子	未	申	辰	巳	辰	卯	寅	丑	子	亥	戌	酉

미국 한의사 자격증을 가졌음에도 활용도 못하고 돈만 날렸습니다. 壬辰하고 乙未가 辰未로 水氣가 마르니까 깊이 들어가지 못합니다. 地支에 申子辰이 모두 있고 壬水로 방탕, 방랑, 조폭의 물상을 활용해서 10대에 유명한 조폭이었습니다. 癸水는 그 특징이 참으로 묘합니다. 빅뱅처럼 폭발하는 발산작용이 핵심이지만 우주어미처럼 生氣를 부여하고 균형을 유지합니다. 저울과 같은 속성입니다. 폭발, 발산하면서 시공간을 확장하는 과정에 生氣를 퍼트리고 균형을 맞춥니다. 적천수 癸水의 설명에는 허점이 많습니다.

癸水至弱(계수지약) 達於天津(달어천진).
得龍而運(득룡이운). 功化斯神(공화사신)
癸水는 지극히 약하지만 천진(天津:은하수)에 도달한다.
용(龍)을 얻어 운행하면 공적과 조화가 신묘하다.
[임철초]는 癸水는 비와 이슬(雨露)을 말하는 것이 아니라
순음(純陰)의 水로 발원한 곳이 멀고 성질은 지극히 약하지만
기세는 十干 중에 가장 고요하다고 설명했습니다.

즉, 순음이라고 표현했고 성질은 지극히 약하고 기세는 가장 고요하다고 설명했는데 정반대로 살핀 겁니다. 至弱을 지극히 약하다고 해석하는 순간 癸水의 본래모습에서 멀어집니다. 약한 것이 아니라 가벼운 겁니다. 약해서 천진에 도달하는 것이 아니

라 가벼워서 천진에 도달합니다. 癸水의 폭발하고 發散하는 속성을 표현한 것인데 약하고 순음으로 가장 고요하다는 엉뚱한 해석을 하였습니다. 癸水는 폭발력을 가졌기에 생각보다 훨씬 격렬한 움직임입니다. 비를 내릴 때도 골고루 내리는 것이 아니라 균형을 맞출 필요가 있는 공간에 집중적으로 퍼붓습니다. 癸水는 잘못된 부분을 고쳐서 균형을 맞추려는 神의 의지로 저울의 작용과 같습니다. 丁癸 沖을 법조계 물상이라고 하는 이유입니다. 癸日에 태어나면 잘못된 부분을 자꾸 지적하고 다시 균형을 맞추려고 무마합니다. 癸입장에서는 세상에 따질 일들이 참으로 많습니다. 고쳐야 균형이 맞는다고 생각합니다. 癸日 뿐만 아니라 사주팔자 어디에라도 癸水가 있으면 그런 속성을 가졌습니다. 癸水의 거친 속성을 드러내는 사례를 보겠습니다.

坤命				陰/平 1973년 9월 2일 12:30								
時	日	月	年	84	74	64	54	44	34	24	14	4
甲午	丙寅	辛酉	癸丑	庚午	己巳	戊辰	丁卯	丙寅	乙丑	甲子	癸亥	壬戌

甲子대운 乙酉년 상황입니다. 시어머니 구박으로 견딜 수 없고 남편의 폭언과 폭행으로 손가락이 부러지고 임신한 배를 발로 차기도 했습니다. 남편이 자신의 신용카드를 사용하여 850만원 카드빚 까지 생겼고 이혼을 요구합니다. 년에 癸丑이 있고 대운이 甲子입니다. 癸丑과 甲子가 조합하면 구타물상이라고 하였습니다.

坤命				陰/平 1973년 11월 30일 16:30								
時	日	月	年	84	74	64	54	44	34	24	14	4
壬申	甲午	甲子	癸丑	癸酉	壬申	辛未	庚午	己巳	戊辰	丁卯	丙寅	乙丑

39세 辰대운 상황입니다. 좋은 대학을 졸업했고 부모님은 모두 교육자이며 재산도 있습니다. 불행하게도 결혼 후 남편에게 맞고 살며 남편이 부모님 재산을 많이 빼앗았습니다. 맞고 살면서 말도 못하고 이혼도 못합니다. 직장은 없고 매 맞은 후유증으로 병원에 다니고 있습니다. 남편은 이혼해주지도 않고 경제력 때문에 망설이고 있습니다. 년과 월에 癸丑과 甲子가 있으니 주위에 폭력을 행사하는 육친이 있습니다. 없다면 스포츠나 무언가를 때리는 행위에 활용합니다. 예로 제빵, 피자처럼 구타물상과 같은 직업을 갖습니다. 癸水의 균형을 맞추는 행위를 인간관계에 활용하면 지위고하를 막론하고 잘 어울립니다. 경제수준이나 학력수준의 차이가 많아도 잘 사귑니다. 좋은 집안에 태어난 癸水가 수준이 맞지 않는 애인을 만나기도 합니다. 대학원을 다니면서 초등학교 졸업한 기술자와 결혼하는 경우입니다.

癸日은 戊土와 合하여 자신을 희생하기에 늙은 남자와도 과감하게 결혼합니다. 癸酉의 속성도 독특합니다. 대운에서 만나면 지위고하를 막론하고 차별 없이 인연을 만듭니다. 癸酉대운이 끝나고 甲대운이 오면 癸酉에서 만든 인연들을 모두 정리하고 새 출발합니다. 즉, 癸酉에서 만든 인연들은 결국 자신에게 맞지 않는 인연이거나 어울리지 않습니다. 癸水는 과거를 버리고 새 출발하기에 마감하고 甲에서 새 출발합니다. 바로 甲己 合의 원리입니다. 지금까지 설명한 내용과 시간, 속도, 물질, 음양,

글자의미와 조합해보고 宮位와 연령, 특히 傷官 丁火, 庚金 偏官을 함께 활용해보시기 바랍니다.

▌六親의 生剋원리

지금부터 육친의 원리를 먼저 살피고 이어서 天干조합을 살펴보고 지장간의 원리로 넘어가겠습니다. 六親을 이해하려면 十神의 탄생과정을 다루어야 합니다. 十神의 논리는 生剋으로 사주팔자를 분석할 때 중요합니다만 시간흐름에 따라 그 작용이 변하는 것을 알아야 합니다. 권투에 비유하면 1회전에 3분 싸우고 쉬고 또 3분 싸우고 다시 쉽니다. 사주팔자를 生剋으로 살피면 1년 동안 권투선수가 치고받기를 반복하는 행위와 같습니다. 즉, 時空間 개념이 없는 生剋은 끝없이 행위를 반복합니다. 다만 運에서의 生剋이 아니라 사주원국에서의 生은 일간에게 매우 중요한 역할을 합니다. 일간이 生을 받을 글자가 있느냐에 따라 운명이 달라집니다. 특히 生을 받는 상황이 天干에서 이루어지면 인생이 편해집니다.

예로 丁日이 甲을 보는 식입니다. 財剋印처럼 印星이 상하는 구조가 아니라면 生의 작용이 나쁠 이유는 없습니다. 받을 것이 있으니 좋은 겁니다. 혹은 丁火가 甲寅이나 乙亥 식으로 너무 많은 印星으로 丁火 열기를 답답하게 만드는 구조가 아니라면 평탄하게 살아갈 여건이 주어진 겁니다. 剋은 원래의 물형을 유지 못하게 합니다. 偏官, 正官이 그런 작용을 하는데 다양한 방식으로 현새의 물형, 존재를 부정합니다. 특히 偏官은 나를 심하게 괴롭힐 수 있습니다. 十宮圖2에서 46세 이후에 늙어가는 과정에 나를 괴롭힙니다. 甲乙이 偏官과 正官 庚辛을 만나면 육체가 상하거나 원형을 유지하지 못하는 문제가 발생합니다. 生은 평평한 길 혹은 편하게 내려가는 길이라면 剋은 오르막길로 힘이 듭니다. 헨이 많을수록 점점 가파른 길로 바뀌고 살아가는 과정에 고쳐야할 일들이 많습니다. 이것이 生헨을 크게 분류하여 살핀 것입니다. 문제는 도대체 生헨이 어디서 왔냐는 겁니다. 근본원리를 이해해야 生헨이 어떤 존재인지 깨달습니다. 生헨 원류는 하도와 낙서라고 말합니다. 하도는 生을 설명하고 낙서는 헨을 설명한다고 하는데 그것을 분석하려는 것은 아니고 하도와 낙서가 生헨을 만들어낸 원류라고 기억하고 넘어갑니다. 하도와 낙서의 원리를 그림으로 다르게 설명하지만 대동소이합니다. 다만 하도, 낙서의 문제는 헨은 헨으로만, 生은 生으로만 간주하는 것이 문제입니다. 세상은 生이 生이자 헨이고 헨은 헨이자 生입니다. 극단적으로 표현하면 生이 헨이고 헨이 生이라는 겁니다. 生은 단지 生일 뿐이고 헨은 단지 헨일 뿐이라고 주장하는데 生은 生이자 헨이며, 헨은 헨이자 生입니다. 따라서 <u>生과 헨은 동일한 것으로 분리될 성질의 것</u>이 아닙니다. 生을 헨으로 관찰하면 헨으로 보이고 헨을 生으로 관찰하면 生이 보입니다. 물론 生헨에 時間과 空間을 불어넣으면 또 다릅니다. 生의 작용이 時空間 변화에 따라 헨으로 바뀌고 헨의 작용이 時空間 변화에 따라 生으로 바뀝니다.

이황의 第一太極圖가 훨씬 合理的으로 보입니다. 가장 위의 陽陰이 있고 그 밑에 火水가 보입니다. 지구자연이 순환하는 주체가 水火라는 겁니다. 三合운동으로 寅午戌과 申子辰이고 五行으로 火水입니다. 물론 火水에서 우선하는 것은 水氣인데 火와 짝을 이루어 土를 만들어 냅니다. 앞으로 설명해야 할 근본이치를 그림으로 간략하게 살피는 것이니까 이 정도 이해하면 됩니다. 水火가 짝을 이루고 土를 내놓습니다. 土를 지구라고 생각하면 됩니다. 土는 지구, 인체에서 육체의 틀이나 피부와 같습니다. 水가 생기고 火와 짝을 이루어서 질량을 가진 土를 만들어 냅니다. 그리고 土 위에 木 生氣, 생명체, 만물이 생겨납니다. 시간이 흐르니까 목의 물형이 점점 딱딱해지고 金 결실을 만들어 냅니다. 금이 水氣에 풀어지고 水火가 협력해서 새로운 木을 만들고 다시 金을 만들기를 반복합니다.

정리하면, 빅뱅 이후에는 水火의 조합으로 土가 생겨난 후 터전을 바탕으로 木과 金이 생겨나고 지구 土를 기반으로 水火木金이 조화를 이루며 순환합니다. 만물은 반드시 土를 매개체로 반응 합니다. 예로, 水土火, 水土金, 水土木, 火土木, 火土金 식입니다. 지구가 만들어지는 처음 단계는 壬癸丁戊(水火土) 과정인데 水火로 木氣 만물을 만들어낸다고 주장하지만 불가능합니다. 지구터전이 없다면 생명체가 생겨날 수 없으며 질량이 없으니 존재할 수 없습니다. <u>土가 중앙에 반드시 필요한 이유</u>입니다. 인간이 살아가는 터전이 土이기에 중앙에 놓을 수밖에 없는 겁니다. 水火가 짝을 이루이 土를 내놓고 터전이 생기니 만물이 생겨나고 결과적으로 金 결실을 얻는 방식으로 순환합니다. 지금까지 설명이 **第一太極圖**에서 보여주는 의미로 합리적입니다. 문제는 生과 剋을 설명하는 하도낙서에서 十神의 生剋에 이르는 과정에 대한 자료가 없습니다. 2000년 시공간이 어디로 갔는지 모릅니다.

이런 이유로 生剋 그림은 있지만 偏財는 일간이 剋하는 존재이면서 養生 터전인 이유를 설명하지 못합니다. 偏財는 부친임에도 일간은 부친을 극해야만 합니다. 偏財를 큰 재물이라고 하는 이유는 부친이 돈벌어오기 때문일까요? 현대에 이르기까지 그런 이치를 설명하는 책이 없습니다. 그래서 生剋 원류를 찾아서 거슬러 올라가보면 河圖洛書, 第一太極圖를 만나고 生剋의 이치를 궁구하면 生이 生이자 剋이요 剋이 剋이자 生임을 깨달습니다. 세상이 財星으로 이루어졌음을 이해하면 모든 사람들은 서로에게 터전역할을 하므로 한식구입니다. 나는 너를 위해 존재하고 너는 나를 위해 존재합니다.

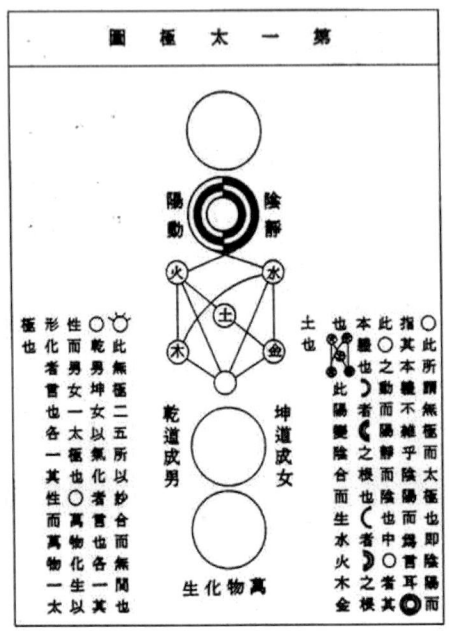

그림 : 제일태극도

제 22강

◆時空命理學 학습 방법, 生剋원리

時空命理學 학습 방법　182
生剋과 十神, 十干　198
地支의 時間方向　211
生剋의 원리　212

時空命理學 학습 방법

生剋의 원류를 시작하기 전에 時空命理學 학습과정이 어디에서 시작해서 어디를 향하는지 살피고 넘어가는 것이 좋을 듯합니다. 무슨 공부를 하고 현재 어디까지 학습하였으며 앞으로 해야 할 내용이 무엇인지 살펴보겠습니다. 기존의 格局, 抑扶, 生剋, 調喉, 神殺, 12運星과 時空學의 학습방법과 어떻게 다른지 이해해야 방향을 잡기 쉽습니다. 格局, 抑扶, 生剋, 調喉는 틀리다고 주장하는데 어떻게 틀리는지 1년 정도가 지나면 스스로 문제가 많음을 느낄 겁니다. 처음 학습하면 格局, 抑扶, 生剋, 調喉가 뭔지 모르니까 혹은 조금 학습하다가 그만 두면 무슨 의미인지 모릅니다만 중국의 3대 古書, 6대 古書로 공부하면 時空命理學과 공통분모가 거의 없고 생소한 설명을 하니까 처음 들으면 당황합니다. 사주팔자를 분석하는 행위의 본질은 태어난 순간을 기록한 時空間에 담겨진 의미를 분석하는 겁니다. 子平眞詮은 月支를 기준으로 분석하려고 노력했으니 틀린 행위는 아닙니다. 月支는 年月日時와 다르게 時間과 空間이 존재하고 눈으로 확인 가능한 육체, 物質을 뜻합니다.

宮位로 분석하면 내가 태어날 때 육체를 낳아준 모친이 있는 공간입니다. 나는 엄마의 뱃속에서 세상에 나왔습니다. 또 육체는 物質의 한 종류입니다. 또 육체를 얻은 공간이자 평생 엄마라고 부르며 평생 벗어나지 못하는 공간, 사회 환경을 상징합니다. 前生의 업보요 육체를 얻기 전에 영혼이 윤회하는 과정에 부모의 사랑으로 영혼이 육체와 결합해서 인간으로 탄생합니다. 그런 宮位를 품은 공간은 유일하게 月支밖에 없습니다. 물론 宮位를 이동하면 연월일시 모두가 동일한 의미를 가졌습니다. 아버지는 할머니의 宮位에서 태어났기에 부친이 육체를 얻은 공간입니다. 사주팔자를 분석하는 행위는 日干이 어떤 인생을 살 것인가를 살피는데 주력하기에 月支를 기준으로 日干을 분석합니다. 宮位를 이동하면 地支는 모두 동일한 역할을 하는 空間으로 변합니다. 부친입장에서 年支는 육체를 얻는 공간이고 자식은 日支에서 육체를 얻습니다. 宮位를 좌우로 이동하면 육친들이 어디에서 육체를 얻었는지 또 그 공간 특징은 어떤지를 살필 수 있습니다. 물론 가장 좋은 방법은 당사자의 사주로 판단하는 것입니다만 내 사주팔자에 조부모, 부모, 나와 배우자, 그리고 자식과 배우자의 상황을 살필 수도 있다는 겁니다. 문제는 月支를 기준으로 格을 잡는데 十神 生剋을 활용합니다. 生剋의 이치를 생각하면 황당한 면이 많습니다. 사주팔자는 2시간 단위로 時間이 계속 바뀌고 24시간이면 하루가 바뀌고 또 30일이면 한 달이 바뀌고 1년의 기준이 바뀝니다. 따라서 2시간 단위로 발생하는 변화를 十神 生剋으로 읽어낼 수 없습니다. 生剋의 치고받는 작용이 2시간 단위로 충돌하기에 계속 문제가 발생해야 하는데 평생 살아가는 과정에 육체가 상하는 일은 굉장히 드뭅니다.

生剋으로는 길흉화복을 폭넓게 살필 수 없는 겁니다. 만약 十神 生剋이 논리적이라면 인간은 2시간마다 계속 치고받으면서 전쟁터와 같은 환경에서 살아가야 합니다만 전혀 사실과 다릅니다. 사주팔자를 분석하는 과정에 사주원국을 살피고 大運, 歲運, 月運, 日運을 분석하지만 길흉판단은 주로 대운과 세운 그리고 월운까지 살핍니다. 매일, 2시간마다 발생하는 生剋 작용을 읽기에는 한계가 있습니다. 生剋작용을 나름 유용하게 활용할 수 있는 것은 바로 질병과 육체에 대한 부분입니다. 1년은 봄, 여름, 가을, 겨울 그리고 다시 봄으로 순환하기에 1년마다 변하는데 인간은 3분만 숨을 쉬지 않으면 사망합니다. 죽지 않기 위해서 극히 짧은 시공간에서 生剋이 계속 발생합니다. 양자물리학과 유사합니다. 물리학에서 命理관련 배울 점이 있는지 살펴보려고 노력하는데 양자물리학은 육체의 움직임을 표현했다고 생각합니다. 우리는 극도로 좁은 시공간에서 동시다발적으로 충돌하는 움직임을 生剋작용으로 이해할 수 없습니다. 시공간이 협소하니까 충돌과정이 엄청난 속도로 다양하게 발생하기에 그 움직임과 변화를 따라잡을 수 없습니다. 인체에는 몇 조개의 세포가 있는데 세포 하나하나에 그 사람의 전생이 숨어 있다고 합니다. 이처럼 인체는 丁壬癸 三字가 한순간도 멈추지 않고 丁癸 沖하고 合하는 방식으로 生氣를 유지합니다. 이런 움직임으로 인체에서 세포가 죽고 새로운 세포가 생겨나기를 반복하는 겁니다. 미시적 관점에서 生剋은 동시다발적으로 공존합니다. 十干이 작용하니까 寅午戌, 巳酉丑, 亥卯未, 申子辰 三合으로 육체 내부에서 치고받고 반응합니다만 우리는 크게 느끼지 못합니다만 질병에 관해서는 生剋작용을 살펴야 할 필요가 있습니다.

물론 사주팔자에 정해진 시공간(꼴)대로 질병, 사고, 승진, 취업 등 모든 일이 발생합니다. 예로 六害와 天殺 두 개만 해도 精神과 肉體가 반응하는 순간에 문제가 발생합니다. 몸속에서 발생하는 生剋은 질병을 관찰하는데 유용하지만 인생의 길흉화복을 生剋으로 판단하기에는 단조롭습니다. 매우 짧은 시공간 단위로는 생극의 움직임이 명확하게 드러나지만 1년, 10년 단위로 확장하면 生剋으로는 분석할 수 없습니다. 시간이 1초마다 바뀌는데 무슨 재주로 생극의 움직임을 모두 계산할 수 있습니까? 극히 짧은 시공간 단위의 움직임과 변화를 살피는 것이 바로 양자물리학입니다. 결론적으로 格局은 月支의 時空개념이 아니라 극히 협소한 시공간에서 발생하는 미시적인 개념의 生剋을 주장한 것으로 時空間을 활용하지 못했습니다. 格局을 알아야 사주팔자를 읽을 수 있다고 주장하지만 사주팔자는 生剋으로 작동하는 것이 아니라 年月日時에 정해진 時干과 空間의 움직임과 변화로 반응합니다.

```
日 月
庚 丙
午 寅
```

예로 庚午日이 丙寅月을 만나면 偏官 格에 관살혼잡이니 壬水로 制殺해야 한다고 주장하지만 그 경계가 모호합니다. 마치 한 치의 실수도 없는 킬러처럼 壬水가 丙火만 정조준해서 암살하고 나머지는 털끝하나 건드리지 않는다는 주장과 다를 바 없습니다. 즉, 어디까지가 食神制殺이고 食神生財인지 기준이 없는 겁니다. 2시간마다 변하는 시간단위를 우리는 이해할 수 없습니다. 生剋이 어디에서 시작해서 어디까지 生하고 剋하는지 분석할 방법이 없습니다. 食神이 어떻게 制殺만 하고 生財는 못하거나 하지 않을까요? 당연히 食神은 生財도 해야 합니다. 그럼에도 불구하고 식신제살만 발생하는 것처럼 억지를 부립니다. 물론 일방적으로 일간을 공격하는 官殺混雜 구조라면 쉽게 이해합니다만 거의 모든 사주팔자의 生剋은 어디에서 시작하고 끝나는지 모릅니다. 여기에 대운과 세운을 대입하면 더욱 더 모호해집니다. 왜 生剋으로 분석하려고 했을까요? 원류를 찾아 올라가면 河圖와 洛書를 만나는데 그 이치가 참으로 모호합니다.

둘째, 地藏干에 있는 글자 하나가 천간에 드러나면 十神을 활용해서 偏財, 正印 格으로 정합니다. 時間은 인간이 정한 기준으로 나눈 단위만큼씩 계속 변합니다. 따라서 地藏干의 실체는 時間입니다. 정확하게는 時間과 時間의 方向입니다. 四季를 순환하는 과정에 十干 즉, 時間이 12개의 공간에서 어떤 방식으로 순환하는지를 설명합니다. 따라서 지구가 일정한 방향으로 회전하듯 지장간의 時間과 方向은 일정한 방향을 가졌기에 十干과 12支의 방향은 바뀌지 않습니다. 예로 오늘 9시에 집 밖으로 나가서 출근했다면 9시라는 時間과 밖으로 향하는 空間方向이 섞인 겁니다. 만약 회사까지 걸어서 9시 반에 도착했다면 정해진 공간까지 가는데 30분이라는 時間이 흘렀습니다. 이처럼 地藏干은 時間과 方向을 표현한 부호입니다. 따라서 地藏干에 정해진 時間方向대로 흐를 뿐 格局의 주장처럼 일간을 기준으로 天干에 드러난 글자에 十神 명칭을 부여하는 것이 아닙니다. 時間方向은 사주 분석과정에 매우 중요한 정보를 제공하므로 다시 자세히 다룰 예정입니다. 결국 地藏干은 時間과 方向을 설명한 표임에도 그 당시에는 명리체계에 時空間을 활용하지 못해서 生剋으로 十神을 정하고 사주팔자를 분석하는데 활용했던 겁니다.

調喉(조후)는 窮通寶鑑(궁통보감)에서 활용하는 개념인데 기후에 관한 설명입니다. 추운, 더운, 따뜻한, 서늘한 환경을 표현한 것으로 문제는 조후에 따른 十干과 12地支 배합내용이 없습니다. 예로, 巳月에는 꽃이 활짝 피어나기에 水氣가 강하면 흉하다는 내용이 없습니다. 通根까지 섞으면 癸巳로 조합할 경우 癸水가 巳火에 通根 못해서 무기력하니 활용할 수 없다고 주장합니다. 자연에서 巳月에 六陽의 환경을 조성한 이유는 陽氣를 극대화해서 꽃을 활짝 피우려는 의지인데 壬水 응축작용이 강하면 꽃이 피지 못합니다. 또 癸水가 발산작용해도 정도가 지나치면 꽃이 피는데 애를 먹습니다. 이처럼 天干은 무조건 地支에 통근해야 좋다는 식의 논리는 심각한 오류입니다. 癸巳 월의 쓰임이 매우 적절한 이유를 이해하지 못합니다. 궁통보감은 巳月의 時空에 어떤 에너지가 필요한지 모르기에 사주구조에 따라서 사례별로 인위적인 기준을 만들고 계속 바뀌는데 근본원인은 일간을 기준으로 하기 때문입니다. 즉, <u>月支가 중요하다고 강조하면서도 결국 日干을 위주로 살피는 오류</u>를 양산하는 겁니다. 巳月이라는 시공간은 변함이 없건만 일간의 입맛에 맞게 조건을 바꾸니 마치 日干에 따라 月支의 공간 환경이 계속 변한다는 주장과 같습니다. 월지가 기준이라고 그렇게 강조하고서는 마지막에는 일간을 기준으로 판단하는 것이 바로 혼란을 야기한 원인입니다. 사주팔자는 반드시 월지를 기준으로 해야 흔들리지 않는 기준이 생깁니다. 그것이 바로 月支時空입니다.

適天髓는 사주팔자의 氣勢를 살핍니다만 時空命理學에서 살피는 기세와는 다릅니다. 時空學은 시간과 공간의 순차적인 흐름을 중시합니다. 관찰하는 방식은 크게 세 가지로 첫째, 사주원국의 흐름입니다. 年月日時가 순차적으로 흐르면 순탄한 인생으로 운을 살피지 않아도 인생이 평탄합니다. 흐름의 길흉을 판단하는 방법은 사주원국 전체나 月支를 기준으로 살필 수도 있습니다. 月支를 기준으로 日干을 살피는데 일간 이외의 宮位를 살피고 싶다면 宮位를 이동해서 月干, 年干, 時干을 기준으로 살필 수도 있습니다. 年과 月, 月과 日, 日과 時, 時와 年, 年月日 혹은 月日時가 어떤 조합으로 형성되었는지를 분석합니다만 宮位論에서 자세히 설명하였습니다. 年과 月의 관계로 조부모와 부모의 관계를 분석합니다. 年과 月의 배합에 따라 흐름이 순차적인가 年月에서 日時까지 흐름이 좋은가? 혹은 月에서 年을 향하는 시간방향인가? 등을 살피는 겁니다. 여기에 각 글자조합을 고려합니다. 十神도 철저하게 地藏干에서 보여주는 시간흐름을 살핍니다. 예로 甲이 辛을 만나면 지나온 과거를 만난 것이고 辛이 甲을 만나면 正財를 만난 것이지만 正財라고 부르는 이유를 이해해야 합니다. 辛金이 乙卯月과 甲寅月을 만났을 때 재물차이가 큽니다. 신기한 점은 乙卯를 만나면 큰 재물을 뜻하는 偏財임에도 십중팔구 재물이 흩어지고 甲寅을 만나면 월급쟁이라고 부르는 正財임에도 수백억 재산을 소유합니다. 왜 그럴까요?

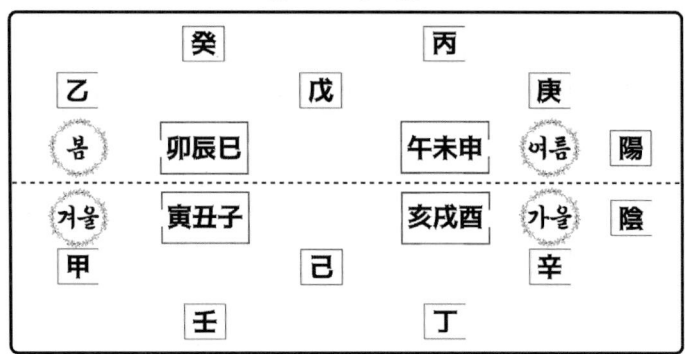

四季圖에서 그 이치를 깨우칠 수 있습니다. 辛이 甲을 月이나 時에서 만났을 때 時空 차이를 인식해야 합니다. 월에서 만나면 辛이 추구하는 목적을 부모 궁위에서 이미 얻었으니 부모 복이 좋거나 사회활동 과정에 윗사람들, 주위사람들의 도움을 받습니다. 또 활동하는 사회 환경도 매우 좋습니다. 時에서 만나면 46세 이후에서야 비로소 꿈을 이루는 겁니다. 이런 조합은 格이나 生剋으로 결정되는 것이 아니라 자연의 순환원리로 결정되며 地藏干이 그 이치를 명확하게 알려줍니다. 지금까지 사주이론들은 空間에 한정하여 분석하였고 十神은 生剋에 국한했으며 適天髓는 기세를 살피려고 노력했지만 강약, 왕쇠에 집중하면서 從格이라는 이상한 논리를 만들어냈습니다. 물론 적천수 性情 편에는 자연의 이치를 설명하는 표현도 있긴 합니다. 適天髓의 문제는 抑扶의 작용을 조폭처럼 설명했지만 70억 인류가 멀쩡하게 살아있습니다. 힘센 조폭들이 살아남는 세상이 아닙니다. 북한

이 깡패처럼 굴어도 힘들어합니다. 格을 알아야 사주그릇을 알 수 있다고 주장하면서도 格의 실체는 生剋작용에 十神의 명칭을 붙인 극히 단순한 논리라는 것을 이해하지 못합니다. 用神도 한 기준이 없으니 모든 사람에 따라 바뀌는 잡탕 논리입니다. 개인의 학습수준에 따라 用神이 달라지면서 자기주장이 맞는다고 강변합니다. 이 모든 문제는 판단기준이 없기 때문입니다. 子平眞詮의 十神 生剋을 기준으로 한 格用으로는 부족하기에 適天髓로 보충하고 窮通으로 땜질하지만 전혀 다른 논리체계의 이론들은 100개를 합해도 통합할 수 없는 겁니다. 그래서 또 다른 논리들을 가미해서 자기만의 用神을 결정하기에 도대체 그 정체가 무엇인지 모릅니다. 우리는 사주를 어떻게 분석해야 할까요? 지금까지는 지엽적으로만 설명해서 학습방향이 모호하게 느껴질 것 같아서 자세히 설명해보겠습니다.

첫째, <u>地藏干을 이해</u>해야 합니다. 地藏干 흐름을 이해하면 시공간의 순환과정과 時間方向을 이해합니다. 시간이 어떤 방식으로 순환하고 이어지는지, 윤회하는지를 이해합니다. 未月, 申月, 子月 공간이 따로 따로 작용하는 것이 아닙니다. 12개의 달이 극히 유기적으로 작용하기에 未月은 子月의 다른 모습이라고 해도 틀린 말이 아닙니다. 지구공간에서 時間흐름에 따라 그 空間의 物形이 계속 움직이고 변합니다. 色卽是空, 空卽是色이라고 표현하는 이유입니다. 없었는데 생겨나고 있었는데 어느새 사라졌습니다. 地藏干을 이해하면 명리의 근본이치를 빠르고 명확하게 이해합니다. 순환이치에 익숙해지면 스스로 명리이론의 옳고 그름을 판단하게 됩니다. 지장간의 순환원리가 모든 명리이론의 기준임을 깨우치면 古書의 허점들이 극명하게 드러납니다. 地藏干 흐름을 이해하면 사주를 분석할 때 10天干과 12支로 時空間의 움직임과 변화를 살피게 됩니다. 十神은 生剋에 국한한 편협한 개념이기에 지양해야 합니다. 적중률도 현저히 낮습니다. 六親論의 한계입니다. 부친은 메뚜기가 아닌데 어떻게 사주팔자의 모든 宮位를 튀어 다닙니까? 마찬가지로 모친은 月支에 있음에도 모든 宮位로 튀어 다니고 사주팔자에 따라서 계속 변하기에 기준이 없으니 합리적이지 않습니다. 부친을 분석하고자 偏財를 찾으니 時支에 있다면 아버지가 日干보다 어리다는 논리와 같습니다. 月干 부친과 月支 모친의 도움으로 일간이 탄생했음에도 十神으로 살피는 육친 기준은 엉망입니다. 물론 宮位에서 제공하지 못하는 부분을 보충하고자 十神을 참조할 수는 있어도 十神이 기준이 될 수는 없습니다. 정리하면, 宮位가 우선이고 十神은 참조하는 겁니다.

둘째, 日干과 月支의 관계를 명확하게 이해해야 합니다. 일간은 부모의 도움으로 태어났기에 일간이 부모를 좌지우지 할 수 없습니다. 부친과 모친의 도움으로 육체를 얻어서 이 땅에 왔습니다. 따라서 월주의 시공간은 日干의 의지와 전혀 상관없이 이미 결정되어 있습니다. 월간 부친이 월지모친에게 어떤 기운을 공급하느냐에 따라서 日干의 운명이 달라집니다. 또 月干은 年支에서 왔으며 年干의 도움으로 월간을 낳았습니다. 이처럼 시공간의 순차적 흐름으로 陽氣가 陰氣로 陰氣가 다시 陽氣를 내놓기를 반복합니다. 이치가 분명하기에 우리는 日干을 기준으로 사주팔자를 분석하는 잘못된 습관에서 벗어나야 합니다. 月支 時空을 기준으로 살펴보는 것이 합리적입니다. 月支 時空이 어떤 구조로 짜여야 좋은지는 구조에 따라서 조금씩 다르지만 월지에서 선호하는 조합과 선호하지 않는 조합은 결정되어 있습니다. 이처럼 月支 時空을 기준으로 年과 月의 구조를 연구하고 정리한 책이 바로 時空 論입니다. 뒤에서 月支 時空 학습할 때 설명할 내용이지만 月支가 子月이면 어떤 조건이어야 하고 未月이면 어떤 조건이어야 하는지 정해져 있다는 겁니다. 生剋과 十神, 格局에 집중하면 사주를 분석할 때 핵심사항을 분석할 기회를 빼앗깁니다. 月支를 기준으로 日干이 月支 時空에 좋은지 나쁜지를 살피면 그만입니다. 예로, 壬일이 未月에 태어나면 사막과 같은 未土에 생명수를 공급해야 합니다. 동일한 未月이지만 庚日로 태어나면 未土 속에서 열매로 완성된 乙木이 시간방향을 따라 자연스럽게 庚金을 향하고 乙庚 합합니다. 乙庚 합에 대해서는 자세히 설명했고 사주예문도 다양하게 제시했습니다. 따라서 월지 공간은 동일해도 壬水가 대하는 未月과 庚金이 대하는 未月은 전혀 다릅니다. 이런 상황을 세분하여 설명한 것이 <u>日干의 時節</u>입니다. 이렇게 정해진 時間方向을 육친에 대입하면 未土 모친은 庚日에 대한 애정이 지대합니다. 만약 年에도 庚이 있다면 未土의 마음이 日干과 年干 두 곳을 향하기에 모친이 외도할 수도 있는 구조입니다. 이런 분석은 사주구조와 시간방향을 읽은 것입니다. 시간방향이 순행하는지 역행하는지에 따라 삶이 크게 달라집니다. 흐름이 순차적이면 순탄한 인생입니다. 순차적인 흐름은 편하지만 역행하는 흐름은 힘이 듭니다. 정리하면 日干은 月支에서 왔다는 것을 기억해야 합니다. 참고로 月支에는 엄마와 형제들의 宮位이기에 유일하게 육친이 겹치는 宮位입니다. 쌍둥이 사주를 時干이나 時支를 살피거나 合 四柱로 분석하지만 더욱 합리적이고 타당한 방법은 月支를 살피는 겁니다. 나의 형제는 오로지 월지에 있기 때문입니다.

셋째, <u>用神은 고려할 필요 없습니다</u> 유치한 논리가 用神입니다. 時空間은 끊임없이 변하는데 사주당사자도 아니고 사주를 분석하는 상담사를 기준으로 결정한 用神은 공부수준에 따라 다를 수밖에 없으며 맞는지 틀리는지 확인할 방법도 없고 동일한 상담사도 사주를 볼 때마다 用神이 변하는 기이한 현상이 발생합니다. 더욱 심각한 문제는 用神을 정하면 평생 변하지 않는다는 황당한 주장을 합니다. 시간과 공간이 순환하는 이치를 모르는 겁니다. 마치 사계절이 순환하는 것을 무시하는 것과 같습니다. 동일한 사주도 계속 用神이 다르게 보이는 이유는 사주원국은 동일하지만 대운과 세운에 따라 시공간이 변하기에 자신도 모르게 다른 판단을 하는 겁니다. 동일한 논리로 시간에 따라 오행의 강약은 물론이고 刑沖破害에 따라 合하고 剋하고 沖하면서 끊임없이 움직이고 변하는데 用神은 절대불변이라고 주장하는 것은 마치 시간이 멈추었다고 강변하는 생각입니다. 用神을 분석하는데 낭비할 것이 아니라 사주원국에 존재하는 時空間이 어떻게 반응하는지 살펴야 합니다. 用神이라는 개념을 잊어버려도 사주팔자를 분석하는데 전혀 문제가 없습니다. 왜 존재하지도 않는 用神에 매달려서 힘들게 고생하는지 모를 일입니다. 用神을 정한다고 해도 用神 운이 와서 좋다는 수준의 통변에 그칩니다. 뭐가 어떻게 좋은지 답하지 못하는 겁니다. 즉, 用神은 분위기 파악하는 정도에 불과하기에 그 정도의 통변을 위해서 용신을 분석하는 행위는 시간낭비입니다.

넷째, 生剋은 최대한 버리거나 참조정도에 그쳐야 합니다. 대신 月支時空, 日干 時節, 時間方向, 宮位, 三字조합, 干支조합을 통해서 사주구조를 읽으려고 노력해야 합니다. 干支와 宮位에 따라서 의미들이 크게 변합니다. 日干을 기준으로 사주를 분석하는 습관을 버리지 않으면 年과 月에서 주는 의미를 읽어낼 수 없습니다. 年月 구조에 따라 조상과 부모의 상황이 결정되기에 일간의 운명도 그에 따라 달라집니다. 즉, 일간이 운명을 결정하는 것이 아니라 년과 월에 짜인 구조가 일간의 운명을 결정하는 겁니다. 태어나보니 내 조상과 부모의 상황은 결정되어 있었기에 일간이 결정한 것이 아닙니다. 30세가 넘어가면 대략 30%

정도의 운명을 개척하는 과정에 前生의 기운을 어어 받아 새롭게 만들어가지만 그 역시도 年과 月에 바탕을 두는 행위이며 갑자기 하늘에서 뚝 떨어지듯 새롭게 살아가는 것이 아닙니다. 우리는 평생을 살면서 년과 월에 정해진 조부모와 부모의 영향력에서 벗어날 수 없습니다. 일간과 상관없이 年과 月의 구조에 따라 인생의 70%는 결정됩니다. 물론 年月 조합은 좋은데 日時가 너무 나쁘면 귀한 집 딸로 태어나 살다가 결혼 후에는 인생이 힘들어지지만 구조가 심하지 않다면 그런 상황은 많지 않습니다. 生剋에 대해 정리하면, 참조에 그치되 활용하고 싶다면 질병을 살피는데 활용합니다. 물론 질병도 무조건 生剋 작용에 의한 것은 아닙니다. 질병을 다룰 때 자세히 설명하겠습니다. 예로 乙木이 庚辛을 5개 이상 있다면 크게 상한다고 쉽게 읽을 수 있습니다. 그런데 만약 日支가 丑土라면 수많은 금기를 丑土에 담아서 활용하면 庚辛들이 얌전해질 뿐만 아니라 효용가치가 높아집니다. 또 乙木이 사주원국에 아무리 많은 庚辛을 만나도 運에서 乙이나 庚辛이 오지 않으면 흉이 발현되지 않습니다. 丙丁대운으로 흐를 때 세운에서 庚辛와도 丙丁이 있으니 食神制殺로 인식하지만 원국에 정해진 木金의 다툼이 운에서 오지 않은 겁니다. 예로 말년에 乙木이나 辛金이 오면 그때서야 비로소 사주원국에 정해진 구조대로 수많은 金들에게 乙木이 상합니다. 이처럼 운명은 사주구조대로만 반응합니다. 사실 食神制殺은 일간을 기준으로 十神에 生剋 작용을 읽은 것에 불과합니다. 거창하게 보이는 명칭에 속을 필요가 없습니다. 두 글자의 生剋으로는 다양한 인생역정을 읽어낼 수 없기 때문입니다.

다섯째 三字조합과 時間方向을 읽어야 합니다. 구조를 읽을 때는 三字조합을 활용해야 합니다. 예로, 乙癸戊, 戊丙庚, 丁辛壬, 壬甲己, 丁己辛 그리고 天干과 地支에 변형되는 구조들 壬乙己,

壬己乙, 壬丁丑, 壬丁未의 차이점을 이해하려고 노력해야 합니다. 글자조합은 동일해도 壬己乙, 壬乙己로 배합에 따라 100억과 1억으로 달라집니다만 十神生剋으로는 모두 傷官見官이라고 읽기에 사주구조에 대한 이해가 없는 겁니다. 조합은 동일해도 宮位에 따라 한 사람은 고위공직자로 살고 한사람은 가난하게 살아갑니다. 이처럼 사주구조와 宮位 배합은 참으로 중요한 정보를 제공합니다. 宮位와 사주구조는 時間方向을 결정하고 어느 글자가 어디를 향하느냐에 따라 물형이 크게 변합니다. 壬이 己에게 향하는지 乙에게 향하는지에 따라서 엄청난 차이를 보입니다. 時間方向은 사주통변과정에 매우 중요한 정보를 제공합니다만 아직까지 이론 체계가 없었기에 이해하기 어려워합니다. 하지만 時間方向 개념이 익숙해지면 입체영화처럼 사주팔자도 입체적으로 보이기 시작합니다. 十神의 生剋 작용은 2차원에 불과합니다. 生하고, 剋하기에 마치 더하고 빼기처럼 더 이상의 확장은 불가능합니다. 사주통변도 用神의 그것처럼 극히 제한적입니다. 四季圖와 時空圖, 十宮圖1과 2, 三字조합의 원리에 정해진 時間方向을 활용해서 사주구조를 4차원으로 분석하기 바랍니다.

여섯째 抑扶와 從格은 활용하지 않으며 사용해야만 한다면 극히 제한적으로 활용합니다. 從格은 허무한 주장입니다. 日干을 기준으로 사주구조를 분석하면 그렇게 판단할 수밖에 없습니다. 身强, 身弱의 원리를 벗어난 구조들을 이해하지 못하기에 생겨난 기형적인 논리 입니다. 일간이 强해야 좋다고 착각하기에 극히 身弱해도 문제가 없는 사주를 이해하지 못합니다. 이것을 이해해보고자 만든 이론이 從格이지만 그 주장은 참으로 비논리적입니다. 從格은 한마디로 身强, 身弱으로는 이해하지 못하겠다고 인정하는 겁니다. 모든 명리이론은 月支를 기준으로 한다는 주장만 따르면 從格은 존재할 수 없습니다. 월지 시공을 기준으로 사주구조를 분석하면 日干에서 벗어납니다. 日干은 사주팔자의 주인공이 아닙니다.

일곱째 調喉도 춥거나 덥다고 살필 것이 아니라 월지에 정해진 時空에서 자연은 어떤 행위를 원하는지 살펴야 합니다. 예로 巳月에는 꽃이 만개합니다. 따라서 巳月의 공간환경은 꽃을 활짝 피게 만드는 에너지 특징을 품었습니다. 우리는 무엇이 그렇게 만드는지를 살펴서 기준을 정해야 합니다. 그것이 월지 시공을 살피는 방법이며 그렇게 해야 비로소 일간이 주인공이라는 착각에서 벗어납니다. 기후는 사주팔자를 분석하는 조미료에 불과합니다. 사주전체 틀을 좌지우지 할 조건은 아니라는 겁니다. 庚申月 사주사례를 10개 20개를 모아서 비교해보세요. 甲乙丙丁戊己庚辛壬癸 日干에 따라 偏官格, 正財格, 偏印格, 正印格, 食神格으로 달라집니다. 격이 그렇게 중요하면 格에 따라서 크게 달라져야하는데 실제 상황은 그렇지 않습니다. 庚申月에 태어나고 일간이 무엇이던 丙火가 없으면 庚申을 활용할 수 없습니다. 月支 時空에서 원하는 조건은 이미 정해져 있기 때문입니다. 日干은 절대로 사주팔자를 주도하지 못합니다. 庚申月 사례를 비교하면 바로 이해합니다. 사주팔자에 丙火를 배합하느냐에 따라서 차이가 크다는 것을 깨닫습니다. 壬水가 많거나 癸丑 등으로 丙火의 분산작용과 정반대편 에너지가 많을수록 불편합니다. 月支 時空의 패턴에는 세 개 정도가 있는데 나중에 확장해서 학습합니다.

여덟째 通根도 신경 쓰지 마세요. 地支의 통근을 기준으로 강약을 따지는 것은 무의미합니다. 官殺을 상대하는 힘이 강한가를 따지는 정도인데 사주원국에서 일간이 관살에 무기력한데 괜히

운에서 강해지면 偏官에게 두들겨 맞습니다. 일간의 強弱과 通根논리에 따라 일간이 무기력하니 비겁으로 방신해야 좋다는 논리만 믿고 일간이 강해지고 官殺을 대적하는 운을 만나니 좋다고 판단하다 낭패당하기 쉽습니다. 사주원국에 官殺이 강하고 일간은 무기력하니까 스트레스는 많지만 순응하면서 살아갑니다. 예로, 庚일이 丙丁에 통제를 받습니다. 평상시에는 매우 착하고 성실하지만 술을 마시면 잠시 폭력적으로 변할 수는 있습니다. 그런데 운에서 申이 오면 庚金이 地支에 통근해서 丙丁을 감당할 수 있기에 좋다고 판단하지만 일간이 강해지면서 건방떨면서 官殺에 대항하면 문제만 발생합니다. 通根 따져야 의미가 없다고 주장하는 이유입니다. 우리의 운명은 사주팔자에 존재하는 日干의 強弱이나 地支의 通根으로 결정되는 것이 아닙니다. 만약 힘이 강한 자들의 세상이라면 군인이나 조폭들의 세상이었겠지만 실제 상황과 전혀 다릅니다.

아홉째 干支가 어떻게 조합해서 어떤 쓰임을 얻는지를 살펴야 합니다. 간지 조합을 살피는 방법은 四季圖의 원리를 따릅니다. 癸卯, 癸巳, 乙癸戊, 卯辰巳로 시공간이 적절한지는 극히 간단하게 확인할 수 있습니다. 四季圖에 따라서 庚申은 여름에 활용하는 속성으로 반드시 丙火가 필요하고 乙木이 있으면 더욱 좋은 조합입니다. 여름에 乙庚 合으로 열매 맺고 丙火로 확장하면 극히 적합한 시공간을 활용하는 겁니다. 가을에 丁辛이 조합하면 丁火가 辛에 열기를 가하는데 壬水가 없으면 辛은 내부에 열기를 축적하니까 불편합니다. 이런 이치는 명확하게 정해진 겁니다. 丁酉는 酉金의 날카로움을 풀어낼 亥子가 없으면 殺氣만 강해서 매우 불편하지만 壬癸. 亥子가 있다면 세 글자의 가치를 극대화합니다. 이렇게 三字조합의 이치가 이해되는 순간부터 외울 필요 없이 사주구조, 干支배합을 살피게 됩니다. 여기에 時間方向을 감안하면, 水가 年支로 가면 자신의 재주를 국가를 위해서 활용하기에 봉급생활이나 공직자입니다. 만약 子水가 日支를 향하는 시간방향이라면 일간이 재물을 축적하기에 장사, 사업으로 재산을 축적하고 직장생활을 해도 자신이나 부인의 능력으로 재산을 축적합니다. 子水가 十神으로 劫財, 正財 혹은 무엇이던 중요하지 않습니다. 三字조합이 만들어내는 의미와 시간방향으로 물상을 결정하기 때문입니다. 예로, 辛亥년 丁酉월 壬子일 癸卯 시의 남자는 일지 子水가 羊刃으로 劫財보다 흉한데도 100억 이상의 자산가라고 하면 믿겠습니까? 格局이나 十神, 生剋으로는 도저히 이해할 수 없는 작용이 바로 三字조합입니다. 羊刃, 劫財는 내 돈을 빼앗는 작용으로 인식하는데 子水가 丁酉를 풀어내 100억대 이상의 자산가임을 이해하겠습니까?

月支時空과 시간방향을 살펴야 합니다. 干支 조합과 쓰임을 살펴야 합니다. 辛酉月에 甲寅日과 辛酉月, 甲子日은 엄청난 차이입니다. 辛酉는 水氣를 만나지 못하면 殺氣를 풀어내지 못합니다. 正官이라고 좋다고 포장해도 의미가 없습니다. 甲寅과 마찰만 일으킵니다. 水氣를 만나야 辛酉가 부드러워지면서 자연스럽게 甲을 향해 들어옵니다. 子水의 배합으로 전체의 조합이 좋아지는 겁니다. 丙午와 丁酉로 酉金이 열기만 가득하다가 壬水, 癸水 운을 만나면 엄청난 속도로 재산을 부풀립니다. 그런 작용이 바로 글자의 쓰임이자 干支조합의 작용입니다. 이처럼 干支의 쓰임은 정해져 있는 겁니다. 十神처럼 변하는 것이 아니고 生剋처럼 보고 싶은 부위만 살피는 방법이 아니라 극히 자연스러운 이치입니다. 지금 당장은 어렵게 느껴지겠지만 개념이 잡히면 어떤 사주팔자도 비교적 쉽게 읽어냅니다. 癸亥로 통근한다고 주장해도 무의미한 이유는 쓰임이 없기 때문입니다. 癸卯나 癸巳가 훨씬 좋습니다. 癸水의 발산에너지는 성장을 위주로 하므로 卯木을 키우거나 巳火가 꽃을 활짝 피우도록 돕기 때문입니다. 물론 未月에 癸亥는 水氣를 공급하기에 기쁨조 역할입니다. 干支가 通根해서 강약을 따지는 것은 무의미하고 月支 시공에 따른 글자 쓰임이 좋은지를 살펴야 합니다. 辛亥月 癸亥일의 경우에 시주가 乙卯라면 씨종자 辛金을 水氣에 풀어서 乙卯를 내놓는 흐름이기에 순탄하게 발전합니다. 辛亥월, 癸亥일, 庚申 時라면 평생 공부하는 구조입니다. 庚申으로 계속 金氣를 水氣에 풀기에 그렇습니다.

生剋과 十神, 十干

生剋의 이치를 살핀 후에 十神과 十干조합을 학습하겠습니다. 물론 十神을 반드시 학습하라는 의미로 설명하는 것은 아닙니다. 十神의 명칭이 어디에서 유래하고 또 十神이 두 글자로 조합할 때 어떤 의미를 갖는지 설명하는 이유는 근본이치는 이해하고 넘어가자는 취지입니다. 正財, 偏財라는 명칭을 외우는 행위는 무의미합니다. 正財를 아무리 월급쟁이라고 강조해도 正財가 酉子로 조합했더니 200억 재산을 모았다면 이해하지 못합니다. 正印에서 200억 재산을 모았지만 正印은 재물 복이 아니라고 주장합니다. 印星은 공부나 결재권이라고 외워봐야 무의미합니다. 十神의 극히 제한적이고 활용하기도 어려운 융통성 없는 이론들을 외우려고 노력하는 이유가 무엇일까요?

宮位論에서 干支를 살피는 방법에 대해 자세히 설명했습니다. 格局, 抑扶, 生剋, 調喉로는 상상할 수 없는 추론방법으로 宮位와 干支조합의 길흉을 종합적으로 활용합니다. 日干을 기준으로 偏財, 偏官을 따지면 세부적이고 구체적인 개념들을 이해할 기회를 상실합니다. 나중에 학습할 天干조합에서 확인할 수 있습니다. 癸水가 甲을 보면 癸水가 乙을 만나면 극히 미세한 차이로 의미와 물상이 달라집니다. 癸水가 庚을 보는 것과 癸水가 辛을 볼 때의 차이점은 무엇이고 길흉이 어떻게 달라지는지를 살펴야 하는데 그 기준을 四季圖가 제공합니다. 干支조합의 길흉에 대해 사례를 보겠습니다.

坤命				陰/平 1921년 3월 3일 04:30								
時	日	月	年	89	79	69	59	49	39	29	19	9
甲	癸	壬	辛	辛	庚	己	戊	丁	丙	乙	甲	癸
寅	卯	辰	酉	丑	子	亥	戌	酉	申	未	午	巳

여자입니다. 백억 재산가인 이유를 상황을 듣고서도 이해하지 못합니다. 格局으로 식상혼잡이네 혹은 재물 복이 없는 無財 사주이니 가난하다고 생각합니다. 혹은 得比利財를 따지겠지만 財星이 없으니 그 주장도 부의미합니다. 가닌한 팔자가 분명한데 100억대 재산가이니 이해가 어렵습니다. 干支와 干支조합으로 분석하면 전혀 다른 맛이 납니다. 辛酉는 계속 언급한 것처럼 씨종자로 단단하기에 반드시 水氣가 있어야 풀어지고 그 가치를 활용합니다. 월에 壬水가, 일에 癸水가 있으니 辛酉는 자연스럽게 壬水를 향해갑니다.

또 壬水는 癸水를 향해 갑니다. 이렇게 정해진 時間方向은 필연입니다. 절대로 바뀔 수 없는 겁니다. 물론 운에서 戊土와 己土가 일시적으로 흐름을 방해할 수는 있지만 사주원국은 매우 자연스럽게 년에서 일까지 흐름이 이어집니다. 무슨 의미일까요? 일간 癸水는 조상과 부모의 음덕을 받을 수 있는 겁니다. 또 辛酉를 기준으로 時柱 甲寅을 앞으로 돌리면 조부모 辛酉가 증조부모 甲寅을 봅니다. 辛이 甲寅을 만났으니 조부모의 社會 宮이 굉장히 좋으며 辛酉와 甲寅의 날카로움을 壬水가 해결합니다. 따라서 辛酉는 壬水 자식을 기뻐하고 壬水를 향해 갑니다. 辛酉와 甲寅이 싸우는 문제를 壬水가 해결할 뿐만 아니라 甲에게 생명수를 공급하기 때문입니다. 壬水가 甲寅을 生하니까 신약해서 좋거나, 신강해서 나쁘다는 의미가 아닙니다. 身强, 身弱 전혀 고려하지 않으며 글자의 작용과 쓰임만을 살피는 겁니다. 辛酉가 壬辰을 만났으니 年과 月의 조합이 좋은 겁니다. 이제 辰月의 時空을 고려하면 壬辰으로 필요한 水氣를 얻었습니다. 辰月이기에 水氣가 충분히 많아도 흉하지 않습니다. 辰月의 壬水는 癸日을 만나면 癸水와 협력할 뿐만 아니라 자연스럽게 癸水를 도우려고 합니다. 辛酉도 자연스럽게 壬水를 향하기에 좌우에서 壬辰을 돕습니다. 이제 壬辰과 癸卯의 관계를 살피면 癸水가 辰月에 적절한 시절을 만났습니다. 辰月에 癸卯로 乙癸戊 三字조합을 이루었기에 극히 자연스럽게 자신이 해야 할 일을 할 수 있습니다. 癸卯입장에서 壬辰을 얻었고 辛酉가 壬辰을 통해서 癸水로 오며 乙癸戊 三字로 조합하니까 좋습니다만 단점은 辛酉와 癸卯가 조합하기에 배우자나 주위 육친이 상할 수 있습니다. 참고로 日干이 癸卯나 癸酉인데 辛酉나 乙卯로 조합하면 이혼하거나 구조가 나쁘면 배우자가 사망할 수도 있습니다. 자신의 육체와 같은 卯木이 辛酉에 상하기 때문입니다.

둘째 日支 卯木은 乙癸戊 三字로 조합하니까 좋은데 시간흐름으로 살피면 辰土 다음에는 巳午未 중 한 글자가 와야 순차적으로 발전하는데 卯木에서 역류합니다. 酉金에서 辰土 그리고 午火나 未土로 발전해야 하는데 卯木으로 역행하면서 辛酉와 癸卯로 불편해 집니다. 卯木을 기준으로 살피면 時柱가 甲寅이기에 또 시간이 역행합니다. 따라서 자식의 발전은 기대하기 어렵습니다. 甲寅이 月支 辰土를 망치는 상황입니다. 남편인 卯木

은 甲寅과 힘을 합쳐서 辰土 財星을 탐하다가 망치는 겁니다. 지금 분석방법은 일간을 기준으로 하는 것이 아니라 日支 남편을 기준으로 살피는 겁니다. 卯木에게 壬癸와 甲寅은 자신의 의지를 적극적으로 활용하는 것이 아니라 받아들이는 입장입니다. 巳火를 만나야 卯木의 가치를 적극적으로 활용하거나 丙火를 활용해서 辰土를 가치 높은 땅으로 바꿔야 하는데 없고 또 庚申도 없으니 아무리 卯木이 甲寅과 이것저것 벌여도 그 행위의 결과물을 얻지 못합니다. 壬癸와 甲寅을 활용하지만 오히려 辰土 터전을 망치는 겁니다. 이런 이유로 남편은 사업한다고 문제를 일으키고 재산을 탕진합니다. 이런 문제가 없다면 이혼하거나 사망할 수 있습니다. 자식을 상징하는 甲寅을 기준으로 살피면 월에 壬水가 있으니까 時柱에 甲寅 대신 丙申을 배합했다면 매우 좋은 흐름이었을 겁니다. 하지만 甲寅으로 시간이 역류하기에 자식도 발전하기 어려운 겁니다.

지금까지 설명한 내용들이 干支구조와 조합을 時間方向과 宮位를 활용해서 분석한 것입니다. 시간이 年月日時를 향하여 순차적으로 흐르는 것도 매우 중요합니다. 흐름이 日支에서 막혔다면 그 시기에, 그 육친 때문에 문제가 발생합니다. 남편이나 부인 때문에 속 썩는 겁니다. 大運, 歲運을 살피기 전에 사주원국 구조를 먼저 분석하는 습관을 길러야 합니다. 宮位에 상응하는 연령은 정해져 있습니다. 15세, 30세, 45세, 60세로 오차가 발생해도 2년에서 3년 내외입니다. 日支는 38 ~ 45세로 범위를 확장해도 35세에서 47살 사이에 시간이 역류하는 문제를 겪습니다. 정리하면 이 구조는 年月日까지 흐름이 좋기에 100억대 재산가임을 충분히 이해할 수 있습니다. 하지만 十神으로 사주를 분석하면 財星이 없기에 100억 재산가인 이유를 모릅니다. 十神으로는 판단의 폭이 좁으니까 財星이 재산이라고 착각합니다. 사주팔자에서 재물은 十神의 명칭에 불과한 財星이 아니라 <u>사주구조와 배합이</u> 결정합니다. 十神으로 흉하다고 믿는 劫財, 傷官도 사주구조와 쓰임에 따라서 100억대 재산도 만들어내는 겁니다. 지금껏 존재하지 않았던 이론이기에 생소할 겁니다. 나머지 설명은 책을 참고하되 運에서 어느 글자가 어떤 변화를 만들어내는지 살펴야 합니다. 生하고 剋하는 것에 집중할 것이 아니라 움직이고 변하는 時間方向을 살펴야 합니다. 언급한 것처럼 時間方向은 자연의 순환원리로 결정되었으며 十干의 정체는 時間이라고 설명했습니다. 時間특징을 10개로 나눠서 살피는데 그 方向은 이미 결정되어 있습니다. 운에서 천간에 드러난 글자가 地支 어디에서 반응했는지 살펴야합니다. 즉, 천간에 드러난 글자에 집중할 것이 아니라 地支에 있는 4개의 宮位 중에서 어떤 宮位의 시간이 도래했는지 집중해서 살펴야 합니다.

그 이유는 주동적인 움직임을 살펴야하기 때문입니다. 표현은 어려운데 쉽습니다. 예로, 癸水가 乙을 향하는 것이며 절대로 乙木이 癸水를 향하지 않습니다. 어떤 조합이던 癸水가 乙木을 향하는 時間方向은 바뀔 수 없습니다. 氣의 역류는 극히 협소한 시공간에서 반응하는 양자물리학에서나 가능합니다. 혹은 인체 내부에서나 가능합니다. 극도로 밀폐된 공간 예로, 냉장고 속에서는 시공간이 역류하는지도 모릅니다. 양자물리학에서 마치 과거, 현재, 미래를 동시다발적으로 존재한다고 설명하는 이유입니다. 우리는 그 주장을 무조건 따를 것이 아니라 命理 관점으로 활용할 방법을 찾아야 합니다.

乾命				陰/平 1992년 4월 21일 20:30								
時	日	月	年	84	74	64	54	44	34	24	14	4
甲戌	己亥	乙巳	壬申	甲寅	癸丑	壬子	辛亥	庚戌	己酉	戊申	丁未	丙午

남자인데 甲午年이 오면 甲은 水火에 조정되는 피동적인 물질에 해당하기에 甲을 만난 壬水가 주도적으로 반응합니다. 즉, 甲이 드러나면 사주원국에 정해진 時間方向대로 壬水가 甲을 향해 갑니다. 甲戌의 甲과 壬水의 宮位가 時干과 年干에 있으니 시공간이 매우 넓으며 壬水는 甲을 향합니다. 따라서 주도적으로 반응하는 宮位는 壬水 年이기에 근본터전에 변화가 발생합니다. 그 해에 중국으로 유학을 떠났습니다.

乾命				陰/平 1982년 5월 14일 16:30								
時	日	月	年	81	71	61	51	41	31	21	11	1
庚申	戊子	丙午	壬戌	乙卯	甲寅	癸丑	壬子	辛亥	庚戌	己酉	戊申	丁未

甲午年 상황입니다. 甲을 본 年의 壬水가 반응합니다. 甲은 時干에 있는 庚과 沖합니다. 甲은 또 丙火와 戊土를 향합니다. 종합해 보면 甲庚 沖은 時干 宮位에서 충돌하니 개인적으로 추진하는 방향이 충돌합니다. 또 壬水 국가 宮位가 반응하니 국가를 이동하고 甲이 丙火, 戊土를 향하니 사회활동에 변화가 발생하고 戊土가 심어야할 甲 나무가 드러난 해입니다. 이처럼 動하는 宮位와 時間方向을 살펴서 발생할 현상을 읽어내야 합니다. 물론 지금은 어렵게 느껴질 겁니다. 예로 庚日, 壬月에 태어났는

데 甲午年이 오면 月에 있는 壬水가 반응하기에 해외로 이동하지 않습니다. 月干은 사회활동을 뜻하기에 庚金 입장에서는 자신의 의지를 壬水를 통해서 드러냅니다. 그 목적은 운에서 들어온 甲木을 취하려는 겁니다. 十神으로 살피면 甲木 財星을 얻고자 壬水가 반응하는 겁니다. 기억할 점은 甲이 주동적으로 반응하는 것이 아니라 壬水가 주동적이며 甲木은 壬水의 의지를 따르고 반영합니다. 壬水가 없는데 甲이 오면 庚은 甲을 직접 취하고자 沖해버립니다. 庚이 甲을 보면 열매를 수확하려는 의지가 강해지면서 충돌합니다. 만약 壬水가 있다면 甲庚 沖으로 직접 반응하는 것이 아니라 壬水가 庚金의 의지를 받아서 甲木을 향해 갑니다. 따라서 庚金은 甲木을 취하고자 壬水의 행위를 하는 겁니다. 국가이동은 아니지만 月干에 있기에 사회활동에 투자행위가 발생합니다. 이처럼 時間方向에 宮位를 추가해 활용합니다. 宮位는 사주통변의 핵심입니다. 宮位는 時間方向의 의미와 물상을 읽는 중요한 인자입니다. 정해진 宮位에 따라 物像이 달라집니다. 연월일시 어느 宮位가 동했는지 확인하고 상응하는 물형을 살핍니다. 日干도 하나의 글자로 반드시 반응합니다. 일간 스스로 물형에 반응합니다.

예로 日干이 움직여서 년으로 가는 時間方向 이라면 내가 국가宮位를 향하기에 해외로 가거나 국가의 부름을 받습니다. 우리가 사주팔자를 통변할 때의 행위는 이사, 직장변동, 취직, 투자, 결혼, 이혼 등으로 대부분 인생에서 굵직한 사건들입니다. 따라서 미시적인 生剋이나 十神으로 판단하지 말고 거시적 관점에서 굵게 움직임과 변화를 관찰하고 상응하는 물형을 읽어내야 합니다. 지금까지 살펴본 宮位, 時間方向, 時空 외에도 天干구조와 方向이 있습니다. 天干을 살펴야 高手가 된다고 하는 이유는 地支는 刑沖破害를 일으키는 공간에 불과하기 때문입니다. 예로

丑戌 刑하니 수술수라는 설명에는 핵심이 빠져있습니다. 언제 수술하는 사건이 발생할 것인지에 대해서는 답하지 않습니다. 즉, 空間에서 物形을 결정하지만 반응하는 時間을 알려준 것이 아닙니다. 사건이 언제 발생할 것인가는 반드시 天干의 움직임과 변화를 읽어야 합니다. 이때 주의할 점은 판단기준은 天干처럼 보이지만 실제로는 地支를 기준으로 하는 겁니다. 이 개념은 아직 이해가 어렵겠지만 대운과 세운의 時空間이 반응하는 방식에 대한 겁니다. 예로 丑戌未 三刑의 물상들, 예로 자궁수술, 교도소 수감, 재산탕진, 육체손상, 교통사고와 같은 현상들이 언제 발생할지 판단하는 방법은 반드시 먼저 地支구조를 살펴야합니다. 예로, 丑辰으로 교도소를 상징하는 인자들이 있는데 戌이나 未土가 오거나, 酉金과 丑土 혹은 丑土와 辰土가 있어서 한탕을 노리는 속성인데 운에서 戌이나 未가 오면 天干에 드러나 반응할 때 교도소 물상으로 반응합니다. 반대로 사주원국에 戌未가 있고 丑土가 사주원국에 없다가 운에서 오면 丑土의 특징이 가미됩니다. 이때는 교도소에 수감되는 물상이 아니라 주로 육체가 상합니다. 이처럼 사주원국 구조대로 발생할 물상은 정해져 있는 겁니다. 물론 사건을 암시한다고 해도 모두 발생하는 것은 아닙니다.

예로 사주원국에 丑戌未만 보이면 수술하고 교통사고가 발생하느냐? 그렇지 않습니다. 반드시 天干으로 그 時間이 도래해야 반응합니다. 만약 時間이 도래하지 않으면 가능성으로만 존재하고 실제로는 발생하지 않습니다. 사주원국에 寅巳申 三刑만 보이면 심각하게 생각하지만 그 현상이 天干으로 드러나지 않으면 실제로는 발생하지 않는다는 겁니다. 또 月支時空을 기준으로 寅巳申 三刑이 좋은 역할이라면 오히려 발전할 수도 있습니다. 이처럼 丑戌未, 寅巳申 三刑만 보이면 흉이라는 편견에서 벗어나야 합니다. 地支에 三刑이 발생하면 반드시 흉한 일이 발생할 것이라고 예측하지만 천간에 드러났는가? 또 그 반응이 月支時空에 좋은가? 원국구조에서 교도소에 수감되거나 육체가 상하는가? 정신에 이상이 오는 인자가 있는가에 따라 달라집니다. 또 神殺을 가미하면 물상의 특징이 더욱 선명해집니다. 이처럼 寅巳申 三刑을 무조건 흉하다고 판단하지 말아야 합니다. 地支에서 매우 복잡하게 刑沖破害가 반응해도 현실적으로는 발생하지 않는 이유를 이해해야 합니다. 누가 어떤 방식으로 문제를 현실화시킬까요? 바로 時間이 天干에서 반응하는 방식으로 현실화시키고 물형을 결정합니다. 반드시 時間이 도래해야만 가능합니다. 天干이 반응한 이유는 地支의 地藏干에 담겨진 시간이 도래한 겁니다. 地支는 사건이 발생할 것을 암시할 뿐 天干으로 드러나야 현실화됩니다. 바꿔서 표현하면 천간에서 時間이 도래했음을 알려주지만 어떤 物形으로 사건, 사고가 발생할 것인가는 사주원국에 정해진 地支구조가 결정합니다. 이것이 時間과 空間이 四柱八字에서 반응하는 방식입니다. 나중에 시공간이 반응하는 방식으로 운세를 읽으려면 사주구조를 빠르고 정확하게 읽는 훈련을 해야 합니다. 이처럼 사주팔자에서 시공간이 반응하는 방식은 기존의 이론체계인 格局, 生剋, 調喉, 抑扶, 通根, 用神과 전혀 상관이 없습니다.

사주구조와 시간방향이 왜 중요할까요? 사주팔자는 탄생할 때 받은 時空間조합인데 광의로는 天氣로 우주의 기운이고 좁게는 사회에 발현되는 개인의 의지와 같습니다. 사회에서 어떤 인생을 살아갈 것인가를 알려주는 것이 바로 천간 네 글자입니다. 十神으로 官印으로 살 것인지, 生財로 살 것인지, 財官으로 살 것인지, 食神만 쓸 것인지, 傷官만 쓸 것인지, 육체만 혹은 두뇌를 혹은 육체와 두뇌를 함께 쓸 것인지 또는 돈만 추구하는지 명예만 추구하는지 돈과 명예를 모두 노리는지는 모두 천간구조에 따라 달라집니다. 물론 꿈을 이루느냐는 地支구조가 도와주는가를 살펴야 합니다. 天干구조와 方向에 대해서 이미 설명을 했으니 넘어갑니다. 사실 時間方向 개념은 天干은 물론이고 地支도 중요합니다. 시간방향에 대해 나중에 자세히 학습해야 합니다만 현재까지 명리이론에 이 개념이 없습니다. 시간방향은 天干에만 존재하는 것이 아니라 地支에도 있으며 그 흐름에 따른 길흉은 정해져 있습니다. 예로 地支에 卯木이 年과 月에 있는 巳火를 향하는 것과 日時에 있는 巳火를 향하는 것은 엄청난 차이입니다. 年과 月을 향하면 宮位의 의미대로 사회, 국가를 향하고 日時 宮位에 있는 巳火를 향하면 일간이 卯木을 활용해서 卯木행위의 결과물을 만들고 취할 수 있습니다. 예로 사업해서 일간이 취하는 겁니다. 돈을 중시하는 인생이라면 돈을 누가 취하냐를 결정하기에 중요할 수밖에 없습니다. 년월을 향하면 봉급생활이고 일시를 향하면 사업하여 일간이 취합니다. 시간방향이 없으면 선후의 문제는 물론이고 재물을 취하는 당사자가 누구인지 가려낼 수 없습니다. 十神으로 印星은 일간이 취한다고 주장하면서도 傷官生財도 일간이 취한다고 주장합니다. 상관생재는 구조에 따라서 일간으로부터 멀어지는 것으로 내가 취하려면 반드시 노력해야만 합니다.

天干은 時間이기에 모든 행위의 方向을 결정하는데 그 기준은 자연의 순환원리를 따릅니다. 사계의 순환과정에 결정된 時間方向을 따르는 겁니다. 四季圖에서 알려주는 時間方向에서 어긋난 부분을 발견하면 수정하고 발전시키면 됩니다. 혼자서 자기 것이라고 끙끙거리며 연구하면 발전하지 못합니다. 함께 힘을 합쳐서 연구하면 더욱 발전된 학문을 완성할 수 있습니다. 혼자서 비법타령 해봐야 구멍가게를 벗어나지 못합니다. 천년에 남을 이론을 정립해야 합니다. 그래야 2차원적인 사고방식인 格局, 抑扶, 用神, 旺衰, 通根 따위에서 벗어납니다. 時間方向을 이해하는 과정에 어려운 점은 천간에는 다양한 시공간이 존재합니다. 즉, 서울에서 받는 에너지와 부산에서 받는 에너지는 상이하고 공간에 따라 시간도 달라집니다. 하지만 그런 문제를 해결하기 어렵습니다. 물리학으로 풀어낼 수도 없습니다. 시간과 공간의 차이를 사주명리로 완벽하게 해결하지 못합니다. 위안이라면 生剋처럼 좁은 시공간에서 치고받는 비현실적인 공부가 아니라 거시적이고 현실에 맞게 사차원의 시공간을 입체적으로 확인할 수 있습니다. 우리는 양자물리의 세계에서 발생하는 생극의 변화를 확인할 수 없습니다. 1년, 10년이라는 시간단위로 시간방향을 연구해야 합니다. 시간방향에 대한 개념은 한참 학습해야 하니까 나중에 자세히 다루겠습니다. 四季의 순환과정을 설명했기에 어디에서 출발해서 어디를 향하는지는 숙지하고 있습니다. 時間方向과 宮位를 조합하면 사주팔자가 갑자기 입체적으로 보이기 시작합니다. 기존의 2차원적인 관법으로는 느끼지 못하는 입체감입니다. 사례를 보겠습니다.

乾命				陰/平 1963년 7월 14일 12:30								
時	日	月	年	88	78	68	58	48	38	28	18	8
丙午	丁未	庚申	癸卯	辛亥	壬子	癸丑	甲寅	乙卯	丙辰	丁巳	戊午	己未

癸卯 庚申 丁未 丙午인데 庚申월이므로 丙辰대운에 좋다는 것은 쉽게 읽어냅니다. 그런데 乙卯대운 乙未年이 오면 어떤 변화가 있는지 時間方向으로 살펴보겠습니다. 乙이 왔으니 年干의 癸水가 반응합니다. 따라서 근본터전을 바꾸려고 한다는 것을

읽어내야 합니다. 둘째 乙庚 合하기에 현실적이고 물질적인 개념입니다. 월간에서 合하겟 물질을 추구하는 과정이 사회, 직업 宮位에서 발생합니다. 또 乙木이 丁火를 향해 갑니다. 하지만 乙木이 丁火를 향하는 욕망보다 丙火를 향하는 욕망이 훨씬 강합니다. 乙丙과 乙丁의 경우 乙木이 丁火를 향하는 움직임이 훨씬 덜하다고 읽어야 합니다. 그 이유는 乙木의 좌우확산 움직임은 수렴에너지 丁火를 좋아할 리 없기 때문입니다. 또 사주원국에서 丁火는 乙木의 生을 원하지도 않습니다. 하지만 乙木은 木生火의 움직임대로 丁火를 향해야 합니다. 시간방향과 선후로 살피면 乙木은 丁火를 지나 丙火까지 갑니다. 甲午年의 경우라면 甲은 丙火를 향하는데 흥미가 없고 丁火를 향하여 적극적으로 움직이지만 乙未년에는 정반대 상황입니다.

이것이 에너지파동의 차이점입니다. 乙木은 丙火와 조합하는 것을 기뻐합니나. 사주원국에서 丙丁이 경쟁히는데 乙木이 丙火의 편을 들어줍니다. 따라서 처음에는 丁火를 향하던 乙木이 나중에는 丙火로 이동한다고 읽어야 합니다. 이런 시간방향 때문에 그 해에 발생하는 物形이 결정됩니다. 소형전기 제조회사에 근무하는데 乙未年에 회사상황이 좋지 못해 가을에 명예퇴직을 하려고 합니다. 젊은 세대를 위해 사표를 제출하려고 합니다. 53세로 더 일해야 하는데 앞으로 무엇을 할지 고민하느라 잠을 못 잔다고 합니다. 왜 저런 생각을 하는지 時間方向과 宮位를 고려하지 않으면 이해하지 못합니다. 시간의 方向을 통해서 물상을 읽는 겁니다. 乙木이 오면 주동적으로 반응하는 글자는 癸水 뿐이고 나머지는 乙木이 주동적으로 乙庚 合하고 丁火를 향하고 다시 丙火를 향해 갑니다. 그리고 각각의 글자들과 접촉해서 物形을 결정합니다. 이런 움직임을 종합하면 癸水가 반응하므로 지금까지 하던 일을 철저하게 버리고 근본적으로 환경을 바꾸려는 것으로 사회 宮位에서 乙庚 合하기에 현실적이고 돈 문제가 개입되고 乙木이 丁火에서 丙火로 향하니까 경쟁에서 밀리면서 회사를 그만두려는 행위와 심리상태를 이해합니다.

坤命				陰/平 1992년 11월 19일 10:30								
時	日	月	年	82	72	62	52	42	32	22	12	2
乙	壬	壬	壬	癸	甲	乙	丙	丁	戊	己	庚	辛
巳	戌	子	申	卯	辰	巳	午	未	申	酉	戌	亥

己酉대운 2015년 乙未年 당시에 경영학과 졸업반입니다. 천간 구조는 壬壬壬으로 세를 이루고 乙 입이나 행위, 기술을 활용하려는 의지입니다. 乙巳로 조합하니 壬水는 乙木을 활용해서 巳火의 결과물을 일지 戌土에 끌어오는 時間方向입니다. 따라서 틀이나 규칙을 중시하는 직장생활에는 적합하지 않은 성향입니다. 물론 나머지 사주구조에 따라 사업하는지 직장생활하면서 재무관리 하는지 달라집니다. 아직 어리기에 사업이나 장사를 논할 시기는 아니고 또 壬子월이기에 직접 투자하면 문제가 발생합니다. 중년으로 갈수록 장사, 사업의 성향이 강해지는데 특히 46세 이후에는 乙巳와 戌의 구조대로 일지에 돈을 담으니 재산을 축적합니다. 乙未年 전까지는 경영학과를 졸업하고 은행에 취직하려고 했는데 乙未年에 대운과 함께 壬乙己로 방탕의 성향이 드러납니다. 壬己乙과 壬乙己는 상이한 구조로 하필 乙木에 걸려서 취직도 쉽지 않습니다. 또 친구들과 밤늦게 몰려다니며 술을 마신다고 합니다. 친구들과 어울리는 것이 아니라 壬乙己 구조대로 남자들과 어울리는 겁니다. 이런 조합을 만나면 애를 낳고 싶은 욕망이 생깁니다. 만약 사주원국에 己土가 있고 운에서 乙을 만나면 공직이나 직장인 성향입니다만 이 구조는

원국에 己土가 없는데 일시적으로 대운에서 만난 경우로 乙未년에는 乙木과 己土가 접촉하기에 방탕의 성향을 드러냅니다. 壬乙의 방탕 성향을 숨기고 있다가 운에서 己土를 접촉해서 반응합니다. 壬乙만 있으면 무조건 방탕 하는 것이 아니라 방탕할 대상이 나타나야 합니다. 傷官과 正官이 접촉하면 이성과 접촉하는 기회가 생기고 임신할 수 있습니다. 이 구조의 壬乙己 三字조합은 남자를 접촉하는데 활용했습니다. 만약 사주원국에 壬己가 있는데 운에서 乙木을 만나면 공직이나 직장에 변화가 발생하거나 구조에 따라서는 일시적으로 배우자와의 마찰이 발생할 수 있습니다.

▌地支의 時間方向

地支의 時間方向에 대해 살펴보겠습니다. 丑戌, 戌丑 刑은 戌이 丑土를 때리는지 丑土가 戌土를 때리는지 어떻게 알 수 있을까요? 시간의 흐름과 방향으로 결정해야 합니다. 사계의 순환원리를 기준으로 살피면 丑土가 戌土를 때리는 방향이기에 戌土가 丑土를 때리는 구조는 시간이 역류하는 겁니다. 지구에서 발생하는 모든 현상은 시공간이 결정합니다. 공간이 휘어지고 비틀릴 수는 있어도 그 상황을 주도하는 것은 時間입니다. 따라서 時間을 이해해야 空間이 어떻게 반응하는지를 이해합니다. 地支의 공간 속에는 두 개, 세 개의 時間이 있는데 우리는 이것을 地藏干이라 부릅니다. 정해진 공간이 어떻게 반응하는지는 천간으로 드러난 시간이 결정합니다. 예로, 辰土에는 乙癸戊가 있습니다. 乙木이나 癸水 혹은 戊土의 시간이 드러나고 밀현될 수 있습니다. 다만 戊己는 物形을 결정하는 공간이지만 物形에 큰 영향을 주는 것은 아닙니다. 木火金水가 주동적으로 물형변화를 결정하며 戊己는 피동적인 움직임입니다. 이런 이유로 공간에서 반응하는 시간을 관찰할 때는 주로 木火金水의 변화를 살피는데 집중합니다. 辰土 속에 있는 癸水나 乙木이 반응하는 것은 그 변화의 의지나 목적이 뚜렷합니다. 예로, 丑土의 地藏干에 癸水와 辛金이 있고 辰土의 地藏干에 乙癸가 있는데 丑辰으로 破하면 丑土에서 癸水, 辰土에서 癸水가 반응하는 경우와 丑土에서 辛金, 辰土에서 乙이 반응한 丑辰 破는 물형이 명백하게 다릅니다. 시간의 종류와 특징이 다르기에 物形도 다르게 결정되는 겁니다. 보통은 開庫해서 地藏干에 있던 기물이 밖으로 튀어나오는 것으로 설명하지만 확인하기 어렵습니다. 地藏干에서 반응하는 시간의 움직임을 이해하면 명쾌합니다. 앞으로 자세히 학습할 내용들로 이런 방식을 학습하면 格局, 抑扶, 生剋, 조후, 用神을 철저하게 버리고 시공간의 순환원리에 입각한 자연스러운 명리학을 학습하게 됩니다.

▌生剋의 원리

지금부터 生剋의 원류에 대해서 살펴보겠습니다. 生剋의 원류가 중요한 이유는 兩字, 三字조합을 이해하는 근거이기 때문입니다. 陽과 陽이 剋하는 경우 예로 戊土가 壬水를 剋하면 壬水가 변화된 癸水 陰을 얻습니다. 이 개념 외에도 生의 본질은 生이면서도 剋이요 剋의 본질은 剋이면서도 生이라는 개념도 함께 이해해야합니다. 즉, 生剋은 달라 보이지만 결국 동일한 것임을 느껴야 합니다. 그런 생각에 이르면 무조건 상대를 극하려는 단순한 논리에서 벗어나게 됩니다.

질문 : 쌍둥이 사주 분석하는 방법에 대한 질문입니다.
답변 : 쌍둥이는 어디에서 나왔을까를 생각해야 합니다. 月支는 모친 宮位로 나를 만들고 또 형제들도 태어났습니다. 월지로부터 나와 나의 형제, 자매가 나오는 것은 진실입니다. 比劫의 무리를 생산하는 宮位는 月支뿐입니다. 年支나 日支에서 형제, 자

매가 나올 수 없습니다. 月支와 日干의 五行이 동일하면 比劫이라 부릅니다만 특징이 다릅니다. 예로, 戊일에 未월이라면 戊土는 陽氣의 터전이고 未土는 물질을 저장하는 土입니다. 다른 예로, 壬일이 巳月을 만나면 巳중 庚을 엄마로 간주하고 亥水나 子水가 형제인데 월지에 巳火를 만났으니 일간과는 전혀 다른 특징이나 성향의 형제, 자매입니다. 여기에 대운을 대입해보면 일간 壬水가 대운에 반응하는 방식과 월지 巳火 쌍둥이가 대운에 반응하는 방식이 전혀 다릅니다. 이런 이유로 쌍둥이의 대운은 거의 유사할 수도 혹은 전혀 다를 수도 있습니다. 壬水는 정신을 추구한다면 巳火는 현실적입니다. 壬水는 홀로 흘러 다니지만 巳火는 조직을 구성합니다. 대운에 따라 壬日에게 좋을 수도 형제 巳火에게 좋을 수도 있습니다. 巳月인데 대운이 강력한 水氣로 흐르면 꽃을 활짝 피워야만 하는 巳火 입장에서는 불편합니다. 하지만 壬水는 동일한 오행을 만나서 巳火보다 좋습니다. 쌍둥이 인생이 전혀 다르게 펼쳐시는 원인입니다. 일간은 壬日을 기준으로 살피고 쌍둥이는 巳月을 日干으로 살피는 겁니다. 이것이 쌍둥이 사주를 분석할 때 흔들리지 않는 기준입니다. 시주를 건들거나 合 四柱를 만들어서 분석하는데 근본원리를 벗어난 변통에 불과합니다. 나의 쌍둥이 형제는 절대로 월지 宮位를 벗어날 수 없기에 반드시 일간과 월지에서 그 해답을 찾아야만 합니다. 변통은 원리를 벗어났기에 우연히 맞춘다고 해도 결국은 사라질 수밖에 없는 논리입니다.

乾命				陰/平 1983년 10월 19일 08:30								
時	日	月	年	85	75	65	55	45	35	25	15	5
庚辰	乙卯	癸亥	癸亥	甲寅	乙卯	丙辰	丁巳	戊午	己未	庚申	辛酉	壬戌

乙木이 나요 亥水가 쌍둥이입니다. 亥水를 壬水로 바꿔서 亥亥卯와 癸癸乙庚을 읽으면 쌍둥이 형제의 사주팔자입니다. 그리고 大運을 살펴서 사주팔자를 분석합니다. 乙卯 日이 상담하러 왔다면 쌍둥이는 월지 亥水를 기준으로 亥亥卯辰를 뒤집어서 壬壬乙戊로 살피는 겁니다. 지금은 쌍둥이 사주를 어떻게 분석하는가를 설명한 것으로 사주예문으로 살펴야 합니다.

제 23강

◆육친生剋 원리

생극 원리의 이해   216
생극의 정체   220
生剋과 六親의 宮位   224

생극 원리의 이해

이 章에서는 좀 집중해야 합니다. 칠판에 적어가면서 설명하면 이해가 쉬운데 글로 표현하므로 어려울 수도 있습니다만 명리학습 과정에 生剋의 실체를 명확하게 이해해야 합니다. 현대에 이르러서도 대부분의 命理이론은 五行과 十神의 生剋작용에서 벗어나지 못하고 있습니다. 子平眞詮(자평진전)도 格局이라는 명칭을 정했지만 실체는 十神의 生剋입니다. 偏財니 食神이라는 명칭은 일간을 기준으로 十神과 生剋의 작용을 설명한 것에 불과합니다. 따라서 格局 논리는 十神의 生剋조합이라고 불러야 합니다. 十干의 일부 작용에 불과한 十神을 활용하였습니다. 比肩, 劫財, 食神, 傷官, 偏財, 正財, 偏官, 正官으로 또 偏官과 正官이 섞이면 官殺混雜, 食神으로 偏官을 剋하면 食神制殺이라고 부르기에 그 본질은 十神의 生剋이 분명합니다. 물론 명칭이 멋져서 자연의 순환원리를 파고들지 않으면 겉으로는 거창해 보입니다. 日干의 强, 弱을 따지고 財官을 취할지 印星을 취할지 고민하는 것도 生剋입니다. 生剋을 벗어난 것은 조후론 정도이지만 일간을 기준으로 살폈기에 편협한 관점입니다.

生剋의 근본이치가 河圖, 洛書와 第一太極圖(제일태극도)를 근거로 하고 있음을 설명했습니다. 河圖와 洛書의 모호함보다 第一太極圖의 표현이 훨씬 논리적입니다. 水火가 土를 만들고 木金을 만들고 天地萬物을 만들고 남녀가 생겨났습니다. 과학자들이 설명하는 빅뱅으로 생각해도 다르지 않습니다. 무한응축 우주를 壬水로 표현하는데 癸水 빅뱅으로 폭발하면서 엄청난 열기가 온 우주에 펼쳐지는 과정에 水火 조합으로 우주를 창조합니다. 그리고 丁壬癸로 먼지와 가스층이 회오리치고 둥글둥글한 지구모양을 완성합니다. 지구를 戊土로 표현할 수 있지만 庚에서 辛으로 바뀌었다고 해도 틀린 말은 아닙니다. 庚의 부드럽고 울퉁불퉁한 모양이 회오리과정에 둥그렇고 단단한 辛처럼 변했습니다. 辛의 물형이 동그랗기에 열매의 모양도 대부분 둥그렇습니다. 水火가 짝을 이루고 戊土 지구터전이 생겨나 생명체를 상징하는 木이 탄생합니다. 그리고 生氣가 줄어들면 庚金으로 바뀌고 생기를 철저하게 상실하면 辛金이요 생명수 水氣를 거치면 다시 생기 넘치는 목으로 튀어나옵니다. 이 과정에 반드시 火氣가 개입됩니다. 지구가 열리고 지구에 만물이 탄생하는 과정을 河圖, 洛書에서는 水生木으로 설명하지만 우주에 土가 없으면 생명체의 터전은 없습니다. 생명체는 우주공간을 떠돌면서 살아갈 수 없습니다. 반드시 水火의 작용으로 먼저 戊土를 창조합니다. 水生木이라고 부르기에 水가 木을 生하는 것으로 생각하지만 土가 없으면 木도 존재할 수 없는 겁니다.

이 부분을 이해해야 그림에 水火를 먼저 배치한 이유와 중앙에 土를 배치한 이유를 이해합니다. 水火의 작용으로 土가 생겨야 비로소 木金을 창조하는데 바로 지구에 존재하는 천지만물입니다. 그리고 생기를 가진 인간도 생겨납니다. 이때 하도와 낙서의 문제는 生과 剋을 극단적으로 설명하였는데 일견 맞아 보이지만 파고들면 生과 剋은 절대로 나뉠 수 없는 실체임을 깨우칩니다. 그 이유에 대해서 이 장에서 자세히 설명하겠지만 간단한 주제는 아닙니다. 生剋의 본질을 이해하는 행위는 현존하는 명리이론의 실체를 파헤치는 겁니다. 生이 무엇이고 剋이 무엇이며 生剋 작용을 통해서 만들어 낸 六親은 무엇이고 十神의 실체는 무엇이며 十神의 生剋에 부여한 명칭은 무엇을 의미하는지 본질을 뚫게 됩니다. 時空學은 生剋과 十神에서 벗어나 時間과 空間의 순환원리로 이해하려고 노력합니다. 命理를 학습하는 과정에 불행한 점은 河圖, 洛書와 十神이 만들어진 과정에 어떤 변화가 발생했는지 모른다는 겁니다. 三命通會에서 十神 의미를 설명했지만 왜 그런 명칭이어야 하는가? 혹은 일간이 극하는 것이 偏財인데 육친으로는 나를 낳아준 父親인 이유는 무엇인가에 대한 설명이 없습니다. 그 문제를 해결하고자 河圖, 洛書와 三命通會 사이에 존재하는 時空間의 간극을 살피려는 겁니다. 갑자기 튀어나온 十神과 六親의 근본 이치를 파헤쳐보려는 겁니다. 偏財가 父親이 될 수밖에 없는 이유를 살펴보려는 겁니다. 위에서 生剋의 이치에 대해서 설명을 했습니다. 生과 剋의 차이를 정리하면 生은 기운을 방사하지 않기에 원래의 상태를 유지하면서도 밖으로부터 다른 기운을 받아들이고 축적합니다. 사주 명리로 의미를 살피면 조상이나 윗사람의 음덕을 받거나 사회로부터 혜택을 받거나 삼자로부터 도움이 되는 무언가를 받아낼 역량을 가진 겁니다. 따라서 특별하게 나쁜 조합을 제외하고 印星은 기본적으로 나쁠 것은 없습니다. 사주의 꼴과 방향성에서 설명했지만 수백억 사주들에는 한 개의 印星이 천간에 드러나 있었습니다. 印星이 없으면 배터리가 방전되듯 순간에 무너지면 재충전이 어렵습니다.

하지만 印星이 있다면 힘을 비축하면서도 타인의 도움도 활용할 수 있습니다. 소위 食神制殺은 食神을 활용해서 일간을 공격하는 偏官을 다스리려는 움직임인데 만약 食神을 활용하는 일간의 힘이 방전되면 오히려 偏官에 무너질 수도 있습니다. 즉, 食神을 활용하는 기운이 고갈되면 食神도 무력해지고 偏官의 공격에 당합니다. 이런 구조가 크게 발전하다가 한순간 몰락하거나 혹은 인생의 기복이 심한 경우입니다. 이처럼 겉으로 드러난 명칭은 매우 좋게 느껴지지만 印星이 없는데 食神制殺하면 밖으로부터 도움을 받을 수 없기에 크게 상할 수 있습니다. 剋의 가장 큰 문제는 원래 소유했던 질량을 유지하지 못하는 겁니다. 剋의 강도에 따라 원래의 질량이 급속도로 상할 수 있습니다. 육체에 비유하면 일정 부위가 크게 망가지거나 원래의 가치를 유지하지 못합니다. 또 剋을 감당하려면 육체, 정신을 소모할 수밖에 없습니다. 소모하는 방식에 따라 명칭이 달라지는데 食傷으로 소모하면 食傷制殺, 食傷生財라고 부르고 印星을 활용해서 내 것으로 취하는 움직임은 殺印相生이라고 부릅니다. 偏官을 印星으로 받아들이는 겁니다. 印星은 외부로부터 흡수하는 움직임인데 官星이 있으면 무조건 편한 것은 아닙니다. 印星에 따라서 偏官을 수용하는 상황이 다르기 때문입니다. 반드시 印星을 활용해서 偏官을 받아들이기에 보이지 않는 기운을 사용하는 것은 분명합니다.

사회활동에 비유하면 殺印相生은 윗사람들이 무서우니 고개를 숙이거니 뇌물을 먹이거나 아부를 떠는 방법으로 官殺을 수용할 수단이나 방법을 동원합니다. 食神制殺은 나를 공격해서 나의 존재를 부정하는 움직임을 물리적으로 거부하고 殺印相生은 겉으로는 자연스럽게 偏官을 수용하는 것처럼 보이지만 반드시 印星이라는 수단을 활용하는 과정에 에너지를 소비하기에 자연스러운 움직임이 아닙니다. 결국 剋은 원래 가진 가치가 감소되거나 변질됩니다. 인생에 비유하면 生은 순탄하고 剋은 굴곡이 많습니다. 굴곡이 많으면 쓴맛, 단맛을 다양하게 경험하는 것으로 크게 성공도 가능합니다. 印星은 받아들이는 것이기에 평탄하지만 재미없는 인생일 수도 있습니다. 만약 내가 生하는 구조 즉, 내 기운을 3자를 통해서 드러내려면 기운을 소모하기에 원래의 질량을 유지하지 못합니다. 食神生財나 食神制殺은 3자를 통해서 내 기운을 활용하기에 기운을 소모합니다. 傷官生財나 食神制殺는 印星이 없다면 원래의 상황을 유지하기 어려운 겁니다.

食傷으로 내 기운을 활용하려면 반드시 노력이 필요합니다. 따라서 日支에 食傷이 있으면 목적을 실행하고자 그 宮位에서 벗어나 밖을 향합니다. 制殺하던 生財하던 반드시 日支를 벗어나야 합니다. 食傷을 활용해서 새로운 기운을 만들기 때문입니다. 궁위를 감안해서 月이나 年을 향하면 내 능력을 年과 月에 활용합니다. 이렇게 정해진 時間方向으로 월에서 활용하면 직장인이요 年에서 활용하면 공직자의 개념입니다. 반대로 年과 月에 있는 食傷이 日支에서 결과를 얻는 구조라면 국가, 사회의 결과물이 日支에 모이고 일간이 취합니다. 이런 움직임을 관찰하는 것이 바로 時間方向입니다. 방향을 알아야만 하는 이유는 예로 타인의 돈을 내가 취하는지 아니면 내 돈을 타인이 취하는지를 구분해야하기 때문입니다.

▌생극의 정체

生剋의 정체가 무엇인지 생각해봐야 합니다. 生剋 행위는 내 기운을 타인과 주고받거나 타인이 나의 물형을 유지하지 못하게 극하면서 질량이 감소하거나 상하는 움직임입니다. 문제는 生剋 움직임이 時間이 정지된 상태에서 발생하는지 시간이 흐르는 과정에 발생하는지 답을 내야만 합니다. 지구에서는 정해진 시공간 순환원리에 따라 方向이 결정됩니다. 과학자들은 양자물리학은 예외라고 주장하는데 극히 협소한 시공간에서 동시다발적으로 발생하는 生剋이기 때문에 우리가 사는 현실과 너무도 다릅니다. 이런 작용을 질병분석에 활용할 수는 있지만 그 외의 현실세계와는 다릅니다. 문제는 生剋에 시공간이 개입되면 상황이 전혀 다르게 변합니다. 시간이 멈춘 상태에서 발생하는 생극 작용이라면 우리는 그것을 어떻게 분석해야할까요? 확인할 방법이 없는 겁니다. 사주팔자에 존재하는 8개의 글자가 生剋에 참여해서 어떤 것이 싸우고 있는지 어떤 것의 질량에 변화가 있는지 또 있다면 어떻게 변했는지 확인할 방법이 없습니다. 더욱 심각한 문제는 우리는 보통 초 단위로 에너지가 변한다고 인지하지만 시간이 멈춘 조건이라면 물형이 변하는지 확인할 방법도 없습니다. 둘째, 生剋이 시간흐름에 따라 발생한다고 가정해보겠습니다. 예로 사주원국에서 食神制殺하는 구조라면 시간에 따라 질량이 계속 바뀌는데 그 변화를 어떻게 파악할 수 있을까요? 여기에서 짚고 넘어갈 문제는, 時間의 흐름은 甲乙丙丁戊己庚辛壬癸甲으로의 순환을 뜻하는 것이지 生剋작용의 명칭을 활용한 食神이나 偏官을 의미하는 것이 아닙니다. 이처럼 시간이 정지된 상태에서 生剋이 발생한다고 하지 못하고 또 시간이 흐르는 상황에서도 食神制殺의 움직임이 수시로 바뀌지만 변하는 물상을 읽지 못합니다. 사주명리에서는 生과 剋의 작용을 양자물리학처럼 정지된 시공간에서 동시다발적으로 발생하는 움직임으로 판단할 수는 없는 이유는 인간은 그 움직임과 변화를 확인할 방법이 없기 때문입니다.

행여 生剋의 변화를 인지한다 해도 1초 마다 변하기에 어떤 물형으로 바뀌는지 알 수 없습니다. 물론 2시간 단위를 기준으로 해도 크게 달라지는 것은 없습니다. 이처럼 生剋 작용을 정지된 시공간 혹은 변하는 시공간으로 나눠서 관찰할 수 있지만 애매하기는 마찬가지입니다. 시간이 흐르는 生剋이라면 사건의 시작이 있고 중간과정을 거치고 결론으로 완성되는 흐름을 관찰할 수 있어야 합니다. 시공간 흐름에 따라 발생하기에 과거, 현재, 미래의 상황을 관찰할 수 있어야하지만 마구 변하기에 그 상황을 관찰할 방법을 고민해야 합니다. 命理 공부를 하는 과정에 이 문제는 평생의 화두로 남을 수밖에 없습니다. 사주명리의 生剋 작용을 2시간 단위로 관찰하는데 대부분은 큰 변화가 없습니다. 아침에 일어나 밥 먹고 회사가고 일하고 점심 먹고 저녁까지 일하다 집에 퇴근하고 자고 또 일어납니다. 生剋 작용이 우리가 생각하는 것만큼 심각하다면 偏官이 올 때마다 심한 변화가 발생하는데 현실은 그렇지 않습니다. 결론적으로 물형변화는 10年단위, 1년 단위, 月단위, 일단위로 파악할 수밖에 없습니다. 따라서 그 변화가 生剋으로 발생하는지 사주팔자에 정해진 구조대로 반응하는지를 고민해봐야 합니다. 生剋작용이 있다고 해도 사주팔자에 정해진 時空間 대로만 반응합니다. 즉, 生剋이 2시간 마다 발생한다면 거의 모든 사람들이 매일 망가지겠지만 실제로는 전혀 그렇지가 않습니다. 특별한 구조를 제외하고는 평범한 일상을 유지합니다. 또 사주팔자의 生剋작용은 단지 두 글자의 작용만 고려하기에 三字 生剋작용은 살피지 않습니다. 이 문제는 심각합니다. 河圖와 洛書에서 生은 生이요 剋은 剋이라고 주장했기에 사주명리에서도 동일한 주장을 하지만 현실세계는 生剋의 세상이 아님을 보여줍니다.

우리의 일상은 생각보다 단조롭고 평온합니다. 만약 丙과 壬이 沖하는데 사주팔자 어딘가에 木이 있다면 生과 剋은 어디에서 시작해서 어디에서 끝날까요? 壬水가 甲木을 生하고 甲木이 丙火를 生하고 丙火가 庚金을 生하고 다시 壬水를 生한다면 어디에서 시작되고 어디에서 마감되는지 모릅니다. 그것을 분석하고자 숫자까지 활용해보지만 활용가치가 없으니 안타깝습니다. 편중된 사주가 아니라면 天干과 地支가 소통하는 과정에 시작과 끝이 어디인지 모릅니다. 예로, 庚金이 丙寅 月을 만났는데 운에서 壬水가 왔다면 丙火를 制殺만 하고 다른 작용은 하지 않을까요? 壬水는 寅木을 만나면 寅木을 향해 갑니다. 壬水는 丙火만 제살하고 가만히 있는 것이 아닙니다. 이런 이유로 生剋은 활용하기 어려운 겁니다. 子平眞詮에서 十神 生剋으로 格을 분석하는 행위의 본질이 무엇인지 생각해야 합니다. 天干 合과 沖

도 生剋의 일부입니다. 지금까지 살펴본 문제를 감안한다면 두 글자의 生剋을 살피는 것은 극히 제한적입니다. 적어도 三字 혹은 多字조합으로 물형변화를 관찰해야 합니다. 단순히 A와 B의 生剋 과정만 발생하는 사주팔자는 없습니다. 두 글자의 생극 과정에 나머지 글자들도 개입되면서 물형이 달라지기에 두 글자만 분석하는 행위는 무의미 합니다. 그렇다면 三字, 多字조합은 生剋으로 관찰하는 것이 아닌가요? 아닙니다. 三字조합, 多字조합은 생하고 剋하는 작용을 분석하는 것이 아니라 글자의 쓰임, 용도를 살핍니다. 戊癸 合으로 乙이 성장하고 戊乙이 만나면 戊土 터전에서 乙木이 성장하고 존재를 드러내고 癸水가 乙을 만나면 乙木을 키우고자 에너지를 방사합니다. 생해서 부피나 무게를 늘리거나 剋해서 질량을 줄이는 작용을 관찰하는 것이 아닙니다. 三字가 어떤 방식으로 조화를 이루어서 物形을 변화시키는지 살핍니다. 명리를 학습하는 과정에 기교보다는 근본원리를 이해해야 흔들리지 않는 기준을 잡습니다. 三字조합은 세 글자의 生剋이 아니라 에너지 쓰임이나 용도를 살피는 겁니다. 乙癸戊 三字조합이 봄이면 심리적으로도 발랄하고 쾌활합니다. 사랑에 빠지거나 외도 합니다. 乙癸戊의 시공간은 봄이기에 따뜻한 봄날을 만나 사랑에 빠지는 겁니다. 이처럼 三字조합에는 생각하지 못했던 개념들이 숨어 있습니다. 乙癸戊 三字는 도화의 속성은 물론이고 세 글자 모두 안에서 밖을 향하며 성장을 목적으로 합니다.

乾命				陰/♂ 1999년 3월 16일 10:30							
時	日	月	年	89	79	69	59	49	39	29	19	9
丁巳	癸丑	戊辰	己卯	己未	庚申	辛酉	壬戌	癸亥	甲子	乙丑	丙寅	丁卯

格局, 抑扶로 癸水가 戊辰 月에 己土까지 있고 丁巳 時에 태어났으니 正官 格에 官殺혼잡으로 탁하며 財生殺하기에 制殺해야 하는지 고민합니다. 戊己, 辰丑巳로 官殺이 혼잡하고 심각해 보입니다. 甲午年이 오면 甲木이 戊己 관살을 처리하므로 좋은 운이라 읽을 겁니다. 하지만 현실은 그 논리와 정반대로 움직입니다. 癸甲戊 三字로 조합하면서 갑자기 성정이 거칠어지고 부친에게 반항하고 귀신이 붙은 것처럼 행동하고 반장을 하다가 갑자기 성적이 추락했습니다. 무엇이 잘못되었을까요? 관살혼잡은 반드시 제살해야 한다고 주장하지만 癸甲戊 三字로 판단하는 것이 훨씬 정확합니다. 하필 대운도 丁卯에 걸려서 卯丑으로 조합하면서 정신이상이 왔습니다.

▌生剋과 六親의 宮位

이제 生剋과 六親, 宮位의 문제를 살펴보겠습니다. 宮位를 학습할 때 六親 宮位를 살펴야 하는데 여기에서 설명하는 것이 더 효과적이라 보입니다. 처음 학습하면 어려울 수 있는데 生剋의 원리로 六親관계를 설정한 것은 분명합니다. 일간을 기준으로 한 육친관계는 자연스럽게 宮位가 결정됩니다. 年干은 조부, 年支는 조모입니다. 月干은 부친, 月支는 모친이며 十神 生剋 작용으로 각 宮位를 결정합니다. 日干이 剋하면 偏財라 부르고 六親으로 父親이기에 月干 宮位에 있어야 합니다. 宮位의 시공간을 분류하려면 年에서 時까지의 흐름을 살펴야 합니다. 年에서 시작해서 甲乙丙丁戊己庚辛壬癸 10개의 宮位로 연령을 나누면 甲乙은 15세, 丙丁은 30세, 戊己는 45세, 庚辛은 60세까지 그리고 보이지 않는 壬癸는 윤회 宮입니다. 이 분류는 시간흐름으로 宮位를 나눈 겁니다. 자연스럽고 합리적이며 정확한 이치입니다. 예로, 24~30세는 月支로 丁火 傷官의 宮位입니다. 예로, 月支에 있어야할 傷官이 食神 宮位 月干에 있다면 16~23세 사이에 傷官이 食神의 움직임을 대체하기에 대부분 父親이 경제적으로 힘들어지는 현상을 보입니다. 食神은 丙火로 무한분산 움직임이기에 확장하는데 丁火는 傷官으로 食神을 좁은 공간에 집약하기에 활동이 답답해집니다. 46세 이후를 상징하는 時干 宮位에는 偏官이자 庚이 있어야 하고 나를 희생하는 시간에 이르렀습니다. 이처럼 甲에는 比肩, 乙에는 劫財의 경쟁속성, 丙火 食神에는 만물의 확장, 순수하게 뛰어노는 청소년들을 지칭하며 十宮의 순차적 흐름으로 각 宮位의 독특하고 뚜렷한 특징이 결정됩니다. 지금까지는 十神, 十干, 時間흐름, 宮位를 통합하여 설명한 것입니다.

지금부터는 六親과 宮位를 살펴보겠습니다. 六親 宮位 즉, 8宮에 어떤 육친을 어떻게 대입할 것인가는 결코 쉬운 문제가 아닙니다. 우리가 만약 生이 剋이요 剋이 生임을 이해하지 못하면 모두 剋으로만 보이는 것이 바로 六親의 宮位입니다. 자식이 부친을 剋하고 부친이 조부를 극하는 논리는 참으로 황당합니다. 그렇게 둘 수는 없었기에 대만 하 건충 선생은 時에서 年을 향하여 생하는 戊庚壬甲으로 宮星論이라고 주장했습니다. 문제는 宮位와 六親 生剋이 정확하게 맞아떨어져야 이론의 가치가 있습니다. 즉, 宮位에 존재하는 모든 六親은 일간과 설정된 관계가 적합해야 하는 겁니다. 年月日時 8宮의 위치는 時空間 흐름을 표현한 것이고 年은 祖父母, 월은 부모의 宮位는 틀릴 수도 없고 절대로 바뀔 수도 없습니다. 또 日柱는 夫婦, 時柱는 자식과 배우자로 정해진 시간흐름은 역행할 수 없습니다. 日干에 이르면 내가 배우자를 만나 자식을 생산합니다. 여기에 十神 生剋을 대입하면 日干은 比肩이고 月干은 比肩이 剋하는 偏財요, 年干은 偏財가 剋하는 偏印입니다. 時干은 나를 剋하는 偏官이기에 결국 天干은 시에서 년을 향하면서 剋하는 六親조합으로

- 225 -

구성됩니다. 干支로 구분하면, 天干과 地支의 차이는 陽氣와 陰質(陽氣의 물질)이므로 天干은 男, 地支는 女로 구분합니다. 年干은 偏印이요 조부이기에 짝을 이루는 年支는 일간기준 傷官이며 조모에 해당합니다. 月干은 偏財요 그 짝은 正印으로 모친입니다. 일간을 제외한 比劫 형제와 자매는 모두 月支 모친의 宮位에서 생산합니다. 이런 이유로 쌍둥이도 月支를 벗어나면 변통에 불과합니다. 나의 형제, 자매를 생산할 宮位는 오로지 월지 모친뿐입니다. 만약 일간 丁火가 月支에 巳火나 午火를 두어야 하는데 정반대 五行인 亥水가 있고 年支에 巳火가 있다면 형제, 자매에게 불리합니다. 月支에 亥水가 있어도 年支에 巳火가 없다면 亥水는 巳火를 沖할 수 없으니 흉이 약해집니다. 傷官이 많아도 官星이 없다면 傷官이 正官을 극하는 작용을 할 수 없는 이치와 같습니다.

丙火가 戊土에 빛을 방사하고 金 열매를 수확하거나 木을 키우려고 해도 木金이 없으면 丙火의 작용은 가치가 없습니다. 따라서 丁火가 亥月을 만나고 주위에 巳火가 없으면 月支가 다르긴 해도 亥水가 巳火 비겁 형제자매를 沖하지 않는데 年支에 巳火가 있다면 결국 兄弟를 沖하는 작용이기에 형제나 자매에게 불리하고 형제에 문제가 발생할 것임을 암시합니다. 실전통변에서는 차남 丁火가 巳火 장남역할을 하는 겁니다. 다만 宮位와 六親의 근본이치에 대해서 기준을 잡는 과정에 불과합니다. 月支宮은 母親과 兄弟, 자매를 표현하기에 宮位 중에서 가장 복잡합니다. 다른 宮位는 해당 육친만 배정하는데 月支에는 모친과 형제자매가 하나의 宮位에 함께 합니다. 따라서 月支는 모친을 상징하는 印星과 형제를 상징하는 比劫도 가능합니다. 지금 설명하는 내용은 宮位와 六親 관계를 살피는 것으로 年은 偏印이자 祖父, 月은 偏財이자 부친, 日은 比肩이자 본인 時는 偏官이자 자식을 상징합니다. 따라서 偏官이 比肩을, 比肩이 偏財를, 偏財가 偏印을 剋하는 관계인 이유를 고민해야 합니다. 그것을 이해하려면 生剋의 原流를 찾아갈 수밖에 없습니다. 위에서 설명한 것처럼 河圖, 洛書와 第一太極圖는 水火에서 출발해서 지구 터전이 생겨났으며 결과적으로 水火와 土의 도움으로 木金이 生死를 끊임없이 순환합니다. 물리학 과정으로 설명하면 壬水의 무한응축에서 癸水의 빅뱅으로 우주에 열기가 펼쳐지고 식는 과정에 회오리와 중력을 활용한 지구가 생겨났기에 생명체들이 활동하며 살아가는 겁니다. 三合으로 설명하면, 水火는 申子辰과 寅午戌 三合운동이 주도하여 亥卯未와 巳酉丑 三合운동을 이끌어내서 끊임없이 순환합니다.

이런 이치를 十宮과 天干과 地支로 나눠서 살펴보겠습니다. 時空間은 年에서 時로만 흐르기에 이에 상응하는 年月日時 宮位를 결정해야 합니다. 그 출발점에 해당하는 年柱를 무엇으로 해야 합리적인지 오랜 세월 고민했습니다. 그 힌트를 제공해준 것은 命理나 사주팔자가 아니라 물리학에서 주장하는 빅뱅이었습니다. 즉, 지구가 어떻게 생겨났는지 추적해보니까 결론적으로 빅뱅이전까지 가야 했습니다. 그리고 그 움직임을 十干으로 바꿔보니까 壬癸는 분명히 영혼의 세계였습니다. 色界 이전의 상태를 甲乙丙丁戊己庚辛으로 표현할 수는 없습니다. 色界이전을 壬水로 규정할 수 있었기에 四柱八字에서 벗어나 五柱十字임을, 八宮이 아니라 十宮으로 구성된 세상임을 깨달았습니다. 그리고 十宮圖1과 十宮圖2에서 時空間이 영원히 순환함을 이해하였습니다. 十干을 각 宮位에 대입하면, 年干에 壬水, 年支는 丁火, 月干에 戊土, 月支는 癸水, 日干은 甲木, 日支는 己土, 時干은 庚金 時支는 乙木으로 여기까지가 色界를 살아가는 사주팔자 8개 宮位의 五行과 十干의 배열입니다. 年柱에 水火, 月柱에 土

水, 日柱에 木土, 時柱에 金木 그리고 윤회 宮位는 火金이 됩니다. 이 흐름이 제공하는 의미는 바로 이해하기 어려웠던 生剋의 원리입니다. 河圖와 洛書에서 生은 生으로 剋은 剋으로만 살피면 순환원리를 이해하지 못합니다. 河圖, 洛書에서 주장하는 生을 剋으로 살펴도, 또 剋을 生으로 살펴도 문제가 전혀 없으며 그 핵심은 중앙에 土가 있다는 것입니다.

土의 원리를 설명하면 이렇습니다. 水火와 木金은 바로 生하거나 剋하는 것이 불가능합니다. 보통은 水生木, 木生火, 火生土, 土生金, 金生水로 이해하지만 정확한 표현은 水土木, 木土火 처럼 반드시 土를 통해서 생의 작용이 이루어집니다. 이런 설명을 하는 이유는 壬水가 丁火와 합하여 만들어내는 五行이 土인지 木인지 명확하게 구분하려는 겁니다. 보통 丁壬 合하면 木氣를 만들어낸다고 주장하지만 우주의 출발점을 상상해보면 극도로 응축했던 우주가 폭발해서 현재에 이르렀는데 빅뱅 후 열기가 식는 과정에 회오리와 중력으로 질량을 가진 물체들이 생겨나고 결국 둥근 모양의 지구가 만들어졌습니다. 이런 이유로 壬丁 水火가 만들어낸 결과물은 <u>木이 아니라 土</u>입니다. 水火로 木이 나온다는 설명은 지구에 생명체가 존재한 상황에서의 논리입니다. 우주의 출발점에서는 丁壬 合木의 이치가 맞지 않음을 이해해야 각 宮位와 六親관계를 정확하게 이해합니다. 丁火가 열이자 중력이기에 수렴을 통해서 지구 戊土를 火生土로 생산해냈습니다. 水生木은 결국 戊土 터전이 없으면 불가능합니다. 반드시 水火 壬丁이 만나서 丁火가 무한대의 회오리 운동으로 戊土 지구가 만들어져야 가능합니다. 바로 <u>丁生戊</u>의 과정입니다. 물론 木生火도, 火生木도 가능하지만 지금 다루는 내용은 천지창조 과정의 五行 生剋과정에 대한 겁니다. 水火가 짝을 이루어서 陽氣와 陰氣, 時間과 空間이 만나서 戊土를 생산하는 겁니다. 결국 丁

火의 열과 중력 작용이 생명수 壬水를 품어서 생산한 겁니다. 이런 이유로 十宮圖1에서 年干에 壬水를 배치하고 年支에 丁火를 배치하였습니다. 水火가 힘을 합하여 木金을 생산하는 과정의 첫 단계에 대한 이야기입니다.

六親관계라고 설명하지만 사실 우주생성과정에 대한 것으로 계속 강조하는 부분은 水火가 만든 것은 결국 木이 아니라 土라는 겁니다. 水火에서 土가 먼저 생겨났기에 木金이 따르는 겁니다. 이런 이치를 이해해야 河圖, 洛書와 第一太極圖를 이해합니다. 壬丁이 戊土를 만들어내는 과정을 육친에 비유하면 아빠와 엄마가 자식을 생산하는 이치입니다. 양음이 조합하여 새로운 陽氣를 만들어냅니다. 추가적으로 壬水가 年干에 있고 丁火가 年支에 있고 戊土가 月干에 癸水가 月支에 있고 甲木이 日干에 그리고 己土가 日支에 있고 時干에 庚金이 있고 時支에 乙木이 배치된 이유를 살펴야 합니다. 生剋에서 庚金 偏官이 甲木 偏財를 沖하는 이유는 甲木을 없애려는 것이 아니라 甲을 乙로 바꿔서 활용하려는 겁니다. 子平眞詮에서 妹氏合殺(매씨합살)로 설명하는데 변통에 불과합니다. 沖해야 할 당위성이 있기에 자연은 그렇게 행위 합니다. 甲을 乙로 바꿔야 乙庚 합하고 결과적으로 辛金을 생산합니다. 마찬가지로 월간 戊土가 年干 壬水를 剋하는 이유는 壬水를 기화시켜서 癸水로 바꾸려는 의지입니다. 육친관계로 살피면 자식은 아빠를 극해서 여성스럽게 만듭니다. 아빠가 철드는 겁니다. 남자는 자식을 낳고 키우느라 철들어서 그 속성이 陰氣(여성)로 바뀌는 이치입니다 동일조합을 十神 生剋으로 살피면 傷官見官인데 엄마는 陽氣 자식을 낳고 이용해서 부친을 극하고 아버지를 활용해서 물질화 시킵니다. 이처럼 만물은 각도에 따라 이해하기 나름입니다. 天干 合과 五行으로 살피면 또 흥미롭습니다. 壬丁合木에서 시작해서

- 229 -

戊癸合火 그리고 甲己合土를 지나 乙庚合金 마지막으로 丙辛合水 그리고 다시 丁壬合木으로 오행이 상생하는 木火土金水 흐름입니다. 정리하면, 壬水 陽氣와 丁火 陰氣가 만나서 火生土로 戊土 지구가 생겨난 후에 비로소 木金이 탄생할 수 있었습니다.

지구가 생겨나면 戊土는 癸水와 짝을 이루어 水生木으로 甲을 생산하고 甲木은 己土와 짝을 이루어 土生金으로 庚金을 생산합니다. 庚金은 乙木과 짝을 이루어 木生火로 丙火를 생산하고 丙火는 辛과 짝을 이루어 金生水로 壬水를 생산하는 과정을 끊임없이 순환합니다. 이런 이치를 명리에 활용하면 甲木이 剋하는 月干 戊土를 十神으로 偏財라 부릅니다. 옛 사람들이 十神의 명칭을 결정하는 과정에 일간 甲木이 부친 戊土를 剋하는 행위를 偏財라 부르기로 한 겁니다. 따라서 偏財의 개념이 무엇이고 육친으로 부친인 이유를 이해하면 됩니다. 月干 宮位는 父親이 분명하기에 日干 甲이 剋하는 戊土는 十神으로 偏財라 부르는 겁니다. 이렇게 이해하면 간단하고 명확합니다. 동일한 이치로 戊土가 偏印 壬水를 剋하는데 年에 있으니 祖父이며 일간 기준으로 상응하는 十神으로 偏印입니다. 또 시간 庚金은 자식이자 偏官이며 일간을 剋하는 존재입니다. 천간은 모두 陽陽으로 조합하고 十神으로 偏財와 偏官입니다. 즉, 甲입장에서 戊土는 偏財요, 庚 입장에서 甲도 偏財입니다. 戊土 입장에서 甲은 편관이고, 甲입장에서 庚은 偏官입니다. 흥미로운 점은 偏財는 일간이 剋하는 존재임에도 인생의 터전역할을 담당합니다. 剋 작용과 터전역할이라는 엇박자에 모순이 발생하고 혼란스러워집니다. 沖으로 망가뜨린다고 배웠는데 偏財의 養生 터전, 삶의 터전이라는 의미를 이해하기 어렵습니다. 生剋과 十神 둘 중에서 하나는 잘못되어 있다는 생각이 듭니다. 그 이치를 설명할 수 있을까요? 生은 生이요 剋은 剋인데 六親으로는 내가 剋하는 것이 偏財 부친이라는 주장과 개념적으로 충돌합니다. 地支를 살펴보겠습니다. 모두 陰氣로 구성되어 있습니다. 空間이자 땅이고 物質이고 육체이기에 陽氣를 활용할 수 없습니다. 地支는 天干에서 기운을 방사해야만 물형을 결정하고 실체를 드러냅니다. 또 陰氣가 새로운 陽氣를 생산하려면 반드시 天干과 地支가 짝을 이루어야 합니다. 우주와 지구의 관계도 우주에 존재하는 에너지가 지구에 방사되어야만 물질과 육체가 생겨납니다. 지구는 스스로 존재할 수 없는 것처럼 육체와 물질도 마찬가지입니다. 인간은 우주어미가 제공하는 공기를 받아들이지 않으면 5분도 견디지 못하고 사망합니다. 十宮圖 1에서 天干은 庚甲戊壬으로 時에서 年을 剋하는 관계인데 관점을 달리해서 살펴보겠습니다.

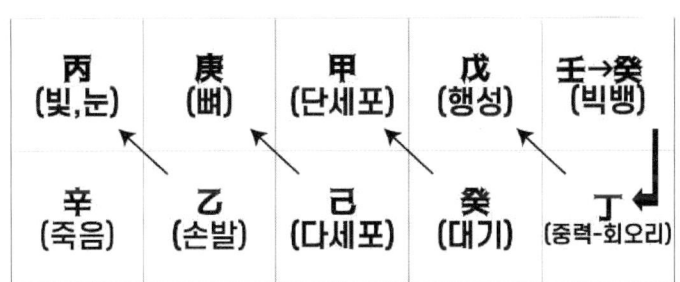

日干이 甲木이고 月干은 戊土 父親이며 剋으로 살피면 木이 土를 剋합니다. 生으로 살피면 甲木은 戊土가 없으면 뿌리내릴 터전이 없습니다. 달리 표현하면 甲은 戊土부친을 활용해야 존재를 드러내고 성장합니다. 剋으로 살피면 甲은 戊土를 망가뜨리는데 다행히 年干에 壬水가 있습니다. 壬水가 戊土에게 水氣를 공급하기에 생명수를 품은 戊土의 터전은 甲木을 품고 키울 환경이 조성되었습니다. 명백하게도 剋으로 조합한 관계인데 壬水 라는 조건을 추가하자 갑자기 生으로 바뀌었습니다. 이처럼 生 이 剋으로 바뀌고, 剋이 生으로 바뀌는 이치를 이해하지 못하면 사주통변이 극도로 혼란스러워집니다. 사주팔자에 壬甲戊가 모 두 있는 상황을 가정해보겠습니다.

> 1. 壬水가 甲을 生하고 강해진 甲은 戊土를 剋합니다.
> 2. 戊土가 壬水의 도움으로 습윤한 己土처럼 甲을 품어서 성장하도록 돕습니다.
> 3. 甲木이 戊土를 극하고 戊土는 壬水를 극합니다.

어느 내용이 맞을까요? 이처럼 生剋은 어디에서 시작해서 어디 에서 끝나는지 모르게 이어집니다. 양자물리학의 세계처럼 어디 로 튈지 모르기에 일정 부분의 生剋만 살피고 단정해버리는 것 이 문제입니다. 문제를 해결하려면 三字조합, 宮位, 時間方向을 참조해야 합니다. 사주구조에 따라 壬甲戊, 壬戊甲, 甲戊壬, 戊 甲壬, 戊壬甲 등으로 時間方向과 宮位가 변하고 구조에 따라 生이 剋으로, 剋이 生으로 변합니다.

어려운 설명이지만 반드시 이해하고 넘어가야 합니다. 壬水가 戊에게 생명수를 공급해 주면 戊土를 괴롭히던 甲木은 戊土를 剋하지 않을 뿐만 아니라 안정적인 터전으로 활용합니다. 하지 만 壬水가 생명수를 공급하지 못하면 甲木은 戊土에게 물을 달 라고 하면서 戊土를 망칩니다. 甲木이 壬水로부터 직접 생명수 를 공급받는 것이 아니라 戊土를 통해서 水土木으로 공급 받기 에 甲은 戊를 극해야 壬水를 얻을 수 있는 겁니다. 戊土를 자극 해서 壬水를 찾아오라고 시키는 겁니다. 위에서 살폈던 河圖洛 書와 第一太極圖 중앙에 土가 있는 이유입니다. 예로, 이런 상 황입니다. 戊日의 자식은 甲입니다. 운에서 甲年이 오면 甲이

戊土를 헨합니다. 그렇다면 왜 甲은 戊土를 헨할까요? 불만이 있는 겁니다. 세상이치가 그렇습니다. 필요한 것이 있으니 상대에게 내놓으라는 겁니다. 戊土는 甲에게 무엇을 내놔야 할까요? 일상에서는 몇 가지 물상으로 발현됩니다. 돈을 낭비하거나, 육체가 망가지거나, 명예가 추락하거나 관재구설로 시달립니다. 다만 甲木이 자식이라는 조건이기에 戊土를 극하는 이유는 성장을 위해서 壬水 생명수를 내놓으라는 겁니다. 이처럼 甲이 戊土를 극하는 작용은 절대적인 것이 아니라 상대적입니다. 만약 戊土가 壬水를 품었다면 甲木은 戊土를 극하지 않지만 水氣의 상태에 따라 戊土를 극하는 강도가 달라집니다. 자식이 교통사고로 육체가 상하거나 불량한 행동으로 교도소에 수감되거나 자식 때문에 재산을 탕진합니다.

만약 水氣가 적절하면 자식의 공부를 위해서 돈을 써야 합니다. 水氣가 부족하지 않으니 甲木 자식은 성징하고지 돈을 투자하는 겁니다. 두 상황을 모두 고려해야 하는데 甲이 戊土를 극한다고 무조건 戊土에게 문제가 발생하는 것은 아닙니다. 戊土가 헨당하기에 戊土의 육체가 상하거나 甲木 자식 때문에 재산을 탕진하거나 자식이 범죄를 저질러서 고통 받을 수도 있습니다. 戊土가 헨 당하는데도 甲木 자식에게 문제가 발생하는 이유는 甲木의 모친과 같은 생명수 壬水가 없으면 성장하지 못하고 사막의 나무처럼 마르기 때문입니다. 이처럼 甲과 戊가 조합할 때 水氣의 동태에 따라 甲도 戊도 모두 상할 수 있다는 점을 기억해야 합니다. 이런 애매함 때문에 통변에 어려움을 겪습니다. 사주구조에 따라 길흉을 구분하는 것은 결코 쉽지 않기에 그 부분을 설명하는 겁니다. 生은 수시로 헨으로 바뀔 수 있고 헨도 또한 수시로 生으로 바뀔 수 있음을 인식해야 합니다. 세상의 모든 이치는 조건부입니다. 또 천간구조가 동일해도 地支에 따라 전혀 다르게 반응합니다. 生剋은 절대적일 수 없습니다. 生은 生이자 剋이고 剋은 剋이자 生입니다. 무조건적인 土剋水는 존재하지 않는 겁니다. 상황에 따라 生이 剋으로 변했다가 剋이 生으로 변합니다. 生하는 관계가 되면 서로에게 밑거름이 되지만 剋으로 바뀌면 서로 다투고 상할 수밖에 없습니다. 사주팔자도 運에 따라 상황이 계속 바뀌기에 좋던 관계가 나빠지고 나빴던 관계가 좋아지기를 반복합니다. 일방적으로 좋고 일방적으로 나쁜 관계는 없다는 겁니다. 남녀관계도 마찬가지로 상황에 따라 사이가 좋아졌다가 나빠졌다 하는 겁니다. 이런 이유로 사주원국에서 用神을 정하는 행위는 무의미 합니다. 生은 生이요 剋은 剋이라고 보는 河圖, 洛書의 관점이 완전히 틀렸다고 할 수도 없지만 生은 生이자 剋이요 剋은 剋이자 生이라고 표현해야 합니다. 生剋의 원리는 조건부입니다.

坤命				陰/平 1980년 10월 11일 10:30							
時	日	月	年	84	74	64	54	44	34	24	14	4
辛巳	乙未	丁亥	庚申	戊寅	己卯	庚辰	辛巳	壬午	癸未	甲申	乙酉	丙戌

乙日 여인이 乙未년에 庚과 乙庚 합하면 남자가 생긴다고 생각하지만 乙木이 庚金을 받아줄 통로가 없다면 오히려 남자를 거부할 수도 있습니다. 즉, 乙庚 합한다고 무조건 남자가 생기는 것이 아니라 조건에 맞아야만 가능합니다. 乙未년에 乙木은 庚을 향해 갑니다. 이때 丙火나 丁火로 庚金과 접촉해야만 내 의지를 관성에게 전달할 수 있습니다. 生剋으로 분석하면 丙丁이 庚金을 거부한다고 판단하지만 庚金이 접촉하는 것이 분명합니다. 일정시점에 이르면 剋의 작용이 生으로 바뀝니다. 남녀가

접촉해야 애정사가 동하는 이치입니다. 하지만 剋으로 살피면 乙木이 丙丁을 활용해서 庚金을 거부한다고 착각합니다. 印星이 있다면 庚金을 水氣에 풀어야 木으로 받아들일 통로가 생깁니다. 소위 官印相生으로 남자가 여자에게 마음이 동하려면 印星 水氣가 있어야 乙木을 향해 옵니다. 결국 印星은 남자가 여자를 향한 마음으로 官星의 食傷이 여자의 印星이기에 남자의 사랑을 받습니다. 丙丁 食神과 傷官으로 庚金을 접촉하면 여자가 남자를 향하여 마음이 동합니다. 이처럼 印星은 日干과 官星의 통로역할이지만 食傷은 자발적 의지로 官星과 접촉하기에 남자의 마음이 동한 것이 아닙니다. 다만 남자는 여자가 활용하는 식신이나 상관에서 매력을 느낄 수 있습니다. 食傷에서 자극을 느끼고 정복하려는 마음이 생기지만 사랑하는 마음은 아니라는 겁니다. 자극적이고 바람피우는 성향이 강합니다. 사주구조를 살피면, 년에 庚이 있기에 일간과 거리가 멀어 결혼해도 이혼하거나 사별합니다. 乙未午에는 乙庚 合으로 남자가 생긴다고 판단하지만 乙木이 남자를 받아들일 맘이 없습니다.

그 이유는 未土가 亥水를 막아버리면 庚申의 마음을 乙에게 전달하는 통로가 막히는 겁니다. 乙입장에서 사주원국에 있던 亥水가 막히므로 庚申으로부터 공격당하는 느낌을 받아서 방어하고자 丙丁으로 거부합니다. 이처럼 剋과 生의 상황은 수시로 바뀝니다. 生은 生이자 剋이요 剋은 剋이자 生으로 사주구조에 따라 生剋의 상황이 바뀌는 겁니다. 예로 辛酉 月에 甲寅 日 여자는 正官 格이라고 좋다고 보겠지만 남자를 받아들일 통로가 없으면 불편합니다. 날카로운 辛酉를 풀어낼 水氣가 없으면 甲寅은 辛酉를 거부하기에 관계가 불편합니다. 辛酉 남편은 부인 甲寅을 매우 좋아합니다. 辛酉가 만들어야할 결과물이 甲寅이기에 부인이 반드시 필요합니다. 하지만 甲입장에서 辛金은 거부할 수 없는 부친과 같은 존재입니다. 만약 월과 일을 바꿔서 辛酉 日에 甲寅 月이라면 사주구조가 매우 좋습니다. 水氣가 없음에 도 辛酉는 부모가 소유한 甲寅을 활용할 수 있기에 조상, 부모 의 음덕이 좋습니다. 바로 宮位와 時間方向에 대한 것으로 반드 시 이해하고 넘어가야 합니다. 분명히 글자는 동일한데 宮位와 時間方向에 따라서 의미가 크게 변합니다. 1억과 100억만큼 큰 차이가 발생합니다. 지금은 사주구조를 분석하는 방법 중에서 生剋의 논리에 어떤 허점이 있는지 살피는 중입니다.

天干은 金木土水 즉, 시에서 년으로 庚甲戊壬의 흐름입니다. 壬 水가 戊土에게 생명수를 공급합니다. 壬水가 없다면 戊土는 壬 水를 달라고 공격합니다. 또 戊土는 壬水를 활용해서 甲木의 터 전 역할을 합니다. 甲木은 戊土 터전이 없으면 방랑자처럼 안정 을 찾기 어렵습니다. 甲木은 戊土를 기반으로 성장하면서도 반 드시 壬水의 도움을 받아야 하며 없다면 戊土가 상합니다. 戊土 는 甲이 剋하는 것이 두려우니까 壬水를 공격합니다. 반대로 壬 水가 적절한 戊土의 환경에서 甲木은 안정적으로 성장하여 아 름드리나무가 됩니다. 庚金은 甲을 극하지만 겨울 甲木의 물형 이 여름에 庚金으로 물형이 바뀐 것이기에 결국 庚은 甲의 다 른 모습입니다. 河圖와 洛書에서는 金은 무조건 木을 극하는 것 으로 보이지만 木이 있기에 金이 존재합니다. 甲木이 없다면 庚 金은 존재할 수 없습니다. 剋으로 살피면 절대 보이지 않는 숨 겨진 진리입니다. 이런 이유로 剋은 쉽게 이해해도 生은 이해하 기 어려운 겁니다. 정리하면, 庚金은 甲에서 온 것입니다. 木이 金으로, 金은 木으로 변합니다. 木金木金으로 끊임없이 순환합 니다. 十干으로 살피면 甲乙庚辛甲으로 계속 순환합니다. 여기 에서 깨우쳐야할 내용은 五行의 필요조건은 상이하다는 겁니다. 戊土는 壬水가 있어야 생명을 기르는 땅으로 활용하고, 甲木은

戊土가 있어야 터전을 기반으로 성장하고, 庚金은 甲木이 있어야 열매를 맺으며, 丙火는 庚金이 있어야 빛의 가치를 활용하고, 壬水는 丙火가 있어야 어둠과 응축을 풀어헤쳐서 생명수로서의 역할을 합니다. 이처럼 각 글자는 존재가치를 얻기 위해서는 상반된 조건이 필요합니다. 十神으로는 동일한 명칭을 부여했는데 바로 偏財입니다. 十神을 활용하는 生剋의 단순함으로 실전에서 적중률이 현저히 낮은 이유입니다.

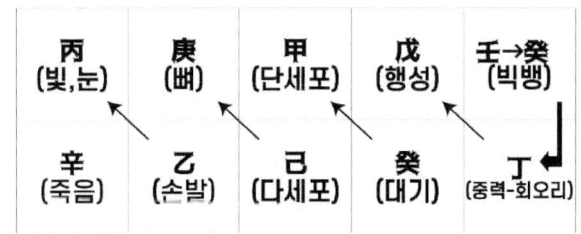

地支를 살펴보겠습니다. 壬水는 丁火가, 戊土는 癸水가, 甲木은 己土가, 庚金은 乙木이 있어야 짝을 이룹니다. 신비로운 점은 天干과 天干, 地支와 地支 그리고 干支로 살펴도 모든 관계는 財星으로 이루어졌습니다. 세상이 財星으로 이루어졌음을 깨우쳤을 때 참으로 기뻤습니다. 財星으로 이루어진 자연에서는 서로가 서로에게 생명의 터전역할입니다. 나는 너의, 너는 나의 터전이기에 서로를 위해 존재합니다. 내가 너를, 네가 나를 괴롭히려는 것이 아닙니다. 나는 너의 바탕이요 너는 나의 바탕이 되어 부족함을 채워서 발전하는 겁니다. 이것이 바로 生剋의 원리입니다. 이런 이치를 깨우쳤던 날 너무도 기뻐서 날짜를 기록해 두었습니다. 天干과 地支가 짝을 이루는 방식에 대해서 살펴보겠습니다. 丙庚甲戊壬을 剋으로만 보면 生의 작용이 보이지 않습니다. 예로, 庚日이 甲月을 만나면 庚입장에서는 안정적인 터전을 부친 宮位에서 얻었지만 生과 剋으로만 살피면 庚이 甲을 冲해서 괴롭히는 것처럼 인식합니다. 庚은 반드시 얻어야할 삶의 터전을 月에서 얻었기에 부친 덕이 있습니다. 만약 庚日이 甲時를 만나 터전을 얻으려면 46세까지 기다려야 합니다. 46세 후에서야 비로소 삶이 안정되기에 금 수저, 은수저와 흙 수저 상황은 차이가 큽니다. 삶의 터전을 품고 태어난 사람과 터전이 없어서 좌충우돌 하다 인생의 하반기에 비로소 甲木을 마련하는 상황은 다를 수밖에 없습니다. 이처럼 사주구조의 오행 배합을 이해해야 사주팔자의 그릇이 보이기 시작합니다. 年과 月에서 삶의 터전을 얻으면 적어도 30세까지 밝은 인생을 살아갑니다. 예로, 일간이 戊土라면 터전은 壬水입니다. 만약 년과 월에 壬水가 없다면 생명체를 기를 터전역할을 적절하게 못하는 겁니다. 따라서 戊土는 壬水 생명수를 찾아 이리 저리 방황해야 합니다. 생명수가 없으니 甲을 기르지 못하고 庚열매를 드러내지도 못하니 문제를 해결하고자 壬水를 찾아다니는 겁니다.

지금 설명하는 이치는 生剋에 익숙한 분들에게는 참으로 황당한 내용입니다. 어떻게 生이 剋이고, 剋이 生이지? 아무리 생각해도 이해하기 어렵습니다. 하지만 양자물리학의 세계를 상상해보면 어려운 문제도 아닙니다. 자연은 조건부입니다. 戊土는 壬水를 剋하는 것이 아니라 활용해서 甲을 기릅니다. 이런 조건이 마련되어야 甲은 戊土에서 성장하고 庚으로 물형이 바뀌니 庚金은 甲木이 있어야 열매로 바뀌고 丙火가 庚金을 확장합니다. 이처럼 十干은 財星을 만나야 존재가치를 드러냅니다. 壬水가 丙火를 공격한다고 판단하면 冲처럼 보이지만 壬水가 丙火를 기반으로 응축을 풀어헤쳐야 癸水로 바뀌고 生氣를 부여할 수 있으며 丙火를 丁火로 바꿔서 활용하게 됩니다. 이런 과정 때문에 年干에는 壬水가, 年支에는 丁火가 짝을 이루어서 丁壬 合이 됩니다. 이것이 偏財와 正財의 차이입니다. 偏財를 沖하면 깨지고 망가져서 사라지는 것이 아니라 결국은 正財로 물형이 변하는 겁니다. 氣와 質로 표현하면 氣는 반드시 가공과정을 거쳐야 물질로 활용할 수 있다는 겁니다. 丙火태양 빛이 있어도 지구가 없다면 아무런 의미가 없지만 지구가 丙火 빛을 丁火 열로 바꿔주기에 빛을 활용하는 겁니다. 丙火 빛이 없다면 丁火 열도 없습니다. 기억할 점은 壬丙 沖하는 이유는 丙火 氣를 丁火 質로 활용하려는 겁니다. 十神으로 설명하면 偏財를 正財로 바꾸려는 노력입니다. 생각할 문제는 陽과 陽이 沖하면 陰氣로 바뀌는데 陰과 陰이 沖하면 과연 陽陽처럼 동일한 이치를 적용할 수 있는가 입니다.

지금까지 설명이 沖을 통하여 陽氣를 陰氣로 전환하는 이치입니다. 우리는 소우주이기에 <u>8宮이 아니라 10宮</u>이 모두 있습니다. 두 宮位는 윤회 궁으로 보이지 않습니다. 壬癸 영혼의 세계로 저승사자와 귀신들이 존재하는 인간이 갈 수 없는 시공간입니다. 지금부터는 10宮으로 生剋 작용을 설명해보겠습니다. 年月日時에 輪廻 宮을 포함해서 五行이 순환합니다. 丙庚甲戊壬(火金木土水) 과정입니다. 사실 火金조합 丙庚은 이해하기 어려운 부분이 있습니다. 왜 庚이 나오니까 丙火가 나올까요? 壬水가 있기에 戊土가 존재하고 戊土가 있기에 甲이 존재하고 甲이 있기에 庚이 존재하고 庚이 있기에 丙火가 존재합니다. 丙火가 먼서 나오고 庚이 나중에 나와야 합리적일 것이라고 생각합니다. 여기에 참고문헌을 소개합니다.

현재로서는 캄브리아기 화석의 갑작스런 출현에 관한 사례는 설명할 수 없는 문제로 남아있다.(찰스 다윈 종의 기원 1872, 6판).

오랜 암흑시대가 지나고 5억여 년 전, 폭발하듯 생명이 번성했다. 알 수 없는 원인에 다윈도 혼란스러웠고, 그 수수께끼를 풀려는 시도는 모두 실패했다. 5억 5000만 년 전 지구에는 장님들만 살았다고 상상해보자. 눈이 없는 원시생명들은 느린 속도로 조금씩 진화가 일어나는 세계다. 그러던 중 뭔가 심상치 않은 일이 벌어지고 500만년 사이에 진화의 과정이 갑자기 고속으로 추진된다. 사상 처음으로 동물들은 딱딱한 외피를 진화시키고, 포식자와 피식 자는 각자 무기와 방패를 만들어낸다. 이 짧은 시간, 지질학적으로 볼 때 눈 깜짝할 사이에 동물문의 수는 3개에서 38개로 불어나고 오늘날까지 그대로 유지되고 있다. 이 엄청난 사건이 캄브리아기 폭발이다. 이 사건이 무엇이며 언제 일어났는지는 꽤 오래전부터 알려져 있었으며 1989년 스티븐 제이굴드의 "생명, 그 경이로움에 대하여"라는 책을 통해 더욱 유명해졌다. 그런데 지금까지도 풀리지 않은 것은 왜? 라는 문제다. 진화의 이 빅뱅은 왜 그때에 일어났던 것일까?

오늘 날 지구상에 존재하는 모든 동물은 이 캄브리아기의 동물들에서 오랜 세월을 거치며 진화해온 것이다. 흥미로운 점은 이들 캄브리아기의 다양한 동물이 <u>지구 역사에서 거의 하룻밤 사이에 등장했다는 사실이다</u>. 그보다 앞선 선캄브리아 시대에는 부드러운 몸의 동물들이 다세포 동물의 전부였고 더 이전에는 단세포 생물들 뿐이었다. 캄브리아기의 경계인 5억 4,300만 년 전의 시간대를 넘으면서 어떤 계기로 폭발하듯 다양하고 복잡한 모습을 한 동물들이 대거 등장했다. 과학자들인 이것을 캄브리아기 폭발이라고 부른다(앤드루 파커 지음/오숙은 옮김 눈의 탄생 서문).

왜 하필 그때 폭발적으로 진화하였을까? 또 그 요인은 무엇이었을까? 거의 40억년에 걸쳐서 생물들은 진화를 위한 노력을 하지 않다가 5억 4천 3백 만년 즈음 500만년에서 1000만년의 짧은 기간 동안 오늘날까지도 사용되고 있는 모든 기본적인 신체의 디자인이 한꺼번에 만들어졌다. 즉, 오늘날 선충류에서부터 사람에 이르는 모든 생물들이 캄브리아기에 만들어진 구조를 사용하고 있다. 화석 기록에 따르면 5억 4400만 년 전에서 5억 4300만 년 전의 100만년 사이에 지구 역사상 처음으로 동물 하나가 눈을 떴다. 눈이 달린 최초의 삼엽충이 출현한 것이다. 삼엽충이 살았던 기간은 역사상 가장 번성한 동물이었던 공룡이 생존한 기간의 두 배에 해당하는 3억년이나 된다. 캄브리아기가 시작될 무렵인 5억 4200만 년 전 암석에서 처음으로 육식동물의 골격화석이 발견되었다. 빛을 받은 지구 생명체는 광합성이 가능해졌다. 光合成은 생물이 빛을 이용하여 화합물 형태로 에너지를 저장하는 화학 작용으로 모든 생물은 삶을 유지하기 위해 에너지를 필요로 한다.

박테리아의 번식을 비롯하여 콩이 싹을 틔우고 나무가 자라며, 우리가 태어나 숨을 거두는 순간까지의 모든 삶의 과정은 에너지에 직접적으로 의존한다. 광합성의 출현은 지구 생명의 역사에서 가장 중요하고 유일한 대사 과정의 발명임에 틀림없다. 빛은 모든 것을 바꾸었고 동물들은 빛에 적응해야 했다. 벌레 같았던 동물들은 갑옷을 두르고 경고 색을 과시하고 위장 색을 띠거나 추적하는 적을 따돌릴 수영 실력도 갖추어야 했다. 처음으로 생겨난 눈 때문에 빛을 통한 시야가 생겨나고 생존을 위해서 단단한 껍질을 가진 동물들이 등장하였고 단단한 주둥이가 생겨나게 된다. (마틴 브레이 다윈의 잃어버린 세계 해제 p6-15) /시공간 부호 갑을병정 163페이지)

이처럼 부드럽던 생물들이 딱딱한 뼈대 庚金을 갖추게 된 이유는 빛 때문이었습니다. 눈이 달리자 빛을 받아들이는 작용으로 적군으로부터 자신을 보호하고자 庚金의 틀을 일순간에 조정한 겁니다. 이처럼 丙火는 庚이 있기에 존재가치를 얻고 삶의 터전을 얻습니다. 이 의미를 이해하면 火生金이 얼마나 자연스러운 이치인지 깨우칩니다. 巳火의 地藏干에 丙火와 庚金이 있는데 中氣에 庚이, 正氣에 丙火가 나옵니다. 巳중 庚이 등장하자 丙火가 적극적으로 움직입니다. 즉 丙火는 庚이 있어야 존재가치를 느끼는 겁니다. 丙火의 궁극적인 목적은 庚을 확장하는 겁니다. 이처럼 간단한 이치를 터득하는데 30년을 허비했습니다. 사주통변에 쓸모없어 보이지만 丙火가 庚이 있어야 존재가치를 얻는 것을 이해해야 丙火가 庚金에 얼마나 집착하는지를 이해합니다. 丙火는 庚金을 확장하려는 욕망을 절대로 포기하지 않습니다. 일상에 비유하면 丙火는 물질을 추구하는 욕망을 절대로 포기하지 않는 겁니다.

이런 이치를 이해하고자 四季圖를 만들었습니다. 지금은 四季圖의 時空間을 十神과 生剋 원리로 살피는 중입니다. 사실 四季圖와 十宮圖1 그리고 河圖洛書, 第一太極圖, 十神과 生剋원리는 달라 보이지만 동일한 이치입니다. 十宮圖1의 이치대로 生剋원리는 壬戊甲丙庚이 아니라 壬戊甲庚丙의 흐름이 맞습니다. 사주팔자나 설명하지 이런 골치 아픈 내용은 왜 설명하는지 이해가 어렵겠지만 근본이치를 이해하면 흔들리지 않는 기준을 정립합니다. 더 쉽게 설명해보겠습니다. 戊壬, 甲戊, 庚甲, 丙庚의 조합은 沖剋관계입니다. 十神으로 偏財라 부르고 偏財가 沖剋으로 質化되면 正財라 부릅니다. 이 관계를 현실에서 살펴보면, 木土는 甲戊와 甲己로 조합하는데 甲己를 슴이라 부르지만 본질은 木剋土로 剋입니다. 하지만 조건에 따라 剋이 生으로 바뀌는 이유는 甲木과 己土가 조합해서 안정적인 터전을 제공하기에 尅이라 부르지 못합니다. 己土가 적절하게 壬水를 품으면 甲木은 뿌리 깊은 나무가 됩니다. 동일한 木尅土 관계이지만 乙戊로 조합하면 乙이 戊土 터전에서 존재감을 드러냅니다. 즉, 乙에게 戊土는 좌우확산을 통하여 꿈을 실현할 터전을 가졌습니다. 戊土가 없다면 이리저리 떠돌기에 戊土를 찾을 때까지 방황합니다. 이런 이유로 木尅土가 아니라 木生土입니다. 己卯日의 경우, 月에 戊土가 있다면 卯木 배우자는 답답한 己土가 싫어서 반드시 戊土를 향해 떠나갑니다. 사주원국에 戊土가 있으면 일지의 시기 38세에서 45세 사이에 떠나고 사주원국에 없다면 戊土가 드러나는 운에서 반응합니다. 떠날 수밖에 없는 이유는 己乙과 戊乙의 배합이 틀리기 때문으로 四季圖의 이치대로 봄에 乙癸戊 三字로 조합하는 乙木은 戊土와의 배합을 선호합니다. 己卯日 여자라면 남편 卯木은 己土의 땅이 좁아서 답답한데 月에 戊土가 있다면 호시탐탐 戊土를 노리다가 떠나갑니다. 己土는 卯木 남편의 행위를 이해하기 어렵습니다. 내가 성장할 수 있도록 품어주었는데 왜 나를 버리고 戊土에게 떠나는지 모릅니다. 만약 사주원국에 戊土가 없다면 卯木은 떠날 생각을 하지 못하다 운에서 戊土가 나타나면 얼씨구나 튀어나갑니다.

丙庚이 만나면 丙火가 庚金의 부피를 확장하는 겁니다. 丙庚조합의 단점은 丙火가 너무 강하면 庚金이 상합니다. 심하면 사망이나 살인물상으로도 발현됩니다. 문제를 해결하려면 己丑으로 丙火의 기세를 누그러뜨리거나 辛金으로 丙辛 合해서 丙火의 기세를 누그러뜨리고 쓰임을 좋게 만들어야 합니다. 丁과 辛이 만나면 丁火가 辛金 열매를 완성해야 합니다. 동일한 조합임에도 生尅으로 관찰하면 丁火가 辛을 괴롭히는 관계입니다. 이처럼 尅으로 살피면 尅이지만 丁火가 있어야 열매 辛이 완성된다는 자연의 이치를 생각하면 生의 작용이 분명합니다. 또 丁火가 辛金 열매를 완성하고자 에너지를 방사하기에 결국은 丁火가 무기력해지고 희생당합니다. 丁火가 辛金의 偏官이기에 丁火는 멀쩡하고 辛金만 고통당한다는 단조로운 생각에서 벗어나야 합니다. 다만 丁火가 너무 강하면 辛金이 괴롭기에 己土를 활용해서 丁火의 열기를 조절하거나 丁辛壬 三字로 활용도를 높여야 합니다. 분명한 점은 丁火가 辛을 만나면 열매를 맺을 수 있기에 쓰임이나 가치를 적극적으로 활용합니다. 사주구조를 분석하는 과정에 글자의 쓰임이나 가치 有無는 참으로 중요한 요인입니다. 사주예문을 보겠습니다.

乾命				陰/平 1978년 7월 26일 06:30							
時	日	月	年	83	73	63	53	43	33	23	13	3
乙卯	癸亥	庚申	戊午	己巳	戊辰	丁卯	丙寅	乙丑	甲子	癸亥	壬戌	辛酉

대기업을 운영하는 사장이고 100억대 재산가입니다. 공익사업에 참여하고 독거노인과 가난한 학생들을 묵묵히 후원합니다. 사주에 존재하는 글자의 쓰임을 살펴보겠습니다. 庚申은 火氣가 있어야 열매를 확장하고 乙卯와 乙丙庚 三字로 조합하면 물질이 풍부해집니다. 戊土는 庚金의 존재를 드러내 가치를 높이거나 乙木을 키워야 발전하며 乙癸戊 三字로 조합하면 교육, 공직에 어울립니다. 癸水는 乙木을 키워야 가치를 드러내는데 癸와 乙卯로 배합이 좋고 乙木은 癸水와 戊土가 있어야 존재감을 드러냅니다. 午火는 庚申, 辛酉가 있어야 열기를 활용하여 열매를 완성하고 午火에 자극받은 庚申은 水氣에 풀어져야 가치를 활용합니다. 이처럼 글자의 존재와 가치는 사주팔자이 身强, 身弱,

格局, 用神 등과 아무런 관련이 없습니다. 글자의 方向을 살피면 이 남자의 인생을 비교적 쉽게 이해할 수 있고 또 행동이나 사고방식도 이해하게 됩니다. 사주팔자에 존재하는 모든 글자들이 쓰임이 좋으면 동시에 엄청난 파동을 일으키고 강력하게 움직여서 추구하는 목적을 이룹니다. 이것이 사주팔자에 존재하는 글자들의 존재와 쓰임을 확인하는 방법입니다.

四季圖 이치대로 丁火는 가을에 열매를 익히는데 활용하는데 子月 이후에 드러나면 쓰임이 크게 줄어듭니다. 丁火가 반드시 해야만 하는 열매를 완성하는 행위를 할 수 없기 때문입니다. 겨울 丁火는 水氣에 담겨진 씨종자를 찾으러 내부로 들어가면서 열기를 빼앗기고 존재감을 상실합니다. 子月이나 丑月에 태어나면 水氣에 감추어진 후을 찾느라 피곤합니다. 등촉이라고 부르기에 쓰임이 좋은 것처럼 설명하지만 열기, 중력, 수렴에너지 丁火는 겨울에는 등촉행위만 가능하므로 좋을 리 없습니다. 글자의 쓰임에 대해 생각해야 합니다. 丁火가 午月에 태어나면 얼마나 신날까요? 午火에는 庚金 열매가 달렸으니 丁火는 열기로 익히면 됩니다. 丁火는 할 일이 있고 쓰임이 좋으며 가을에 열매를 완성할 근거를 마련했습니다. 十干이 어떤 조합을 만나야 쓰임을 얻는지 고민해야 합니다. 지금까지 기준이 없었기에 이름만 한문으로 멋지게 표현했을 뿐 활용할 수 없는 이론들입니다. 천간 조합의 흔들리지 않는 기준은 四季圖입니다. 戊癸 合의 경우, 戊土는 癸水가 있어야 乙木을 키울 수 있습니다. 癸水는 없고 戊乙만 조합하면 성장할 수 있는 가능성이 크게 줄어듭니다. 물론 성장의 기세를 살피려면 卯辰巳月인지 午未申月인지를 살펴야 하는데 특히 申酉戌月에는 戊乙로 조합해도 성장의지가 전혀 없을 뿐만 아니라 乙木을 수확하려는 속성만 강합니다. 午未月도 乙木의 성장은 어렵습니다. 乙未 月에는 성장보다

는 수확에 집중해야 합니다. 乙木의 성장속성이 수확하는 공간에서는 쓰임을 상실하는 겁니다. 예로 戊日이 乙木을 공직으로 활용하면 성장이 불가능하기에 동기들은 다 승진해도 혼자서만 승진하지 못하거나 더딥니다. 癸水가 없으니까 乙의 성장을 촉진할 수도 없고 未土에서 성장을 완료했기 때문입니다. 이런 時空개념을 이해해야 성장과정에 있는 乙木인지 이미 성장한 乙木인지 혹은 수확할 乙木인지 또 내부로 들어가는 乙木인지를 구분합니다. 乙木이 亥水를 만나면 좌우확산은커녕 亥水 속 甲木에게 의지하거나 甲을 도와야 합니다. 이처럼 戊癸가 조합하면 戊土는 반드시 乙木을 끌어와야 쓰임을 얻습니다. 만약 乙木이 없다면 戊癸 合해도 여자와 돈만 밝히면서 쓰임이 나빠지고 문제가 발생할 수 있습니다. 亥月에 戊癸 合하면 암암리에 火氣를 만드는 쓰임이고 乙木을 키울 환경도 아닙니다. 다만 戊癸 合으로 火氣를 만들어 亥중 甲을 밖으로 조금 더 빨리 내놓으려고 합니다. 물론 그 움직임은 나쁘지 않지만 戊癸 合이 원하는 것과는 전혀 다른 작용입니다.

己와 壬의 경우 己土는 壬水가 없으면 마른 땅에서 甲木을 품지 못합니다. 己土가 존재하는 이유는 甲己 合해서 甲의 터전 역할을 하는 것입니다. 壬水가 없고 땅이 마르면 甲寅은 성장하기 힘듭니다. 예로 己未일에 태어난 여자인데 壬水가 없다면 甲木 남편의 성장은 기대하기 어렵습니다. 己未일에 태어난 여자는 남편 복이 없다는 암시입니다. 古書에 己土를 음습한 土라고 설명한 이유를 생각해야 합니다. 음습한 환경일 때 비로소 己土는 쓰임을 얻는 겁니다. 甲木을 키우려면 반드시 壬水를 머금어야 하고 辛金이 있어도 습하지 않으면 甲으로 물형을 바꾸려고 하지 않습니다. 己未는 金을 품기에 이르고 甲木도 성장할 수 없습니다. 己土가 품으려는 것은 庚이 아니라 辛으로 水氣를 만나야 甲을 내놓습니다. 따라서 己土는 辛을 품으면 반드시 水氣가 있어야 하고 甲을 기르기 위해서도 水氣가 있어야 하므로 음습한 땅을 필요로 하는 것입니다. 물론 너무 습하면 좋을 것은 없습니다. 이처럼 각 글자는 필요조건이 서로 다릅니다. 바로 十干의 쓰임에 대한 논리입니다. 十神이 중요한 것이 아니라 글자쓰임이나 조합에 대해 익숙해져야 합니다.

庚乙이 조합하면 庚은 乙을 만나야 봄에 꽃피고 여름에 열매를 맺습니다. 乙木이 없으면 씨 없는 수박과 같습니다. 庚金은 甲을 충해서 乙化 시킨다고 했습니다. 매씨합살(妹氏合殺)이라고 표현하는 것은 일상에 비유한 것으로 甲이 乙이 되고 乙이 庚이 되는 자연흐름을 이해하면 아무것도 아닙니다. 乙庚 合에서 시간방향은 乙木이 庚金을 향해서 갑니다. 庚金은 노력하지 않아도 乙木이 찾아오니 쉽게 재물을 축적합니다. 時間方向이 얼마나 중요한 이돈입니까? 내가 죽도록 고생해서 돈 버는 것과 정해진 방향에 따라 돈이 굴러들어오는 차이는 하늘과 땅처럼 다릅니다. 乙木이 알아서 庚金을 향해 가는 사례를 보겠습니다.

坤命				陰/平 1980년 10월 11일 10:30								
時	日	月	年	84	74	64	54	44	34	24	14	4
辛	乙	丁	庚	戊	己	庚	辛	壬	癸	甲	乙	丙
巳	未	亥	申	寅	卯	辰	巳	午	未	申	酉	戌

乙未일은 년의 庚申을 향해 가야만 합니다. 乙은 庚까지 가는 과정에 丁火를 향하고 丁火는 庚을 훼하는 구조입니다. 운에서 乙未年을 만나면 복음입니다. 결혼한 상황이라면 남편과의 사이가 멀어지거나 심하면 이혼합니다. 도플갱어 처럼 서로 밀어내

는 속성 때문에 그렇습니다. 혹은 별거할 수도 있습니다. 乙木이 乙未로 왔기에 사주원국에 정해진 구조대로 반응합니다. 시간에 있는 辛에게 沖당하니 스트레스를 받습니다. 개인적으로 남자문제를 암시합니다. 乙木은 丁火를 生하고 丁火는 庚金을 剋합니다. 즉, 乙木은 丁火를 통해서 庚 열매를 튼튼하게 만들려고 합니다. 乙木이 丁火를 활용하여 庚金의 입지를 단단하게 합니다. 예로 직장에서 지위가 뚜렷해집니다. 남녀관계로 살피면 멀리 있는 庚을 丁火로 剋해서 乙庚 合하고 내실을 기하는 것이지 거부하려는 것이 아닙니다.

庚申과 辛으로 남자가 세 명인데 丁火를 활용하면 적극적입니다. 乙木의 섹시미를 활용합니다. 만약 庚金이 丁火가 부담스럽다면 피할 겁니다. 하지만 庚申은 자신의 의지가 뚜렷해서 乙木이 丁火로 庚申을 자극하는 움직임에 반응합니다. 구조에 따라 남자가 받아들이는 감정과 느낌은 다릅니다. 만약 남자가 庚午였다면 여자를 두려워할 수 있지만 이 구조처럼 庚申, 辛은 오히려 乙木이 丁火를 활용하는 행위를 적극적으로 받아들입니다. 이런 이치는 사주구조를 이해해야만 가능합니다. 辛과 甲이 만나면 辛이 甲을 剋하는 것처럼 보이지만 辛이 亥子丑月에 물형을 바꿔서 甲을 만들어냅니다. 따라서 辛甲은 구조에 따라 의미가 달라집니다. 辛이 앞에 있느냐 甲이 앞에 있느냐에 따라 관계와 의미는 천지차이입니다. 辛日 입장에서 月에 甲이 있으면 매우 좋습니다. 甲이 時干에 있다면 40대 이후에서야 꿈을 이룹니다. 이런 時空과 宮位개념을 빨리 숙지해야 합니다. 宮位와 時間方向에 따라 1억과 100억으로 차이가 발생합니다. 時間方向을 학습하기 전에 사계도에서 보여주는 순환과정을 숙지하면 乙이 庚을 향하고 辛이 甲을 향하는 움직임을 비교적 쉽게 이해합니다.

壬丁 合의 경우 壬水는 반드시 열기를 품은 丁火를 만나야 辛金을 품어서 甲을 내놓습니다. 이때 壬水가 丁火를 합해서 끌어오는지 아니면 壬水가 丁火를 향해 가는지 움직이는 방향은 정해져 있습니다. 壬水가 丁火를 향하는 것과 丁火가 壬水를 향하는 것은 엄청난 차이입니다. 丁火가 壬水를 향하면 노력하지 않아도 壬水가 자연스럽게 丁火를 활용합니다. 壬水가 丁火를 향한다면 壬水가 직접 움직여 丁火를 만나러 가야하기에 수고롭고 번거롭습니다. 자신이 직접 움직여야 결과를 얻을 수 있습니다. 노력하지 않고도 편하게 활용하는 것이 印星이라면 반드시 손발을 활용해야 원하는 것을 얻는 것이 食傷입니다. 즉, 食傷生財는 저절로 돈을 버는 것이 아니라 노동의 대가를 지불해야 돈을 법니다. 傷官生財로는 큰 부자사주가 나오기 어려운 이유입니다. 印星은 돈이 나를 찾아옵니다. 다만 사주팔자 재물복은 食傷으로 버는 것도, 인성을 공짜로 받아먹어서 생기는 것이 아니라 사주전체 구소와 쓰임에 따라 재물의 크기기 달라집니다. 壬丁의 경우, 壬水에게 丁火 열기가 반드시 필요한 이유는 辛金을 풀어내서 甲木을 생산하기 때문입니다.

이해하기 어려운 癸와 丙의 관계를 살펴봅시다. 癸水의 존재가 치는 乙木을 키우는 겁니다. 戊癸 合으로 乙木의 성장을 촉진합니다. 둘째는 온기를 끌어올려서 분산에너지 丙火를 생산합니다. 따라서 癸水가 丙火를 향하는 시간방향은 정해진 겁니다. 丙火가 癸水를 향해 갈 수는 없습니다. 이 조합은 자연의 순환원리를 살펴야 이해할 수 있습니다. 癸水는 丙火를 보면 자신의 에너지를 쏟아내고 빼앗깁니다. 癸水는 乙木을 보면 에너지를 쏟고 丙火를 만나면 발산에너지를 흡수당하기에 巳月부터 丙火의 분산작용이 가능해집니다. 癸水가 子月부터 폭발해서 열을 올리고 巳月에 丙火가 적극적으로 분산합니다. 壬水의 응축을

子月부터 풀어내 甲을 키우기에 木生火가 가능해집니다. 卯辰巳월에 水氣가 점점 기화되는데 辰土에서 申子辰 三合도 마감하면서 癸水는 점점 고갈되고 巳月에 丙火가 등장합니다. 이것이 바로 水生木, 木生火 과정입니다. 癸水는 甲乙을 통해서 火로 변합니다. 즉 癸水의 꿈은 乙木을 키워서 丙火를 생산하는 것이었습니다. 癸水 입장에서 丙火를 만나면 구조에 따라 매우 불편할 수도 있습니다. 癸水의 발산작용은 巳月까지 활용하는데 巳 중에 庚이 있기에 체성을 유지하지만 午月에 이르면 매우 힘들어지는 이유는 午未가 강하게 수렴하고 열을 축적하기에 癸水가 탁해지는 겁니다. 壬午月 癸未月에 반드시 庚金을 갖추어야 좋다고 하는 이유입니다. 癸丙이 만나면 正財이기에 좋다고 느끼지만 癸水의 존재가치는 丙火를 만들기 위한 겁니다. 이처럼 丁壬은 명확해 보이는데 癸丙은 모호하게 느껴집니다. 丁火는 壬水를 향하고 壬水는 결국 癸水로 바뀌고 丙火가 되었으며 丙火는 다시 丁火로 바뀌고 壬水로 돌아갑니다.

정리하면 壬癸丙丁, 壬癸丙丁으로의 순환을 끊임없이 반복하는 겁니다. 지금 설명은 丙壬이 癸丁을 활용해서 사계를 순환하는 이치를 설명하는 겁니다. 丁火가 壬水를 향하고 壬水가 癸水를 향하고, 癸水가 丙火를 향하고, 丙火가 丁火를 향하고, 丁火가 다시 壬水에 수렴됩니다. 모두 財星으로 구성된 관계로 財星이 없다면 우리는 생명을 유지할 수 없습니다. 甲은 己土가 없으면 터전이 없고, 乙은 戊土가 없으면 존재를 드러내지 못하고, 丙火는 庚이 없으면 빛의 작용에 쓰임이 없고, 丁火는 辛이 없으면 열기를 공급해서 씨종자를 만들지 못하고 戊土는 癸水가 없으면 생명체가 생기지 않으며, 己土는 壬水가 없으면 甲木을 기를 수 없고, 庚은 乙이 없으면 열매를 완성하지 못하고, 辛金은 甲木이 없으면 윤회가 불가하기에 미래는 없고, 壬水는 丁火가 없으면 辛金을 품어도 甲木을 내놓지 못하고, 癸水는 丙火를 만나야 木火 色界의 화려한 실체를 드러냅니다. 이처럼 財星은 존재가치를 유지하기 위해서 반드시 필요한 존재입니다. 이 개념은 나를 生하는 印星과 다릅니다. 十干이 어떻게 조합해서 쓰임을 얻고 존재가치를 발휘하는지를 살피는 겁니다. 지금은 四季圖의 개념이 확실하게 잡히지 않았지만 자연의 순환과정을 명확하게 이해하면 만물의 이치를 어렵지 않게 이해합니다. 잊지 말아야할 것은 財星은 삶의 터전이자 쓰임과 존재가치를 드러내는 역할입니다.

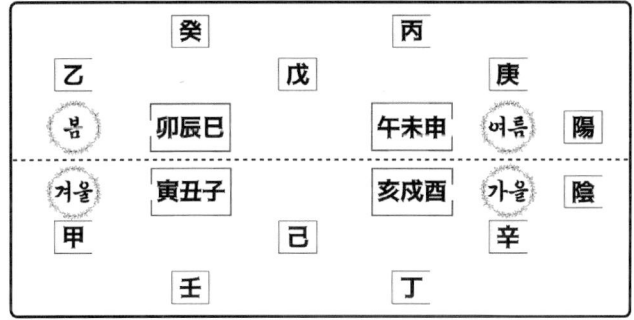

四季圖를 기준으로 十神의 오류를 살펴보겠습니다. 예로 乙木이 癸水를 만나면 偏印이라 부르고 壬水를 만나면 正印이라고 부지만 四季圖를 기준으로 살피면 十神의 작용과 다름을 깨우칩니다. 乙癸戊 三字는 봄에 활용하기에 癸水로 乙의 성장을 촉진하는 것이 壬水로 乙木을 키우는 것보다 훨씬 효과적입니다. 十神의 生剋으로 살피면 十干의 에너지 파동을 살피지 못하는 겁니다. 예로 乙木이 壬水를 만나면 正印을 만나서 좋다고 판단하지만 두 글자가 조합해서 방탕, 방랑, 불법, 비리를 저지를 수도 있습니다. 물론 壬日 입장에서 乙木은 傷官이기에 흉하다고 판단하지만 乙木 일간도 正印을 만나서 문서, 계약을 하는 것이 아니라 정신적, 육체적으로 방황합니다. 壬水가 乙木을 키우지만 행위의 효과가 부적절합니다. 壬日이 乙을 만나면 궤도이탈이라고 부릅니다. 궤도이탈이 지나치면 불법, 비리도 저지를 수 있습니다. 특히 壬日은 외도하고 적절하지 않은 투자행위에 집착합니다. 잘 다니던 직장을 그만두고 갑자기 엉뚱한 회사에 출근합니다. 정리하면, 壬水가 乙을 만나면 엉뚱한 행위를 합니다. 만약 壬子시에 태어났는데 乙未년을 만나면 壬子와 乙이 조합해서 엉뚱한 행위를 하거나 방탕할 수 있습니다. 만약 사주에 戊土가 있다면 상황이 전혀 다른데 乙木은 戊土 터전에서 자신의 존재감을 드러내기에 적절한 행위를 할 수 있게 됩니다. 이처럼 사주구조에 따라 글자 쓰임이 크게 달라지는 것입니다.

위에서 辛酉와 甲寅이 조합할 경우의 문제를 설명했고 또 壬己乙과 壬乙己의 차이가 얼마나 큰지에 대해서도 설명했습니다. 만약 壬일간이 戊己가 모두 있는데 乙未년이 오면 乙木은 己土를 벗어나 戊土터전에서 활동합니다. 만약 戊土가 년에 있다면 근본터전에 변화를 주면서 좋은 상황으로 바뀝니다. 戊土가 없다면 乙木은 己土를 활용할 수밖에 없는데 조합이 적절하지 않으며 己土가 상합니다. 물론 戊己가 모두 있는 구조라면 乙木은 己土에서 놀다가 戊土로 떠나서 꿈을 이루려고 합니다. 만약 월에 己土가 있고 년에 戊土가 있다면 사회에서 활동하던 무대를 버리고 戊土를 향하기에 근본터전에 변화를 주려고 합니다. 이런 분석방법이 宮位와 時間方向, 글자 쓰임을 살피는 것입니다. 壬乙이 조합하면 乙입장에서 壬水가 正印이기에 좋은 관계라고 인식하는데 그렇지 않습니다. 두 조합은 겨울과 봄으로 시공간이 어그러져 있기에 공부 열심히 하다 갑자기 연애에 빠지거나 성실하게 회사에 다니다가 갑자기 사업한다고 고집부리고 부동

산업에 종사하다가 갑자기 노래방을 개업하는 행위는 모두 기존의 궤도를 이탈하는 겁니다. 이처럼 壬乙은 기본적으로는 궤도이탈을 암시합니다. 十神은 陰陽을 生剋으로 일률적으로 나눴기에 글자의 쓰임, 에너지 특징과 시공간 상황을 전혀 고려하지 못했습니다. 癸乙로 癸水가 偏印이기에 좋지 않다고 인식하지만 실제로는 매우 적절한 조합입니다. 이처럼 극히 일부의 작용에 불과한 十神에 빠져 드넓은 명리의 세계를 살피지 못합니다. 十神 명칭에 속지 말라는 이유입니다. 명칭을 기억할 것이 아니라 쓰임과 작용에 집중해야 합니다. 偏印이라는 명칭에 속을 것이 아니라 乙癸가 만나서 무슨 행위를 하는지 기억해야 합니다.

수백 년 잘못된 十神 공부 때문에 돈과 시간을 낭비했습니다. 임상해 보면 바로 알 수 있는데 집착하고 버리지 못합니다. 乙일간들은 壬水 엄마를 계모처럼 인식합니다. 오죽하면 인생의 화두가 모친이었다고 하는 분도 보았습니다. 모친인데 왜 사신을 계모처럼 대했는지 이해하지 못합니다. 壬水의 응축에너지가 乙木의 좌우확산 움직임을 얼마나 답답하게 하는지 모르기 때문입니다. 壬水는 甲木의 성장을 촉진하지만 乙木의 성장을 방해합니다. 물론 사주팔자에 丙火가 壬水의 응축작용을 풀어내면 개선할 수는 있지만 서로 적절하지 않은 관계임은 분명합니다. 천간조합의 의미와 쓰임에 대해서는 四季圖가 명확한 기준을 제공합니다. 이처럼 生의 관계도 적절한 조합이 있고 그렇지 않은 조합이 있기에 十神으로 살피면 오류를 범합니다. 財星도 시공간이 적절한 관계가 있고 상반된 관계가 있습니다. 乙戊, 癸丙, 戊癸, 庚乙, 辛甲, 己壬, 丁辛, 丙庚은 모두 四季圖의 기준대로 좋은 조합입니다. 丁辛 丙庚은 偏財이지만 나쁜 조합이 아닙니다. 다만, 火金의 경우에는 추가조건이 필요합니다. 丙庚, 丁辛은 偏財로 시공간이 매우 적절하지만 집착하는 것이 문제입니다. 만약 乙木과 乙丙庚 三字로 조합하거나 壬水를 배합하여 丙庚壬 三字로 丙火가 庚金을 확장하고 내부에 壬水를 채워서 당도 높은 열매를 수확할 수 있습니다. 이처럼 사주팔자는 구조에 따라서 쓰임이 크게 변하기에 무조건 길하거나 흉한 조합은 존재할 수 없는 것입니다. 또 偏財가 있으면 재물 복이 크다는 엉뚱한 소리하면 실수를 범합니다. 丁辛으로 조합하면 반드시 壬水와 배합해서 丁辛壬 三字조합을 이루면 총명하고 재물 복도 두텁습니다. 乙戊는 좋은 조합인데 辛金이 끼어들어 乙木을 잘라 버리면 辛戊乙 三字로 殺氣가 강해집니다. 乙戊에 申酉戌을 배합하면 乙이 戊土에서 성장하는 것이 아니라 申酉戌이 乙木을 수확합니다. 戊日 여자가 이런 구조라면 남편의 발전은 어렵습니다.

이처럼 三字조합도 구조와 時空에 따라 크게 달라지기에 무조건 좋고 나쁜 것은 없습니다. 十神은 가능한 배제하고 十干과 十干 관계, 時間방향과 宮位를 활용해서 사주구조를 분석해야 합니다. 예로, 癸와 丙이 조합하였는데 午未申 여름을 만나면 丙火는 분산에너지가 충만하지만 癸水는 丙火에게 자신의 기운을 방사하기에 무기력해집니다. 그런 에너지 파동을 살피지 못하는 十神은 癸水가 正官이기에 좋다고 판단하는 겁니다. 四季의 순환원리로 살피면 癸水가 丙火로 바뀌고 癸水로서의 쓰임과 가치를 상실합니다. 十神으로 正官이기에 공직자라고 통변하지만 여름에 癸水 正官을 만난 丙火는 분산에너지는 강렬한데 庚金이 없다면 正官의 작용이 오히려 독이 됩니다. 강렬한 화기를 활용해야 하는데 庚金이 없으니 할 일이 없어서 빈둥거립니다. 十神의 명칭에 속아서 사주구조와 글자의 쓰임을 전혀 이해하지 못하는 겁니다.

《十宮圖1(우주생성과정)》

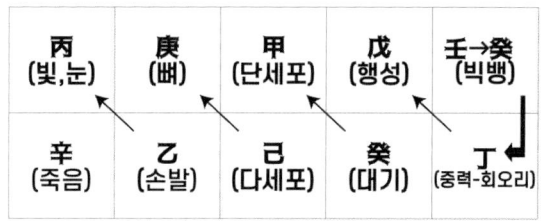

지금부터 年月日時에 윤회 宮位까지 포함해서 살펴보겠습니다. 년과 월의 壬戌는 剋이 아니라 조건부 生剋 관계임을 이해했습니다. 부친이 조부를 극하는 것이 아니라 조부는 부친을 위해 壬水 생명수를 공급하는 밑거름입니다. 이것이 十神 生剋의 이치와 철저하게 다른 부분입니다. 生이 剋이고 剋이 生으로 바뀝니다. 부친은 절대로 할아버지를 극하고자 태어난 것이 아니고 하극상도 아닙니다. 月支 時空과 年과 月의 조합에 따라 日干의 환경이 크게 변하는 것을 느껴야 합니다. 日干 甲이 살아갈 터전은 年과 月의 조건에 따라 결정됩니다. 年과 月의 조건이 나쁘면 木은 戊土를 剋하는데 그 이유는 剋하려는 것이 아니라 살려고 발악하는 겁니다. 만약 年과 月에 戊와 壬으로 태어나면 壬水는 戊土에 생명수를 공급하느라 피곤할 수도 있습니다만 戊土는 壬水가 있기에 甲木을 기를 수 있습니다. 生과 剋이 사주구조에 따라서 급변합니다.

坤命				陰/平 1993년 3월 28일 16:30								
時	日	月	年	85	75	65	55	45	35	25	15	5
甲申	庚午	丙辰	癸酉	乙丑	甲子	癸亥	壬戌	辛酉	庚申	己未	戊午	丁巳

이 구조에서 손녀와 할머니의 관계를 살펴보겠습니다. 손녀는 성격이 직선적이고 반항심이 가득하고 부모가 이혼하여 할머니와 사는데 고집을 아무도 이기지 못하고 수시로 가출하고 공부는 하지 않고 할머니와 매일 싸우면서 유독 할머니를 괴롭히면서도 밖에서는 친구들이나 타인에게 잘 합니다. 왜 유독 할머니를 괴롭히고 밖에서는 잘 할까요? 大運은 丁巳, 戊午, 己未로 16세에서 25세 戊午대운을 지나는데 사주원국에서 癸水가 丙火를 향하고 辰月이며 辰酉로 水氣는 마르면서 乙木도 상합니다. 또 戊午대운과 戊癸 合으로 水氣가 더욱 고갈됩니다. 따라서 丙火 戊癸 合, 午火가 세를 형성해서 庚金을 마구 괴롭힙니다. 庚金은 火氣를 방어하고자 성격이 거칠어집니다. 사주원국에서 水氣를 공급할 수 있는 글자는 癸水 뿐이고 十神으로 할머니이며 宮位로 살피면 年支 酉金입니다. 庚金 입장에서 도움을 받을 곳은 년주 癸酉뿐이라는 것을 잘 이해합니다.

하지만 할머니 입장에서는 丁巳, 戊午대운을 만나기에 酉金도 답답한 상황입니다. 화기에 자극받은 酉金은 癸水가 있어야 풀어지는데 戊癸 合으로 막혀서 열기를 해소하지 못합니다. 庚金은 癸酉를 찾아가야 문제를 해결하는데 癸酉 할머니도 내부에 열기만 가득하기에 답답하기는 마찬가지입니다. 庚金은 丙午에게 대들 수 없으니까 밖에서는 순한 양처럼 보이고 타인에게 고분고분 하지만 癸酉를 만나면 숨통이 트이기에 할머니를 괴롭히는 것입니다. 사실 庚金은 할머니를 괴롭히려는 것이 아니라 살려달라고 하소연 하는 겁니다. 내면의 외침을 알 길이 없으니 겉으로는 할머니를 못살게 군다고 생각합니다. 庚金은 할머니를 괴롭히는 나쁜 손녀이지만 의지할 곳은 할머니뿐입니다. 마치 傷官見官처럼 남편은 부인을 패면서 패지 않으면 내가 죽을 것 같다고 소리칩니다. 이런 행위는 겉에서 보면 남편이 부인을 구타하는 겁니다. 남편이 부인을 패는 이유는 부인에게 살려달라는 것입니다. 이처럼 生剋으로 살피면 나쁜 손녀, 나쁜 남편이지만 살기위해서 답답함을 해소하기 위해서 할머니, 부인을 괴롭힙니다. 부인의 사주팔자에 구타당할 원인이 있는데 구타하는 남편을 포기 못하는 조합이면 더욱 괴로운 인연입니다. 손녀도 마찬가지입니다. 할머니를 괴롭히지만 손녀에게 도움을 줄 인연은 오로지 할머니 癸酉밖에 없습니다. 사주원국에서는 매우 좋은 인연인데 운에 따라서 나쁜 인연으로 바뀌는 것입니다. 이런 이치를 이해하면 상대를 이해하고 주위사람들을 이해합니다. 또 이런 이치를 이해하면 단조로운 生剋에서 벗어납니다. 生剋의 문제를 이해하지 못하면 古書의 문제를 파악할 수 없기에 맹신하면서 더 이상 발전하지 못합니다.

제 24강

◆天干 三字조합의 이해

十神의 生剋 -干支 合   259
六親생성 과정   273
傷官見官의 三字조합   284

十神의 生剋 -干支 合

十神의 生剋을 이어서 하겠습니다. 우리는 왜 生剋 이론을 학습해야할까요? 거의 모든 명리이론의 근간은 生剋작용입니다. 格局도 通根도, 抑扶도 生剋으로 세상을 봅니다. 하지만 生剋의 이치는 너무도 단순해서 복잡한 세상의 움직임과 변화를 관찰하는데 역부족입니다. 時空間 변화를 분석하는 명확한 기준을 제공하는 것이 아니라 서로 다른 五行 두 개가 生하거나 剋하는 과정에 물질의 질량이 늘거나 줄어드는 것을 관찰합니다. 生剋이 그 정도로 가치 있다면 2시간 단위로 인체에 영향을 미쳐야 하는데 우리는 物形이 어떻게 변하는지 알지 못하고 실제로 사주팔자에서 어떻게 반응하는지 읽어내지도 못합니다. 예로 사주팔자에 剋이 뚜렷한 구조들은 부서지고 깨져야 하는데 대부분 멀쩡합니다. 다만, 生剋 논리의 문제를 파악해야 적절하게 취사선택할 수 있기에 生剋 이치를 설명하는 겁니다. 물론 十神명칭에도 고유한 의미가 있을 겁니다.

예로, 正印이 무엇이고 偏財가 무엇인지 뜻을 가졌고 우리는 그것을 활용해서 명리이론을 만들어 활용해왔는데 사주분석 과정에 다양한 문제가 있습니다. 우리가 고민해야 할 부분은 生剋은 동시다발로 반응하는지 아니면 시간흐름을 따라 이어지는지를 살펴야 합니다. 만약 時空間이 멈추어진 상태에서 生剋이 발생한다면 時間이 정지된 상태에서는 움직임과 변화를 측정할 필요가 없고 만약 時間이 흐르는 과정에 生剋이 작용한다면 時間에 따라 변하는 질량의 증감을 측정할 방법이 없습니다. 다만 육친관계를 규정하는 生剋의 이치를 이해해야 六親의 특징을 이해합니다. 위에서 兩者 조합을 살펴보았는데 이제 三字조합을 살펴보려고 합니다. 干支로 合하는 과정을 살피면 간단해 보이지만 생각 보다 복잡합니다. 먼저 五行과 十干으로 살펴보고 나중에 宮位와 十神 등도 살펴보겠습니다.

輪廻宮	時柱	日柱	月柱	年柱
火 丙	金 庚	木 甲	土 戊	水 壬
金 辛	木 乙	土 己	水 癸	火 丁

年月日時와 윤회궁까지 天干은 水土木金火로 흐릅니다. 年月日 水土木(壬戊甲) 관계를 살펴보겠습니다. 위에서는 水土, 土木, 木金의 순서대로 살폈습니다만 지금부터는 三字로 관계와 의미를 살펴보려는 겁니다. 이 개념은 三字조합을 활용하는데 필요할 뿐만 아니라 단조로운 生剋에서 벗어날 수 있는 방법입니다. 三字 조합을 이해하면 生하거나 剋하는 극단적이고 단조로움이 아니라 협력하고 타협하고 조정하는 관계를 깨우칩니다. 모든 것은 조건부라고 설명했는데 水土木도 조건에 따라 剋할 수도, 生할 수도 있으며 무조건 生하거나 剋한다는 관점에서 벗어나야 합니다. 三字가 원하는 조건이 맞으면 剋하다가 生으로 바뀌지만 또 상황에 따라서는 生하다가 剋할 수도 있음을 이해해야 합니다. 水土木(壬戊甲) 관계는 年의 壬水가 月의 戊土에게 생명수를 공급하고 戊土가 水氣를 품어서 甲을 키울 여건을 마련합니다. 水生木이라고 표현하는 것처럼 년의 壬水가 日의 甲을 生합니다.

하지만 十宮圖1에서 명확하게 보여주는 이치는 직접 壬水가 甲木을 生하지 못합니다. 반드시 먼저 壬水를 戊土에게 공급해서 생명수를 머금은 터전을 만든 다음 甲木 생명체가 성장하도록 돕습니다. 壬과 丁이 가장 먼저 하는 일은 戊土를 만드는 것이었습니다. 먼저 甲木 생명체를 만든 것이 아니라 생명체들의 터전인 戊土가 만들어지면 壬水를 공급해서 생명체들이 살아갈 여건이 마련되기에 자연스럽게 甲木이 생겨났습니다. 아무리 壬水가 甲을 향하는 마음이 강해도 반드시 戊土를 통해서만 그 관계를 유지합니다. 물론 壬水와 戊土 그리고 甲木 三字도 조건에 따라 변하는데 壬水가 戊土에게 水氣를 공급하지 못하면 甲木은 戊土를 심하게 헀하는데 그 이유는 壬水를 달라고 요구하는 겁니다. 문제는 甲木이 戊土를 헀하지만 결국 甲木도 상할 수밖에 없습니다. 마치 사막처럼 壬戊甲 三字가 모두 존재가치를 상실합니다. 터전이자 偏財와 같은 역할을 하는 글자들이 가치를 상실하면 문제가 심각해집니다. 年에 戊土가 있고 月에 甲木이 있으면 일종의 하극상으로 월에서 년을 괴롭힙니다. 만약 壬甲戊 三字로 조합하면 壬水가 甲에게 생명수를 공급하고 戊土를 극해도 壬水때문에 상하지 않습니다. 壬日이 태어나면 甲木 부친은 壬水의 생명수를 받아서 인생이 편해지는 겁니다. 만약 일간이 丙火였다면 戊土는 황폐한 땅으로 바뀌었을 겁니다. 戊土 입장에서 丙火가 甲木을 설해서 戊土를 生하는 殺印相生으로 좋다고 생각하지만 자연에서 보여주는 이치는 전혀 다릅니다.

사막처럼 마른 戊土의 땅에서는 甲木이 성장할 수 없는데 丙火가 오면 풀 한포기 나지 않는 사막으로 변합니다. 甲이 月에 있고 戊土가 年에 있다면 甲木이 戊土 터전을 부수기에 조부모 음덕이 없습니다. 하지만 甲木이 年에 있고 戊土가 月에 있다면 甲 어른이 戊土 자식을 다스리기에 흉이 훨씬 덜합니다. 동일한 生헀도 時間方向과 宮位에 따라 의미가 크게 달라집니다. 乙戊 조합의 경우 乙年, 戊月과 戊年, 乙月은 전혀 다른 의미입니다. 乙戊가 조합하면 乙의 꿈을 戊土에서 실현하려고 합니다. 따라서 戊年, 乙月 조합이 乙年, 戊月 조합보다 그릇이 훨씬 큽니다. 乙의 꿈을 戊年의 터전 즉, 국가자리에서 현실화되기에 공직과 인연이 깊고 공직자 가정에서 태어납니다. 반대로 戊土가 月에 있으면 사회, 직업 宮에서 乙木의 꿈이 현실화되기에 年의 祖父가 月의 戊土 부친에게 꿈을 이루게 해달라고 찾아오는 겁니다. 따라서 국가, 공직자라는 개념이 약해지고 사회에서 안정적인 터전이 있는 정도입니다. 이처럼 生剋도 宮位와 시간방향을 무시하면 엉뚱한 해석을 합니다. 戊土에서 꿈을 현실화시키기에 戊土가 년에 있는지 월에 있는지에 따라서 그릇에 차이가 날 수밖에 없고 時間方向은 오로지 乙木이 戊土를 향하여 宮位에 따라서 그릇이 달라질 수밖에 없는 겁니다. 예를 들어서

乾命				陰/平 1969년 1월 16일 12:30							
時	日	月	年	89	79	69	59	49	39	29	19	9
모름	戊寅	丙寅	己酉	丁巳	戊午	己未	庚申	辛酉	壬戌	癸亥	甲子	乙丑

己酉年 남자로 寅寅 偏官이 강하니 殺印相生으로 丙火가 用神이라고 판단합니다. 즉, 寅寅으로 戊土가 심하게 상하니까 丙火로 殺印相生해서 좋을 것 같은데 초년부터 大運은 水氣로 흘러갑니다. 따라서 水生木하고 水剋火하니 丙火 用神이 상하기에 흉하다고 읽어야 하는데 실상은 정반대입니다. 사주구조는 丙火 用神이라고 판단할 수밖에 없는 구조입니다. 그런데 대운이 火氣로 흐르면 어떤 상황일까요? 壬水나 亥水가 필요한 寅木들에게 水氣를 공급하기는커녕 화기를 공급하면 寅木은 더욱 마르면서 水氣를 달라고 아우성치기에 결국은 戊土가 상하면서 나무들이 자랄 수 없는 사막처럼 변해버립니다. 이런 구조들은 水氣를 적절하게 공급하지 않으면 부인이 질병으로 시달리거나 사망할 수도 있고 여러 번 이혼하기도 합니다 이런 문제를 해결하고자

水氣 많은 인연을 찾거나 대운에서 水氣가 와주어야 寅木이 문제없이 성장합니다. 戊土와 甲寅이 잔뜩 있는데 水氣는 없고 대운조차도 火氣로 흐르는 사주는 교통사고나 생각도 못한 황당한 시비가 발생합니다. 생으로 살피면 木生火로 좋지만 현실은 정반대입니다. 단순하게 水生木, 木生火, 火生土, 土生金의 생극작용을 三字조합으로 살피면 허점이 많다는 것을 이해합니다. 자연의 순환원리는 반드시 중간에 土를 끼어서 직접 생하지 못합니다. 자연은 참 오묘합니다. 직접 생하면 될 것 같은데 전혀 그렇지 않습니다. 정리하면, 十宮圖1에서 年의 壬水는 반드시 먼저 생명수를 月의 戊에게 전달해서 땅을 축축하게 만들어주기에 비로소 생명체 甲이 등장합니다. 壬水가 甲에게 水生木으로 직접 生할 것 같아도 반드시 중간에 있는 戊土를 통해서만 가능합니다. 이런 이치를 인간관계로 살피면 손자가 나오면 조부는 손자를 너무도 사랑합니다. 따라서 조부의 손자를 사랑하는 마음은 지대하지만 조부와 손자가 직접 접촉할 수 있는 관계는 아닙니다. 戊土 부친을 통해서 조부의 존재감을 알릴 수밖에 없습니다. 이것이 연월일의 壬戊甲 관계입니다.

月日時 조합은 戊甲庚입니다. 壬水의 生을 받은 戊土가 甲을 길렀습니다. 시간이 지나 甲木은 庚金을 생산하지만 흐름은 이상합니다. 어떻게 甲庚 沖하는데 甲이 庚을 내놓을 수 있을까요? 地藏干 흐름이나 자연 순환과정을 살피면 빠르게 이해합니다. 戊土에서 자란 甲은 시간흐름에 따라 물형을 庚으로 바꾸는 겁니다. 甲이 巳月에 이르러 庚으로 물형을 바꾸기에 巳火의 地藏干 내부에 庚이 장생합니다. 하지만 沖으로 살피면 庚金이 甲木을 沖한다고만 인식합니다. 庚金의 존재를 만들어준 것은 甲木이 분명하기에 甲이 庚의 모친입니다. 地藏干에서 보여주는 흐름대로 甲이 乙로 바뀌고 결과적으로 물형이 庚으로 변하기

- 263 -

때문이며 이것을 증명하는 방법은 甲木이 없었다면 庚금은 생겨날 수 없습니다. 연월일시 宮位의 흐름을 살피면 丙火가 庚金을 키우는 과정에 반드시 水氣가 채워져야 열매가 확장되기에 年의 壬水가 時間에 있는 庚金 내부를 향하여 갑니다. 마치 증조부가 증손자에게 水氣를 전달하는 것과 같습니다. 그 흐름을 살피면 무조건 극하는 것이 아니라 한 단계씩 先代에서 後代까지 이어지는 것입니다. 月의 戊土는 時의 庚金의 존재를 드러낼 터전을 제공합니다. 따라서 庚金은 戊土가 없다면 존재감을 드러내지 못하는 겁니다. 사주팔자에서 庚金이 있을 때 戊土를 배합한 것과 못하는 것에는 엄청난 차이가 있습니다. 戊土가 庚金을 만나면 열매가 그 존재를 戊土에 드러냈기에 가치 높은 땅이 분명합니다. 戊土 땅의 가치는 庚金열매의 존재에 따라 결정되는 겁니다. 이것이 土生金의 조합이지만 十宮圖 1의 과정으로 살피면 土生金이 아니라 반드시 戊土가 먼저 甲을 내놓고 나서야 庚金이 생겨납니다. 즉, 土生金이 아니라 土生木, 木生金 과정을 거쳐야 합니다. 水生木, 木生火로 생의 작용이 이루어질 것 같은데 그렇지 않다는 겁니다. 반드시 훼하고 생하는 과정을 반복합니다. 이런 이치 때문에 훼처럼 보이는 관계들이 실상은 生하는 관계들입니다. 정리하면, 五行 生훼에서 학습한 것은 土生金이지만 우주와 지구의 순환과정에서 보여주는 生훼원리는 반드시 土木金(戊甲庚) 과정을 거치는 겁니다. 사실 土生木, 木生金은 황당한 주장처럼 보이지만 자연 순환과정에서 甲이 있어야 庚金을 내놓을 수 있음은 분명합니다.

日時와 윤회궁을 이어서 살펴보겠습니다. 日時와 輪廻 宮은 <u>甲庚丙입니다</u>. 甲木이 庚金을 내놓으면 丙火는 庚金을 키우기 시작합니다. 따라서 甲木이 丙火를 생하는 것 같지만 甲木은 먼저 庚金을 생하면 丙火가 庚金을 확장하기에 甲木이 丙火를 직접

生하는 것이 아닙니다. 地藏干으로 살피면 辰巳 과정으로 辰중 乙이 巳중 庚과 乙庚 합하기에 巳중 丙火가 乙庚 합을 확장하는 과정이 午未申월에 이루어집니다. 이제 시와 윤회 궁 그리고 년간인 壬丙庚 과정을 살펴보겠습니다. 庚金이 壬水를 생하는 金生水라고 배웠지만 반드시 丙火가 庚金을 확장하니까 비로소 壬水가 庚金 내부에 채워집니다. 따라서 丙火가 庚金을 확장하지 않으면 壬水를 채울 수 없는 겁니다. 그 흐름을 보면, 庚金은 甲에서 왔고 丙火가 庚을 키우는 이유는 결국 壬水를 생하려는 겁니다. 地藏干으로 살피면, 申의 地藏干에 壬水가 생겨난 이유는 巳午未月을 지나는 과정에 巳月에 乙庚 합해서 丙火가 확장하니까 庚金의 부피가 넓어지고 내부에 壬水를 채웁니다. 月支 時空으로 申月에는 丙火가 필요한 이유도 丙火가 申을 확장해야 壬水가 생겨나기 때문입니다. 결국 壬水를 생한 것은 庚金이 아니라 丙火입니다만 직접 壬水를 만든 것은 아니고 반드시 庚金을 활용해야 가능합니다.

干支로 표현하면 丙申이고 地支로 조합하면 巳申으로 합水라고 표현입니다. 巳申 합하면 水가 나오는 이유를 설명하기 어렵습니다. 사실 巳申 합水 이치도 巳의 地藏干 丙火가 庚金을 키우면 午月에 丁火가 수렴작용을 통해서 水氣를 집중시키기에 庚金내부에 水氣가 채워집니다. 수박 내부에 즙이 차는 과정을 상상하면 됩니다. 巳중 丙火가 巳申 합하면 결과적으로 丙火가 申중 壬水에 의해 무력해지는 겁니다. 결국 丙火를 활용해서 庚金 내부에 壬水를 채우는 과정을 巳申 합水라고 불렀던 겁니다. 사실 巳申합水라고 부르지만 두 글자에는 水氣가 전혀 없기에 감을 잡기 힘듭니다. 물론 巳申 합水의 본질은 水氣가 아닙니다. 壬水가 長生을 만나 기운이 막 생겨났으며 亥월에 이르러야 비로소 巳申 합水가 완성됩니다. 정리하면, 丙火가 庚을 키우고

壬水를 채우는 과정이 金生水 흐름인데 직접적으로 金生水가 이루어지는 것이 아니라 반드시 丙火가 庚金을 키워야 水氣가 채워지는 것입니다. 火生金, 金生水과정입니다.

이제 윤회 宮과 年과 月의 관계를 살펴보면 <u>戊壬丙</u>로 火水土조합입니다. 丙火가 戊土를 생하는데 중간에 壬水를 끼어있습니다. 壬水는 丙火의 분산작용이 없으면 무한응축을 풀어낼 수 없습니다. 소위 빅뱅이전의 상태로 냉동실에 고기를 그대로 두면 계속 얼어있습니다. 이때 밖으로 꺼내서 녹여주는 작용을 丙火가 해주니까 壬水가 생명수의 쓰임을 얻는 겁니다. 즉, 壬水는 丙火가 있어야 癸水로 기화시켜 戊癸 合하여 대기권을 조성하여 甲 생명체를 키웁니다. 戊癸 合하는 이유는 乙木 生氣의 성장을 촉진하려는 것입니다. 이처럼 火生土 작용도 반드시 중간에 壬水가 있어야 가능합니다. 戊土에게 먼저 필요한 것은 신기하게도 丙火가 아니라 壬水입니다. 특히 지구와 같은 戊土는 水와 火 모두를 배합하지 않으면 생명체가 살 수 없는 혹성이 됩니다. 핵심은 戊土는 반드시 먼저 壬水가 필요하며 丙火가 아닙니다. 마치 태양 빛이 없으면 생명체가 살수 없다고 생각하지만 더욱 중요한 것은 생명수 壬水입니다. 위에서 살폈던 丙寅 月, 戊日의 경우 壬水가 채워지지 않으면 사막처럼 변합니다. 지구에 물이 생기고 빛이 드러나 壬水와 丙火가 조화를 이루어 甲 생명체가 생겨난 겁니다. 壬水가 없는데 태양 빛을 받아들이면 지구도 화성처럼 생명체가 살아갈 수 없습니다. 이런 상황을 이해하면 十干이 어떤 특징을 가진 財星을 원하는지 이해합니다. 다음 章에서는 甲이 己土를 財星이라 부르는 이유, 癸水가 丙火를 財星이라 부르는 이유, 丙火가 癸水를 官星이라 부르는 이유가 무엇인지 살펴보겠습니다. 여기에서 이해할 내용은 三字조합의 우선순위가 무엇이고 어떤 조건을 원하며 十干은 어떤 財

星을 필요로 하는지에 대한 겁니다. 財星이 왜 중요한지 그 이유를 확실하게 이해해야 합니다. 사주팔자에서 財星에 문제가 생기면 사망할 수도 있다고 하는 이유는 돈 때문이 아니라 생존에 반드시 필요하기 때문입니다. 食神이 상하면 활동이 답답해지지만 財星이 상하면 존재가치를 상실합니다. 食神은 먹을 福이라고 하면서 문제가 생기면 밥그릇이 엎어진다고 합니다. 偏印倒食으로 먹거리에 대한 것이지만 財星은 그 보다 더 심각한 생존문제입니다. 존재가치, 삶의 터전입니다. 사주팔자에 財星이 없다면 불안정합니다. 가난하거나 불행하다는 뜻이 아니라 한 곳에 정착하지 못하고 이리저리 떠도는 인생입니다. 예로 돈은 많은데 계속 해외로 출장 다니는 상황과 같습니다.

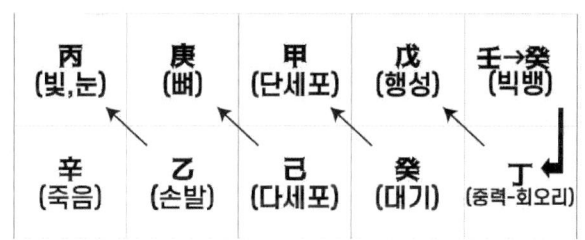

이제 天干과 地支의 生剋 관계를 살펴보겠습니다. 年月日時 윤회 宮을 모두 합쳐도 어김없이 財星의 관계입니다. 天干이나 地支나 干支가 모두 財星으로 구성되었습니다. 도대체 財星이 무엇일까요? 세상은 왜 財星으로 구성되어 있을까요? 궁금증을 해결하려면 財星의 정체와 의미를 알아야 합니다. 계속 확인한 것처럼 財星은 剋처럼 보이지만 언제라도 生으로 바뀌는 터전 역할입니다. 우리는 절대 혼자서는 생존할 수 없으며 서로에게 삶의 터전이 되어줍니다. 명리에 응용하면 偏財, 正財는 살아가는데 반드시 필요한 조건으로 養生, 삶의 터전, 존재가치와 같습니다. 財星이 戊己의 경우, 戊土는 나는 누구인가에 대한 문제이고 己土는 존재의 근본에 대한 문제입니다. 즉, 己土는 존립 여부를 결정하고 戊土는 쓰임을 고민합니다. 財星의 존재를 이해하지 못하면 水火가 沖으로 싸우는 것으로만 인식합니다. 壬水와 丁火의 경우, 壬水는 남자로 강하고 丁火는 여자로 약합니다. 하지만 壬水는 丁火가 없으면 존재가치가 없기에 반드시 丁火를 필요로 합니다. 부인 입장에서 남편의 요구사항이 지나치다고 느낍니다. 生剋 관계를 이해하지 못하면 부인이 남편한테 꼼짝 못하지만 壬水는 쓰임이 없기에 반드시 丁火와 짝을 이루어야 합니다. 丁壬 合으로 甲木을 내놓거나 丁火로 辛金에 열을 가하고 壬水에 풀어내서 활용할 수 있습니다. 만약 丁火가 약하면 丁火를 더욱 간절히 찾기에 남편이 지겹습니다. 나만 부려 먹으려고 그런다고 생각합니다. 이런 이유로 陽干이 너무 강하면 合 당하는 陰氣가 도망가는 이유입니다.

특히 丁火는 수렴에너지, 열과 같아서 <u>壬水가 약할수록 남편이 좋습니다.</u> 丁壬 合하는데 壬子라면 壬水 남편이 子水에 通根해서 매우 뛰어나다고 생각하지만 그렇지 않습니다. 오히려 壬水가 무기력해 보이는 丁巳일 壬寅시, 丁卯일 壬寅시, 丁未일 壬寅시의 구조일 때 丁火 남편의 상황이 훨씬 좋습니다. 이처럼 十干이 선호하는 조합을 이해하지 못하고 通根으로 살피면 壬水 남편의 상태가 굉장히 무기력해 보임에도 발전하는 이유를 모릅니다. 예로 戊癸 合의 경우에 癸水가 戊午를 만나면 癸水가 증발하기에 주위에서 도와주지 않으면 매우 힘든 상황입니다. 甲己 合도 己土가 甲寅을 만나서 甲寅 正官으로 대단한 남편이라고 생각하지만 구타하는 남편일 수 있습니다. 乙木이 강한 庚申 남편을 만나면 묶여서 정신이상이 올 수도 있습니다. 자연의 이치로 살피면 열매는 크지만 乙木새싹은 너무 작습니다. 껍데기는 엄청 커 보이는데 까보니 먹을 것이 없는 과일과 같습니다. 혹은 수박은 엄청 큰데 갈랐더니 썩어 있습니다. 호두가 엄청 큰데 까보니 속이 비었습니다. 이처럼 陰干이 감당하기 힘든 陽干과 슴하면 강한 正官을 감당 못하고 힘들어합니다. 구조에 따라서는 正官보다 偏官을 선호하는 이유는 슴의 구속감이 훨씬 덜하기 때문입니다. 正官을 감당하기 힘들어 외도하거나 도망갑니다. 乙, 丁, 己, 辛, 癸日이 강한 正官을 만나는 것이 무조건 좋은 것이 아니라는 점을 설명하는 겁니다.

본론으로 돌아가서, 十宮圖1에서 년에 壬丁 슴하는 이유는 만물의 근원적 에너지이기 때문으로 壬水는 반드시 丁火를 만나야 쓰임을 얻습니다. 두 관계를 헨으로 살필 것이 아니라 水火가 만나야 만물이 조화를 이룬다고 이해해야 합니다. 水는 반드시 火와 配合해야 쓰임을 얻는 겁니다. 단순하게 壬水가 丙火를 헨한다고만 생각하지만 에너지 파동으로 살피면 沖만 하는 것이 아니라 丙火를 활용해서 金 열매를 키우려고 합니다. 만약 庚金이 있으면 丙火로 열매를 확장하는 과정에 내부에 壬水를 채웁니다. 만약 甲을 배합하면 丙火의 도움으로 甲의 성장을 돕습니다. 소위 <u>壬甲丙</u> 三字조합입니다. 壬丙 沖도 단일하지 않으며 甲을 키우는지 庚을 품는지에 따라 방향이 달라집니다. 사주구조의 쓰임이나 방향을 살펴서 의중을 파악해야 하며 沖하면 무조건 상대를 헨해서 망친다는 편협한 생각에서 벗어나야 합니다. 生헨의 세상을 지워야 하는데 쉽지 않은듯합니다. 만약 사주원국에 木金이 없고 壬丙만 있다면 沖을 정신으로 활용할 수 있습니다. 子午 沖이나 巳亥 沖도 유사합니다. 년과 월에서 이루어지는 子午 沖은 총명하기에 40세까지는 좋은 회사 다니다가 子午 沖의 정신을 추구하는 특징대로 종교, 명리, 철학으로 빠집니다. 물불로 불꽃이 튀기에 촉이 좋기에 주로 무속, 점법, 타로 등 점으로 빠집니다. 단점이라면 끈기가 약해서 꾸준히 깊게 파고들지 못합니다.

이제 월주를 살펴보겠습니다. 月에 戊癸로 土水가 조합하였습니다. 十宮圖1에서 보여주는 대로 戊土는 癸水와 合해야만 하는 이유가 있습니다. 다만 그 과정의 기준은 年의 壬水와 丁火를 기반으로 戊土가 偏官 작용으로 壬水를 月支 癸水로 변화시켜서 활용합니다. 戊土가 壬水를 癸水로 바꾸는 이유는 壬水를 직접 활용하기 불편하기 때문입니다. 壬水를 剋하는 방식으로 癸水로 변화시켜서 戊癸 合해서 활용합니다. 그렇다면 戊土는 어떻게 블랙홀과 같은 응축에너지 壬水를 발산에너지 癸水로 바꿀 수 있을까요? 戊土는 중력에너지 丁火의 산물이기에 戊土 내부에는 이미 중력과 열을 저장하고 있기에 壬水의 응축을 기화시킬 수 있습니다. 이것이 戊土가 壬水를 剋하는 것만이 아니라 剋을 통해서 生의 효과를 누리는 겁니다. 물론 壬水가 丙火와 沖해도 일부를 癸水로 활용할 수 있고 또 丁火와 짝을 이루어도 일부를 癸水로 활용할 수 있습니다. 결국, 沖이나 剋이라는 작용을 통해서 陽氣가 陰氣로 전환하는 겁니다. 偏財가 正財로 변하고 偏官이 正官으로 변하고 食神이 傷官으로 변하고 比肩이 劫財로 변하는 이치도 동일합니다. 이처럼 偏에서 正으로 변하려면 沖剋 당하는 아픔이 필요합니다. 고통 없이 발전은 없는 것입니다. 하루아침에 이루어지는 것은 존재할 수 없고 반드시 쓴맛, 단맛을 보면서 발전합니다. 이것이 偏과 正의 차이점입니다. 壬水가 癸水로, 甲이 乙로, 庚이 辛으로, 丙火가 丁火로, 戊土가 己土로 바뀌려면 반드시 剋을 통해서 고통과 쓴맛을 봐야 하는 겁니다. 우주관점에서는 壬水는 熱氣를 품은 丁火를 合하고 일정 시점에 이르면 癸水로 폭발해서 質量을 가진 戊土로 뭉쳐져서 회전하면서 점점 둥그런 물형으로 변합니다. 그리고 壬水를 丁戊로 癸化 시켜서 대기권을 형성하는 과정이 戊癸 合입니다. 癸水를 산소라고 이해하면 쉽습니다. 戊癸 合이 이루어져야 비로소 甲 생명체가 생겨납니다. 즉, 壬水를 癸化 시켰기에 戊土 지구와 대기권이 형성되고 甲과 만물이 생겨난 것입니다. 이것이 훼의 관점에서 세상을 관찰하는 겁니다. 결국 戊土가 쓰임을 얻으려면 반드시 癸水가 필요하다는 것입니다. 戊土가 癸水와 짝을 이루어야만 했던 이유는 생명체를 만들려는 의지였습니다.

이런 이치를 사주팔자에 응용해보겠습니다. 戊癸 合하는데 木이 없다면 生氣를 확장하려는 의지가 없는 겁니다. 단지 戊土와 癸水가 어둠 속에서 어두운 행위를 합니다. 하지만 戊癸 合에 乙이 개입되면 乙木의 성장을 촉진하는데 집중합니다. 생기의 터진을 제공하고 癸水로 生氣를 불어넣습니다. 일상에 비유하면 戊癸 合만 있다면 여자, 돈을 추구하던 남자가 운에서 乙木을 만나면 國家, 사회를 위해 터전을 제공하는 인물로 바뀝니다. 戊日이 시주에 乙을 만나면 宮位의 특징대로 여자관계가 복잡하지만 戊癸 合의 핵심은 乙木을 키우려는 것인지 合만 하려는 것인지 金으로 수확하려는 것인지 사주구조에서 의도를 읽어야 합니다. 丙壬도 두 글자로 작용하는지 三字로 작용하는지에 따라 목적이나 의도가 달라집니다. 戊癸 合했는데 辛金을 만나면 乙木을 키울 생각이 없고 戊癸 合했는데 申酉戌 月을 만나면 乙木을 수확하는 욕망으로 바뀝니다. 戊癸 合해서 木 生氣를 퍼트리려는 것이 자연의 의지인데 金이 배합되면 원래 의지 사이에서 갈등할 수밖에 없습니다. 日柱는 甲己 合으로 木土조합입니다. 木은 土가 없으면 안정적인 성장 터전이 없는 겁니다. 표현을 바꾸면, 지구가 없으면 지구에 생명체가 존재할 수 없는 겁니다. 사주팔자도 마찬가지로 甲日로 태어났는데 사주원국에 土가 없다면 삶이 불안정하며 계속 이동하면서 터전을 찾으러 다닙니다. 甲日이 주위에 두터운 土를 만나면 부자로 살아갈 가능성이 높아집니다. 甲木은 넓은 땅을 다스리는 주인과 같습니다. 땅에 나무가 있으면 다양하게 활용합니다. 가을에 열매를 수확하는 것도 모두 甲木의 공로입니다. 땅이 좁으면 활용이 어렵고 성장에 힘이 듭니다. 이런 이치들이 중요하지 않다고 느끼지만 근본개념을 이해해야 이론 확장이 가능해집니다. 合의 개념을 통해서 十干이 어떤 조합을 원하는지 파악해야 합니다. 사주팔자에 財星이 없다면 존재를 부각시키는데 문제가 있습니다. 자신이 왜 살아야 하는지를 모릅니다. 印星은 존재의 유무를 결정하지만 財星은 존재의 가치나 이유를 결정합니다. 왜 살아야 하는지 모르면 정신안정은 어렵습니다. 이처럼 財星의 존재는 매우 중요합니다.

時柱는 庚乙 合으로 金木 조합입니다. 즉, 庚金은 乙木이 있어야 열매의 가치를 드러낼 수 있습니다. 地藏干 흐름을 살피면 자연스럽게 이해합니다. 윤회 宮은 丙辛 合으로 火金조합입니다. 즉 丙火의 분산작용은 辛金이 있어야 가치를 활용합니다. 合을 통해서 壬水를 창출해야 새로운 윤회과정이 이어집니다. 즉, 色界의 창조와 소멸과정에 반드시 필요한 合이 丙辛입니다. 水氣를 만들어야만 하는 이유는 바로 丙火의 화려한 色界를 없애고 辛金을 통해서 영혼의 세계 壬水로 돌아가기 위한 겁니다. 따라서 물질과 육체, 색계로부터 멀어져야만 하는 丙辛 合은 깊은 壬癸 영혼의 세계를 추구하는 의지가 강합니다. 또 일정한 시점에 이르러 癸水가 빅뱅으로 폭발하면 壬水가 丁火와 짝을 이루어 戊土를 만들고 甲木을 만들고 庚金을 만드는 방식으로 영원히 순환합니다. 地支구조를 간단히 살펴보겠습니다.

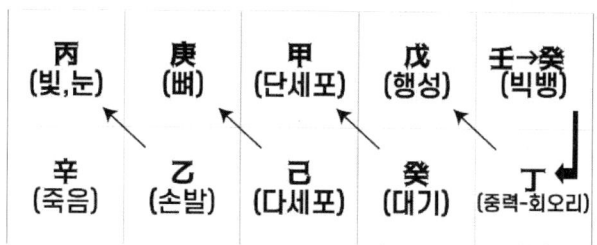

丁火, 癸水, 己土, 乙木, 辛金의 흐름도 모두 偏財관계입니다. 동일한 논리로 癸水가 丁火를 剋하는 것처럼 보이지만 丁火를 활용하고, 己土는 癸水를 활용하고, 乙木은 己土를 활용하고, 辛金은 乙木을 활용합니다. 예로 年支 丁火는 月支 癸水에 剋당하는 것이 아니라 癸水의 터전이라고 했는데 시어머니가 며느리를 낳는다는 표현도 있다고 합니다. 며느리가 시어머니를 沖으로 괴롭히는 것처럼 보이지만 사실은 시어머니를 통해서 존재가치를 얻습니다.

六親생성 과정

마지막으로 六親을 생성하는 과정을 살펴보겠습니다. 十神명칭이 어떤 방식으로 결정되었는지를 이해하는 겁니다. 모두 열 개 뿐이니 외울 필요도 없습니다. 財星에 대해서는 위에서 명확하게 개념을 정립했습니다. 우리는 財星으로 이루어진 세상을 살아가고 있음을 확인했습니다. 또 財星에 陽과 陰이 있기에 偏財와 正財로 나뉩니다. 偏財는 剋을 활용해서 正財로 변하는 과정에 쓴맛을 봐야 합니다. 偏財는 활동범위가 넓고 일정 공간에 정착하지 못하며 다양한 교류를 통하여 많은 사람들과 접촉하다가 최종적으로는 나만의 소유물을 결정하는데 바로 正財입니다.

宮位로 日支가 正財인 이유는 나만의 소유물이기 때문입니다. 正財의 특징은 日支 宮位와 같습니다. 내 배속처럼 나만의 소유물이며 타인이 빼앗지 못합니다. 偏財는 나만의 소유물이 아니고 다 함께 활용합니다. 따라서 日支에 정재가 있어야 하는데 偏財가 있다면 나의 소유물을 취하려는 대상이 많습니다. 日支에 비겁이 있다면 더욱 황당합니다. 나만 소유해야 하는데 마치 적군이 내 안방까지 쳐들어와 내 소유물을 빼앗으려고 하는 상황입니다. 물론 단정할 수 없는 이유는 사주구조에 따라 日支 비겁이 좋은 역할을 할 수 있기 때문입니다. 사주구조에 따라 의미가 달라지기에 단정은 금물입니다. 예로, 辛亥년 丁酉월 壬子일 癸卯시 남자는 일지에 子水가 있음에도 100억 이상의 사업가입니다.

년의 宮位로 돌아가서, 壬水와 丁火가 짝을 이루니 祖父와 祖母가 합하고 丁火가 戊土를 生합니다. 즉, 조모가 月의 戊土 父親을 낳았습니다. 새로운 陽氣 즉, 자식을 낳은 사람은 年支의 조모입니다. 결론적으로 陽氣는 陰氣가 만들어내는 겁니다. 女子가 애기를 낳고 남자가 낳는 것은 아닙니다. 丁火와 戊土는 陰陽이 다르고 十神으로 傷官이라 부릅니다. 모친의 입장에서 傷官을 향하는 마음이 지대합니다. 명칭이 참 이상합니다. 조모가 부친을 낳는데 왜 傷官일까요? 戊土는 丁火에 만들어졌고 丁戊 火土 조합은 결과적으로 壬水 조부를 상하게 만듭니다. 부모와 자식의 관계로 설명하면, 壬水 부친이 丁火 모친을 만나서 戊土 아들을 낳으니까 부친 壬水를 훤합니다. 壬水는 丁火에게 기운을 일부 빼앗겼는데 다시 戊土가 壬水를 훤하는 작용을 傷官見官이라고 표현합니다. 이런 이치를 이해해야 傷官見官은 무조건 나쁘다는 편견에서 벗어납니다. 傷官見官은 무조건 문제가 발생하는 것이 아닙니다. 예로 壬乙己와 壬己乙의 차이점에 대해서 설명했습니다. 壬己乙은 壬水가 己土에게 水氣를 공급하니까 비록 乙木을 傷官이라 부르고 己土와 傷官見官해도 질퍽한 己土를 소토해서 壬水가 己土를 잘 관통하게 해주면 검경, 공직, 정치로 상류사회에 진출하는 조합입니다. 壬乙己는 壬水가 먼저 乙木 傷官을 활용해서 己土를 거부합니다. 이처럼 傷官見官도 구조에 따라서 작용이 좋은 경우도 있다는 겁니다. 干支로 표현하면 여자 壬日이 己卯月을 만난 경우, 壬水가 결혼해서 己土를 상대하기에 쓰임이 지 않습니다. 壬水가 己土에 水氣를 공급해서 축축하지만 그 다음 단계가 없습니다. 하지만 卯木 자식이 나오면 답답한 己土를 뚫어서 壬水와 己土 사이에 소통의 길이 열립니다. 부부 사이가 답답했는데 자식 낳고서 좋아지는 겁니다.

이처럼 傷官見官은 무조건 나쁜 것이 아니라 구조와 조건을 살펴야 합니다. 물론 傷官이라 부르는 이유는 丁火입장에서 戊土를 내놓으니까 壬水를 剋하기에 그렇습니다. 자연이치로 살피면 1이 2를 만나서 3을 내놓는 과정과 다를 바 없습니다. 陽氣 1이 陰氣 2를 만나서 새로운 陽氣 3을 내놓기를 반복합니다. 문제는 傷官 戊土가 壬水를 剋한다고 단정할 수도 없습니다. 戊土는 반드시 생명수와 같은 壬水가 있어야 가치를 얻기 때문입니다. 戊土는 비록 丁火에서 나왔음에도 반드시 壬水를 필요로 합니다. 생명수를 얻어야 癸水와 合하고 甲을 내놓기 때문입니다. 丁火입장에서 戊土 아들을 傷官이라 부르고 己土 자식을 딸이라 부릅니다. 食傷은 육친으로 자식입니다. 陰陽이 다르면 아들, 같으면 딸이라는 기준을 대입한 겁니다. 食傷은 官星을 剋하는데 남편이므로 자식을 활용해서 남편을 무력화시키고 우위를 점하는 겁니다. 결혼하고 애가 없을 때는 남녀가 싸우면 여자가 지는데 자식이 생기면 남자는 여자를 이기기 어렵습니다. 아이를 안고 부부싸움 하는 모습이 傷官見官입니다. 부인이 남편의 공격으로부터 방어하는 수단이 자식입니다. 결혼하면 여자가 자식을 낳으려는 이유로 남자가 도망가지 못하는 이유입니다. 우주창조 과정으로 살피면 빅뱅이후 생명수 壬水와 熱氣 丁火를 활용해서 戊土 지구터전을 만들었기에 甲木 생명체들의 생겨났습니다. 보통은 水火木土金으로 설명하지만 水火土木金으로 표현해야 맞습니다. 지금까지 살핀 것처럼 水가 木을 바로 생할 수 없습니다. 생명체 甲木은 반드시 戊土 터전을 기반으로 생겨났던 겁니다. 月과 日의 흐름을 살펴보면, 戊癸甲 土水木 과정으로 지구에 만물이 생겨나는 과정입니다. 戊癸 合으로 대기권이 생성되고 甲木 생명체가 존재를 드러냅니다. 그리곤 甲己庚 木土金으로 후대를 이어갈 씨종자가 출현합니다. 60甲子에서 庚子부터 시작하는 출발점은 씨종자가 생성되는 과정을 표현한 것입니다. 庚子, 辛丑에서 시작하여 庚寅, 辛卯, 庚辰, 辛巳로 이어지는데 열매가 새싹으로 변하는 과정을 표현한 것입니다. 戊土에 甲이 등장하고 만물이 생기면 甲己庚 木土金으로 씨종자가 세대를 이어갈 수 있습니다. 새로운 世代가 열리는 과정이 庚子입니다.

또 庚乙丙 金木火의 과정을 거치면 씨종자를 얻기 위해 열매가 확장하고 단단해져가는 과정입니다. 살피고 넘어갈 내용은 五行 生剋 작용 중에서 참으로 깨우치기 힘든 내용은 바로 火生木입니다. 인간의 인지능력으로는 바꾸기 힘든 것이 火生木입니다. 바로 丙火가 乙木을 키운다고 생각하는 관점이죠. 분명히 木生火라고 표현하면서도 火生木이라고 표현합니다. 丙火가 卯木을 키운다고 時間 方向을 착각합니다. 丙火가 乙木 즉, 태양이 초목을 키운다고 생각하니까 丙火가 乙木을 향하는 것처럼 인식하지만 乙木이 丙火를 향하고 丙火는 庚의 부피를 확장하고자 庚金을 향합니다. 이 흐름을 명확하게 인식해야 합니다. 丙火의 분산작용을 태양이라는 물질로 인식하고 乙木의 좌우확산 움직임을 화초로 인식해서 丙火가 乙木을 키우니 火生木이라고 판단하지만 십간은 시간이자 에너지 파동이지 물질이 아닙니다. 木生火로 乙木이 丙火를 향하고 丙火가 庚金을 확장하는 乙丙庚 三字로 시간방향은 정해졌습니다. 十宮圖1로 살피면 庚乙丙으로 종자를 확장하는 과정입니다. 따라서 火生金이 맞으며 火生木이 아닙니다. 태양이 화초를 키운다는 인식을 고치는 것은 참으로 어렵습니다. 火生木과 木生火의 차이를 구분하지 못하는 것처럼 火生金을 火克金으로만 인식합니다. 丙火가 존재하는 목적은 庚金의 부피를 확장하기 위한 것이기에 火生金이 분명합니다.

마지막으로 丙辛壬 火金水 흐름을 살펴보겠습니다. 화려한 色界, 문명을 의미하는 丙火가 辛과 합합니다. 씨송자의 완성이자 生氣의 소멸을 뜻합니다. 이렇게 丙辛이 합해서 壬水를 만들기에 丙辛 합은 영혼의 세계로 돌아가는 과정입니다. 木에서 金까지의 과정에 씨종자 辛金이 생겨난 이유는 丙火가 庚金을 확장해서 辛으로 완성하면 결국 丙辛 합으로 亥子丑 水氣에서 새 영혼을 창조하고 甲으로 나오기를 반복합니다. 丙辛 합으로 水氣를 만들기에 씨종자를 후대에 전달하는 행위입니다. 이처럼 年月日時 그리고 윤회궁을 끊임없이 순환합니다. 정리하면, 年의 壬水가 月支 癸水로 바뀌니까 壬癸 水水, 戊己 土土, 甲乙 木木, 庚辛 金金, 丙丁 火火로 陽에서 陰으로 변하기를 반복합니다. 陽氣가 陰氣로 반복합니다. 甲乙庚辛도 陽陰陽陰이고 壬癸丙丁도 陽陰陽陰입니다. 陽氣가 陰質化 되는 방식으로 윤회를 거듭합니다. 이런 이치가 地藏干에 고스란히 담겨져 있습니다.

이제 十神 명칭에 대해 살펴보겠습니다. 세상은 財星의 관계임을 설명했습니다. 財星은 剋하는 관계가 아니라 삶의 터전, 존재가치라고 했습니다. 다만, 陽陽이나 陰陰이 만나면 偏財, 父親이요 陽陰이나 陰陽이 만나면 正財요 배우자입니다. 즉 부친이 모친을 만나면 正財요 자식이 父親을 만나면 偏財라고 부릅니다. 즉, 偏財와 正財의 차이점은 陽陰이지만 획일적으로 육친을 결정할 수 없는 이유를 四季圖로 설명했습니다. 偏官의 물상은 스트레스, 관재구설, 직업변동, 외도들통, 틀린 것을 지적하다, 고치려고 하다, 육체가 상한다, 자식 때문에 돈을 쓴다. 등 사주구조에 따라 다양한 물상으로 발현됩니다. 즉, 官星의 기본 의미는 원래의 物形을 유지하지 못하고 새로운 物形으로 바뀌는 과정에 고통이 수반됩니다. 더욱 본질적인 의미는 자신의 가치를 희생해서 후대의 터전, 바탕이 되어야합니다. 인생 후반기에 죽음을 향하는 과정에 만나는 것이 偏官이기에 자식을 낳는 행위는 형극(荊棘)의 길로 들어가는 것입니다. 자식에게 희생하느라 내가 원하는 인생을 살지 못하는 겁니다. 陽陽, 陰陰으로 조합하면 偏官이요 아들인데 陽陰이나 陰陽이 만나면 正官이라 부르고 딸로 봅니다만 모두 그런 것도 아닙니다. 十神으로 육친 명칭은 획일적으로 분류되었지만 지금 설명들은 근원적인 이치에 대한 내용들입니다. 正偏을 가르는 陽陽과 陰陽의 차이는 다정함, 친근감에 차이가 있습니다. 육친관점에서 陽陰은 기운을 쏟아내는 속도가 陽陽, 陰陰보다 훨씬 빠르고 급합니다. 男女사이라고 이해하면 됩니다.

예로, 傷官과 食神의 차이처럼 傷官은 陽陰이나 陰陽이기에 에너지를 집중적으로 빠르게 쏟아냅니다. 陰陰, 陽陽의 食神이 쏟아내는 에너지의 성격과는 크게 다릅니다. 남자와 남자 혹은 여자와 여자가 만나면 남녀 사이처럼 다정할 수는 없습니다. 녀사가 陽氣를 내놓는 과정이 傷官으로 아들이면 상관, 딸이면 食神이라고 합니다. 다만 깊이 기억할 필요는 없고 대충 그렇다고 생각하면 됩니다. 아들은 무조건 傷官이고 딸은 무조건 食神이라고 나눠봐야 실전에서는 맞지 않는다는 것을 바로 느끼기 때문입니다. 그렇지 않은 사주들이 태반이기에 육친명칭을 외워도 활용도가 낮습니다. 육친을 결정하는 것은 오히려 宮位가 더욱 정확하고 十神은 참조하는 것이 바람직합니다. 다만 여기에서는 육친 명칭보다는 十神의 근본 이치를 살펴야합니다. 육친을 분석하는 것은 간단하지만 근본이치를 파악하는 것은 결코 쉽지 않습니다.

印星을 살펴보겠습니다. 印星은 자식의 입장에서 모친입니다. 壬丁戊 水火土라면 丁火가 戊土를 만들어내는데 이런 작용을 담당하는 丁火를 모친이라 부르기에 印星은 기본적으로 윗사람의 음덕을 암시합니다. 타인의 도움, 무언가가 나를 위해서 들어오는 겁니다. 문서, 권위 등으로 표현합니다. 다만 근본개념은 나를 존재하게 해주는 것이 바로 印星입니다. 엄마가 없다면 이 세상에 나오지 못하기에 나를 탄생시키는 것이 印星입니다. 나의 육체를 만들어주신 분이 모친이니까 가장 중요합니다. 부친 偏財는 존재가치를 뜻하고 사는 이유나 가치에 대한 것이지만 印星은 나의 존재유무를 결정합니다. 내 肉體를 만들어서 세상 밖으로 나오게 해주었기에 印星과 偏財의 가치는 전혀 다릅니다. 하지만 偏財와 印星은 合으로 묶여서 나와 연결되어 있습니다. 지금은 매우 복잡하게 느끼겠지만 나중에는 흔들리지 않는 기준을 잡게 됩니다. 陰陰, 陽陽은 偏印이라 부릅니다. 여자끼리는 어머니와 딸이고 남녀는 모친과 아들입니다. 偏印을 새엄마, 계모로 표현하는데 四季圖를 기준으로 살피면 계모가 오히려 더 좋은 관계일 수도 있습니다. 반드시 四季圖에서 보여주는 자연의 순환원리를 기준으로 十神관계를 이해해야 합니다. 예로 乙木이 癸水를 만나면 偏印, 壬水를 보면 正印이라고 하지만 작용면에서는 癸水가 훨씬 正印스럽습니다.

저번 시간에 쌍둥이에 대해 질문했는데 쌍둥이 宮位를 月支로 보는 이유를 보겠습니다. 모친 丁火가 戊土를 내놓기에 印星이라고 부릅니다. 戊土는 丁火가 만들어낸 일간이고 比肩이며 丁火 모친은 내 형제에 해당하는 戊己土를 더 낳을 수 있습니다. 이런 이유로 月支 宮은 형제가 태어나고 존재하는 공간이 분명합니다. 모든 형제들은 반드시 月支로부터 나옵니다. 따라서 쌍둥이 팔자를 분석하려면 엉뚱하게 時柱를 살피거나 근거도 없는 合 四柱 만들어서 살피지 말고 극히 합리적이고 당연한 月支 宮에서 형제의 동태를 찾아야 합니다. 훨씬 정확한 분석방법입니다. 쌍둥이 예문은 많기에 조금만 노력하면 맞는지 틀리는지 확인할 수 있습니다. 근거도 없고 논리도 없는 기준으로 판단할 수는 없는 겁니다.

지금까지 정리한 육친은 모두 다섯 종류입니다. 세상의 근본원리는 財星이고 財星을 근거로 새로운 관계들이 파생되어 나왔는데 財星을 터전으로 존재하는 官星이 나오고 食傷과 印星, 比劫이 나왔습니다. 이것이 인간관계를 설명하는 生剋 논리이자 육친 논리입니다. 설명을 어렵게 하는 이유는 六親과 十神의 이치를 다양하게 살피라는 겁니다. 지금 설명은 초보수준으로 보입니다만 丙生庚 火生金, 丙剋庚 火剋金의 이치를 명확하게 이해해야 하고 丙生乙 火生木이 아니라 乙生丙의 이치를 이해해야 합니다. 또 剋은 무조건 剋이요 生은 무조건 生이 아닙니다. 이런 이치를 이해하지 못하면 사주구조를 분석할 때 정반대로 읽습니다. 十神을 生과 剋으로 획일적으로 분류해서 외우면 지연이 순환하는 이치를 이해하지 못합니다. 사계가 봄, 여름, 가을, 겨울로 순환하는 것을 뻔히 알면서도 生은 무조건 生이고 剋은 무조건 剋이라고만 이해하니 답답할 따름입니다. 관점 하나를 고치는데 10년을 낭비합니다. 木生火라고 하면서도 丙火가 乙木을 키운다고 생각하지만 丙火는 庚金의 부피를 확장합니다. 이런 원리를 이해하는 것은 한 차원 높은 수준으로 올라가는 분기점과 같습니다. 五行을 어떤 관점으로 바라보느냐에 따라 사주구조를 읽어내는 실력에 엄청난 차이가 발생합니다. 사실 生剋을 설명하는 이유는 生剋을 이해하고 버리라고 조언하고 싶어서 그렇습니다. 버리려면 틀린 이유를 알아야 하므로 설명하는 것입니다. 획일적으로 분류한 十神에는 오류가 많습니다. 만약 六親을 살피고 싶다면 十神대신 宮位를 기준으로 분석해야 하며 十神은 참조에 그쳐야 합니다. 이런 원리들을 이해해야 天干조합, 十神조합의 의미를 이해하게 됩니다.

예로, 癸丙은 왜 正財의 관계인가? 丙癸는 왜 官星이라고 부르는지 이해합니다. 癸水가 발산작용을 어떻게 하느냐에 따라서 丙火의 분산작용이 달라집니다. 이런 이유로 癸水는 丙火의 움직임을 결정하기에 官星이라고 부릅니다. 즉 癸水가 丙火의 존재가치를 결정합니다. 그 과정에 癸水가 乙木을 향하고 乙木이 丙火를 향하여 병화의 존재가치를 결정했습니다. 따라서 辰土에는 乙이 癸水의 작용을 이어받았기에 巳의 地藏干에 丙火가 드러나는 겁니다. 이런 과정은 地藏干 흐름에 고스란히 담겨져 있습니다. 癸水는 乙木을 키우는데 에너지를 소진하기에 巳月에 丙火가 드러나면 癸水는 증발됩니다. 따라서 癸水가 열을 올리고 丙火를 생산하는 과정에 乙木을 활용했다는 것을 이해하게 됩니다. 正官의 관계이지만 乙을 통하여 丙火로 갑니다. 분명한 점은 癸水의 발산 정도에 따라 丙火의 분산하는 기세가 결정됩니다. 丙火가 庚金을 生하면서 봄에서 여름을 향합니다. 이런 흐름으로 乙癸戊, 戊丙庚 三字조합이 생겨납니다. 지금 生剋, 宇宙, 地球, 陽陰, 十干, 12支들이 연결되면서 뱅글뱅글 돌아갑니다. 다시 十宮圖1을 정리해보면, 壬丁, 戊癸, 甲己, 庚乙, 丙辛, 壬丁으로 다섯 종류의 天地 合으로 시공간이 순환합니다. 이 흐름을 육친관계에 대입하면 丁壬 合木, 戊癸 合火, 甲己 合土, 乙庚 合金, 丙辛 合水 그리고 다시 丁壬合木으로 이어집니다. 木火土金水로 순환합니다. 天地 合도 生으로만 간주할 것이 아닙니다. 合의 관계가 균형을 상실하면 剋으로 변하고 불편한 관계가 됩니다. 더욱 나쁜 점은 合으로 묶여서 사이가 나빠져도 떨어지지도 못합니다. 부부가 자식을 낳았지만 사이가 나빠져도 이혼도 못하고 불편한 관계로 지내는 상황입니다. 地支에서 合과 沖이 공존하면 당기고 밀어내기를 반복되기에 애매한 사이입니다. 마치 레고를 조립하듯 부수고 쌓기를 반복하는 상황이 合과 沖이 공존하는 경우인데 合의 집착 때문에 떨어지지도 못하는 애증관계 입니다.

坤命				陰/平 1978년 2월 18일 22:30							
時	日	月	年	87	77	67	57	47	37	27	17	7
辛亥	丁亥	乙卯	戊午	丙午	丁未	戊申	己酉	庚戌	辛亥	壬子	癸丑	甲寅

宮位로 살피면 亥亥로 복음이니 이혼하기 쉬운 구조입니다. 丁火가 戊午年을 만났으니 前生의 기운에 傷官과 午火로 壬水 남편 官星을 치받는 성향이 강하고 육친으로 살피면 자식 낳고 이혼할 가능성이 높은 구조입니다. 丁亥와 辛亥로 조합하기에 남자인연은 많습니다. 이 여인 스스로 하는 표현은 남편이나 남자

들과 함께 사는 것이 그렇게 싫다고 합니다. 丁, 戊午로 자유를 원하고 乙卯도 자유롭게 돌아다니는 것을 원합니다만 丁亥로 合하기에 丁火는 亥水에 묶여서 자유를 상실합니다. 열기를 상징하는 丁火가 亥亥 水氣를 감당하기 불편한 것입니다. 따라서 이혼하고 싶어도 남편이 동의하지 않아서 간신히 이혼했으나 이혼 후에도 남편이 집을 떠나지 않아서 함께 살다가 나중에 자식을 데리고 분가했다고 합니다. 丁火가 辛亥亥로 강한 水氣들에게 열기를 공급하느라 불편합니다만 辛金 자식이 있어야 丁辛壬 三字로 물질을 만들어내기에 자식에 대해서는 지극정성입니다.

坤命				陰/平 1945년 4월 27일 06:30								
時	日	月	年	90	80	70	60	50	40	30	20	10
癸卯	丁未	壬午	乙酉	辛卯	庚寅	己丑	戊子	丁亥	丙戌	乙酉	甲申	癸未

이 구조는 天干에서 丁壬 合, 丁癸 沖하기에 외도할 가능성이 높습니다.

坤命				陰/平 1967년 2월 24일 22:30								
時	日	月	年	81	71	61	51	41	31	21	11	1
辛亥	丁酉	癸卯	丁未	壬子	辛亥	庚戌	己酉	戊申	丁未	丙午	乙巳	甲辰

이 구조도 癸水도 있고 亥水도 있으니 남자관계가 복잡해질 가능성이 높습니다.

▌傷官見官의 三字조합

傷官見官에 대한 논리는 이미 설명했습니다. 壬乙己, 癸甲戊, 甲丁辛, 乙丙庚, 丙己癸, 戊辛乙, 己庚甲, 庚癸丁, 辛壬丙 구조들로 그 원리를 위에서 설명했습니다. 그 외에도 壬戊甲, 水土木 구조를 설명했는데 배합에 따라 달라집니다. 예로, 戊甲이 조합하면 甲木이 戊土를 공격하기에 불편합니다. 둘 사이가 좋아지려면 壬水를 배합해서 戊土를 己土처럼 축축한 땅으로 만들거나 戊甲庚으로 戊土가 싫어하는 甲을 庚金으로 수확하거나 戊土가 寅月인데 대운이 丑子亥에서 戌酉申으로 흐르면 뿌리를 깊게 내린 후 굵어진 寅木을 벌목해서 100억, 200억 부자사주가 됩니다. 다만 뿌리내리는 과정이 어렵기에 초년에는 힘들게 살다가 중년에 재산을 축적하는 구조가 戊寅에 亥子丑이고 戊甲도 壬水 생명수를 공급해서 甲木이 축축한 땅에서 뿌리내릴 수 있다면 성장과정은 힘들지만 申酉戌에 이르면 거목을 벌목합니다. 이처럼 戊甲이 만나면 戊土가 마른 땅인지 축축한 땅인지 판단해야하며 壬水가 戊土를 축축하게 해주면 좋은 구조입니다.

乾命				陰/平 1978년 1월 3일 04:30							
時	日	月	年	88	78	68	58	48	38	28	18	8
壬寅	壬寅	甲寅	戊午	癸亥	壬戌	辛酉	庚申	己未	戊午	丁巳	丙辰	乙卯

壬甲戊 三字로 조합하였습니다. 戊午와 甲寅조합은 甲寅이 戊午를 뚫어버릴 기세이기에 부친의 상황이 불편해 보입니다. 일간 壬水가 태어나 壬甲戊로 조합하면 상황이 크게 달라집니다. 부친 甲寅이 壬水를 얻었기에 생명수를 공급받은 부친은 축축해진 戊土의 땅에 안정적으로 뿌리내리니 공장을 운영하고 아들노

젊어서부터 큰돈을 벌어서 부친을 잘 모셨다고 합니다. 만약 丙日이라면 어떨까요? 戊午와 甲寅의 관계는 훨씬 불편해집니다.

乾命				陰/平 1938년 2월 22일 10:30								
時	日	月	年	84	74	64	54	44	34	24	14	4
己	甲	乙	戊	甲	癸	壬	辛	庚	己	戊	丁	丙
巳	寅	卯	寅	子	亥	戌	酉	申	未	午	巳	辰

大運이 巳午未로 흐릅니다. 戊寅인데 乙卯와 甲寅을 보았습니다. 戊土입장에서 참으로 빽빽합니다. 大運도 丙辰, 丁巳, 戊午, 己未로 흘러갑니다. 수많은 木들이 戊土 좁은 땅에서 서로 성장하려고 경쟁합니다. 대운도 火氣로 흘러 水氣는 더욱 마르며 乙卯가 戊土의 땅을 차지하니 時柱에서 도와야 하는데 己巳로 甲己 合하고 寅巳 刑합니다. 어려서부터 농사를 짓다가 상경해서 막노동으로 고생합니다. 이 구조를 十神으로는 食傷生財라고 부르지만 자연의 이치로 살피면 水氣가 마른 戊土의 땅을 수많은 木氣들이 뚫어버립니다. 木氣가 너무 많으니까 戊土의 좁은 땅이 쩍쩍 갈라지는 겁니다.

坤命				陰/平 1948년 1월 8일 04:30								
時	日	月	年	84	74	64	54	44	34	24	14	4
壬	壬	甲	戊	乙	丙	丁	戊	己	庚	辛	壬	癸
寅	申	寅	子	巳	午	未	申	酉	戌	亥	子	丑

동일하게 壬甲戊인데 여자입니다. 陽氣로 구성되어 남자답습니다. 壬壬子로 水氣가 좋으니 甲이 戊土를 뚫어버릴 정도는 아닙

니다. 다만 年이 戊子로 子水 위에 있는 戊土가 戊癸 合하니 유부남, 이혼남을 만나는 조합입니다.

坤命				陰/平 1958년 1월 6일 06:30								
時	日	月	年	87	77	67	57	47	37	27	17	7
癸卯	壬申	甲寅	戊戌	乙巳	丙午	丁未	戊申	己酉	庚戌	辛亥	壬子	癸丑

壬甲戊로 戊戌입니다. 甲木이 戊土를 뚫는데 그나마 戊戌로 있으니 땅이 넓기는 합니다. 癸壬甲戊로 癸水와 戊土가 合하니 戊土가 癸水를 탐하는 구조가 분명합니다. 이 여인은 처녀인데도 이혼남과 결혼했습니다. 무엇이 아쉬워 이혼남과 결혼하는지 이해 못하지만 이런 운명임을 느끼기에 정상적인 결혼은 문제가 생길 것임을 아는 겁니다. 팔자대로 살아갑니다. 乙癸戊 三字에 대해서는 많이 살폈으니까 壬乙戊 삼자를 살펴보겠습니다.

坤命				陰/平 1970년 2월 6일 12:30								
時	日	月	年	82	72	62	52	42	32	22	12	2
모름	壬辰	己卯	庚戌	庚午	辛未	壬申	癸酉	甲戌	乙亥	丙子	丁丑	戊寅

壬水가 壬甲戊로 있으면 여자 입장에서는 먼저 甲을 生하고 甲木을 통해서 戊土를 剋하는 흐름인데 壬乙戊는 개념이 다릅니다. 壬乙戊의 근본속성은 壬水가 乙木을 生하는 것에 문제가 좀 있는데 壬乙로 조합하면 궤도이탈 속성이지만 乙戊는 시공간이 적절합니다. 壬水가 甲을 己土에서 키워야 하는데 乙을 戊에서

키우니 壬水가 자신에게 어울리지 않는 乙을 활용해서 戊土를 꾸미는 겁니다. 이런 조합을 "기쁨조"라고 표현합니다. 예로, 癸甲戊 三字조합은 대부분 흉한데 癸甲己로 조합하면 甲己는 적절하지만 癸甲조합은 시공간이 적절하지 않습니다. 두 조합의 물상은 대부분 기술, 예술, 기자, 운동선수와 같습니다.

坤命				陰/平 1969년 2월 23일 02:30								
時	日	月	年	89	79	69	59	49	39	29	19	9
乙	甲	戊	己	丁	丙	乙	甲	癸	壬	辛	庚	己
丑	寅	辰	酉	丑	子	亥	戌	酉	申	未	午	巳

甲戊로 조합하는데 辰月이니 水氣가 필요하기에 丑土와 辰土 속에 있는 癸水를 찾아갈 수밖에 없고 癸甲戊, 癸甲己로 명리를 공부합니다.

癸乙己 구조는 癸水가 乙木을 키우니 좋습니다만 乙木이 성장하는 터전이 戊土가 아니라 己土입니다. 癸乙戊 三字로 조합하면 시공간이 매우 적절한데 癸乙己이기에 乙木이 己土에 그 존재감을 드러내기 어렵고 불편하기에 乙木은 己土에 잠시 머물다가 꿈을 실현할 戊土를 찾아 떠납니다. 己土가 사주구조에서 무엇이냐에 따라 乙木이 불편해하는 己土의 정체를 이해합니다.

坤命				陰/平 1979년 10월 13일 02:30								
時	日	月	年	82	72	62	52	42	32	22	12	2
癸	癸	乙	己	甲	癸	壬	辛	庚	己	戊	丁	丙
丑	卯	亥	未	申	未	午	巳	辰	卯	寅	丑	子

癸乙己로 조합했습니다. 대학원을 졸업하고 무역업체에서 업무 능력이 뛰어나 윗사람에게 발탁돼 월급사장을 합니다. 만약 癸乙戊였다면 월급사장이 아니라 교육, 공직으로 자신의 재능을 국가를 위해 활용했을 겁니다. 이처럼 三字조합의 시공간이 엇갈렸을 때 발현되는 의미와 물상을 감각적으로 느껴야 합니다.

乾命				陰/平 1959년 10월 26일 08:30							
時	日	月	年	86	76	66	56	46	36	26	16	6
甲辰	壬子	乙亥	己亥	丙寅	丁卯	戊辰	己巳	庚午	辛未	壬申	癸酉	甲戌

가난한 집에서 태어나 힘들게 살았습니다. 자식들은 子亥亥를 辰에 담기에 너무 어둡고 辰土 속의 乙이 응결되기에 큰딸은 일찍 술집에 다니고 속을 썩입니다. 丙火가 있어야 甲木이 적절하게 성장하는데 水氣만 가득하고 탁해져 문제입니다.

甲戊庚 三字가 조합하면 불편합니다. 殺氣가 강할 수밖에 없는 이유는 甲이 戊土를 뚫고 庚金은 甲을 沖합니다. 水氣도 없다면 다양한 방식으로 문제가 생깁니다. 예로 사고로 육체가 상하거나 질병에 시달리거나 관재구설, 시비가 자주 발생합니다.

乾命				陰/平 1918년 11월 16일 11:40							
時	日	月	年	86	76	66	56	46	36	26	16	6
丙子	庚子	甲子	戊午	癸酉	壬申	辛未	庚午	己巳	戊辰	丁卯	丙寅	乙丑

사주첩경에 나오는 예문인데 子午 沖하기에 물불이 충돌하듯 눈치가 빠르고 총명합니다. 庚이 甲을 보았을 때 甲午 月로 조합하면 육체가 상하기 쉬운 이유는 庚이 마른 甲을 沖해서 그렇습니다. 甲은 水氣가 부족한 상태에서 庚金에 沖당하면 아무래도 불편합니다. 午月에 庚金이 丙丁에 의해 부피를 확장하는 과정에 水氣가 없으면 날카로워지면서 甲을 沖해버리기 때문입니다. 甲 生氣가 상하면서 질병에 시달리거나 사고로 육체가 상할 수 있는 조합이 庚, 甲午조합입니다. 이 구조는 庚甲戌이지만 地支에 水氣가 충분하니까 甲庚 沖의 강도가 강하지 않습니다. 경찰국장으로 재직하다 나중에 변호사로 활동했습니다. 겉으로는 좋아 보이지 않지만 丙庚壬, 丙庚子 三字로 경찰과 법조계 물상에 적합합니다. 甲戌庚을 天上三奇라고 주장하지만 殺氣가 강한 조합이라고 기억해야합니다. 특히 사주구조에 水氣가 없을 때는 그 특징이 뚜렷하게 발현됩니다.

乾命				陰/平 1893년 1월 26일 03:30								
時	日	月	年	82	72	62	52	42	32	22	12	2
戊寅	庚戌	乙卯	癸巳	丙午	丁未	戊申	己酉	庚戌	辛亥	壬子	癸丑	甲寅

이 사주는 甲戌庚은 아니지만 甲이 地支 寅으로 변형되었습니다. 다만 卯月이고 癸巳로 조합이 좋으며 대운도 水氣로 흐르면서 乙卯가 자연스럽게 庚金을 향해 합하면서 열매를 완성합니다. 이 구조가 좋은 점은 卯巳가 일지 戌土에 담기고 천간에서 戊癸 合으로 火氣를 만들면서 시공간을 넓게 활용하고 巳火도 가세하여 庚戌이 바른 지도자를 만나서 경거망동하지 않으며 큰 열매를 완성합니다. 또 卯月에 乙癸戌 三字로 조합하니 교육,

공직의 의지가 뚜렷합니다. 국방부장관을 지냈습니다.

乾命				陰/平 1962년 1월 17일 04:30								
時	日	月	年	84	74	64	54	44	34	24	14	4
戊	庚	壬	壬	辛	庚	己	戊	丁	丙	乙	甲	癸
寅	寅	寅	寅	亥	戌	酉	申	未	午	巳	辰	卯

구조가 좋아 보입니다. 적천수는 從格사주라 하겠지만 부질없는 분석입니다. 壬寅 月에 巳午未 대운으로 흐르기에 壬甲丙 三字 조합으로 좋습니다. 다만, 지금 설명하는 내용은 甲戊庚 三字의 변형인 庚, 戊寅 구조를 살피는 중입니다. 戊土는 굉장히 중요하고 좋은 역할입니다. 戊庚이나 庚戊로 조합하면 戊土 터전에 庚金 열매를 드러냈기에 존재감을 확실하게 드러내는데 너무도 많아 보이는 寅木을 巳午未로 키우는 과정에 戊土가 감당하지 못한다고 인식하기에 종격을 논하는 겁니다. 위에서 설명한 것처럼, 甲戊가 만났을 때 무엇을 살피라고 했나요? 바로 壬水의 동태입니다. 水氣가 넉넉하면 땅이 축축해지면서 木氣들이 성장할 터전을 戊土가 제공하고 가을에 이르면 庚金이 굵직한 목재들을 수확하는 겁니다.

乾命				陰/平 1968년 2월 3일 10:30							
時	日	月	年	81	71	61	51	41	31	21	11	1
辛	庚	甲	戊	癸	壬	辛	庚	己	戊	丁	丙	乙
巳	午	寅	申	亥	戌	酉	申	未	午	巳	辰	卯

이 사주는 甲戊庚인데 水氣가 없으니 좋을 리 없습니다. 甲戊로

불편하고 甲庚으로 沖 합니다. 地支에는 寅巳申 三刑도 있습니다. 부친이 모친을 구박하고 술만 먹으면 구타하고 외도하고 이복여동생이 있으니 표면적으로는 부친이 굉장히 몹쓸 인간처럼 보입니다. 하지만 庚日 입장에서 甲寅 부친의 입장을 살피면 이해가 됩니다. 이 사주가 태어나면서 부친이 힘들어지는 겁니다. 년과 월의 甲戌는 터전을 파괴하는 조합으로 조상, 고향을 떠나서 살아가야 합니다.

乾命				陰/平 1998년 2월 3일 16:30								
時	日	月	年	81	71	61	51	41	31	21	11	1
戊	丁	甲	戊	癸	壬	辛	庚	己	戊	丁	丙	乙
申	未	寅	寅	亥	戌	酉	申	未	午	巳	辰	卯

경기도에서 1등할 정도로 공부를 잘해서 대단한 고등학교에 입학했습니다. 전국에서 학업성적이 뛰어난 학생들만 모이는 영재학교입니다. 문제는 고 1부터 방황을 시작합니다. 부모는 사주팔자를 믿지 않는데 학업성적이 그토록 뛰어났던 아들이 갑자기 방황하니까 당황스럽습니다. 丁亥, 戊子년에 水氣가 들어와 갑자기 성적이 오르고 癸巳年까지 1등을 했는데 甲午년부터 水氣가 마르면서 방황을 시작합니다. 원래는 말도 잘 못하고 어눌한 학생이었는데 水運이 오니까 갑자기 성적이 뛰어났지만 水氣가 사라지니까 또 힘들어합니다. 학생은 학교를 다니는 이유를 모르겠다고 갈등하고 부친은 기대가 크기에 갈등합니다. 十神, 格局으로 살피면 五行의 참뜻을 생각하지 못하는데 사주팔자에서 水氣의 동태는 참으로 중요합니다. 생명수보다 중요한 것이 있을까요? 火氣가 많은데 水氣가 없을 때 고통 받거나 사망하는 이유를 十神이나 格局으로는 이해하지 못합니다. 이런 저런 핑

계를 찾지만 水氣 생명수가 없으면 사망하는 겁니다. 마치 화성에 생명체가 살지 못하는 이유와 유사합니다. 년과 월에서 甲戊로 빡빡하기에 水氣의 동태에 따라 크게 반응하는 구조입니다.

乾命				陰/平 1999년 3월 16일 10:30								
時	日	月	年	89	79	69	59	49	39	29	19	9
丁巳	癸丑	戊辰	己卯	己未	庚申	辛酉	壬戌	癸亥	甲子	乙丑	丙寅	丁卯

이 사주도 癸甲戊 三字로 조합하는 해에 무너져 버립니다. 학업 성적이 뛰어나고 반장이었는데 甲午年에 정신도 이상해지니 공부도 못하고 방황했으며 자살한다고 부모에게 대들었습니다. 아버지를 무서워하는 아이였는데 성정이 거칠어지면서 대든다고 합니다. 이처럼 운에 따라 정신이 이상해질 정도로 변할 수 있습니다. 수업 시간에 혼자 멍하고 있답니다. 친구들은 공부하는데 무엇을 해야 하는지 모른다고 합니다. 생명수 水氣가 부족한 사주들은 운에 따라 기복이 심할 수 있습니다. 교통사고 등 상상도 못한 일들이 갑자기 발생합니다. 사주팔자에서 생명수는 그만큼 중요합니다. 지금 설명하는 내용들은 三字조합 예로, 乙癸戊, 戊丙庚, 丁己辛, 甲己壬 조합들을 근거로 변형된 조합들이 어떤 의미를 가졌는지를 분석하는 겁니다.

다행한 점은 이미 四季圖에서 명확한 기준을 잡았기에 변형되어도 유추는 그리 어렵지 않습니다. 위에서 살펴본 乙癸戊의 경우 봄을 상징하는 조합으로 세 글자들은 우리가 봄에 느끼는 특징들과 동일합니다. 봄날의 화사하고 따사로운 느낌들을 乙癸戊 세 글자가 발현해주는 겁니다. 만약 乙木이 빠지고 甲木과 배합하면 癸甲戊 三字로 바뀌면서 그 속성이 크게 달라집니다. 판단 기준은 四季圖에서 보여주는 時空間 조합입니다. 甲木은 겨울에 배속되어 그 움직임은 수직상하 운동이기에 매우 직선적입니다. 또 甲木은 壬水와 배합해서 하강한 후 丙火를 향하여 상승하는데 빅뱅처럼 폭발하는 癸水와 조합하면 甲木의 직선 움직임이 폭발합니다. 특히 戊癸 合으로 壬水가 없는데 火氣만 증폭하면 癸甲戊 三字조합의 성정이 매우 날카로워집니다. 이런 이유로 癸甲戊 三字는 殺氣가 강하고 다양한 문제가 발생합니다.

이것이 四季圖에서 보여주는 4개의 三字조합을 근거로 변형된 三字조합을 살피는 요령입니다. 예로, 甲丙庚의 경우는 水氣가 없으니 굉장히 빡빡하다고 감을 잡아야 합니다. 乙丙庚 三字조합은 乙庚 合으로 열매가 달리면 丙火가 부피를 확장하는데 丙火가 庚金에 빛을 가하면 날카로워진 庚金은 甲을 沖해버립니다. 이런 상황이면 甲木은 丙火에게 庚金을 믹아달리고 부탁해야 하고 丙火는 水氣가 없으니 庚金을 상할 수도 있습니다.

이런 이유로 甲丙庚이 水氣를 배합하지 않으면 흉한 작용을 하게 됩니다. 丙庚, 庚甲, 甲丙으로 두 글자조합도 적절하지 않습니다. 단지 乙丙庚에서 甲丙庚으로 동일한 오행인 甲과 乙이 바뀌었을 뿐인데 甲과 乙의 시공간이 다르고 에너지파동이 다르기에 작용은 전혀 다릅니다. 만약 丙日이라면 사업한다고 돈만 탕진합니다. 丙, 庚寅으로 日時에서 조합하면 주로 사업하다 망할 수 있습니다. 다만, 年과 月에서 丙년 庚寅월이라면 나름 발전합니다. 丙庚子 조합도 교육, 공직으로 활용하기에 매우 좋습니다. 庚金이 時干에 있고 丙火가 庚金을 개인적으로 추구하면 재물욕망이 강하기에 탐욕이 지나쳐 문제이지만 年과 月에 있으면 丙火가 庚金에게 빛을 가하고 寅木으로 바뀌기에 씨종자 庚金

의 가치가 寅木에게 전달되는 겁니다. 戊壬丙은 어떨까요? 이때는 무엇을 원하는지 나머지 구조를 살펴야 합니다. 庚金 열매를 확장하고픈 것인지 甲乙을 키울 것인지에 따라 인생 방향이 달라집니다.

乾命				陰/平 1968년 5월 12일 08:30								
時	日	月	年	90	80	70	60	50	40	30	20	10
丙	戊	戊	戊	丁	丙	乙	甲	癸	壬	辛	庚	己
辰	申	午	申	卯	寅	丑	子	亥	戌	酉	申	未

이 사주는 天干에 丙戊만 있으니 戊土 위에 丙火를 비추는데 만약 申이 없다면 丙戊도 쓰임이 없습니다. 午月에는 乙木을 키울 수는 없으니 丙火가 戊土에 빛을 방사하는 움직임에 가치가 있으려면 庚金, 申金이 있어야 丙戊의 가치가 높아지고 時空間이 적절해집니다. 이 사주에는 년과 일에 申金이 있으니까 丙火로 열매를 확장하고 戊土에 열매의 존재를 드러냅니다. 丙庚이 만났을 때의 필수조건은 반드시 乙木이 있어야 乙庚 합하고 丙火로 열매를 확장하는데 辰土 속 乙木이 申辰으로 암합합니다.

대기업 자금본부장으로 근무했습니다. 만약 庚金이 천간에 드러났다면 존재감이 훨씬 뛰어났을 겁니다. 이 구조는 여름에 활용하는 丙戊庚 三字조합의 변형입니다. 戊丙庚으로 조합하면 丙火가 庚金을 상하는 문제가 있는지 살펴야 합니다. 구조에 따라서 壬水나 子水를 배합하면 丙庚壬, 丙庚子 三字조합으로 바뀌면서 물상도 달라집니다.

坤命				陰/平 1945년 1월 16일 08:30								
時	日	月	年	82	72	62	52	42	32	22	12	2
丙辰	戊辰	戊寅	乙酉	丁亥	丙戌	乙酉	甲申	癸未	壬午	辛巳	庚辰	己卯

丙火가 庚을 키우는 관점으로 살피면 年支에 酉金이 있습니다. 하지만 寅月이기에 水氣를 보충해서 뿌리내려야 합니다. 또 乙木이 戊土를 향하고 丙火로 확장합니다. 丙火는 戊土에 빛을 방사합니다. 모든 움직임이 戊土 위에 집중됩니다. 만약 巳午未 月이었다면 庚金이 있는지 살펴야 하는데 寅月이기에 乙木이 丙火를 향하는 과정이 年에서 時로 흐르고 戊土에서 물형이 결정됩니다. 세 아들을 낳고 미인이며 부친은 방송국 회장이고 시댁도 잘 산다고 합니다. 이처럼 먼저 月支의 時空間이 무엇을 원하는지 살펴야 합니다. 巳午未, 申酉戌 월에는 성장하는 것이 아니라 열매를 확장하고 수확해야 합니다. 天干구조를 살필 때는 月支 時空을 함께 살펴야 합니다. 이 사주는 寅月인데 水氣가 없습니다만 辰辰에 약간 숨어있습니다. 다행하게 天干 흐름은 좋습니다. 부친 戊寅 입장에서 乙酉 月이기에 수확하는 계절입니다. 만약 戊寅이 아니라 戊子였다면 酉金을 子水에 풀어내더욱 좋았을 겁니다. 부친이 戊寅이고 딸이 戊辰으로 나왔습니다. 딸이 辰酉 합하는데 문제는 寅木 엄마가 辰酉 합하는 과정에 夾字로 끼어서 殺氣에 상할 수 있습니다. 만약 남자였다면 公職 구조입니다. 나머지 내용은 壬丁, 戊癸, 甲己, 庚乙, 丙辛이 상하 좌우로 관계들을 형성하는데 傷官見官, 財多身弱, 官殺혼잡 등입니다. 예로 壬丁癸의 경우는 官殺혼잡입니다. 戊癸壬는 財多身弱 구조로 三字조합을 형성하고 이에 따라서 의미가 달라집니다.

▰제 25강▰

◆地藏干의 순환원리

地藏干의 순환　297

戊己의 차이　307

地藏干 戊土　308

寅巳申亥 戊土　312

己土　313

戊己의 변화　316

地藏干의 순환

地藏干은 宇宙, 삼라만상이 모두 들어있는 도구라고 생각합니다. 우리가 학습하는 모든 명리이론이 함축되어 있습니다. 刑沖破害의 원리도 정확하게 표현합니다. 자연이 순환하는 이치를 이해하면 왜 丑戌未 三刑이라 부르고 寅巳申 三刑이라 부르는지 이해합니다. 申巳寅 三刑이라 부를 수 없는 이치가 있습니다. 근본이치를 이해하면 모든 명리이론들이 명백해져서 외울 필요도 없습니다만 이치를 궁구하지 않으면 100년이 지나도 왜 丑戌未 三刑, 寅巳申 三刑이라 불러야 하는지 이해하느라 애를 먹습니다. 아직까지도 그 이치를 설명한 책을 만나지 못했습니다. 三命通會에서 이랬다 저랬다고 떠들어봐야 자신의 주관이 없으니 고서를 답습하는 것에 불과하며 그 내용 또한 부실합니다. 반드시 자신의 의견을 확장해야 합니다. 주관 없이 남의 것만 모방해봐야 발전이 없습니다.

地藏干을 이해해야만 하는 이유는 자연의 순환원리를 깨달을 수 있으며 그 이치를 명리이론에 그대로 대입해서 사주팔자를 분석합니다. 1년 학습과정에 辰戌 沖이 무엇이고 子午 沖이 무엇이고 午卯 破가 무엇인지 설명할 시간이 많지 않습니다. 그것은 모두 사주를 풀이하기 위한 기술에 불과하고 그런 수준의 자료들은 인터넷에 넘쳐납니다. 카페에도 각 이론으로 분류하고 사주예문도 많이 올려두었으니 참조하면 됩니다. 하지만 어디에서도 근본이치에 대해서는 설명하지 못합니다. 1년 동안 근본원리를 정립하고 어떻게 활용하는지 학습해야 합니다. 그래야 훨씬 빠르게 사주팔자를 읽어냅니다.

天干과 地支 그리고 地藏干을 天地人이라고 부르고 앞에서 개념을 설명했습니다. 예로 甲子간지의 경우, 甲은 天干, 氣, 陽, 動的, 時間, 수시로 변합니다. 子水는 地支, 땅, 공간, 物質, 陰, 靜的입니다. 地藏干은 天干의 氣運이 地支 공간에 담겨진 것으로 時間이 空間의 상황에 따라서 계속 변합니다. 고민할 문제는 空間은 靜的이라고 표현하지만 그 이유를 이해하기 어렵습니다. 하지만 곰곰이 생각해보면 극히 합리적인 주장입니다. 지구의 공간이 마치 자유의지대로 변하는 것처럼 느끼지만 태양이나 대기나 공기가 없다면 지구 공간에 드러나는 물형변화는 없었을 겁니다. 예로 화성에 생명체가 없고 物形도 바뀌지 않는 이치입니다. 우리는 매일 바뀌는 物形을 보면서 살기에 모두 자율의지를 가졌다고 착각합니다만 지구공간에 時間이 흘러야 四季를 순환하면서 지구공간에 物形이 계속 바뀝니다. 만약 공간이 스스로 변한다고 인식하면 지구에서 발생하는 刑沖破害가 자율의지를 가졌다고 생각하는 것입니다. 刑沖破害는 스스로 발생하는 것처럼 보이지만 시간이 흐르지 않으면 발생하지 않습니다.

명리이론을 만들고 사주팔자를 분석하는 과정에 刑沖破害를 활용하지만 자연에서는 辰未戌丑 순서대로만 흐르면서 辰土에서 未土로, 未土에서 戌土로, 戌土에서 丑土로 순차적으로 물형을 자연스럽게 조정합니다. 인간의 의지와 전혀 상관없이 자연은 스스로 물형을 조절하기에 자연이라고 불렀습니다. 우리는 사주팔자에서 刑沖破害가 스스로 발생한다고 인식합니다. 자연에서 보여주는 순환원리를 통해서 刑沖破害의 근본이치를 깨닫고 자연의 일부로 살아가는 인간의 사주팔자에서 어떤 방식으로 반응하는지 깨우쳐야 합니다. 사주팔자 地支는 자율의지를 가지고 물형을 변화시키는 것이 아니고 반드시 地藏干에 담겨진 時間이 반응할 때에서야 비로소 물형에 변화가 발생하는 것입니다.

물론 地支는 天干과는 별도로 고유한 특징을 가졌습니다. 예로 子月, 丑月, 寅月, 卯月은 계절의 공간특징을 가졌습니다. 丑月에 춥고 午月에는 더운데 그것도 地藏干을 살피면 그 공간특징을 쉽게 이해합니다. 즉, 계절이나 공간특징을 스스로 갖추었다고 생각하지만 각 月의 地藏干을 살피면 공간특징, 계절특징도 쉽게 이해하는 겁니다. 寅月이 卯月로 바뀌고 未月로 바뀌지만 12개의 공간마다 地藏干이 있기에 그 속에 담겨진 시간특징대로 物形을 바꿔주는 겁니다. 丑月에는 춥고 未月에는 더운 특징이 별도로 존재하는 것으로 인식하지 말아야 합니다. 공간 스스로 특징을 갖춘 것이 아니라 공간에 담겨진 地藏干의 특징을 밖으로 드러내는 겁니다. 먼저 地藏干 흐름을 살피고 난 후 매월의 특징을 따로 살펴보겠습니다. 12개의 地支에 담겨진 지장간 흐름에는 12運星, 神殺, 三合이 실타래처럼 엮여져 있다는 것이 참으로 신기합니다. 申子辰, 亥卯未, 寅午戌, 巳酉丑 申子辰으로 순환하면서 끊어지지 않고 연결되어 돌아갑니다.

地藏干을 이해하면 三合, 12運星, 神殺을 명확하게 구분할 뿐만 아니라 활용도 가능합니다. 12運星은 氣의 변화과정으로 天干이 열두 달을 지나는 동안 氣의 변화를 표현합니다. 三合은 地支공간에서 물질을 만들어가는 과정으로 墓庫이론이 도출됩니다. 神殺은 三合을 12개로 쪼개고 세분해서 공간특징을 살핍니다. 또 陰生陽死, 陽生陰死가 맞는지 깨우치려면 地藏干흐름을 이해해야 합니다. 胎地, 長生의 개념들이 당연한 것으로 받아들여집니다. 12運星 대단하다고, 三合운동 대단하다고, 神殺만 대단하다고 강조하지만 사실 모두 동일한 이치를 다른 각도에서 설명하는 것입니다. 12運星, 三合, 12神殺은 氣와 質의 차이일 뿐 본질은 동일한데 따로 살피기에 달라 보일 뿐입니다. 地藏干에는 時間과 空間이 모두 담겨 있고 天干은 지구의 十干일뿐 지구를 벗어나면 무용지물입니다. 지구에 반응한 時間이 공간에 적응된 것으로 우주에서 공통적으로 활용하는 甲乙丙丁戊己庚辛壬癸가 아닙니다. 十干과 12지지는 오로지 지구에서만 활용할 수 있다는 겁니다. 우주에는 무엇이 있는지 증명할 방법이 없습니다. 화성에 甲이 없습니다. 이렇게 천간과 지지는 다르면서도 동일합니다. 즉, 時空間은 분리될 성질이 아닙니다. 12運星과 12神殺은 다르다고 생각하지만 동일한 것입니다. 陽的이고 陰的이고 動的이고 靜的이고 時間이며 空間이 섞여서 순환하는 과정에 天干이 열두 달을 지나는 과정에 발생하는 氣의 변화를 12運星이라 부르고 물질을 만들어가는 과정을 三合운동이라 표현하고 三合운동을 12개로 세분해서 공간, 물질, 환경, 육체의 변화과정을 살피는 것이 12神殺입니다. 이 세 가지만 명확하게 구분해도 헛갈릴 이유가 없습니다. 建祿과 亡身은 12運星으로 建祿이라고 부르고 12神殺로 亡身이라고 부릅니다. 建祿은 기운이 충만한 상태를 뜻하지만 亡身은 드러나지 말아야할 존재가 확연히 드러난 상황입니다.

근본원리는 地藏干 흐름, 時空, 宮位, 時間方向, 쓰임의 변화, 시공간 반응을 이해해서 사주구조를 살피되 三合, 12運星, 神殺에 세부적인 내용을 추가해서 활용하면 됩니다. 기교들이 없으면 사주를 통변하지 못할 것처럼 생각하지만 그렇지 않습니다. 格局, 生剋, 抑扶, 神殺, 12運星을 모른다고 사주팔자를 분석하지 못하는 것이 아닙니다. 그렇게 생각하는 이유는 근본이치에 대한 공부에 익숙하지 않아서 그렇습니다. 먼저 흔들리지 않는 근본이치에 집중해야 합니다. 하늘을 보면 天干이라고 부르는데 사실 아무것도 없습니다. 가끔 비가 오고 눈이 오고 태양이 내리쬐는데 묘하게도 하늘이 조화를 부리면 땅이 반응하면서 物形에 변화가 발생합니다. 이처럼 지구는 피동적입니다. 태양과 달에 영향을 받아서 지구공간에서 物形을 변화시키고 四季를 순환하니까 天干은 시시각각 지구空間에 영향을 주는 것이 분명합니다. 따라서 天干은 空間의 지배자요 地藏干은 天干이 12개의 空間을 어떤 방식으로 지배하는지를 표기한 것입니다. 다만 기억할 점은 12개의 空間은 十干을 모두 품었습니다만 地藏干에 10개의 천간을 모두 적어봐야 의미가 없으니까 가장 뚜렷한 작용을 하는 2-3개만 표기한 것입니다. 地藏干에 어떤 十干을 넣어야할지를 고민하는 과정은 참으로 고통스러웠을 겁니다. 컴퓨터를 개발하는 일만큼 힘든 일이었을 겁니다. 지금이야 地藏干을 쉽게 살펴볼 수 있지만 각 세 개의 빈칸을 12달에 가장 중요한 작용을 하는 天干을 배치하는 것은 결코 인간이 할 수 없는 일이었을 겁니다. 그 이유는 三合, 12運星, 神煞, 刑沖破害合, 그리고 時空間의 엮임까지도 정확하게 맞아야하고 그 어디에도 오차가 없어야하기 때문입니다. 地藏干은 바로 이런 불가사의한 일을 해냈습니다. 地藏干을 만든 사람은 格局의 명칭 따위로 자신이 만든 창조물을 활용할 것이라고는 상상도 못했을 겁니다. 四季가 순환하는 時空間 변화과정을 표현했는데 황당하게 格局의 명칭을 정하려고 활용하니 참으로 분할 겁니다.

먼저 地藏干 흐름을 살피고 각각의 글자들이 어떤 의미를 갖는지 확장해서 살펴보겠지만 시공간 흐름과 글자의미는 다릅니다. 예로 戌月의 공간에 필요한 것이 무엇인지 살피는 방법을 설명한 것이 時空 論입니다. 즉, 정지화면처럼 戌月만 잘라내서 분석한 것이지만 12개월이 끊어지지 않고 계속 이어진 시간흐름으로 분석하는 것은 전혀 다른 개념입니다. 戌月의 경우 戌중 丁火가 戌중 辛에게 熱氣를 계속 제공하니까 丁火는 무력해집니다. 따라서 丁火가 무기력하지 않도록 도와주어야 戌月의 공간을 가치 있게 활용합니다. 이처럼 시간흐름으로 살피면 戌월에 이르러 丁火가 약해지도록 만들지만 戌月 그 자체는 열기를 저장한 창고이기에 火氣를 보충해야 합니다. 두 관점은 전혀 다른 겁니다. 시간흐름으로 살피면 戌중 丁火는 무기력해져야 마땅한 이유는 寅午戌 三合운동을 마감해야 亥月에 水氣가 드러납니다. 亥月에 水氣가 나오려면 戌중 丁火가 戌중 辛에게 열기를 빼앗겨야 辛이 亥水에 金生水로 풀어지고 결과적으로 亥중 甲木을 생산합니다. 따라서 戌土의 地藏干 내부에서의 시간흐름은 丁火가 辛을 향하고 辛은 亥중 壬水를 향해갑니다. 이것이 戌月에 火氣가 필요한 이유입니다. 지금은 설명이 복잡한데 좀 지나면 당연한 이치를 설명하고 있다고 느낄 겁니다. 기억할 점은 매달의 空間특징과 순환하는 時間흐름은 전혀 다른 개념이라는 겁니다. 자연은 戌중 丁火를 약하게 만들어야 겨울이 오지만 戌月에는 열기를 빼앗기면 흉합니다.

地藏干은 가장 핵심작용을 하는 天干 2-3개를 골라 12달에 표기함으로써 자연에서 어떤 일을 하는지 그리고 자연의 일부로 살아가는 인간은 또 어떤 일을 해야만 하는지를 명확하게 표기했습니다. 이 얼마나 신기한 일입니까? 地藏干에 있는 두세 글자를 이해하면 그 달에는 어떤 일이 발생하고 또 어떤 일을 해야 하는지, 어떻게 적응해야만 하는지를 알게 됩니다. 그리고 12개월의 地藏干을 이으면 時空間이 순환하는 방식을 이해합니다. 다만 地藏干을 이해하는 것이 어려운 이유는 地藏干 글자들이 三合, 12運星, 神殺은 물론이고 刑沖破害合으로 실타래처럼 연결되어서 끊임없이 움직이고 변하기 때문입니다. 어느 글자가 강해지면 다른 글자는 약해지고 또 다른 글자는 동하기 시작합니다. 따라서 地藏干을 어느 각도에서 살피느냐에 따라서 무궁무진한 의미들이 튀어나옵니다. 이런 이유로 地藏干을 1년 동안 연구해도 부족하다는 겁니다. 地藏干에 존재하는 天干은 ㄱ 속성이 時間과 같아서 끊임없이 움직이고 변합니다. 12개의 空間은 靜的이지만 天干은 動的이기에 움직여서 계속 物形에 변화를 주려는 것입니다. 格局은 動的이지 않습니다. 시간이 멈춘 것으로 착각한 관법입니다. 格局의 餘氣 中氣 正氣는 시공간 순환원리와는 전혀 다릅니다. 일률적으로 偏官, 正印으로 명칭을 정하지만 지장간은 시간이 끊임없이 순환하는 이치를 표현합니다. 시공간은 절대로 끊어질 수 없는데 예로, 辰巳의 경우 乙庚 合과 戊癸 合으로 이어집니다. 乙庚 合하는 이유는 꽃을 피우기 위한 것이고 未申에서 乙庚 合하면 열매를 딱딱하게 만들기 위한 것이고 丁壬 合해서 응축에너지 壬水를 끌어 모으려는 것입니다. 戊亥에서 丁壬 合하는 이유는 丁火 열기가 壬水에게 전달되고 辛金을 壬水에 풀어서 甲木으로 물형을 바꾸려는 것이고 丑寅에서 丙辛 合, 戊癸 合, 甲己 合하는데 甲己 合은 뿌리를 내리려는 움직임이고, 戊癸 合은 癸水의 발산에너지를 확장하기 위함이고, 丙辛 合은 辛金의 딱딱함을 丙火로 풀어 헤치겠다는 의지입니다.

이처럼 地藏干은 얽히고설켜 절대로 독단적으로 존재할 수 없습니다. 地藏干의 시공간이 어떤 방식으로 얽혀 있는지 이해하면 기존의 관법들에 대해 흥미를 잃을 겁니다. 자연의 이치를 근거로 명리이론을 만들었기에 지장간의 자연스러운 순환원리를 체득하면 인위적인 이론에 매달릴 필요가 없기 때문입니다. 天干이 地支에 있는 이유는 이해하는 부분이고 결국 인간에게 生氣를 유지하노록 해주는 겁니다. 만약 지구에 움직임과 변화가 없고 十干으로 생명을 유지하지 못한다면 무엇이던 의미가 없습니다. 地藏干의 핵심은 <u>生氣를 유지하는 이치</u>인데 命理로 살피려니까 머리가 아픕니다. 하늘이 땅에게 기운을 방사해서 생명체들에게 먹거리를 제공하려는 것이 地藏干의 순환원리입니다. 그렇다면 地藏干의 가치는 무엇인가요? 物形에 변화를 주는 방식이라고 답해야 합니다. 時間이 空間을 지나는 과정에 움직이고 변화하여 物形을 바꾸려는 것으로 그 것이 바로 살아있음을 증명하는 방법이자 생명체들에게 生氣를 유지하도록 하는 방식입니다. 물론 자연 입장에서는 스스로 하는 행위입니다. 인간에게 명리공부를 하도록 이론체계를 제공하기 위해서 그런 것일까요? 하늘이 땅에 물질을 만들고 먹거리를 내줘야 만물이 면면히 생존해 가기를 원하는 신의 의지일지도 모릅니다.

분명히 인식할 점은, 十干은 결코 순순한 기운이 아니라 지구에서만 반응하는 天干입니다. 100% 순수한 天干은 인간의 능력으로는 알지 못합니다. 十干은 순수한 기운이라는 주장은 엉터리입니다. 질량이 무거운 것은 땅으로 가라앉고 가벼운 것은 하늘로 올라갔다는 그럴싸한 설명은 우화에 불과하고 十干은 하늘과 땅으로 갈라지면서 생겨난 것이 아닙니다. 어떤 방식으로 하늘과 땅이 생겨난 것인지에 대해서는 十宮圖1에서 설명했습니다. 지구가 생기고 난 후에서야 時間이 지구 空間을 지날 때 物形에 변화가 발생하고 그 순환이치를 이론화 시킨 것이 天干이므로 인간이 모르는 순수한 기운이 아닙니다. 결국, <u>天干과 地藏干은 동일한 것</u>인데 사주팔자에서 天干과 地藏干의 차이점은 이렇습니다. 天干은 이미 드러나 존재하기에 그 기운이 쉽게 영향을 받습니다. 하지만 地藏干에 존재하는 천간은 시간이 도래할 때까지는 쓰임이 없습니다. 즉, 존재하지만 사용할 수 없다가 천간으로 시간의 존재를 드러내야만 활용할 수 있습니다. 사주팔자 원국에 寅巳申 三刑의 문제를 가졌어도 三刑으로 반응할 운이 도래하지 않으면 三刑은 발생하지 않습니다. 예로, 사주원국에 丑戌未가 있기에 자궁수술 할 수도 있겠다고 표현했다면 그것은 단지 地支의 동태를 살핀 겁니다. 그렇디면 지궁수술을 언제 하는데요? 즉, 그 時間이 언제 도래하는지 이해하려면 <u>丑戌未에 담겨진 時間(天干)이 천간으로 드러나야 반응합니다.</u> 판도라의 상자처럼 空間속에만 있던 時間이 천간으로 반응하는 겁니다. 地支空間만을 읽는다면 자궁수술 개연성을 읽은 것입니다. 혹시 모르니 검사해 보세요. 여기까지는 地支만을 읽었다는 겁니다. "자궁수술을 음력 6월에 할 가능성이 높으니 미리 검사해 보세요."라는 표현은 時間과 空間을 종합적으로 살핀 겁니다. 이런 이치가 나중에 학습할 時空間 반응에 대한 부분입니다. 시공간은 상호반응하기에 天干이 地支로 내려오고 地支가 天干으로 올라가는 방식으로 에너지를 교환합니다. 따라서 그 움직임을 읽어야만 하는데 이해하기 쉽지 않습니다만 地藏干에 있던 天干이 움직이는 방식을 읽는 것은 어렵지 않습니다. 연월일시 4개의 地支 중 어디에 있는 地藏干인지 찾아서 宮位를 감안하고 사주구조를 살펴서 天干으로 반응한 이유를 읽어내야 합니다. 어떤 이론은 地支만 보라고 주장하는데 공간만을 읽으려는 것이기에 어디에서 사건이 발생하는지는 알지만 언제(天干) 발생하는지를 모릅니다.

```
천간 - 언제 사건이 발생할 것인가?
지지 - 어디에서 사건이 발생할 것인가?
(물질, 육체, 심리 변화가 발생하는 공간 환경)
```

예로, 地支에 寅巳申 三刑이 있기에 수술하겠다고 예측하는 것은 공간을 살핀 것에 불과하지만 그 수술이 언제 발생할 것인가는 地支만으로는 불가능합니다. 이런 이유로 사주구조와 운세는 반드시 天干을 위주로 살펴야 합니다. 사주상담 하면서 地支만 본다고 해서 저는 天干만 살피는데요. 했더니 이해하지 못하더군요. 天干은 天干이요 地藏干도 天干이며 12개 공간은 변함이 없고 地藏干에 있는 時間이 공간을 변화시키는데 어떻게 地支

만 살피라고 할까요? 시간이 공간을 주도하기에 物形을 바꿀 수 있는데 말입니다. 天干이 地支로, 地支가 天干으로 변하는 과정을 三合, 12運星, 12神殺로 표현하지만 地藏干 흐름만 이해하면 그 이치가 극히 명확합니다.

질문 : 甲丙戊庚壬 陽干은 寅午戌, 申子辰과 짝을 이루고 陰干 乙丁己辛癸는 亥卯未와 巳酉丑과 짝을 이룹니다. 이해가 어려운 부분은 甲은 亥卯未 三合운동, 乙은 寅午戌 三合운동하는 이유를 모르겠습니다.

답변 : 甲은 陽氣로 甲申, 甲子, 甲辰, 甲寅, 甲午, 甲戌로 간지 조합을 이룹니다. 壬水는 壬申, 壬子, 壬辰, 壬寅, 壬午, 壬戌로 조합합니다. 甲木은 왜 亥卯未 三合운동을 하느냐고 질문한 것입니다만 지구에서의 時間과 空間은 즉각 반응이 불가합니다. 三合운동의 본질은 하늘에서 모종의 기운을 방사하니까 지구공간에서 물형변화가 발생하는 과정을 표현한 것입니다. 따라서 三合과 干支조합은 전혀 상관이 없습니다. 甲이 寅으로 즉각 반응하지 못하고 반드시 亥子丑寅의 과정을 거쳐야 甲이 寅木으로 質化 됩니다. 즉, 기운이 물질로 바뀌려면 時間이 필요한 겁니다. 돈이 필요하면 반드시 먼저 일을 해야만 합니다. 또 甲은 乙木을 생산하므로 甲木의 三合운동 과정에 寅이 나오기에 乙木은 寅午戌 三合운동을 시작합니다. 따라서 이런 이치는 天干이 地支에서 물질로 변해가는 과정을 설명한 것이지 60干支 자체를 표현하는 것이 아닙니다. 天干과 地藏干은 時間이 반응하는 이치를 살펴야 하고 12地支는 空間의 특징을 살펴야 합니다. 空間은 자신의 의지로 반응하는 것이 아니라 地支에 담겨진 地藏干의 특징대로만 반응합니다. 寅月에 戊丙甲, 申月에 戊壬庚, 未月에는 丁乙己라는 시간특징으로만 반응하라는 겁니다. 寅月

에는 무슨 행위를 하는지, 戌月에 무슨 행위를 하는지를 이해하려면 地藏干을 살피면 됩니다.

▌戊己의 차이

지금부터는 地藏干을 살펴서 時間이 지구空間을 어떻게 지배하는지 이해해야 합니다. 끊임없이 움직이면서 空間 위를 지나는 時間특징을 살펴야 하는데 우선 戊土와 己土의 차이점을 보겠습니다. 土의 작용 중에서 가장 흥미로운 점은 피동적이라는 겁니다. 水火木金土 중에서 주동적인 것은 水火요 木金이 따라서 반응하는데 木金보다 피동적인 반응을 드러내는 것이 戊己입니다. 무조건 水火木金이 원하는 대로 따르기 때문입니다. 丙丁의 공간과 戊己 땅의 범위는 엄청난 차이가 있습니다. 丙丁은 戊己 土를 합쳐놓은 것보다 훨씬 더 넓은 시공간이고 戊己는 일정한 영역에 불과합니다.

丙火가 戊土가 동일한 것처럼 火土 동법이라고 설명합니다. 火土의 쓰임이나 목적이 동일하다고 판단한 것이지만 전혀 다릅니다. 에너지특징이 전혀 다르고 시공간 범위가 엄청나게 다른데 어떻게 동일합니까? 丙火는 태양계의 시공간이라면 戊土는 지구영역에 불과하고 땅의 소유권을 원하는데 己土는 戊土에 비해 더욱 협소합니다. 丙火는 소유권을 주장하지 않습니다. 영역을 침범하는 것도 아니고 戊土처럼 땅이 많거나 적거나 상관없이 태양계 전역에 빛을 골고루 방사합니다. 반면에 戊土는 일정 공간의 영역에 불과하기에 정해진 터전을 적극적으로 취하려고 합니다. 서울에 있는 땅 1평이라도 서로 차지하려고 분쟁이 발생하는 상황을 이해하면 됩니다. 戊土가 보수적인 이유는 그 영역의 내외를 구분하고 지키려하기 때문입니다. 겉으로는 개방적으로 보이지만 정해진 범위를 내편으로 규정하고 지키고 빼앗기지 않으려고 합니다. 영역 내부에 있으면 내편, 벗어나면 적군으로 인식합니다. 봉건사회처럼 영주들이 왕이 선사한 땅을 다스립니다. 모든 영주들을 다스리는 王을 丙火에 비유한다면 일정한 영토를 다스리는 영주는 戊土입니다. 偏財의 성향을 갖는 戊土임에도 내편과 적군을 구분하려는 성향이 강합니다. 특히 戊土는 영역의 경계가 겉으로 드러나기에 己土보다 강합니다. 己土는 내부에 저장하는 속성입니다. 따라서 戊土는 영역을 확장하려고 노력하지만 己土는 영역을 지키려고 합니다. 戊土를 偏財로만 이해하면 피동적인 성향을 모릅니다. 수화목금을 모두 받아주기에 정체성이 혼란스럽습니다. 四季의 모든 과정이 戊土 위에서 발현되기에 그 변화를 따라잡는 것이 힘듭니다. 水氣가 오면 木을 키웁니다. 火氣가 오면 金 열매를 확장합니다. 외부변화에 따라 戊土의 속성도 계속 바뀝니다. 주관을 가지고 행하는 것이 아니라 나머지 기운들에 영향을 받아서 반응합니다. 모든 기운을 戊己가 반응해서 확장하고 수렴하고 저장하고 확장하기를 반복합니다.

▌地藏干 戊土

地藏干에 있는 戊土의 상황을 살펴보겠습니다. 寅巳申亥 餘氣와 辰戌의 正氣를 합하여 여섯 개의 戊土가 있습니다. 왜 戊土가 그 地藏干에 담겨있는지 이해해야 합니다. 글자는 동일해도 寅巳申亥 戊土는 餘氣에 있고 辰戌의 戊土는 正氣에 있으므로 地藏干 위치와 공간의미가 다릅니다. 12운성으로 살피면 寅巳申亥 戊土는 生地에 있고 辰戌 戊土는 墓地에 있습니다. 生地 戊土는 새로운 기운의 터전입니다. 戊土가 있어야 <u>새로운 陽氣</u>가 드러날 수 있습니다. 寅中 丙火, 巳中 庚金, 申中 壬水, 亥中 甲이 生地로 드러나려면 반드시 지구터전 戊土가 필요합니다. 새롭게 동하는 陽氣 生地의 기운을 밖으로 쏟아내려면 반드시

戊土가 전 달의 기운을 이어받아주어야 합니다. 즉, 生地의 터전 역할을 하면서도 전 달의 기운을 이어 받아 새로운 에너지로 전환해야 합니다. 결국 戊土는 전환과 새로운 양기의 터전역할을 동시에 하는 겁니다. 三合운동처럼 마감하고 새로운 기운으로 출발하고 결과적으로 마감합니다. 寅巳申亥에 있는 戊土가 전 달의 기운을 이어받아 새로운 기운을 만들어내는데 어떤 과정을 거치는지 살펴보겠습니다.

地藏干흐름을 학습하면 이해가 쉽습니다. 흐름을 이해하면 墓地와 庫地의 차이도 쉽게 깨닫습니다. 마감하는지, 꺼내서 써야하는지에 따라 그 성질이 墓와 庫로 갈라집니다. 墓는 陽氣가 墓地에 들어가고, 庫는 陰氣를 꺼내서 새로운 陽氣로 전환합니다. 辰戌丑未에서 陰氣가 마감되고 寅巳申亥에서 陽氣가 動하는 과정에 戊土가 과거의 기운을 미래의 기운으로 전환해주는 겁니다. 辰戌丑未에 지장했던 陰氣를 寅巳申亥月에서 陽氣로 바꿔놓습니다. 辰중 乙이 巳중 庚으로 바뀌고, 未중 丁火가 申중 壬水로 바뀌고, 戌중 辛이 亥중 甲으로 바뀌고, 丑중 癸水가 寅중 丙火로 바뀝니다. 이런 이유로 墓庫와 生地가 연결되고 天干 合으로 연결되고 陽氣가 陰氣를 만나고 陰氣가 陽氣를 내놓는 과정이 끊임없이 이어집니다. 地藏干에는 시공간의 순환과정이 고스란히 담겨져 있습니다. 地藏干에 담겨진 셀 수조차 없는 이치들을 하나씩 꺼내서 三合운동, 12運星, 墓庫로 세분해서 이론을 만들었고 사주팔자를 분석하는데 활용합니다. 이처럼 寅巳申亥 餘氣에 있는 戊土는 서로 다른 에너지 특징을 가졌음에도 格局에서의 戊土는 十神 명칭대로 偏印, 偏官으로 나눕니다. 시간흐름으로 살피면 寅巳申亥에 있는 戊土의 속성은 전혀 다릅니다. 寅중 戊土는 丑月의 癸水와 辛金을 품어서 丙火와 甲木을 내놓는 戊土입니다. 하지만 巳중 戊土는 辰月의 乙과 癸를 품어서 庚金과 丙火를 내놓는 戊土입니다. 분명히 글자는 동일해도 그 성질은 전혀 다른 겁니다. 이런 이치를 이해하면 刑沖破害를 쉽게 이해합니다. 午酉 破하는 이유는 午火가 酉金에 傷하고, 酉子 破하면 酉金이 子水에 부풀리고, 子卯 刑하면 子水가 卯木에 허탈해집니다. 어렵게만 느껴졌던 명리이론들이 쉽고 명확해집니다. 각각의 글자들이 서로 어떻게 반응하는지 왜 그래야만 하는지를 이해하면 아름다운 자연의 의지를 깨달습니다. 다만 일상에서 발생하는 子卯 刑 물상이 너무도 다양하기에 근본이치를 이해해도 어느 물상으로 발현될지는 사주구조에 따라 다르기에 정확하게 살피는 것은 어렵습니다.

자궁 수술, 불임, 자동차 사고, 사망, 色情 등으로 반응하는데 근본이치를 깨닫고서 응용해보자는 겁니다. 근원적인 공부 보다는 사주통변을 좋아하면 상담 업에 적합하지만 근본이치를 이해하고 상담하면 더욱 빠르고 정확하게 다양한 원리를 이해하고 활용합니다. 운에서 子卯 刑에 걸리면 물상의 특징을 불러주고 주의하라고 조언할 수 있습니다. 근본을 깨우쳐야 다음 단계로 넘어가는데 물상만 외우면 근본이치를 모르기에 번거롭게 다시 공부해야 합니다. 30년이 흘러도 근본원리를 터득하지 못하면 출발점으로 돌아옵니다. 寅巳申亥 戊土는 앞 달의 기운이 전혀 다르기에 戊土의 과거 현재 미래를 이어서 살펴야 합니다. 흥미롭게도 戊土는 生地라는 명칭을 가질 수 없습니다. 陽氣를 생성하는 터전이기 때문입니다. 성장터전 역할과 과거를 미래로 전환하는 역할을 겸하는 戊土가 없었다면 生地인 丙, 庚, 壬, 甲은 밖으로 튀어나오지 못합니다. 辰戌의 지장간에 있는 戊土는 申子辰, 寅午戌 三合의 마감입니다. 따라서 寅巳申亥 戊土와 속성이 전혀 다릅니다. 正氣는 기운의 완성을 뜻하고 餘氣는 새롭게 이어지는 것입니다. 지장간 中氣는 새로운 시간이 출발하거나 마감하거나 둘 중 하나입니다. 시간이 출발하면서 三合운동을 시작하고 그 시간이 끝나면 물질을 완성하고 本氣에 저장합니다. 이런 이유로 辰戌丑未에는 물질完成과 저장작용이 있습니다. 다만 辰戌에는 陽的 작용의 戊土가 있으며 丑未에는 수렴, 저장, 마감하는 己土가 있습니다. 辰戌의 戊土는 陽氣의 마감이기에 己土라고 표기하지 못합니다. 辰土에 癸水, 戌土에 丁火가 있는데 壬水와 丙火의 대행자인 癸水와 丁火가 辰戌에서 마감되었지만 물질을 저장하는 작용이 아니기에 戊土가 들어있습니다. 寅巳申亥의 戊土처럼 새로운 에너지를 만들어주는 터전이 아니라 三合을 마감한 戊土인데 水火의 마감이기에 物質로 보기 어렵다는 겁니다.

辰戌의 또 다른 역할은 전환 작용으로 辰土에서 申子辰 三合을 마감하니 巳月에 丙火가 존재감을 드러내는데 그 작용을 辰중 戊土가 해주는 겁니다. 어떻게 하나요? 地藏干 속으로 들어가면 재미납니다. 寅卯辰에서 木氣들이 좌우확산 하니까 壬水와 癸水는 무기력해집니다. 癸水가 乙을 키우고자 파고듭니다. 결국 癸水는 무기력해지고 상대적으로 火氣는 증가합니다. 그런 움직임을 드러내는 공간이 辰土입니다. 즉 乙木을 활용해서 癸水를 丙火로 돌려놓는 작용이 辰土에서 이루어지는 겁니다. 戌月에 이르면 火를 水로 전환해야 하는데 辰月의 논리와 동일합니다. 丙丁이 申酉내부로 파고드니까 결국 火氣는 무기력해지고 상대적으로 水氣는 점점 증가하는데 바로 金生水의 흐름이며 戌土에서 그런 움직임이 이루어집니다. 정리하면 辰土는 乙木을 활용해서 癸水를 丙火로 전환하고, 戌土는 辛을 이용해서 丁火를 壬水로 전환하는데 그 과정에서 戊土는 그 움직임을 실현하는 터전을 제공하는 겁니다. 우리는 12地支와 地藏干을 가지고 노는 수준까지 올라가야 합니다. 지장간은 초콜릿 상자처럼 어떻게 관찰하느냐에 따라 다양한 세상을 보여줍니다. 癸卯에서 癸水는 卯木만 보면 기운을 집중적으로 방사한 후 점점 무기력해집니다. 따라서 卯木을 계속 키우고자 한다면 壬水의 도움이 필요합니다. 다만 문제는 壬子와 癸卯로 배합하면 水氣가 넉넉해져 卯木의 성장을 돕지만 丙火나 巳火가 없다면 卯木이 새싹만 이리저리 펼칠 뿐 꽃을 피우지 못하니 행위의 결과가 없습니다. 따라서 癸卯는 육체를 활용해서 바쁘게 돌아다니거나 손발을 활용하는 글 그림, 스포츠와 같은 외부활동을 좋아하지만 결과물이 많지 않다는 단점이 있습니다. 巳火를 보충할 수 있다면 재능을 활용해서 돈이나 명예를 훨씬 빠르게 얻을 수 있습니다. 이때는 宮位와 시간방향을 살펴야 하는데 日支 卯木이 월이나 년의 巳火를 향하면 자신의 재능을 사회나 국가에 활용하기에 개인능력은 좋습니다. 만약 년과 월에 있는 卯木이 일지 巳火를 향하면 국가, 조상, 부모로부터 결과물을 이어받아서 자신이 취하기에 힘들이지 않고 주위의 도움으로 쉽게 발전합니다. 지금 설명은 命理와 전혀 관계없는 이론이라고 느끼겠지만 점점 익숙해지면 宮位와 時間方向이 얼마나 중요한지 이해합니다. 사주통변의 핵심논리입니다.

▎寅巳申亥 戊土

寅巳申亥에 있는 戊土는 글자는 동일해도 의미는 다르다고 했습니다. 다만 공통적으로 과거의 기운을 새로운 양기로 전환해주는 터전역할을 합니다. 己土는 수렴, 저장하기에 戊土와는 다릅니다. 己土만 있으면 수렴, 저장하려는 속성이 강해서 사회생활에는 불편합니다. 戊土는 水火木金을 활용해서 확장하기에 사회활동 과정에 모든 것을 넓히기에 발전하는 과정을 즐길 수 있습니다. 하지만 己土는 戊土가 펼쳐낸 것들 중에서 가장 가치 있는 것만 골라서 내부에 저장하기에 활용범위나 영역이 戊土에 비해 훨씬 작습니다. 三合운동에서 申子辰, 寅午戌은 水火운동이기 때문에 戊土를 활용합니다. 水火는 만물을 창조하는 에너지이기에 스스로 물질을 완성하는 작용이 아니며 水火를 활용해서 木金 물질이 드러납니다. 水火의 움직임이 멈추면 지구는 혹성으로 변하고 인간은 존재할 수 없습니다. 水火는 木金의 존재를 드러내는 역할에 충실합니다.

己土

己土를 살펴보겠습니다. 己土는 丑未의 地藏干에 있는데 戊土의 속성과 전혀 다릅니다. 戊土가 갖지 못한 수렴하고, 저장하는 작용을 담당합니다. 戊己를 분류하는 가장 쉬운 방법은 戊土는 땅 밖이요, 己土는 땅속이라고 기억하면 됩니다. 丑의 地藏干에 있는 己土는 巳酉丑 三合 결실운동을 마감한 것으로 그 결과물 辛金을 己土에 저장합니다. 未의 地藏干에 있는 己土는 亥卯未 三合 성장운동을 마감하고 ㄱ 결과물 乙木을 저장한 겁니다. 己土가 있기에 未의 地藏干 乙木과 申의 地藏干 庚金이 乙庚 합해서 열매 맺고 酉月에 辛金으로 완성됩니다. 또 丑의 地藏干 辛과 寅의 地藏干 丙火가 丙辛 합하고, 甲己 합하고, 戊癸 합해서 辛의 물형을 甲으로 바뀝니다. 씨종자 辛이 없다면 甲은 절대로 세상에 나올 수 없습니다. 辛을 甲으로 바꿔주는 과정이 亥子丑寅月에 이루어집니다. 이런 움직임을 12運星, 三合, 神殺로 살필 수 있어야 합니다. 어지럽게 보이지만 너무도 명확한 이치에 감탄하게 됩니다. 아쉬운 점은 명확한 地藏干 흐름에 午의 中氣에 己土를 끼어 넣음으로써 흐름을 이해하지 못하게 방해했기에 그 동안 지장간의 가치를 살피지 못했지만 時空學에서 地藏干흐름과 이치를 모두 풀어냈습니다. 만약 午중 己土가 없었다면 오래 전에 지장간의 이치를 풀어냈을 겁니다. 물론 午중 己土는 午火에 있는 丙火를 丁火의 수렴, 열에너지로 전환합니다. 빛을 열로, 陽을 陰으로 전환합니다. 꽃 피는데 활용하던 작용을 열매 맺는 작용으로 돌려서 수렴하기에 丙火가 극점에 이르고 丁火로 전환합니다. 이런 이유로 午火는 낙차가 굉장히 큽니다. 뚝 떨어지는 추락운동입니다. 申子辰의 子水에서 壬水가 癸水로 전환하는 것도 갑자기 추락하는 상황입니다. 12운성으로는 帝旺에서 衰地로 바뀌고 神煞로 將星에서 攀鞍으로 전환하는데 그 특징은 급격한 추락입니다. 12운성이나 神煞을 직선으로 이해하면 추락의 상황을 이해하기 어렵지만 삼각형으로 살피면 매우 뾰족한 곳까지 올라간 상태가 제왕과 장성으로 꼭짓점에서 하강하면 굴러 떨어집니다. 예로 대통령에 올라서 막강한 권력을 행사하다 평민으로 돌아가는 상황입니다. 午火, 子水에서 추락의 문제가 발생하기에 조심해야 합니다. 실제로 추락해서 자살하거나 잘나가던 사업이 갑자기 부도납니다. 매우 무서운 공간이 子水와 午火입니다. 아래의 자연순환도를 살피면 이해하기 쉽습니다.

自然循環圖 (시공간 순환도)

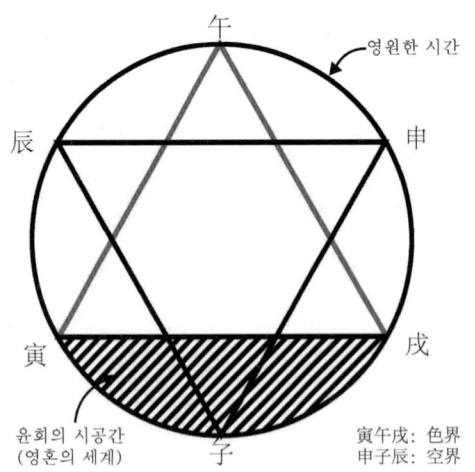

午중 己土가 있는 또 다른 이유는, 무한대로 분산하는 丙火의 빛을 수렴하기 때문입니다. 丙火에서 丁火로 무조건 바뀌는 것이 아니라 빛을 저장해줄 장치가 필요한데 바로 己土입니다. 만약 午중 己土가 없다면 태양 빛을 활용할 방법이 없고 전기도 활용할 수 없습니다. 己土의 역할이 중요한 이유입니다. 물상과 직업에 활용하면 빛을 열로 바꿔놓는 행위인 한국전력, 전기공사, 전기수리, 변압기, 전압기 그리고 의미를 확장하면 통역, 번역, 외국어와 같은 직업입니다. 干支로 표현하면 丁未로 未土의 地藏干에 乙까지 있으니 기술자가 전기를 수리하는 물상입니다. 빛을 열로 돌려서 수리하니 전기, 전압, 태양광처럼 빛을 집약하는 행위입니다. 다만 인간의 정신에 응용하면 정신이 분열하는 것처럼 매우 산만해집니다. 丙丁이 강렬해지면 인간의 정신을 상징하는 壬癸가 증발해버리기에 정신이 이상해집니다. 그래서 壬午, 癸未월에 庚金을 보충해주지 않으면 부친은 모친과 나를 버리고 도망갑니다. 水氣를 찾으러 방랑생활 합니다. 만약 부친이 그렇지 않으면 자신이 그럴 수도 있습니다. 물론 겉으로는 유학이나 해외이민으로 보입니다. 심하면 사이비종교에 빠지거나 정신이상 현상도 보입니다.

부친의 방황과 나의 방황을 잡아줄 방법은 庚과 辛인데 辛은 효과가 좀 떨어집니다. 午未 月에는 辛이 그 존재를 드러낼 수 없기 때문입니다. 壬午월과 癸未월에 태어났는데 庚이 없으면 부친은 사주당사자가 어렸을 때 밖으로 돌거나 이혼할 수 있습니다. 부인과 자식과 함께 살면 壬癸가 증발하기에 부친은 모친과 자식을 멀리합니다. 만약 庚日로 태어나면 부친은 아들을 극진히 사랑하지만 丙日로 태어난 자식이라면 壬午, 癸未를 더욱 증발시키니 자식을 더욱 미워합니다. 자신에게 고통을 주려고 태어났다고 간주하고 丙火를 구타하거나 떠나갑니다. 반대편 子월에도 己土가 필요할까요? 그렇지 않습니다. 일상에 비유하면 亥月에 무한응축 된 상태를 유지하다 子月에 빅뱅처럼 폭발합니다. 얼려두었던 냉동고기를 꺼내놓으면 천천히 녹는데 이때는 저장, 수렴의 기능을 가진 己土를 활용할 필요가 없습니다. 응축을 확장의 기세로 전환하기에 필요하지 않은 것입니다. 왜 간단한 이치를 모를까요? 己土의 수렴, 저장 작용을 이해하지 못해서 그렇습니다. 즉 十干을 에너지로 살피는 것이 아니라 十神으로 살필 때 나타나는 부작용입니다. 하지만 午火는 다릅니다. 빛과 같은 움직임을 열로 바꾸려면 반드시 己土가 필요합니다. 이런 이치를 깨달았기에 子卯午酉 중에서 유일하게 午火의 地藏干에 己土를 기록했던 겁니다. 따라서 대운이 丙午, 丁未로 이어지면 壬癸가 증발하는 사주구조들은 정신이 산만해지고 방황하면서 사이비 종교에 빠지거나 회사매출이 크게 줄면서 부도 나는 이유입니다. 丙火에서 크게 확장하다 午火에서 크게 망할 수 있습니다. 자연에서는 丙火 빛을 丁火 열로 저장하고자 己土를 활용하지만 사업은 쉬운 일이 아닙니다. 직원 세 명에서 열 명으로 확장은 쉽지만 반대로 줄이려면 힘이 듭니다. 이처럼 午火의 地藏干 己土는 매우 중요한 역할입니다.

▍戊己의 변화

子平眞詮에 7장에 이런 표현을 합니다. 地藏干에 대한 고증이 없고 고서도 없고 원류를 밝혀낸 사람도 없다. 누가 地藏干을 만들었는지 고증할 방법이 없다는 겁니다. 河圖洛書와 三命通會 사이에 生剋원리가 사라진 것처럼 地藏干에 대한 근거도 사라졌습니다. 지장간 만큼은 누가 만들었는지 반드시 알고 싶지만 방법이 없습니다. 지장간에서 보여주는 시간과 공간의 순환과정은 참으로 아름답습니다. 사계가 끊임없이 움직이고 변하면서도 일정한 규칙으로 순환합니다. 위대한 자연흐름과 윤회과정을 명확하게 설명함과 동시에 시간이 공간을 어떤 방식으로 지배하는지 빈틈없이 설명합니다. 따라서 地藏干의 순환과정을 이해하면 古書의 인위적인 논리가 아니라 극히 자연스러운 이치를 학습합니다. 地藏干에서 의견이 분분했던 것은 戊土와 己土인데 위에서 정리했습니다. 寅月 餘氣에 戊己, 己戊 혹은 戊로 다양하게 표기했습니다만 무엇이 합리적인 표현인지 모호합니다. 地藏干의 전체흐름을 이해해야 무엇이 맞는지 알 수 있는데 正氣와 餘氣가 어떻게 이어지는지 살펴야 합니다. 正氣에서 餘氣로 그리고 中氣에서 正氣로 時空間이 계속 순환합니다. 丑月에서 寅月로, 未월에서 申月로 넘어갈 때 그 특징은 辰月과 戌月의 흐름과 다릅니다. 未月에서 申月은 亥卯未 성장움직임이 申월로 넘어가면 수렴과정으로 급변합니다. 乙庚 合하고 丁壬 合해서 乙의 움직임이 申酉戌 수렴운동으로 빠르게 변화합니다. 따라서 未에서 申의 과정은 발산, 분산 움직임이 수렴, 응축으로 바뀌는 변곡점입니다. 丑寅도 마찬가지입니다. 地藏干 내부에서 세 종류의 合이 발생하는데 수렴, 응축 움직임이 발산, 분산운동으로 급격히 전환합니다.

未申에서는 수확을 준비해야 하므로 생기가 사라지기 시작합니다. 丑寅에서는 영혼의 세계에 있던, 땅속에서 겨울잠을 자던 생물들이 밖으로 튀어나와 살아있음을 알립니다. 따라서 丑未의 지장간은 己土로 마감하지만 寅巳申亥 生地에서는 戊土로 陽氣가 폭발하기에 문제입니다. 사주팔자에서 未申과 丑寅이 있으면 갑작스런 문제가 발생할 수 있음을 암시합니다. 일상을 살아가는 인간에게 급속한 변화는 불편합니다. 이처럼 급변하는 과정을 표기해야 하는데 己己, 己戊, 己己戊, 己戊己 중에서 어떻게 표현하는 것이 좋을지 고민했던 겁니다. 寅巳申亥의 戊土는 前달의 기운을 품어서 戊土에서 새로운 陽氣를 창조하기에 己土

를 표기할 수는 없습니다. 申月에 수렴하므로 己土가 필요하다고 생각하지만 陽氣는 새로운 기운이 動하기에 수렴, 저장하는 己土는 불가능합니다. 고민의 여지없이 丑중 己土는 辛金을 저장하고 寅중의 戊土는 새로운 양기 丙火를 내놓는 겁니다. 未申도 己土에 乙木을 저장했다가 申月에 戊土가 이어받아서 壬水를 내놓습니다. 물론 인간의 생각이 그런 것이고 자연입장에서는 물형을 스스로 조절하기에 戊土, 己土 구분이 없습니다. 다만 戊土와 己土는 정반대라고 할 정도로 다릅니다만 그 차이를 몰랐기에 地藏干에 어떻게 표기해야할지 논란이 발생한 겁니다. 정리하면, 午중 己土와 丑寅과 未申에서 戊己의 차이를 이해하기 어려웠습니다. 戊己 구분은 매우 중요합니다. 모든 결과물이 戊己에서 완성되기 때문입니다. 예로, 乙癸戊 三字의 물형은 戊土에서 결정됩니다. 戊土가 年月日時 어느 宮位에 있느냐에 따라서 결과물의 의미와 가치가 달라집니다. 戊土가 年에 있는 것과 時에 있는 경우는 전혀 다릅니다. 年에 戊土가 드러나면 국가, 해외를 상징하기에 그릇이 훨씬 큽니다. 戊土는 지구표면, 己土는 지구내부라고 했습니다. 戊土는 癸丙의 도움으로 乙이 庚으로 바뀌는 과정을 돕는 터전이고 己土는 壬丁의 도움으로 辛이 甲으로 바뀌는 과정을 돕는 터전입니다. 아울러 戊土는 품었던 에너지를 활용해서 새로운 陽氣를 꺼내는 역할까지 해야 합니다.

참고로 長生에서 通根한다는 주장은 억지스럽습니다. 그 이유는 長生은 양기의 움직임이 동하기도 전이기 때문입니다. 예로, 庚金이 巳酉丑 三合운동을 통해서 부드럽던 物形을 딱딱하게 만들어 가는 출발점 巳火를 長生이라 부르는데 딱딱하기는커녕 꽃처럼 활짝 펼쳐져 극도로 부드럽습니다. 따라서 우리가 생각하는 숙살지기 庚金과는 정반대입니다. 또, 亥卯未 성장과정에 甲

이 亥水에 長生하지만 성장은커녕 극도로 움츠린 공간입니다. 六陰으로 성장의 기세는 전혀 없는데 長生이라 부르는 이유는 극도로 응축했기에 子水에서 폭발하면서 성장운동이 가능하기 때문입니다. 결국 長生은 三合운동이 추구하는 운동방향과 전혀 다름을 이해해야 長生에 通根한다는 생각에서 벗어납니다. 본론으로 돌아와서, 己土가 품은 것을 밖으로 꺼내주는 역할은 戊土가 합니다. 출발점 寅巳申亥는 三合의 長生이자 方合의 출발점입니다. 사실 寅巳申亥는 명리에서 중요한데 寅木과 卯木, 巳火와 午火, 申과 酉, 亥와 子는 동일한 오행이지만 그 속성은 정반대라고 이해해야 합니다.

장생 다음 단계를 浴地라고 부르고 한 단계 더 나가서 유사한 속성이라 인식하는 것은 옳지 않습니다. 浴地는 三合운동의 실질적인 출발점으로 長生과 정반대로 움직입니다. 예로, 寅木은 땅속뿌리와 같았는데 卯木은 낭 밖으로 드러나면시 丙火의 기세가 동합니다. 申은 여전히 丙火에게 통제를 받지만 酉金은 丙火의 통제에서 벗어나 水氣를 만들어갑니다. 巳火는 최대로 펼쳐졌는데 午火는 갑자기 수렴하기에 庚金의 딱딱해지는 속성이 생겨납니다. 巳午未申酉까지는 극도로 부드럽던 물형이 점점 딱딱해지고 酉戌亥子丑 과정은 반대로 부드럽게 풀어내는 과정입니다. 이처럼 三合운동은 단조롭게 하나의 움직임만 있는 것이 아닙니다. 亥卯未는 甲의 수직상하 운동과정인데 亥水는 육음으로 성장의 기세가 전혀 없다가 子水에서 성장하자고 폭발합니다. 亥子丑寅卯까지는 상승하고 卯辰巳午未까지는 하강합니다. 이런 이유로 모든 생장쇠멸 과정은 삼각형 모양으로 이루어집니다. 기억할 점은 寅卯, 巳午, 申酉, 亥子로 오행은 동일해도 움직임은 정반대입니다. 예로, 寅午戌과 寅卯辰은 三合과 方合을 시작하는 출발점이지만 庚寅, 辛卯로 조합하면 寅卯가 동일 오행이라도 속성이 다릅니다. 庚寅은 寅의 地藏干에 戊, 丙, 甲이 있으니 돈을 벌면 丙火 戊土를 원합니다. 돈만 모으려는 것이 아니라 만인을 위해 베푸는 성향이 강합니다. 하지만 辛卯는 卯木에 甲乙만 있으니 오로지 재물을 추구합니다. 물론 구조에 따라서 의료, 한의처럼 生氣를 구하는 움직임도 있지만 庚寅처럼 공적인 움직임은 약합니다. 정리하면 五行의 陽陰은 地藏干에 담겨진 글자들 속성에 따라 원하는 방향이 달라집니다. 方合과 三合의 다른 점은, 寅卯辰 方合은 寅중 甲, 卯중 甲乙, 辰중 乙로 甲甲乙乙로 변해갑니다. 寅午戌 三合은 寅중 丙, 午중 丙丁, 戌중 丁이기에 丙丙丁丁으로 변해갑니다. 陽氣가 陰氣로 바뀌는 과정은 方合과 寅午戌 三合이 동일하지만 方合은 木 五行의 陽陰과정이고 三合은 火 五行의 양음과정입니다. 方合과 三合을 陰陽으로 나누면 三合은 陽, 方合은 陰으로 사주팔자에서 日時가 方合으로 구성되면 여성위주의 특징이므로 여자가 家權을 잡습니다. 나쁘게 작용하면 남편이 무능해집니다. 方合은 시공간이 협소하기에 陰的이고 여자위주입니다. 씨족사회나 모계사회로 이해할 수 있습니다. 寅卯辰은 동일 五行이기에 동질성을 가졌지만 활용하는 시공간이 좁다는 겁니다.

三合은 陽的으로 시공간 범위가 넓습니다. 국가, 사회적으로 활용합니다. 三合을 국가, 사회로 方合은 가족으로 개념을 잡아야 합니다. 方合은 씨족사회, 여성위주, 형제자매로 이해하는 것이 좋습니다. 특히 寅卯辰은 나무뿌리와 가지가 서로 엉켜서 형제들과 모여 살거나 식구들과 왕래가 잦거나 모친이나 여성들이 가세를 잡습니다. 또 寅卯辰은 성장하는 기세만 있으니까 물질을 추구하지 않기에 비교적 순수하고 미래를 성실하게 준비합니다. 한탕을 노리는 욕심은 없는 겁니다. 寅卯辰이 日時에 있으면 순수한 사람이라고 읽어야 합니다. 초원 위를 달리고 싶은 욕망입니다. 寅卯辰 方合이 가족 모임이라고 주장해도 통변에 활용하기 어렵습니다. 寅卯辰이 日時에 있다면 40대에서 말년까지 산으로 들로 뛰어 다니는 사람이라고 읽어야 합니다. 또 여성중심의 가정이고 남편이 무능해질 가능성도 있습니다. 年과 月에 寅卯辰이면 형제, 자매를 벗어나기 힘듭니다. 三合은 時空間이 넓기에 시간이 흘러야 원하는 물질을 만들지만 方合은 長生개념이 없습니다. 시간단위가 짧기에 그렇습니다만 굳이 長生으로 표현하면 寅에서 甲이 장생해서 卯에서 甲乙로 전환하고 辰에서 乙木으로 마감합니다. 비록 三合 長生은 아니지만 3개월 동안 陽陽陰陰 변화과정이 이루어집니다. 三合은 시공간이 굉장히 넓고 에너지가 동하고 결과적으로 물질을 완성합니다. 가장 큰 차이는 시공간 범위가 다른 것입니다. 공통점은 方合과 三合도 모두 출발은 戊土에서 시작합니다. 戊土는 陽氣가 動하는 터전이 분명합니다.

己土는 丁壬 合해서 辛을 甲으로 드러내는 바탕지로 甲을 위로 올리거나 아래로 내리거나 辛을 품거나 甲으로 내놓는 역할입니다. 戊己의 차이점을 확실하게 기억해야 하는데 왜 그렇게 戊己가 중요할까요? 느껴보지 않은 사람은 모르겠지만 丑寅, 未申에서 생각지도 못한 일들이 발생합니다. 화산폭발, 해일, 지진으로 중국 지진이 발생했을 때 직접 경험한 이야기를 들었는데 호수가 이동하더랍니다. 空間이동이 순식간에 발생하는 겁니다. 호수가 이동하고 건물은 갑자기 사라졌다고 합니다. 이것이 바로 己土와 戊土의 차이로 땅의 급격한 변화가 丑寅과 未申을 지날 때 발생합니다. 大運에서 丑寅으로 이어지는데 예로 丁丑, 戊寅으로 연결되거나 丁未, 戊申으로 연결되면 인생에 급격한 변화가 발생한다는 겁니다. 여기까지가 戊土와 己土의 차이 그리고 正氣와 餘氣에서 발생하는 문제들입니다.

이제 地藏干 中氣를 살펴봅시다. 三合의 출발과 마감을 표현하기에 中氣에 들어갈 글자는 기운이 動하거나 마감하는 글자뿐입니다. 陽氣의 生과 陰氣의 成을 표시한 것입니다. 正氣와 餘氣는 己戊, 戊戊, 己戊의 연결을 고민하였고 庫地에서 長生으로 이어짐을 표현하였고 正氣는 모종의 기운이 마감되는데 寅午戌과 申子辰은 완성이 없고 亥卯未와 巳酉丑은 물질을 마감하고 출발하는데 丑寅과 未申에서 혼란스런 변화가 발생하는 이유들을 살폈습니다만 中氣는 특징이 전혀 다릅니다. 三合운동의 출발과 마감만 표현한 것입니다. 즉, 生旺墓 과정에서 生地와 墓地만을 표기합니다. 보통 中氣의 작용을 오해해서 餘氣의 기운을 中氣를 통해서 正氣에게 이어주는 중간역할로 생각합니다. 예로 丑土의 경우 地藏干에 癸辛己가 있는데 癸水가 己土까지 가려면 중간에 있는 辛이 癸水와 己土를 이어주는 징검다리로 설명하지만 틀린 논리를 억지로 맞추느라 애를 먹습니다.

설명할 방법이 없는 이유는 中氣는 餘氣와 正氣를 이어주는 역할이 아니기 때문입니다. 寅午戌 三合운동의 경우, 寅中 丙火와 戌中 丁火가 生하고 成하는 과정을 표현한 겁니다. 地藏干에서 火氣가 있는 곳을 보면, 寅中 丙火, 巳中 丙火, 午中 丙火와 丁火, 未中 丁火, 戌中 丁火로 많지만 寅中, 丙火, 戌中 丁火 두 개만 中氣에 있습니다. 巳中 丙火는 장생이 아니기에 中氣에 표기할 수 없습니다. 午火는 陽陰이 교차되기에 中氣에 표시할 수 없습니다. 午中 己土가 있지만 빛을 열로 저장하는 역할임을 설명했습니다. 子午卯酉는 陽에서 陰으로 전환하기에 中氣에 丙火나 丁火를 표기하지 못합니다. 未中 丁火는 餘氣로 기운이 이어지기에 완성의 개념이 아닙니다. 寅午戌, 申子辰, 亥卯未, 巳酉丑 모두 동일합니다. 地藏干 中氣의 정체는 무엇입니까? 라고 물으면 三合운동의 生과 成의 원리라고 답해야합니다. 寅에서

午까지 과정은 陽운동 하는데 새로운 기운이 動해서 확장하고 午火부터 午未申酉戌 까지는 丙火의 기운을 丁火가 이어받아서 戌土까지 결실운동 했던 겁니다. 다만 寅에서 午火에 이르렀다고 해도 갑자기 丁火로 바뀌면서 丙火의 기운이 사라지는 것이 아닙니다. 寅午戌 三合운동 과정에 丙火는 丁火를 만들면서 丙火와 丁火가 순차적으로 전환하는 것입니다. 午에서 丁火가 적극적으로 움직이지만 巳중 丙火가 午火에서 극에 이르기에 기운이 여전히 강력합니다. 午중 丁火가 드러났다고 丙火는 무기력한 것이 아닙니다. 丙火도 午未申월 까지 기운을 이어가야 申월에 열매가 익습니다. 丁火는 酉月에 열매를 완성할 힘을 丙火로부터 축적합니다. 亥子丑에서 壬水와 癸水의 움직임과 동일합니다. 壬水가 子水에서 癸水로 전환했다고 壬水가 소멸되는 것이 아닙니다. 壬水가 癸水에게 기운을 전달하는 공간이 子월일 뿐 갑자기 사라지고 癸水가 등장했다는 의미가 아닙니다. 전환의 출발점일 뿐 전환을 완성한 것은 아닙니다. 子水는 卯月에 이르러야 전환을 완성하고 午火는 酉月에 이르러야 완성합니다.

즉 午火에서 酉金까지의 과정은 丙火에서 丁火로 이전시키려는 행위라면 子水에서 卯木까지의 과정은 壬水의 기운을 癸水에게 이전시키는 과정입니다. 卯月에 이르면 癸卯로 癸水가 卯木을 키우고, 酉月에 이르면 丁火가 酉金 열매를 완성하는 겁니다. 점진적으로 陽氣가 기운을 陰氣에게 전달한다는 것을 깨우칩니다. 그런 이치를 표현한 것이 12運星, 三合인데 그 이치를 이해하려는 노력은 없고 외우려고 합니다. 아래에서 지장간 흐름을 살피고 다른 이론들과 종합해서 살펴볼 겁니다. 陽이 출발하는 곳 寅巳申亥, 陽이 陰으로 전환하는 곳 子午卯酉, 三合운동을 마감하는 곳 辰戌丑未 흐름은 정해져 있고 그 과정에 亥卯未 성장, 寅午戌 확장, 巳酉丑 수렴, 申子辰 응축의 과정이 따로따로 시작하고 마감하고 다시 시작하는 것이 아니라 뒤죽박죽 실타래로 얽히고설켜서 어디가 시작이고 어디가 끝인지 파악하기도 어렵습니다만 지장간 中氣는 三合운동의 출발과 마감을 표기한 것이라고 기억하면 됩니다. 四生地에는 陽干만 들어가고 墓地에는 陽陰干이 모두 들어갈 수 있다는 이상한 설명이 필요 없습니다. 지구자연의 순환과정은 陽陰운동을 반복하는데 生地에서 陽氣가 動할 수 있었던 이유는 전 달에 있는 辰戌丑未에서 陰氣를 저장했기에 가능한 것입니다. 三合 중간에 이르면 陽氣가 陰氣로 전환하고 墓地에서 물질을 저장하기에 다시 寅巳申亥에서 새로운 기운이 동합니다. 三合운동을 12달로 세분하면 12神殺인데 물질, 육체, 공간, 환경의 변화과정을 年支를 기준으로 살핍니다. 日支를 기준으로 살피는 이유는 다양한 통변거리를 만드는 것이라고 생각합니다. 정리하면, 神殺은 三合을 열두 개로 쪼개서 공간의 변화과정을 살피기에 年支를 기준으로 분석하는데 地煞, 將星, 華蓋 뿐입니다. 年支로 살피던, 日支로 살피던 근본개념은 잡아야 합니다. 예로, 日支에 劫殺이 있다면 三合운동을 벗어난 첫 단계로 지금까지 경험하지 않은 공간, 해외와 같은 공간에서 살아갈 일이 생기는 겁니다.

神殺 중에서 天煞과 六害는 인간의 정신과 육체를 지배하기에 반드시 학습해야 합니다. 깊은 이해가 필요한 신살입니다. 경험해보면 얼마나 중요한지 알게 됩니다. 甲乙丙丁戊己庚辛 여기까지가 色界요 壬癸는 영혼의 세계입니다. 辛에서 죽음에 이르고 壬에서 씨종자를 풀어내고 육체를 버립니다. 癸水에서 새 영혼을 얻고 甲에서 새로운 육체를 얻어서 탄생합니다. 十神으로 正印 偏印은 육체가 없으니 정신만 활용하는데 壬癸를 神殺로 따지면 劫煞, 災煞로 인간이 갈 수 없는 공간, 정신과 영혼의 문제를 만들어내는 공간입니다. 六害는 조상신으로 씨종자 辛이기

때문에 인간이 갈 수 있는 마지막 단계 辛金이 壬癸를 통해서 甲으로 나옵니다. 결국 甲은 辛에서 온 것으로 전생의 DNA를 전달해 준 조상신이 辛金입니다. 六害 조상신들은 제사상에서 술 한 잔 받는 것이 소원이기에 六害방향에 술 따르라는 겁니다. 조상의 영혼을 위로하는 행위입니다. 天殺은 드러나지 말아야할 영혼이 사주팔자에 드러난 상황입니다. 그 중에서 未土 天殺의 속성이 제일 강합니다. 未土는 종교, 명리, 철학, 교육, 중개, 정치, 연구와 같은 직업이 많습니다. 육체는 없고 영혼만 있으니까 물질을 추구하기 어렵습니다. 六害를 건들면 정신병 문제가 발생하지만 天殺은 정신과 육체가 모두 망가질 수도 있습니다.

제 26강

◆地藏干의 순환, 三合과 12運星

三合, 神煞, 12運星의 개념　327
地藏干 中氣　338
寅巳申亥 中氣와 正氣의 관계　339
子午卯酉　342
辰戌丑未　344
地藏干의 시공간 흐름　348

三合, 神煞, 12運星의 개념

三合, 神煞, 12運星의 개념을 정립 해보겠습니다. 처음 공부할 때는 차이를 구분하기 어렵기에 개념을 잡아보자는 겁니다. 天干의 氣와 地支의 質, 時間과 空間은 하늘의 기운이 지구의 땅 地支를 지나가면 발생하는 물형변화를 서로 다른 이론으로 정립했습니다. 三合운동은 지구에 존재하는 물형의 변화과정을 표현하였습니다. 無에서 有를 창조하는 것으로 申子辰, 寅午戌, 亥卯未, 巳酉丑으로 순환하는 과정에 물질이 생겨납니다. 申子辰 과정에 亥卯未가 끼어들어서 子水가 卯木을 키우고 寅午戌이 끼어들어서 卯木이 午火를 生하고 巳酉丑이 끼어들어서 午火가 酉金을 생하고 다시 申子辰이 끼어들어서 酉金이 子水를 생합니다. 소위 水生木, 木生火, 火生金, 金生水, 水生木으로 오행이 순환해서 물질을 만드는 과정을 三合운동이라는 명칭으로 불렀습니다. 三合운동은 9개월에 걸쳐 이루어지는데 오해하지 말아야할 부분은 申子辰 水局은 세 글자가 모두 水氣라고 인식하는데 전혀 그렇지 않습니다. 三合의 모양은 삼각형으로 밑변 申에서 출발해서 子水가 꼭짓점이요, 반대편 삼각형 밑변은 辰土입니다.

기운이 동해서 꼭지를 향하여 올라가고 낙하하는 곳에 이르는데 바로 子午卯酉입니다. 즉, 꼭짓점 子水에 이르면 폭포수처럼 낙하를 시작합니다. 네 종류의 삼각형이 실타래처럼 연결되어 있는데 이집트 피라미드를 상상하면 이해가 쉽습니다. 子午卯酉 전환점이 암시하는 것은 모든 양기는 극에 이르면 반드시 꺾인다는 겁니다. 亥卯未 三合의 경우는 亥水에서 卯木까지 상승하다 卯木에서 未土까지 하강합니다. 수직상승하던 움직임이 좌우로 펼쳐지면 더 이상 성장하지 못하고 巳월에 꽃으로 활짝 펼쳐졌다가 열매가 열리면 성장의 기세는 사라집니다. 이처럼 三合 과정은 운동방향이 단일하지 않습니다. 亥卯未 三合을 木局이라고 부르니까 순수한 木氣로 인식하지만 바른 이해가 아닙니다. 三合과정을 12개월로 세분하여 분석하면 12神殺입니다. 기억할 점은 三合과 神殺은 공간, 환경, 물질, 육체를 다룹니다. 특히 12神煞은 공간 환경이 어떻게 바뀌느냐를 표현합니다. 12개월 동안 四季의 변화에 따라 외형이 계속 바뀝니다. 봄에 새싹이 오르고 가을에 낙엽이 떨어집니다. 따라서 三合운동은 봄, 여름, 가을, 겨울로 굵게 나눈 것이라면 12신살은 12개월로 세분한 것입니다. 12運星은 物形변화를 표현한 것이 아닙니다. 天干이 12개 空間을 지날 때 에너지 파동의 변화과정을 표현한 것입니다. 예로, 기운이 생겨나 강해졌다가 약해져 사라지고 다시 생겨나는 흐름입니다.

한국과 일본에서는 중시하지만 地藏干의 순환원리를 이해하면 필요성을 느끼지 못합니다. 12運星도 生旺墓 삼각형 모양이고 벗어나면 絶胎養을 지나 다시 長生으로 드러납니다. 지구에서 발생하는 모든 물형변화는 삼각형으로 이루어진다는 것을 기억해야 합니다. 물질계는 삼각형 모양으로 순환하는 겁니다. 三合, 神煞, 運星이 동일하거나 유사하다고 느끼겠지만 전혀 다릅니다. 인터넷에 정리된 자료들이 많으니 참조하시고 이 章에서는 이해가 어려운 부분만 살피고 넘어가겠습니다. 예로, 胎地는 탯줄이 생겼다는 개념인데 丙火가 子월을 만나면 분산에너지가 子 중 癸水의 발산에너지와 연을 맺으면서 탯줄이 이어졌다고 표현합니다. 丙火와 유사한 움직임이 땅에서 처음으로 반응하는 것을 胎地라 부릅니다. 子월 이전은 亥월로 六陰으로 응축해서 丙火의 분산작용은 철저히 소멸된 공간입니다. 이런 상태를 絶地

라고 부릅니다만 크게 활용할 가치가 없습니다. 地藏干 흐름을 이해하고 12운성을 학습하면 12운성을 활용할 필요가 없다고 생각할 겁니다. 丙火가 子月을 胎地라고 부르는 이유는 참으로 명확합니다. 丙火는 분산에너지, 子水는 빅뱅과 같은 발산에너지라는 것을 이해하면 丙火가 子水에서 胎地라고 하는 이유를 쉽게 이해합니다. 丙火의 움직임이 亥水 六陰상태를 벗어나 子月에 이르러 분산운동을 할 수 있는 공간을 만났다는 겁니다. 사실 胎地에서 기운이 생겼다는 주장도 좀 그렇습니다만 하늘과 땅이 서로 비슷하게 움직이려고 반응하는 것으로 이해하면 됩니다. 따라서 丙子는 이상주의자입니다. 胎地에서 분산에너지를 펼치려고 하지만 子水에 壬癸가 모두 있으니 활발하게 움직일 수 없습니다. 어두운 子水를 벗어날 수밖에 없고 멀리서 바라볼 수밖에 없는 사이입니다. 꿈은 크지만 현실은 따라주지 않습니다. 사실 대부분의 명리이론은 3개의 범주를 벗어나지 않습니다.

三合운동 과정에 에너지 파동과 운동방향이 비틀리면서 문제가 발생하는데 이것을 刑沖破害라고 부르기에 대단히 복잡하고 이해하기 어려운 이론이라고 생각합니다. 추가적으로 時空間이 반응하는 방식을 이해하면 刑沖破害는 時間과 空間이 반응하는 방식 중에서 움직임이 비정상적으로 비틀리는 것을 표현한 것임을 이해합니다. 명리공부는 가능한 단순명료하게 개념을 정리해야 합니다. 또 현실적인 이론으로 탈바꿈 하려면 三合, 神煞, 12運星에 時空間 개념을 불어넣어야 합니다. 地殺과 驛馬는 해외를 돌아다닌다고 설명하지만 시공간 개념이 있는 것이 아닙니다. 아래 章에서 시공간 개념으로 설명을 해 보겠습니다만 기준만 잡으면 모든 이론들의 이치가 명확하게 보입니다.

乾命				陰/平 1943년 7월 5일 14:30								
時	日	月	年	89	79	69	59	49	39	29	19	9
癸	乙	己	癸	庚	辛	壬	癸	甲	乙	丙	丁	戊
未	未	未	未	戌	亥	子	丑	寅	卯	辰	巳	午

大運이 뒤로 午巳辰卯寅으로 흘러갑니다. 乙卯대운까지 잘 살다가 甲寅대운 50세인가 꼬드김에 넘어가 사업으로 8억을 날리고 집도 날렸다고 합니다. 질문 내용이 身弱사주일까요? 從財 格사주일까요? 입니다만 未月에 대운이 역행으로 흐르니까 木氣를 제공해서 生氣를 보충하는 겁니다. 水氣가 필요한데 癸水가 양쪽에 있습니다만 좋은 쓰임은 아닙니다. 8억에 자가 소유하였는데 甲寅대운에 유혹에 넘어가 사업하다 재산을 날린 이유를 살피는데 財多身弱, 從財 格을 따질 이유가 없습니다. 乙木이 운에서 甲을 만나면 그것을 활용하여 己土를 취하려고 하므로 시기, 질투, 경쟁 심리로 전투력이 상승합니다. 乙木이 己土를 취하고 싶어서 甲을 이용했는데 결국 甲에게 빼앗긴 겁니다. 이렇게 반응하는 것과 財多身弱, 從財格과 무슨 상관입니까? 사주구조가 어떻게 반응하는지를 살펴야 합니다.

본론으로 돌아와서, 三合, 12運星, 神殺은 기운과 물질의 변화 과정을 살피려는 겁니다. 이상하게 12運星만 중요한 것처럼 강조하는데 12運星은 天干이 地支에서 반응하는 파동을 살피는 것이기에 반드시 天干이 기준이며 三合처럼 刑沖破害를 살피는 것이 아닙니다. 사실 三合, 12運星, 神殺의 기준이 혼란스러운 것은 사실입니다. 인간은 12運星처럼 에너지파동으로 사는 것이 아니라 三合, 神煞의 세계를 살아가는데 12運星을 섞으면서 혼란스러워졌습니다. 三合을 주도하는 것이 10天干이기에 미구 싶여서 정신 차리기 힘듭니다. 三合운동이 물형변화 과정이라는 것도 잘 모릅니다. 申子辰 水局, 寅午戌 火局만 따지고 물질을 생성하는 과정임을 인식하지 못합니다. 三合에 시공간을 빼버리면 의미가 없습니다. 地殺, 驛馬를 해외를 돌아다닌다는 개념으로만 인식하지만 지살과 역마에 시공간을 불어넣으면 그 차이를 명확하게 구분합니다. 열두 달의 공간을 지나갈 때 天干의 기운이 달라집니다. 봄에는 木氣가 강해졌다가 가을에는 金氣가 강해진다는 표현은 12運星을 의미합니다. 예로 巳酉丑 三合의 경우는 巳火에서 꽃 피고 午火에서 열매 맺고 未土에서 열매가 완성되고 申月에 열매가 딱딱해지고 酉月에 열매가 땅으로 떨어지고 戌土에 낙엽이 쌓여서 씨종자를 보호하고 亥水에서 새 뿌리로 나오려고 준비하는 과정이 三合운동입니다. 12神殺은 공간, 환경, 물질, 육체 변화를 세분한 것입니다. 三合은 물형변화를 굵게 살폈다면 12神殺은 구체적으로 나누었습니다. 三合, 12運星, 神殺개념을 잡았으면 사례를 살펴보겠습니다.

甲木은 亥卯未 三合운동 하는데 生氣의 속성이기에 生氣를 잃지 않고자 끊임없이 성장합니다. 삼각형 형태로 亥水에서 출발해서 卯木을 지나 未土에서 마감하기에 卯木이 꼭짓점이고 卯木부터 未까지는 성장움직임이 점점 줄어듭니다. 亥水에서 성장운동을 출발할 수 있는 이유는 戌月의 辛 씨종자가 丁火 열을 듬뿍 받아서 亥水에 들어갔기에 甲으로 바꾸려는 움직임을 시작했기 때문입니다. 三合을 정리하는 巳午未月에 이르면 生氣를 펼치는 행위가 힘들어집니다. 12神殺로 살피면 亥水를 地煞이라 부르고 巳火는 驛馬입니다. 地煞, 驛馬는 모두 해외로 돌아다닌다고 설명하지만 시공간으로 살피면 地煞은 三合운동의 출발점입니다. 지살이 그렇게 하는 이유는 甲이 성장할 수 있도록 준비하는 겁니다. 甲木이 亥卯未 三合운동 하는 이유는 결국 卯木

을 만들려는 것으로 甲氣가 乙質로 바뀌면 乙의 三合운동이 출발합니다. 寅木 뿌리를 근거로 卯木이 밖으로 드러나기에 乙이 寅午戌 三合운동을 시작하는 겁니다. 이때 甲木은 巳火 驛馬에서 巳酉丑 三合운동으로 급변합니다. 甲의 정반대 속성인 庚金이 三合운동을 출발합니다. 따라서 地煞과 驛馬는 달라도 너무 다릅니다. 亥水 地煞은 성장을 위한 것이지만 巳火 驛馬는 더 이상 성장할 수 없어서 떠나는 겁니다. 정리하면 亥水는 甲木의 성장을 위해 출발하고 巳火는 성장운동이 힘들어서 그 공간에서 도망가서 새로운 성장을 준비하려는 겁니다. 운에서 地煞을 만나 해외에 갔다면 장기적인 이동입니다. 삶의 터전이 크게 바뀝니다. 巳火 驛馬는 지금까지 살던 환경에서 살기 힘들어지면서 어쩔 수 없이 새로운 공간으로 떠나서 정착을 시도하는 겁니다. 잘 나가던 직장에서 더 이상 발전할 수 없으니 새 직장을 찾아나서는 상황입니다. 대학을 졸업하고 사회생활을 위한 첫 걸음이 地煞이라면 20년 근무하다 회사가 어려워져 다른 회사로 이직하는 움직임이 驛馬입니다.

따라서 地煞은 장기적이고 근본터전을 마련하려는 행위인데 巳火 驛馬는 이미 亥子丑, 寅卯辰을 지나와서 더 이상 성장할 수 없는 상황에 봉착해서 과거의 공간을 벗어나려는 겁니다. 왜 하필 巳火에서 벗어나야 할까요? 巳酉丑 三合운동을 출발하기에 庚金이 甲의 속성을 거부하기 때문입니다. 20년 직장생활 했더니 부하들이 치고 올라와 과장 자리를 지키지 못하는 겁니다. 어쩔 수 없이 다른 회사에 경력직으로 가야하는 상황입니다. 地煞은 사회초년병이라면 驛馬는 장기 근무한 직장인입니다. 명리용어를 처음 접하면 책에 무엇이라고 설명했던 왜 그런 명칭이 붙었는지 고민해야 합니다. 직장생활 20년이 지나서 巳火 驛馬에서 이직했다면 그 직업이 오래갈까요? 오래 못 갑니다. 이미 나이가 정년퇴직할 때가 많이 남지 않았기 때문에 단기간이 분명하고 임시방편으로 재취업한 상황을 뜻합니다. 더 심각한 문제는 巳午未를 지나는 과정에 午火가 亥卯未 三合의 六害로 무시무시한 작용입니다. 三合의 출발점 地煞 亥水를 合으로 묶어버립니다. 또 將星 卯木을 破로 망가뜨립니다. 六害가 무서운 이유는 三合의 출발점과 三合의 가장 왕성한 將星을 破시켜서 무력하게 만들기 때문입니다. 또 午未 合으로 未土 墓地에 담아서 닫아버립니다. 성장해야 하는데 그 작용을 전혀 못하도록 막아버립니다.

地煞을 午亥(丁壬) 合으로 묶어버리기도 하지만 午月을 만난 亥水는 무기력할 수밖에 없습니다. 干支로 바꾸면 壬午입니다. 壬水의 흐름이 午火에서 막히는 겁니다. 壬午 日에 상담하러 왔다면 진행하는 상황이 답답해서 온 것입니다. 壬午와 癸未는 그런 특징을 가졌기에 현재의 공간에서 견디지 못하고 해외로 도망가는 겁니다. 그 문제를 해결하려면 壬水의 출발점 申이 필요합니다. 천간으로 올리면 庚이므로 申子辰 三合운동하는 壬水는 庚金 물탱크가 있어야 타향이나 해외로 도망가지 않고 방황하지 않습니다. 午火가 亥水를 暗合으로 무력화시켜서 출발을 막고 卯木 將星을 午火로 破시켜서 좌우확산 움직임을 제거해버리는데 간지로는 甲午로 生氣가 땅으로 돌아가는 겁니다. 이런 이유로 甲午는 크게 발전하다 갑자기 폭락합니다. 이처럼 時空間을 불어넣어 살피면 다양한 의미들이 도출됩니다. 亥子丑寅卯辰 성장세를 유지하다 巳火에 이르러 분산하여 꽃을 피우고 午月에 수렴해서 열매를 만들어냅니다. 성장기세가 뭉쳐지기 시작했으니 더 이상 성장은 불가합니다. 이것이 六害의 정확한 의미이기에 만약 驛馬 巳火에서 직업을 바꿨다면 午火에서 그만둘 가능성이 높습니다. 임시방편으로 재취업 했는데 巳火는 아직 단단하게 뭉치지 않았으니까 甲乙의 성장하는 속성에서 벗어난 것은 아닙니다만 午火에서는 열매로 단단해지면서 성장의 기세가 사라집니다. 사업하는 경우, 巳火 驛馬에서 나름대로 발전하고 돈을 잘 벌지만 성공에 취해서 무리한 투자나 확장을 유도합니다. 새롭게 사업하거나 가게를 오픈했더니 장사가 잘 되는 겁니다. 하지만 무리하게 규모를 확장하거나 가게를 하나 더 얻고자 더 많은 돈을 투자합니다. 驛馬는 기존에 하던 일과는 다른 것이라 했습니다. 亥水는 地煞로 무에서 유를 창조하듯 처음 사업을 시작하지만 巳火 驛馬는 사업경험이 많은 상태에서 새로운 아이템으로 전환했기에 나름 경험에서 얻은 자신감으로 무리하게 투자하다가 午火 육해에서 확 쪼그라듭니다. 역마 巳火에서 무리한 투자를 유도하고 六害 午火에서 다 빼앗아 버리는 겁니다.

강조하지만, 驛馬에서 무리한 투자나 확장을 조심해야 합니다. 丙申年의 경우, 申이 寅午戌 三合의 驛馬입니다. 따라서 寅午戌 년에 태어난 사람들은 새로운 직업, 새로운 투자, 혹은 투자 확장으로 발전할 기회를 얻습니다. 驛馬는 기본적으로 확장의 개념은 분명합니다. 그렇게 해야 육해에서 무너지게 만들기 때문입니다. 丙火가 寅午戌 三合운동을 하는데 酉金을 만나면 해가 산으로 넘어가는 갑니다. 태양이 지면 丙火의 빛을 빼앗아버리는데 그 마지막 화려한 빛을 申에서 드러내는 겁니다. 12運星이 아니라 자연의 순환과정으로 살피면 이해가 쉽습니다. 태양이 산을 넘어가기 전에 하늘이 붉게 물들 듯 역마에서 잠시 발전하게 해주니까 그 맛에 취해서 계속 투자하고 확장합니다. 해가 산으로 넘어가면 어둠 속으로 사라지는데 그것이 바로 六害 酉金입니다. 결국 역마는 일종의 속임수. 신기루 입니다. 마치 주식시장에서 폭락직전에 가격을 계속 올려서 투자하게 유혹하지만 결국 폭락합니다. 하늘의 이치에 속지 않으려면 역마와 육해에서는 극히 절제된 행동을 요구합니다. 驛馬에서 무리하게 확장하거나 투자하면 六害에서 다 빼앗깁니다. 역마에서 발전한다고 무리한 확장은 좋지 않습니다. 계속 발전할 것처럼 착각하지 말아야 합니다. 하늘에서 六害를 활용하려면 地煞과 將星을 모두 망가뜨려야 합니다. 지살, 장성, 화개중에서 가장 중요한 두 개를 먼저 망가뜨리고 묘지와 같은 화개에 묻어버립니다. 화려한 과거를 닫는 작용이 화개이기에 물질과 육체를 모두 버리게 만들어야 합니다. 하지만 인간은 육체와 물질에 미련을 버릴 수는 없으니까 역마에서 미끼를 던지는 겁니다. 돈에 취해서 정신 못 차리게 만드는 역할입니다. 크게 돈을 벌 수 있을 것이라는 환상에 젖게 해서 무리하게 확장하고 쌈짓돈까지 투자하게 만듭니다. 역마에서는 발전과정은 즐기되 무리한 확장만 하지 않으면 좋습니다.

驛馬는 三合을 이탈해서 정반대변 시공간으로 떠나는 출발점이기에 물질적으로 나쁠 이유가 없습니다만 반드시 먼저 六害에서 묘지를 향하고 劫煞, 災煞, 天煞을 지나야만 새로운 시공간으로 이동합니다. 역마가 재살과 三合운동을 하는 이유입니다. 이처럼 三合과 神煞도 반드시 時空間 흐름을 이해해야 그 의미를 깊고 넓게 파악합니다. 정지된 시공간처럼 살피기에 地煞과 驛馬 모두 해외를 돌아다닌다고 간주합니다. 驛馬의 핵심은 원래의 三合운동을 벗어나는 것으로 새로운 곳에 정착하고자 떠나는 겁니다. 재취업, 재투자로 변화를 줘서 발전하는 상황이 驛馬입니다만 신기루에 가깝다는 겁니다. 六害에서 三合운동을 마감하려면 驛馬에서 이런 상황을 전개해야 합니다. 驛馬에서 돈을 벌게 해주어야 탐욕이 생기고 무리하게 투자하고 六害에서 갑자기 꼬여 버립니다. 자본이 묶이고 영업도 어려워져 갑자기 힘들어지는 것이 六害입니다. 지금까지 설명이 三合에 시공간을 불어넣어서 이해하는 겁니다. 12運星으로, 甲이 亥水를 만나면 長生이라 표현하고 巳火에서 病들었다고 합니다. 長生은 甲의 기운이 처음으로 드러났지만 거의 없습니다. 甲은 위로 올라가려는데 亥는 위로 올라가기는커녕 밑으로 응축해버립니다. 그런 기운이 있기에 子에서 癸水가 폭발하면서 펼치고 오르기 시작합니다. 巳에 이르러 甲이 病에 들었다고 부르는 이유는 巳酉丑 三合의 출발점 巳火에서 庚金이 長生하기 때문입니다. 즉, 딱딱해지는 운동을 출발하기에 甲木은 성장세를 유지하지 못하기에 병들었다고 표현합니다. 물론 庚金이 巳火에서 長生해도 딱딱하기는커녕 최대로 부드러운 상태입니다. 長生에서 根을 얻었다고 표현하지만 장생의 정확한 의미를 이해하지 못한 겁니다. 長生이 좋은 점은 기운이 동하여 발전할 일만 남은 겁니다. 현재는 비록 미약하지만 점점 강해집니다. 부연설명하면, 자연의 순환과정을 이해하면 長生이던 病地던 싱겁기 짝이 없는데 명칭에 속아서 가치를 부여하기에 대단한 것처럼 생각합니다. 정리하면, 亥水에서 長生이라고 해도 甲의 움직임과는 정반대 속성이고 庚金이 巳火에서 長生해도 딱딱하기는커녕 가장 부드러운 상태입니다. 12運星과 달리 三合은 공간, 물질, 육체, 환경의 변화를 표현하기에 우리는 매우 민감하게 반응합니다. 그 중에서 六害와 天殺은 심각한 작용이기에 나중에 자세히 다룰 겁니다.

이처럼 三合, 神殺, 12運星은 상이한 개념입니다. 12運星에서 長生, 冠帶라는 명칭은 물질 상태를 표현하는 것이 아닙니다. 天干이 地支에서 어떤 파동을 보이는가를 설명하는 겁니다. 이 정도면 三合, 神殺, 12運星의 개념을 이해했을 것으로 봅니다. 주의할 점은, 가장 덜 중요한 12運星만 강조하고 훨씬 중요한 三合운동에 대해 자세히 설명한 책도 없고 12神殺도 마찬가지입니다. 공간, 물질, 육체, 환경 심지어는 인간의 심리상태를 걸정하는 三合과 12神煞은 이해해야 합니다. 三合운동과 12神煞의 본질과 이치를 이해하지 못하니 가장 쉬워 보이는 12運星을 대단한 것으로 간주합니다. 三合, 神煞, 運星은 따로 나눌 성질의 것들이 아닙니다. 12運星만 독립적으로 존재하는 것처럼 노래를 부르지만 하나로 묶어서 살펴야 합니다. 잘잘하게 나누고 명칭을 외우는 방식으로는 전체를 살피지 못합니다. 예로, 12運星이 외워지지 않는다면 神煞로 이해해도 동일한 겁니다. 이치를 이해했으면 神煞이던 運星이던 기준이 다르다는 것을 이해하면 그만입니다. 驛馬는 12운성으로 病地인데 역마는 땅의 변화를 살핀 것이고 病地는 천간을 기준으로 살핀 것으로 이해하는 겁니다. 물론 驛馬를 해외를 돌아다니는 것만 강조해서 病地개념을 이해하기 어렵습니다. 驛馬의 어감은 나쁘지 않은데 12運星은 病이 들었다고 부르니 이상합니다. 하지만 시공간 흐름으로 살피면 驛馬는 제 2의 직업을 찾아 나서는 것으로 원래의 환경에 안주하지 못하고 새로운 땅으로 떠나는 상황입니다. 죽을 곳을 찾아 떠나는 공간입니다. 그 의미가 12운성으로 病地입니다. 六害는 12運星으로 死地입니다. 庚子, 甲午처럼 삼합운동의 끝자락에서 六害를 만나면 12운성으로 死地라고 부르는 이유는 삼합운동을 더 이상 할 수 없기에 죽을 날을 기다리는 겁니다.

庚子를 死地라고 부르는 이유는 庚金이 巳酉丑 三合으로 물형을 딱딱하게 만드는 과정인데 子水에 이르면 빅뱅처럼 폭발하기에 딱딱하게 만드는 작용을 할 수 없고 甲午는 甲木이 亥卯未 삼합으로 성장하는데 午火에서 수렴을 시작하기에 더 이상 성장은 불가하기에 死地라 부르는 겁니다. 華蓋와 墓地도 마찬가지입니다. 神煞과 12運星을 이해하는 핵심은 삼각형 두 개가 순환하는 自然循環圖가 물질계에서 이루어지는 시공간 흐름이라는 것을 깨우치는 겁니다. 三合이 무엇인가요? 12運星이 무엇인가요? 神煞이 무엇인가요? 질문할 수도 있으니 근본개념은 잡고 있어야 합니다. 自然循環圖로 충분히 설명할 수 있습니다. 三合도 神煞도 12運星도 시공간 순환과정임을 모르고 외우려고만 하니 안타깝습니다.

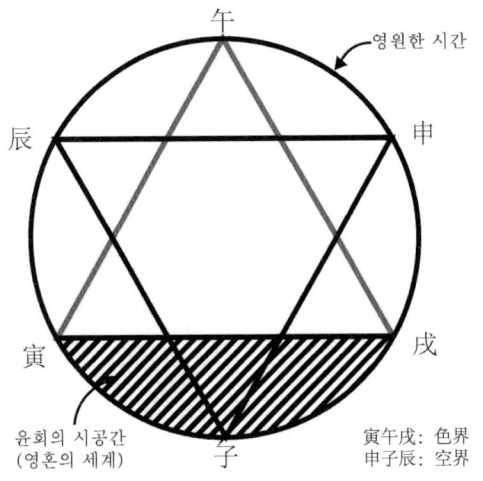

自然循環圖(시공간 순환도)

▎地藏干 中氣

앞 章에서 地藏干 中氣를 살폈습니다. 中氣는 지장간 중앙에서 陽氣가 동하고 물질로 변한 陰氣를 저장하는 生과 成의 원리라고 했습니다. 寅巳申亥에서 양기가 출발하고 子卯午酉에서 陽이 陰으로 전환되고, 辰戌丑未에서 陰氣가 완성되면서 三合운동을 마감합니다. 亥卯未 木氣성장, 寅午戌 火氣분산, 巳酉丑 金氣수렴, 申子辰 水氣응축 4개의 과정이 계속 회전하는 과정에 시공간이 비틀리면서 寅亥 合이니 寅巳 刑이니 巳申 刑이니 申亥 穿이니 卯午 破니 午酉 破니 酉子 破니 子卯 刑이니 未戌 刑이니 丑戌 刑이니 辰丑 破니 辰未 刑이라고 명명한 이론들이 생겨났습니다. 더욱 복잡하게는 亥午가 만나면 暗合이지만 神煞로는 六害요 간지로 壬午라고 했습니다. 寅酉는 寅午戌 三合기준 酉金이 六害요 巳子도 六害요 申卯도 六害입니다. 이처럼 4개의 三合운동이 어떤 방식으로 엮여있는지 이해하면 모든 명리이론들의 원리가 보이기 시작합니다. 地藏干 中氣 중에서 午중 己土만 三合운동의 生成과 별개의 작용이라고 설명했습니다. 中氣의 寅巳申亥에서 陽氣가 출발하는 상황을 살펴보면,

寅의 中氣 丙火가 寅午戌 三合 운동을 시작합니다.
巳의 中氣 庚金이 巳酉丑 三合 운동을 시작합니다.
申의 中氣 壬水가 申子辰 三合 운동을 시작합니다.
亥水 中氣 甲木이 亥卯未 三合 운동을 시작합니다.

▌寅巳申亥 中氣와 正氣의 관계

이제 寅巳申亥의 中氣와 正氣의 관계를 살펴보겠습니다. 구조를 보면, 丙甲, 庚丙, 壬庚, 甲壬으로 中氣에서 正氣로 이어지는데 寅중 丙火가 中氣에서 출발해서 寅卯辰巳로 흐르면 巳火의 正氣로 자리를 바꿉니다. 즉 기운이 강렬해진 공간이 正氣입니다. 中氣는 長生으로 기운이 동한 상황이고 三合운동을 마감하는 戌土의 地藏干 중기에 丁火가 물질을 완성했음을 표기합니다. 하지만 寅巳申亥 中氣와 正氣는 의미가 다릅니다. 寅의 地藏干에 戊丙甲이 있습니다. 戊土는 앞 달의 기운을 연결하는 작용이고 丙甲은 木生火 조합입니다. 甲에게 丙火를 生하라는 겁니다. 丙火는 中氣에 있으니까 長生으로 寅午戌 三合운동을 출발합니다. 亥子丑月을 지나는 과정에 癸水가 발산에너지를 활용해서 寅月에 丙火가 생겨나는 것이죠. 다만, 丙火는 여전히 무기력하기에 甲이 木生火로 丙火를 生합니다. 태양이 나무를 키우니까

화생목이라고 인식합니다. 水氣의 도움으로 甲木이 위로 올라오는데도 태양이 나무를 키운다고 인식하지만 木生火가 맞습니다. 즉, 木氣의 성장운동이 火氣의 분산운동을 돕는 겁니다. 亥子丑을 지나는 동안 金이 木으로 물형을 바꾸고 水生木 해주기에 木이 땅 위로 올라갑니다. 따라서 木氣는 水氣를 빨아서 火氣를 증가하도록 돕는 움직임이 木生火죠. 水氣의 도움으로 木이 성장하기에 水氣는 약해지고 卯月에 火氣가 상승합니다. 丙火가 卯木에서 浴地를 만났다고 표현하는데 水氣를 줄여준 목기 덕분으로 丙火가 강해지는 겁니다. 木이 水氣를 빨아 올려서 응축작용을 줄여주니까 온도가 오르고 분산작용이 확장됩니다. 丙火는 태양이라고 생각하면 명리공부가 늘지 않습니다. 천간은 반드시 時間, 에너지, 氣로 살펴야 하기에 丙火를 무한분산 하는 움직임으로 이해해야 합니다.

壬水도 마찬가지입니다. 木이 水氣를 받아서 활동하듯, 金이 火氣를 수렴합니다. 이 과정도 火剋金으로 인식하면 戌중 丁火가 戌중 辛에게 열기를 빼앗기는 상황을 이해하지 못합니다. 火剋金만으로는 아름다운 자연의 순환원리를 이해하지 못합니다. 戌月에는 丁火가 寅午戌 三合을 마감하면서 쓰임이 없기에 辛에게 열기를 가하는 방식으로 열기를 제거합니다. 그 이유는 辛이 丁火 열기를 수렴해서 亥중 壬水와 合하려는 겁니다. 그 흐름이 丁辛壬 三字로 결국 丁火와 辛金이 壬水 블랙홀로 사라집니다. 가을에 열매가 땅에 떨어지고 낙엽이 덮이고 그 속에서 열기를 품었습니다. 밖에서 서리와 눈발이 내려도 온기를 품은 씨종자는 亥月에 熱氣와 水氣의 도움으로 辛을 甲으로 물형을 바꾸기 시작합니다. 丁火가 辛金을 생하는지 극하는지 둘 중 하나를 택해야 한다면 生으로 기억하는 것이 좋습니다. 剋한다고 간주하면 평생 火剋金에서 벗어나지 못합니다. 金이 火氣의 도움을 빌아서 내부에 열기를 수렴하기에 水氣가 생겨납니다. 火는 金을 키우고자 기운을 방사하기에 金이 딱딱해질수록 火氣는 무기력해집니다. 또 火氣가 무기력해질수록 金의 내부에 水氣를 축적하는 것이 金生水 과정입니다. 金이 없다면 火氣가 水氣로 전환할 방법이 없습니다. 火와 水를 연결하는 매개체 역할을 金氣가 하는 겁니다. 근원적인 이치는 절대로 변할 수 없습니다. 剋으로만 살피니까 火剋金만 강조하지만 火가 金을 키우기에 火氣는 약해지고 金氣가 단단해지며 金生水가 가능해지기에 응축하면서 火氣가 水로 변하는 겁니다.

본론으로 돌아가서, 甲丙의 경우는 甲이 丙火를 生하려고 亥子丑을 지나왔습니다. 또 丙火는 寅月에 長生하려고 子月부터 癸水가 온기를 올려주기 시작했습니다. 巳月의 지장간에는 丙火와 庚이 있습니다. 寅卯辰月을 지나는 과정에 木氣가 水氣를 품어서 온기가 오르기에 巳月에 丙火의 분산작용이 깅럴해졌습니다. 中氣의 庚金은 寅卯辰월을 지나는 과정에 乙이 성장하다 巳月에 꽃을 활짝 피는데 바로 庚金입니다. 辰巳의 地藏干에 乙庚 합합하고 未申의 地藏干에서 두 번째 乙庚 합합니다. 첫째 합은 꽃이 피고 두 번째 합은 열매가 성숙해집니다. 乙이 庚으로 피어나기에 丙火가 활짝 펼치고 午月에 수렴해서 열매로 변합니다. 火生金이자 火剋金이며 丙庚조합의 움직임입니다. 甲丙은 生이라고 이해하면서 丙庚은 剋이라고 이해하는 이유는 生剋에 갇혀서 그렇습니다. 丙庚의 근본 속성은 丙火가 庚金 꽃을 활짝 피우고 열매를 확장합니다. 午未 月에 부피를 확장해서 申月에 열매의 겉 표면만 태우는데 바로 丙申 干支입니다. 테두리를 정해주니까 내부의 부피대로 水氣를 채우는 겁니다. 火生金 작용에 대해서 강조하는 이유는 자연은 丙火에게 庚金을 키우라는 것이지 乙木을 키우라는 것이 아닙니다. 이런 의미가 중요한 이유는 時間方向을 결정하기 때문입니다. 지금 학습하는 근본원리가 바르게 입력되어야 계속 확장하는데 丙火 태양이 乙木 나무를 키운다는 생각을 해버리면 시간방향을 거꾸로 이해합니다. 그 작은 원칙 하나가 사주를 분석할 때 엉뚱하게 통변하는 문제를 양산합니다. 乙木이 丙火를 生하는데 태양이 나무를 키운다고 생각합니다. 乙木이 丙火와 조합하면 傷官이라고 부르고 丙火에게 기운을 방사한다고 설명하면서도 丙火가 乙목을 키운다고 착각합니다. 이 개념을 반드시 정립해야 나중에 시간방향을 이해합니다. 丙火 아들이 乙木 엄마를 키우는 것은 합리적이지 않습니다. 또 丙庚은 丙火가 庚을 키우는 것으로 인식해야 乙丙과 丙庚의 차이를 명확하게 이해합니다.

子午卯酉

이제 子午卯酉를 살펴보겠습니다. 子卯午酉를 旺地라고 부르는 이유는 陽氣의 기세가 극점에 이르러 陰氣로 전환하기 때문입니다. 子水에서 壬水가 癸水로, 午火에서 丙火가 丁火로, 卯木에서 甲木이 乙木으로, 酉金에서 庚金이 辛金으로 바뀌는 겁니다. 어떻게 그런 일이 가능할까요? 지구가 회전하기 때문입니다. 自然이 스스로 그러한 것을 子卯午酉로 표기했던 겁니다. 우리는 명리를 대단하다고 생각하지만 사실은 지구가 회전하는 과정에 자연스럽게 子午卯酉의 특징을 보여주는데 명리에서는 陽氣가 극에 이르러 陰氣가 생겨난다고 설명하는 겁니다. 지구가 회전하니까 물형이 변화하는데 그 이치를 관찰해보니까 子水가 卯木으로 바뀌고, 卯木이 午火로 바뀌고, 午火가 酉金으로 바뀌고, 酉金이 子水로 바뀌는 것을 깨달았습니다. 이처럼 子午卯酉의 핵심은 陽氣가 陰氣로 바뀌는 공간으로 年殺, 沐浴이라 부르는데 왜 그런 단어를 활용했을까요? 불안정하기 때문입니다. 子卯午酉가 불안정할 수밖에 없는 이유는 壬癸, 丙丁, 甲乙, 庚辛으로 단일한 속성이 아니라 동일오행이 공존하기 때문입니다. 예로, 乙木이 巳火를 보면 浴地라고 부릅니다만 그 속성을 이해하지 못하니까 엉뚱한 주장을 합니다. 어떻게 乙木이 巳火를 만나면 浴地가 됩니까? 浴地의 개념은 陽氣가 陰氣로 전환하기에 불안정해야 합니다. 陽氣와 陰氣가 모두 있어서 갈팡질팡 상태입니다. 전환하는 과정에 불안정한 움직임을 목욕이라 불렀던 겁니다. 乙木이 巳火를 만나면 巳火의 地藏干에 戊庚丙밖에 없는데 무슨 재주로 浴地가 될 것이며 불안정합니까? 12運星 용어가 잘못되었거나 陰生陽死가 엉터리임이 분명합니다. 12運星의 陰生陽死 논리는 버려야 하는 이유는 그 누구도 그 이치를 설명하지 못하기 때문입니다. 子午卯酉는 陽氣가 陰氣로 전환하는 공간이기에 불안정하기에 목욕, 桃花라 부르는 것임을 기억하면 근본개념은 잡은 겁니다. 예로, 庚午는 午火에 丙丁이 모두 들어있습니다. 庚입장에서 丙火와 丁火를 동시에 만났으니 불안정합니다. 丙丁이 교차하면서 庚金에게 열기를 가합니다. 이런 불안한 상태를 浴地라고 불렀습니다.

이제 시공간을 불어넣어 보겠습니다. 예로, 癸水가 乙酉월을 만난 경우를 살펴보겠습니다. 乙木은 좌우확산하고 酉金은 극도로 응축합니다. 일간 癸水는 乙木을 키우려고 하지만 酉月에는 키울 수 없습니다. 이것이 일간의 時節과 月支時空을 분석하는 방법입니다. 이 개념에 빨리 익숙해져야 합니다. 癸와 乙酉가 조합하면 엇박자입니다. 癸水는 봄에 乙木을 키우는데 酉月의 공간을 만났으니 수확해야만 합니다. 癸水의 입장을 잘 생각해보세요. 수확하는 계절에 키우려고 하므로 그 행위의 가치가 없고 이상한 행동입니다. 일간이 庚金이라면 乙庚 合으로 열매를 수확하기에 가치 있는 행동이지만 癸水가 乙酉를 만나면 성장과 수확 사이에서 갈등합니다. 癸水는 乙木을 키우고 酉金은 자르니 질병에 시달리거나 육체가 불편해지거나 주위사람들이 떠날 수 있습니다. 의미를 확장하면, 乙酉 부모가 서로 다투는데 癸水 자식이 중간에서 乙木을 보호하려는 상황입니다. 이처럼 月支를 기준으로 년과 월의 구조와 일간의 조합을 살피는데 익숙해져야 합니다. 三合의 中間 子午卯酉에서 陽氣가 극에 이르고 자연스럽게 陰氣로 바뀌면서 그 속성이 반대로 전환합니다. 子에서 壬은 응축, 癸는 발산, 午에서 丙火는 분산, 丁火는 수렴, 卯에서 甲은 상하운동, 乙은 좌우운동입니다. 또, 酉에서 庚이 딱딱해지는 과정이고 辛은 완벽하게 딱딱합니다. 이런 변화과정을 子卯午酉 地藏干 餘氣에 陽, 正氣에 陰을 표현했습니다.

▌辰戌丑未

그리고 三合의 완성을 상징하는 辰戌丑未가 있고 地藏干 中氣에 완성한 물질이 저장되어 있습니다. 丑土의 中氣에는 巳酉丑 三合운동을 마감한 辛金이 있고, 辰土의 中氣에는 申子辰 三合운동을 마감한 癸水가 있고, 未土의 中氣에는 亥卯未 三合운동을 마감한 乙木이 있고, 戌土의 中氣에는 寅午戌 三合운동을 마감한 丁火가 있습니다. 三合운동을 완성하고 辰戌丑未에 물질을 저장했다가 다음 月에 새로운 陽氣를 만들어내는데 이 모든 것은 지구가 회전하기에 가능합니다. 寅巳申亥를 生地, 子午卯酉를 旺地, 辰戌丑未를 墓地라고 부르는데 줄여서 生旺墓, 神殺로 地煞, 將星, 華蓋라고 부릅니다. 위에서 三合, 方合의 개념을 간단히 살폈는데 기억할 점은 寅巳申亥 지장간 내부에 建祿이 長生을 生하는 겁니다. 예로, 寅月의 경우 建祿 甲이 長生 丙火를 生합니다. 나중에 자세히 살피겠지만 寅의 地藏干 내부에서 寅巳 刑이, 巳火 내부에서는 巳申 刑이, 申金 내부에서는 申亥 穿이, 亥水 내부에서는 亥寅 合이 발생합니다. 지장간 내부에서 刑破의 작용을 활용하여 스스로 物形을 조정하기에 자연이라 부릅니다. 자연은 스스로 그러합니다. 方合은 五行의 동질성으로 해당 오행이 강렬하기에 方合의 출발점에서 三合을 이끌기에 方合이 三合을 돕는 구조가 분명합니다. 三合의 시공간 흐름에는 상이한 두 속성이 이어져 있습니다. 예로, 庚金은 巳午未申酉까지는 부드러운 것을 딱딱하게 만들어가는 과정이지만 酉戌亥子丑까지는 딱딱한 것을 부드럽게 풀어내는 과정입니다. 巳酉丑 三合을 金局이라 부르지만 金 五行이라는 관점에서 巳酉丑이 만나면 金氣가 강해진다는 단순한 논리로 살필 것이 아니라 12개월을 순환하는 과정에 金氣의 物形이 어떻게 변하는가를 관찰해야 합니다. 세분하면 巳午未, 申酉戌, 亥子丑, 寅卯辰 12개월이 庚과 辛의 운동특징으로 나누어져 巳午未申酉까지 열매로 완성되고 열기에 의해 딱딱해지는 과정이 戌亥까지 이어졌다가 亥水를 지나 子丑寅卯辰까지는 딱딱한 물형을 부드럽게 풀어내기 시작합니다. 巳酉丑 三合은 金局이라는 표현을 오해해서 庚金은 항상 숙살지기라는 물상으로 기억하시 말라는 겁니다. 딱딱해지는 과정과 부드러워지는 과정을 모두 포함한 것이 三合 과정입니다.

丁火와 己土도 庚金처럼 巳酉丑 三合운동 하는데 丁火가 金局을 위한 움직임을 보이는 이유는 열매를 딱딱하게 만들려는 것이고 己土가 金局을 위한 움직임을 보이는 이유는 딱딱해진 열매를 품거나 뿌리를 품기 때문입니다. 따라서 庚己丁은 모두 巳酉丑 金局이지만 실질적인 행위의 가치는 다릅니다. 이런 이치를 이해하면 음생양사의 주장이 합리적이지 않음을 이해합니다 丁火는 열기를 활용해서 부드러운 金氣를 딱딱하게 만들었다가 子月에 이르면 癸水의 빅뱅작용으로 더 이상 그 행위를 하지 못합니다. 己土의 경우도, 巳午未申酉월을 지나 戌亥에서 辛이 水氣에 부드러워지면서 甲으로 물형을 바꾸기 시작하고 子月부터 폭발하는 발산으로 내부에 저장했던 씨종자를 밖으로 꺼내야 하므로 기토의 작용이 무기력해집니다. 亥卯未 三合은 어떨까요? 巳酉丑 三合은 부드러웠던 것이 딱딱해졌다가 다시 부드러워지고 亥卯未는 딱딱했던 것이 부드러워졌다가 다시 딱딱해지기 시작합니다. 이런 흐름을 반드시 삼각형 모양으로 기억해야 합니다. 庚金의 운동특징을 "딱딱해지다", 巳酉丑 三合운동을 딱딱한 속성으로만 생각할까봐 반복해서 강조하지만 <u>물형이 변함없는 공간은 어디에도 없습니다</u>. 만물은 끊임없이 움직이고 변하는 것을 본성으로 하기에 三合운동은 매 달의 움직임이 모두 다릅니다. 굵게 살피면 딱딱해지는 과정과 부드러워지는 과정으로 나뉘는데 상이한 움직임으로 바뀌는 이유는 子午卯酉에서 운동방향이 전환하기 때문입니다. 이런 움직임이 없다면 사계가 순환할 수 없습니다.

子午卯酉 旺地에서 陽氣가 陰氣로 전환하고 辰戌丑未에서 三合운동을 마감하는 이유를 살펴보겠습니다. 예로, 戌土에 丁火가 저장되었습니다. 왜 저장할까요? 亥月에 丁壬 합해서 甲을 내놓으려는 겁니다. 또 申子辰의 경우는 癸水가 저장되고 巳月에 辰巳로 戊癸 합하고 乙庚 합해서 꽃을 활짝 피웁니다. 巳酉丑의 辛은 丑寅으로 辛이 甲으로 바뀌어야 합니다. 씨종자가 뿌리로 변하는 과정입니다. 亥子丑을 지나면서 콩이 콩나물로 바뀌고 丑土에서 부풀려지고 寅月에 뿌리내리기 시작합니다. 亥卯未의 乙木은 申月에 乙庚 합해서 열매 맺어야 합니다. 이런 흐름은 나중에 墓庫 論과 연결되는데 陰氣는 墓地개념을 사용할 수 없습니다. 즉, 辰戌丑未가 墓地 개념을 가지려면 陽氣를 담아야만 가능합니다. 예로, 戌土는 丙火를 담고 辰土는 壬水를 담고 丑土는 庚金을 담고 未土는 甲木을 담아야 墓地라고 부릅니다. 墓地는 한번 들어가면 다시는 나오지 못하기에 재활용이 불가능

합니다. 陽氣는 陰氣로 바뀌는 순간부터 새로운 陽氣로 바뀔 수는 있지만 원래의 물형을 유지할 수는 없습니다. 자신의 에너지를 활용해서 陰氣(物形)를 결정하면 쓰임을 상실하기 때문입니다. 하지만 戌중 丁火, 辰중 癸水, 丑중 辛金, 未중 乙木은 반드시 다음 달에 꺼내서 활용해야 새로운 陽氣가 동할 수 있습니다. 亥중 甲이, 巳중 庚이, 寅중 丙火가, 申중 壬水가 나오게 하려는 겁니다. 辰戌丑未에서 三合운동을 마감하는 이유입니다. 이렇게 간단해 보이는 墓庫論이 500페이지가 넘습니다. 이런 움직임은 사계를 순환하는 과정에서 보여주는 것이며 절대로 인간이 만든 논리가 아닙니다. 인간은 그저 자연의 순환과정을 관찰해서 墓庫라는 명칭을 부여했을 뿐입니다.

예로, 戌중 丁火가 亥月에 丁壬 합하지 못하면 金을 木으로 바꿀 수 없기에 생명체는 탄생하지 못합니다. 未중 乙이 申月에 乙庚 합하지 않으면 씨 없는 수박이 되기에 봄에 새싹이 오르지 않습니다. 乙이 庚金 내부에 들어갔기에 亥子丑에서 甲이 나오는 겁니다. 자연은 주도면밀합니다. 三合운동은 9개월의 물형변화 과정이기에 나머지 3개월은 반드시 누군가가 역할을 대신해야 합니다. 甲은 亥卯未 三合운동을 하기에 申酉戌은 三合을 벗어난 공간입니다. 따라서 甲木의 행위를 대신해줄 대상이 필요한데 바로 甲의 陰氣 乙木입니다. 乙木은 寅午戌 三合운동으로 戌土에서 끝나기에 亥月부터 다시 甲木이 새로운 亥卯未 三合운동을 시작합니다.

丙火도 寅午戌 三合운동하므로 亥子丑은 三合을 벗어난 공간입니다. 따라서 丙火의 陰氣 丁火가 巳酉丑 三合운동을 통해서 丙火의 기운이 미치지 못하는 시공간을 보충하는 겁니다. 庚金의 경우는 巳酉丑 三合을 벗어난 寅卯辰 과정을 庚金의 陰氣

辛金이 보완하는 겁니다. 壬水는 申子辰 三合을 벗어난 巳午未 과정을 壬水의 陰氣 癸水가 보완합니다. 정리하면, 甲癸는 亥卯未 三合운동, 壬辛은 申子辰 三合운동, 丙乙戊는 寅午戌 三合 운동, 庚己丁은 巳酉丑 三合운동을 하는 이유입니다. 물론 시간이 지나면 天干 三合운동이 그렇게 될 수밖에 없는 이유를 이해합니다만 지금은 기준을 정해서 甲은 亥卯未 삼합이니까 乙은 寅午戌 三合운동이라고 기억하면 됩니다. 또, 丙은 寅午戌이니까 丁은 巳酉丑 운동입니다.

또 다른 쟁점은 陰生陽死인데 乙木의 三合은 寅午戌임에도 午火에서 장생한다고 주장하지만 옳지 않습니다. 물론 양자물리학으로는 가능할 수 있어도 시공간은 午寅戌로 흐르지 않습니다. 명리는 자연을 거시적 관점에서 살피는 것이지 양자물리학으로 관찰할 수 없습니다. 乙木이 巳火를 만나 沐浴라고 하지만 불안정하다는 주장을 할 수 없는 시공간입니다. 설명도 못하는 논리를 믿을 필요 없습니다. 甲癸는 亥卯未 三合으로 성장하는 움직임이고 壬辛은 申子辰으로 응축하는 움직임입니다. 乙丙戊는 寅午戌 三合으로 확장의 기세, 丁己庚은 巳酉丑으로 수렴의 움직임입니다.

▎地藏干의 시공간 흐름

地藏干의 시공간 흐름을 살펴보겠습니다. 地藏干은 절대로 끊어지지 않습니다. 끊어진다면 지구의 멸망을 의미합니다. 지구가 회전하면서 드러내는 四季의 순환과정 즉, 시공간의 순환과정을 표현한 것이 지장간인데 흐름이 끊긴다면 지구가 회전할 수 없다는 겁니다. 지구가 멸망하는 그날까지 시공간은 면면히 이어지기에 어디가 시작이고 끝인지 모릅니다. 지장간이 끊어진 것처럼 활용하는 것이 格局으로 비합리적입니다. 時空間의 유기적인 변화과정을 관찰한 선인들은 三合, 神殺, 12運星, 刑沖會合과 같은 명리이론을 만들어냈음에도 움직임이 전혀 없는 十神 生剋을 格局이라는 명칭으로 활용하는 겁니다. 모든 명리이론의 전제조건은 시공간의 순환과정을 살피는 것이며 흐름이 절대로 끊어지지 않아야 합니다. 달리표현하면 시공간이 멈춘 상태에서 관찰하는 모든 명리 이론은 옳지 않습니다. 삼라만상은 절대로 고정불변이 아니며 움직이면서 순환하기에 四季가 이어집니다. 봄을 출발해서 여름으로 갔다가 가을과 겨울을 지나 다시 봄으로 돌아왔을 때 그 속성은 1년 전과 유사하지만 동일할 수는 없습니다.

예로 壬水 영혼의 세계로 돌아가 윤회하여 새로운 육체 甲을 받아 다시 세상에 왔을 때 전생의 영혼이 육체내부에 있을지라도 육체의 물형은 전혀 다릅니다. 정리하면, 水가 火가 됐다가 火가 水가 되고, 木이 金이 됐다가 金이 木이 뇌는 겁니다. 계속 水火木金이 물형을 바꾸면서 일정한 주기로 순환합니다. 이런 이치를 이해하면 生剋을 전혀 다르게 관찰합니다. 木이 어떻게 金이 됩니까? 하지만 木은 金이 맞습니다. 金으로 변해야 다시 木으로 돌아옵니다. 木은 계속 木으로만 존재한다면 시간이 멈추었다는 주장과 다를 바 없습니다. 예로 水가 水로만 존재한다면 겨울지나 여름이 올 수 없습니다. 블랙홀처럼 변함이 없으니 여름이 오지 못합니다. 壬水 응축을 풀어야 성장하고 분산하고 수렴하고 다시 응축합니다. 水가 火요, 火가 水요, 木이 金이요, 金이 木임이 분명합니다. 움직임과 변화를 인식하면 生은 生이요 剋은 剋이라는 극단적인 관점을 버리게 됩니다. 生은 生이요 剋이며, 剋은 剋이요 生입니다. 體는 변함이 없지만 겉모양은 수시로 변합니다. 十神 生剋으로는 木이 土를 剋한다고 간주합니다. 木은 土를 剋할 수도, 生할 수도 있음을 설명했습니다.

水氣가 넉넉해서 축축한 土라면 木이 土를 剋할 이유가 없을 뿐만 아니라 적절하게 성장하는 터전을 얻은 겁니다. 세상을 관찰하는 눈을 바꿔야 합니다. 세상은 그렇게 단조롭지 않습니다.

이제 子月부터 보겠습니다. 子月에 있는 壬水는 申酉戌亥子로 이어진 겁니다. 申에서 壬水가 長生하여 子에서 전환점을 맞이합니다. 子에서 壬水의 응축운동이 극에 이르고 자연스럽게 폭발하면서 발산움직임으로 전환합니다. 命理로 살피면 복잡하지만 지구가 회전하기에 추운 겨울을 지나서 봄이 와야 합니다. 따뜻해지는 이유도 모두 지구가 회전하기 때문입니다. 壬水의 움직임이 극에 달하면 癸水로 변하는 겁니다. 이런 이유 때문에 子月의 地藏干에 壬癸가 함께 있는 겁니다. 소위 一陽五陰으로 陽氣가 생기고 癸水의 움직임이 시작됩니다. 癸水는 온기를 올려주는 작용이 분명합니다. 癸水의 움직임이 있기에 봄을 향할 수 있습니다. 癸水는 亥卯未 三合운동 하는데 亥에서 子에 이르면 浴地라고 합니다. 12運星을 중시하면 癸水가 子水에서 어떻게 浴地가 되는지 의아해 합니다만 그 이유는 간단합니다. 子의 地藏干에 壬癸가 모두 있기에 불안정해지는 상황을 浴地라고 불렀던 겁니다. 丑月에 이르면 子月의 正氣 癸水가 丑月의 餘氣로 이어집니다. 癸水가 계속 온기를 올려주고 있음을 표현한 것입니다. 中氣에는 巳酉丑 三合 운동을 마감한 辛金을 표기했습니다. 中氣는 生과 成의 원리라고 설명한 것처럼, 陽氣가 동하고 결과적으로 辰戌丑未에 陰氣로 마감합니다. 따라서 巳火의 地藏干에 있는 庚金이 丑에 이르면 辛金 陰氣 물질로 저장되었음을 표기한 것입니다. 金氣를 마감해야 金生水 작용을 줄여서 水氣의 도움으로 뿌리내리는 木氣를 위를 향하도록 유도합니다. 마치 金氣를 줄여서 양수가 터지게 했더니 아이가 세상 밖으로 탄생하는 것과 동일한 이치입니다. 만약 金生水로 보호막과 같은 양수를 유지하면 아이는 엄마 배속을 벗어날 생각을 하지 못합니다. 양수가 터지는 원리는 양수를 생성하고 유지하게 해주는 金氣를 제거하는 겁니다. 金氣를 마감하니까 양수가 줄고 寅木이 밖으로 나옵니다. 이런 이유로 丑寅이 조합하면 현재의 공간에서 벗어나 타향이나 해외로 떠나거나 직업을 바꾸는 겁니다. 엄마 뱃속에서 벗어나 새로운 공간에 정착하는데 저승과 이승처럼 시공간이 넓습니다. 丑土에서 멀리 떠나는 이유로 丑年 끝자락에서 새로운 땅으로 떠나야 좋습니다. 寅月에 땅에 뿌리를 정착하는데 근거지는 丑월이고 새로운 삶을 시작합니다. 예로 庚寅간지는 딱딱하고 오래된 庚金을 새로운 寅으로 변형시킵니다. 오래된 차를 바꾸거나 오래된 직업을 바꾸는 겁니다.

寅午戌 三合으로 살피면, 庚寅年에 직업을 바꿨다면 辛卯年에 浴地에 이르기에 불안정하게 움직이면서 성장하려고 노력합니다. 壬辰年에 성장의 기세를 확장하고 癸巳年에 노력했던 것들이 조금씩 결과를 드러냅니다. 寅年에서 巳年까지의 출발점은 庚寅으로 오래된 것을 새것으로 바꾸려는 의지였으며 그 행위가 卯辰巳년까지 이어졌습니다. 巳년에 이르면 오래되고 낡은 것이 철저히 새로운 물형으로 변합니다. 이런 흐름을 "근묘화실"이라고 부릅니다. 金生水, 水生木으로 水氣를 조절하는 이유는 뿌리만 내리려는 움직임을 조절해서 땅 위로 오르게 만들려는 겁니다. 丑月의 地藏干 己土가 癸와 辛을 저장해서 寅月로 넘겨주기에 새로운 陽氣가 동합니다. 丑月의 辛은 寅月의 甲으로 물형을 바꾸지만 辛이 甲으로 직접 바뀌는 것이 아니라 반드시 土를 통해서 현실화시킵니다. 己土는 巳酉丑 三合 과정에 완성한 辛金을 저장했지만 亥子丑에서 딱딱함을 풀어내야 寅月에 뿌리로 나오는 이유입니다. 이때 庚金 陽氣의 움직임도 살펴야 하는데 庚金이 丑土를 만나면 墓地라고 부르는 이유는 움직임을 제

거해야 甲木이 나오기 때문입니다. 亥卯未의 경우, 未土에서 甲의 상승하는 움직임을 제거해야 乙이 庚과 합하고 열매 맺어 수렴하고 하강할 수 있습니다. 未月에 甲을 墓地에 넣고 없애는 이유입니다. 자연은 주도면밀합니다. 한쪽을 제거하고 다른 한쪽을 살리는 행위를 반복합니다. 일방적으로 죽이거나 일방적으로 살리는 것이 아니라 생사를 조절합니다. 丑月의 己土에 辛金과 癸水의 폭발하는 성향이 섞이면 湯火라고 부릅니다. 癸水는 폭발하고 辛金은 응축하기에 두 움직임이 상반되면서 이러지도 저러지도 못하는 상황을 탕화라 불렀던 겁니다. 午丑이 만나 갑작스런 사건, 사고가 발생하는 이유는 모두 폭발력 때문입니다. 탕화, 귀문이라 부르고 丁丑干支입니다. 己土는 巳酉丑 三合을 마감하고 寅月에 戊土가 餘氣로 드러나는데 己土와 戊土 사이에 어떤 일이 있었을까요? 癸와 辛의 속성을 戊土에서 陽氣로 바꿔줍니다. 즉, 丑月에 己土가 癸辛을 품을 때와 戊土가 癸辛을 이어받았을 때의 움직임에 변화가 발생합니다. 戊土는 癸辛을 이어받아서 寅月의 中氣에 丙火를 쏟아냅니다. 그렇다면 丙火가 어디에서 갑자기 나타난 것인가요?

癸水가 폭발하면서 온도를 올려주기에 寅中 丙火가 동하는데 그 명칭을 長生이라 부르지만 사실 기운은 극히 미약합니다. 寅月에는 寅午戌 三合 분산운동이 거의 없습니다. 땅 속과 같은 寅木에서는 불가능합니다. 癸水의 폭발로 寅月 丙火가 동하는 상황이 펼쳐집니다. 결국 丙火는 癸水의 다른 모습이며 癸水의 도움으로 巳月에 에너지가 극대화됩니다. 寅中 丙火는 中氣에 있고 巳中 丙火는 正氣에 있는 이유입니다. 寅卯辰巳를 지나면서 丙火의 기세가 계속 확장하는 겁니다. 午月에 丙火가 극에 이르면 丁火로 전환합니다. 이 과정에 卯午 破, 寅巳 刑과 같은 이론이 생겨났습니다만 핵심은 癸水가 丙火를 창조했다는 겁니다. 寅月에 1차로 바뀌고 巳월에 2차로 바뀌는데 丙火의 모친은 결국 癸水였습니다. 다만, 직접 바뀌는 것이 아니라 木을 매개체로 활용해서 水氣를 줄여주기에 화기가 증가하였습니다. 寅卯辰月을 지나는 과정에 壬癸 水氣가 줄어들면서 자연스럽게 丙火의 기세가 상승했습니다. 그리고 庚金이 펼쳐지기 시작합니다. 寅中 甲의 물형은 원래 辛金이었습니다. 酉月에 땅에 떨어진 씨종자가 亥子丑을 지나면서 부드러워졌다가 寅月에 甲으로 드러났습니다. 金生水, 水生木 과정입니다. 甲은 辛이었는데 亥子丑의 도움을 받아서 물형을 바꾼 겁니다. 이처럼 水氣는 자신의 존재를 알리기 위해서 甲을 활용합니다. 辛金 DNA, 업보가 甲에게 전달되고 생명체로 태어나는 윤회과정입니다. 前生의 영혼들이 사주팔자에 숨어 있는데 그 특징을 年柱에서 살필 수 있습니다. 혹은 時柱를 年柱 앞으로 돌려서 종합적으로 판단할 수도 있습니다.

주제로 돌아가서, 癸水가 丙火로 변하는 과정이 간단하지 않습니다. 먼저 寅에서 丙火를 약간 드러냅니다. 그리고 巳月의 丙火로 강력해집니다. 寅木 中氣에 丙火가 태동하고 甲木이 丙火를 돕기에 분산에너지를 확장하며 이런 작용을 寅巳 刑이라고 표현합니다. 정리하면, <u>丙火는 癸水의 다른 모습이요 甲은 辛金의 변형된 물형입니다</u>. 따라서 癸水는 丙火요 辛金은 甲木입니다. 결론적으로 癸水가 존재하는 이유는 丙火를 창조하려는 겁니다. 다만 癸水가 丙火로 바로 갈 수 없기에 중개자를 세우는데 甲寅과 乙卯입니다. 동일한 논리로, 火에서 水로 가는 과정도 반드시 火生金, 金生水로 전환합니다. 이처럼 水火와 火水는 물론이고 木金과 金木도 반드시 중간에 물형을 조절할 대행자를 활용합니다. 다만 水火는 기운, 木金은 물질이라는 차이만 있습니다. 이런 이치와 사주통변과 무슨 상관이 있냐고 하겠지만 그렇지 않습니다. 예로, 辛이 甲을 만들어 내는데 일간이 辛이라면 甲이 月에 있는 것과 時에 있는 것 중 어느 것이 더 좋을까요? 당연히 月에 있으면 좋습니다. 만약 乙이 있다면 辛이 활동하기 좋은 시공간이 아니기에 乙을 보면 沖해버리지만 甲을 보면 원했던 세상을 젊은 나이에 얻는 겁니다. 조상, 부모덕은 물론이고 사회활동 과정에 주위의 도움을 받으면서 발전합니다. 지금 당장은 辛金이 甲을 만나는 것과 甲이 辛金을 만나는 차이를 이해하지 못 할 수 있지만 그 차이가 얼마나 중요한지 이해하게 됩니다. 만약 辛日에 甲이 時干에 있다면 46세 이후에서야 비로소 꿈을 이루는 겁니다.

제 27강

◆地藏干의 시공간

地藏干의 시공간 흐름   356
地藏干 刑破의 작용이해   373
-辰戌丑未의 刑破   375 - 377

地藏干의 시공간 흐름

앞 章에 이어서 地藏干의 흐름을 살펴보겠습니다. 지장간이 어떤 방식으로 순환하는지 이해하는 중인데 끝나면 다시 寅巳申亥, 子午卯酉, 辰戌丑未를 세분해서 다룰 예정입니다. 60甲子는 甲子, 丙子, 戊子, 庚子, 壬子로 모두 子水부터 시작합니다. 그럴 수밖에 없는 이유는 戌亥라는 만물이 귀속되는 공간을 벗어나 새로운 陽氣가 동하는 공간이 子이기 때문입니다. 즉 子月의 地藏干에 壬水와 癸水가 있는데 지구가 공전하는 과정에 겨울을 벗어나 봄을 향하고자 壬水에서 癸水로 움직임의 속성에 변화가 발생하고 一陽五陰이라 표현합니다.

즉, 陽氣가 전혀 없는 亥水의 六陰상태가 극에 이르면 그 반발로 하나의 陽氣가 동하는데 바로 子水의 一陽五陰입니다. 무한대로 응축한 亥水에서 어떻게 一陽이 동해요? 지구가 회전하기에 子月에 자동적으로 반응하지만 命理로 이론을 정립하니까 어렵다고 느끼는 겁니다. 命理가 먼저 생긴 것이 아니라 자연의 순환이치를 관찰한 인간이 그 움직임과 변화를 命理라는 학문으로 만든 겁니다. 命理가 먼저 있었고 자연의 순환원리는 명리와 전혀 다른 것이라거나 명리의 일부가 자연이라는 황당무계한 생각에서 벗어나야 합니다. 명리를 깨우치려면 자연의 순환원리를 살펴보라고 하는 이유입니다. 자연을 이해하면 명리에서 주장하는 이론들이 너무도 따분하게 느껴집니다. 스스로 그러하기에 그렇습니다. 一陽五陰이라고 표현하니까 무슨 거창한 것이라 생각하지만 子月에 봄을 향하고자 발산움직임이 시작된 것을 표현한 겁니다. 壬水가 癸水를 내놓는다는 의미는 중요합니다. 亥水 六陰을 풀어 헤치고 발산을 시작해서 봄을 향하기에 陽氣를 확장해서 만물의 성장을 촉진하려는 겁니다. 이런 癸水의 속성을 생각해봐야 합니다. 명백하게도 癸水는 굉장한 폭발력을 가졌음이 분명합니다. 블랙홀처럼 응축한 亥水 속의 壬水를 풀어내려면 그리고 그 본질인 씨종자 酉金을 부드럽게 만들려면 웬만한 폭발력으로는 불가능합니다. 子水가 얼마나 강한 폭발력을 가졌는지 이해해야 하는데 상상하기 어렵다면 우주의 빅뱅을 생각하면 됩니다. 子水의 핵심은 一陽이 생겨났고 申子辰 三合의 壬水가 癸水로 전환되는 겁니다. 癸水의 폭발로 온기가 오르기에 성장의 기세가 동했습니다. 丑月에도 癸水의 폭발력이 丑月의 地藏干 餘氣로 이어집니다. 기억할 점은, 癸水가 생겨났다고 壬水가 갑자기 무기력하거나 사라지는 것은 아닙니다. 壬水는 기운을 유지하면서 온기가 상승함에 따라 천천히 癸水로 전환합니다. 자식과도 같은 癸水에게 힘을 보태는 겁니다.

그런 작용 때문에 봄에 癸水가 卯木을 기울 수 있습니다. 子月에 癸水를 내놓았던 이유는 卯木을 키우려는 것이었습니다. 중간에 寅月을 지나는데 甲乙이 모두 있으니 癸水 혼자서는 불가능하기에 壬水는 甲을 키우고 癸水는 세상 밖으로 튀어나온 乙木을 키웁니다. 癸水 혼자서 甲乙을 상대할 수 없고 반드시 壬水가 癸水를 도와주어야만 甲에서 乙로 물형을 바꿀 수 있습니다. 점점 온도가 오르면 壬水가 癸水로 氣化되기에 발산움직임이 더 강해집니다. 이처럼 丑月에도 癸水의 작용이 중요하기에 餘氣에 표기한 것입니다. 中氣에는 辛金이 있는데 巳酉丑 三合을 마감했음을 표기했습니다. 辛은 酉에서 왔고 亥子丑을 지나 木으로 물형을 바꾸는 과정에 씨종자가 활발하게 움직이면서 콩 밖으로 튀어나오려고 꿈틀거립니다. 丑土가 잘 돌아다니는 이유는 계속 꿈틀거리면서 튀어나가기 때문입니다. 땅을 뚫고 튀어나가려는 움직임을 이해해야 합니다. 丑土, 未土, 午火가 모두 유사한 속성입니다. 글자의 속성으로 세 글자는 모두 驛馬의 속성이 강합니다. 원래의 공간에서 견디지 못하고 튀어 나가는 이유는 己土의 저장하려는 움직임을 싫어하기 때문입니다. 씨종자로 있을 때는 己土의 땅으로 충분했지만 水氣를 품어서 폭발하면 좁은 己土의 땅을 뚫고 나가버립니다. 이런 움직임이 바로 丑月의 己土가 寅月의 戊土 혹은 未月의 己土가 申月의 戊土로 전환하는 과정입니다. 己土는 어둠 속에서 머물 것이라는 이미지와 다르게 巳酉丑에서 벗어나 寅에서 독립합니다. 丑寅이 있으면 고향을 지키지 못하고 丑年이 끝나는 시점에 멀리 떠나 새로운 공간에 정착합니다. 巳酉丑 三合운동을 마감해야 金生水가 줄면서 寅月에 甲이 밖으로 나오는 것으로 양수가 터지고 아기가 탄생하는 이치입니다. 丑月의 中氣에 辛이 있는 이유입니다.

丑月의 正氣에 己土가 있는데 巳酉丑 三合을 완성해서 물질을 己土에 품고 저장한 겁니다. 辛金 씨종자를 품었다가 甲을 내놓으려는 의지입니다. 子月부터 丑月까지 온기를 올려주는 癸水도 품었다가 寅月에 己에서 戊로 그 성질이 확 바뀝니다. 己土는 수렴하고 품고, 저장하는데 陽氣의 속성을 가진 癸水, 乙木, 丙火, 庚金과 같은 기운을 감당하지 못하기에 寅月에는 戊土가 己土를 이어받아서 그들에게 터전을 제공합니다. 太陽처럼 폭발해서 빛을 만들어내는 휘발성이 달에는 없다고 합니다. 빛을 발하지 못하는 己土의 속성과 유사합니다. 己土는 밖으로 표출하기를 힘들어합니다. 하지만 시절이 들어지고 己土가 巳火나 庚午를 만나면 戊土처럼 변하고 마구 떠들어댑니다. 丑月의 正氣 己土에서 寅月의 餘氣 戊土까지 과정에 丑土가 품었던 癸水와 辛金이 조금씩 물형을 바꾸기 시작합니다. 계속 온기가 올라가는 이유는 戊癸 合하기 때문입니다. 寅月 中氣에 丙火가 寅午戌 三合운동을 출발하고자 長生으로 존재를 드러냅니다. 子月에 癸

水가 폭발하면서 一陽으로 전환하였기에 寅중의 戊土에 이르러 戊癸 合으로 中氣에 丙火가 동합니다. 丙火의 본질은 원래의 丙火가 돌아온 것이 아니고 子月의 癸水의 움직임 때문에 생겨난 것입니다. 丙火를 태양이라는 물상으로 인식하면 이해하기 어렵습니다. 세상에 존재하는 모든 분산움직임을 丙火로 인식해야 합니다. 丙火의 모친은 癸水가 분명합니다만 癸水에서 丙火에 이르는 과정은 결코 간단하지 않습니다. 辛이 亥子丑을 지나는 과정에 水氣에 풀어지면 부드러워지고 점점 木으로 변합니다. 겨울이 지나면 양기가 오르기에 무조건 癸水가 丙火로 변하는 것이 아니고 辛이 水氣를 통해서 木으로 바뀌는 과정에 木氣가 水氣를 줄여주기에 반대급부로 火氣가 증가합니다. 이것이 4개의 三合이 순환하는 과정입니다. 申子辰 삼합과정에 亥水부터 亥卯未 三合이 이어지고 寅月부터 寅午戌 三合이 이어지고 巳月부터 巳酉丑 三合이 이어지고 申月부터 다시 申子辰 三合 운동을 시작합니다. 결론적으로 木生火 과정은 목이 무조건 화를 생하는 것이 아니라 木이 水氣를 제거하는 방식으로 火氣로 바뀌는 겁니다.

寅의 地藏干 正氣에 甲이 있는데 어디에서 온 것인지 살펴보겠습니다. 甲의 원류는 亥水까지 올라가는데 亥月에 갑자기 甲이 생겨난 이유는 무엇일까요? 시간을 좀 더 뒤로 돌려보면 酉金까지 가고, 酉金을 더 돌리면 午月까지 가고, 午月은 卯月까지 갑니다. 이렇게 시공간은 계속 순환하고 있습니다. 亥月에 甲이 長生하려면 반드시 酉月에 辛이 열매로 떨어지고 丁火의 열기를 저장하고 戊土에 들어가 亥月로 넘어가면 戌중 辛과 丁火가 丁辛壬 三字로 조합해서 甲이 생겨나 亥子丑을 지나면서 점점 木으로 물형이 바뀝니다. 따라서 甲木은 辛金의 변형된 모습입니다. 辛이 너무 부드러워지면 뼈가 상하거나 치아가 빠지는 물

- 359 -

상이라고 했습니다. 酉丑辰, 酉丑, 丑辰, 酉辰은 모두 유사한 작용입니다. 亥子丑 과정에는 金인지 木인지 구별하지 못할 정도로 모호한 상태를 유지하다가 寅月의 正氣에 甲으로 드러납니다. 여기까지가 寅月의 地藏干을 설명한 것인데 丑寅의 과정에는 매우 복잡한 연결고리가 있습니다. 지장간 내부에서 戊癸, 丙辛, 甲己 合으로 실타래처럼 엮여있는데 가장 중요한 작용이 甲己 合으로 甲이 뿌리내려야하기 때문입니다. 丑寅, 未申, 辰巳, 戌亥는 墓庫와 長生이 연결되기에 강력한 결속력을 가졌는데 가장 강력한 合이 丑寅에서 이루어집니다. 丑寅이 중요한 점은, 저승의 영혼이 육체를 얻는 과정으로 丑土에 죽음이 있고 寅木에 새 생명이 있으니 저승과 이승은 절대로 분리할 수 없는 時空間의 끈이 연결되어 있습니다. 丑寅이 辰巳, 戌亥, 未申과 다른 점은 죽음에서 삶으로 바뀝니다.

마지막으로 寅의 지장간 戊土는 丑月이 품은 癸辛을 이어 받아 양기를 내보내는데 癸水가 丙火로 바뀌고 辛金이 甲으로 바뀌는 겁니다. 丙火의 어미는 癸水요, 癸水의 변형된 모습이 丙火이며 甲木의 어미는 辛이요, 辛의 변형된 모습이 甲입니다. 예로 丙子 月의 경우, 子水가 丙火를 生하는 겁니다. 물론 子月이기에 火氣가 많아도 土氣가 많아도 좋지는 않습니다. 子水는 생명수이기에 상하거나 막히면 좋을 리 없습니다. 未土나 戌土로 子水를 탁하게 만들거나 子水가 戌未 중간에 夾字로 끼어서 찌그러지거나 火氣가 많아서 子午 沖으로 열이 오르면 子水에 품은 씨종자가 상합니다. 겨울에 왜 추울까요? 반드시 추워야할 당위성을 가졌기 때문입니다. 子月은 丙子로 빛이 약해야 좋고 午月에는 壬午로 壬水가 약하게 있으면 좋다고 하는 이유입니다. 寅의 地藏干에 있는 甲이 卯月 餘氣까지 이어지면 水氣는 줄고 땅을 뚫고 오르는데 그 강력한 힘은 결코 丙火가 아니라

癸水의 폭발력 입니다. 寅은 땅속과 같은 공간이기에 丙火가 甲을 키우는 것이 아니라 甲이 丙火를 키운다고 했습니다. 水氣를 제거하는 방식으로 甲이 丙火의 기세를 증가시키는 겁니다. 그런 움직임 덕분에 卯月에 甲이 땅을 뚫고 올라왔습니다. 뿌리가 삼각형 모양이고 나무 木자도 삼각형인 이유는 양쪽의 뿌리는 나무를 지탱하고 중앙은 水氣를 직선으로 빨아올려 상승합니다. 땅 위로 올라오는 순간 甲에서 乙로 바뀌고 좌우확산 과정에 癸水가 개입해서 乙木을 돕습니다. 만물이 사방팔방으로 펼쳐지는 달이 卯月입니다. 乙木이 펼치는 움직임은 평범하지 않습니다. 癸水의 엄청난 기운으로 성장하는데 봄의 전류는 다른 계절과 다르다고 합니다. 卯月에 엄청난 번식이 발생하도록 만든 자연의 의지가 신비합니다. 인간도 卯木을 만나고 子水와 조합하면 성욕을 억제하기 힘듭니다. 명리에서 子卯 刑이라고 부릅니다. 가을에는 번식하기 어렵습니다. 봄에 乙木을 펼쳐내는 속도는 우리가 상상하는 정도가 아닙니다. 癸水는 그런 역량을 가졌습니다. 이런 이유로 癸卯의 움직임은 굉장히 강렬합니다. 卯月에 乙木을 세상 밖으로 드러내고자 子月부터 그 움직임이 시작되었습니다. 癸水가 폭발한 이유는 乙木을 내놓으려고 했던 겁니다. 神은 봄에 生氣를 내고 가을에 수확하고 봄에 生氣를 내놓기를 반복합니다. 인간도 봄에 생명체로 나왔다가 가을에 사망합니다.

정리하면, 子月에 폭발했기에 卯月에 새싹이 나오는데 그 과정에 申子辰, 亥卯未, 寅午戌 三合이 겹치면서 에너지를 조절하였습니다. 卯木이 중요한 이유는 생명체들에게 먹거리를 제공하려는 것인데 씨종자 辛이 水氣를 통해서 나왔습니다. 卯木은 내부에 머물지 못하고 밖으로 튀어나갑니다. 토끼처럼 뛰어다니며 짝짓기 합니다. 卯月에 태어나면 정착하기 힘듭니다. 밖으로 나가 활동해야 합니다. 다양한 사람들과 인연을 맺어야합니다. 卯月의 乙木이 辰月로 이어지기에 辰月 餘氣에 乙木이 있습니다. 辰月 中氣에 癸水가 있는데 寅卯辰을 지나는 과정에 金氣가 철저하게 木으로 바뀌었기에 癸水의 쓰임이 사라져야 합니다. 壬水는 寅에게, 癸水는 卯에게 활용하기에 辰月의 餘氣에서 壬癸가 무기력해지고 申子辰 三合운동을 마감합니다. 결국 水氣가 사라지면서 火氣는 상승하고 巳月에 庚金 꽃이 활짝 펼쳐지면 癸水의 역할은 끝납니다. 午月에 癸水의 가치는 철저하게 소멸되기에 午未 月 癸水는 庚金으로 보호해야 합니다. 辰月에 지하수는 탁해지고 천수답으로 바뀝니다. 하늘의 물이 내려와야 농사 짓습니다. 辰中 癸水가 온도를 올리니까 濁水가 됩니다. 壬水가 辰土에 水氣를 공급하면 탁해진 辰土에서 성장하는 새싹들을 구제하는 행위와 같아서 약국, 의사, 종교, 명리, 철학, 한의사 직업물상이 나옵니다. 干支에 따라 어울리는 직업물상이 있는데 그 것을 학습하는데 시간이 좀 필요합니다.

이제 辰月의 正氣 戊土를 살펴보겠습니다. 辰의 癸水와 乙木을 戊土가 받아서 巳月에 새로운 陽氣로 전환할 준비를 합니다. 辰月 戊土에서 巳月 戊土로 발산움직임이 이어집니다. 辰巳월은 丑寅월의 흐름과는 다릅니다. 丑月의 己土와 寅月의 戊土가 저장에서 발산으로 바뀌기에 丑寅이 훨씬 불안정하고 변동이 심하지만 辰巳는 戊土에서 戊土로 이어지면서 확장의 기세를 유지합니다. 이런 이유로 요동치는 상황은 발생하지 않습니다. 申子辰과 寅午戌 三合은 水火의 작용이기에 물질을 저장하거나 물질을 완성하는 것이 아니기에 辰월의 正氣 戊土는 癸水와 乙木을 巳月의 餘氣 戊土로 전달해서 巳月에 巳酉丑 三合운동을 출발합니다. 申子辰 三合에서 亥卯未 三合을 거쳐 寅午戌 三合에서 巳月에 巳酉丑 삼합운동으로 넘어갑니다. 결국 巳月의 戊

土는 辰월의 乙과 癸를 활용해서 새로운 陽氣를 생산하기에 長生이라고 부릅니다. 乙과 癸가 어떤 기운을 생산했는지 보겠습니다. 巳月에 戊癸 合으로 꽃을 활짝 펼칠 수 있는 이유는 辰月 乙木이 최대로 펼쳐져 庚金으로 바뀌고 乙庚 合으로 연결되었기 때문입니다. 辰巳를 빵 굽는 마을이라고 표현하는데 辰土에 있는 水氣를 巳火로 팽창시켜서 부풀리기 때문입니다. 巳月의 中氣 庚金이 어디에서 드러났는지 이해하였습니다. 巳中 庚金을 관찰하면 결국 겨울에 甲木을 생산하는 원료임을 이해합니다. 庚에서 辛으로, 甲으로, 물형을 바꾸니까 봄에 乙木이 나오고 巳月에 庚金은 꽃처럼 부드럽습니다. 비록 巳酉丑 三合의 출발점이지만 무한분산으로 이해해야 합니다. 午月부터 열매가 달리는 이유도 巳月에 극도로 펼쳐졌기에 가능합니다. 午火에서 丙과 丁이 바뀌는 상황은 생각보다 심각합니다. 丙火로 분산하다 갑자기 수렴하기 때문입니다. 巳月의 地藏干 正氣에 丙火가 드러나 庚金을 확상하기 시삭합니다. 寅月 丙火가 상생할 때는 甲이 丙火를 木生火하였고 巳月에 庚金이 장생할 때는 丙火가 火生金을 시작합니다. 地藏干은 참으로 완벽한 퍼즐입니다.

丙火는 어디에서 왔을까요? 열이 오르면 癸水의 특징이 丙火로 변합니다. 癸水는 가랑비요 丙火는 태양이라는 물상으로 이해하니까 癸水가 丙火요 丙火가 癸水임을 살피지 못합니다. 癸水가 戊癸 合으로 팽창하면 巳月에 丙火가 분산운동을 시작할 수 있는 겁니다. 결국 丙火의 가치를 결정하는 것이 癸水입니다. 물론 癸水가 직접 丙火로 바뀐 것은 아니고 寅卯辰 木氣의 도움으로 丙火로 전환한 것입니다. 巳午未, 申酉戌도 동일한 작용이기에 하나씩 살펴보겠습니다. 巳月에 요구하는 것은 丙火가 戊土 위에서 庚金 꽃을 활짝 피우라는 겁니다. 地藏干은 매월 자연에서 무슨 행위를 하는지 알려주는 지침서입니다. 매월 해야

할 숙제를 명확하게 정해주었으니 따르면 됩니다. 巳月에 적절한 행위는 꽃피고, 홍보하고, 광고하고, 아름답게 꾸며야 합니다. 요구하는 행위를 할 수 있도록 년과 월의 조합이 좋다면 발전합니다. 巳月에 꽃을 활짝 펼쳐야 하는데 壬水, 亥水가 많으면 꽃을 망가뜨립니다. 巳月에 癸巳干支가 좋은 이유로 癸水가 巳火의 분산움직임을 돕기 때문입니다. 癸水는 상당히 피곤하지만 巳月에 가장 아름다운 조합은 분명합니다. 다만, 月支時空이 원하는 것과 시공간이 이어지는 상황은 다르다고 했습니다. 예로, 戌月은 火氣를 약하게 만들어야만 하고 戌月의 時空은 火氣를 원하기에 엇박자로 보입니다만 둘의 차이를 이해해야 합니다. 戌月의 地藏干 속에서 丁火가 辛에게 열기를 빼앗기기에 丁火는 무력해질 수밖에 없습니다. 申酉戌月을 지나는 과정에 丙丁이 庚辛에게 火氣를 전달하면 亥월에 블랙홀처럼 응축해버리기 때문입니다. 申酉戌亥 흐름에서 戌月은 火氣를 약화시키지만 戌月은 반드시 화로역할을 해야 하므로 火氣로 도와야 합니다. 시간흐름과 월지시공으로 살폈을 때의 차이입니다.

다시 巳月로 돌아와서, 분산하라는 자연의 요구에 충실해야 합니다. 무엇으로 분산해야 할까요? 癸水가 있어야 巳火가 지속적으로 분산할 수 있습니다. 丙火 스스로 자체발광 하는 것이 아니라 癸水가 온기를 올려주었기에 가능합니다. 乙巳로 있다면 乙木이 巳火에게 생기를 전달합니다. 이런 움직임 때문에 乙巳를 짝짓기, 교육 물상이라고 하였습니다. 乙木의 生氣가 巳月에 무한대로 펼쳐집니다. 이제 <u>午月</u>로 넘어갑니다. 午중 丙火는 巳월 丙火가 이어져 일정시점까지 꽃을 펼치다가 시들고 열매가 맺힙니다. 꽃의 목적은 나비, 벌들의 도움으로 꽃가루를 옮겨서 열매를 맺기 위한 거였습니다. 그런 움직임이 午의 地藏干 丙火까지입니다. 꽃이 수렴을 시작하는데 午月의 丁火 때문입니다.

즉, 陽氣 丙火가 陰氣 丁火로 바뀌기에 수렴이 가능해집니다. 다만 분산하는 丙火를 丁火로는 수렴할 방법이 없으니 己土가 丁火를 저장합니다. 그 조합이 丙己丁으로 물상에 비유하면 己土는 전압기, 변압기, 태양광과 같으며 특히 丁未는 변압, 전압, 전기, 한국전력, 통역, 번역 물상입니다. 또 未土 속의 乙木과 丁火를 활용하는데 土가 두터우면 석공처럼 돌을 가공하고 토가 약하고 丁未는 未土 내부에 전기가 흘러 다니기에 電氣와 인연이 많습니다. 午月의 핵심은 물형이 단단해지는 것으로 丁火가 있기에 가능합니다. 수렴하다, 고치다, 수정하다, 망치질하다, 틀린 것을 바로잡는다고 하는 이유입니다. 전구를 세 개나 갈아 끼우고 무슨 날인지 살펴보니 丁未 日이었습니다. 이것이 午月에 丙丁이 교차하면서 발생하는 현상들입니다.

午月에 태어나면 열매에 흥미가 많습니다. 巳月에 태어나면 화려하게 꽃을 피웠기에 광고, 홍보에 적합하지만 午月은 실실적인 열매를 원합니다. 寅午戌 三合으로 세상을 밝히려고 하면서도 물질을 추구하는 이중적인 성향입니다. 즉, 교육, 공직의 속성에 물질욕망도 강하기에 사주구조에 따라 공익과 사익 사이에서 갈등합니다. 午火를 수렴으로 활용하면 金水의 직업 예로, 무역, 금속, 철강, 조선 관련 업종에 종사하지만 寅午戌 三合으로는 교육, 공직을 선택합니다. 만약 사주에 午火가 있고 金이 많으면 열매를 확장하려는 욕망이 강하기에 사업을 원합니다. 만약 金氣는 약하고 木氣가 강하면 교육, 공직을 추구합니다. 아무리 午火가 수렴하려고 해도 金氣가 없으니 물질을 추구할 수 없는 겁니다. 다만, 午月에 丙火가 丁火로 바뀌었다고 해서 丙火가 무기력한 것은 아닙니다. 丁火는 기운이 동했지만 丙火는 여전히 강력한 에너지를 방사합니다. 丁火가 처음으로 수렴하기 시작하였기에 丁火가 강하거나 丙火가 철저히 사라진 것이 아닙니다. 丙火는 반드시 丁火에게 기운을 전달합니다. 午未申酉戌月을 지나면서 丙火가 丁火를 돕기에 지속적으로 열매를 단단하게 만들 수 있는 겁니다. 丙火가 부피를 확장하고 丁火가 수렴으로 물형을 단단하게 만들면서 壬水를 끌어 모아주기에 과일 내부에 水氣가 채워져 丙火가 庚金을 태워 죽이는 것을 방지합니다. 地藏干 흐름을 살핀 후 寅巳申亥, 子午卯酉, 辰戌丑未를 세분하여 살피면 이해가 쉬울 겁니다. 午月을 지나 未月로 넘어갑니다.

未月의 餘氣까지 丁火의 수렴작용이 지속됩니다. 午未 月에 丁火가 乙木을 괴롭히는 이유는 庚金이 열매를 완성하기 때문입니다. 乙木이 계속 성장하면 열매를 완성하지 못합니다. 丁火는 庚金을 수렴하면서 동시에 乙木이 움직이지 못하도록 방해합니다. 이런 작용을 卯午 破라고 부릅니다. 乙木을 丁火가 오므리고 庚金도 딱딱해지는 과정에 丙火는 계속 외형을 확장해줍니다. 어떻게 庚金이 타죽지 않고 버틸까요? 여름에 水氣가 없어도 살아가는 이유는 바로 丁火의 수렴운동으로 壬氣가 생겨나기 때문입니다. 결국 壬水는 巳月에 공기 중에 펼쳐졌던 癸水가 하강하면서 모이기 시작한 겁니다. 午月에는 壬午 干支로 水氣가 충분하며 많은 水氣가 필요 없습니다. 壬水가 午火에서 통근하지 못했다고 생각하면 午月의 時空을 거꾸로 읽은 것입니다. 열매를 맺으려면 水氣가 많으면 좋지 않기에 壬水 외에 亥水나 子水가 많으면 열매가 상해버립니다. 巳月도 꽃이 활짝 피어야 하지만 水氣가 많으면 꽃이 떨어지고 맙니다. 겉은 화려한데 짝짓기도 어렵기에 연애도 못합니다. 미남, 미녀인데 애인이 생기지 않습니다. 未月에 이르면 전혀 다르게 반응합니다. 午月까지는 水氣가 많으면 좋지 않은데 未月은 사막과 같은 공간으로 午未 슴으로 더위에 숨이 막힙니다. 따라서 未月에는 웬만한 水

氣들을 모두 흡수해버립니다. 壬水도 癸水도 丑土도 子水도 未土가 다 흡수해버립니다. 이처럼 午月과 未月의 공간 환경은 전혀 다릅니다. 丁火가 乙을 수렴하기에 未月의 中氣에 乙이 있는데 바로 亥卯未 三合을 완성한 겁니다. 丁火 때문에 乙木이 성장운동을 포기한 겁니다. 午火는 열매 맺어야 하고 卯木은 좌우 확산 하는데 水氣는 부족하기에 乙木이 성장을 멈춘 것입니다. 수기 부족으로 수족이 상할 수도 있습니다. 未月에 장애인, 부도 물상이 나올 수밖에 없는 이유는 丁火가 乙의 움직임을 방해하기 때문입니다. 다만, 未中 乙木이 완전히 사망한 상태는 아닙니다. 卯午 破의 작용을 사업에 비유하면 午月에 확장을 조절하지 못하면 갑자기 사업이 어려워지고 未月에 부도납니다. 未土의 正氣에 己土가 있습니다. 亥卯未 三合을 완성하고 乙木과 丁火를 저장한 후 申月의 戊土로 넘겨주는 과정에 큰 변화가 발생합니다. 다만 丑寅의 己土와 戊土의 변화만큼 불안정한 것은 아닙니다. 丑寅은 겨울에 生氣가 농하면서 지구내부에 저장했던 것들을 밖으로 꺼내야만 하므로 지진이 발생하듯 불안정합니다. 이처럼 丑土나 未土는 생각하지 못하는 불안정한 환경이 감추어져 무섭습니다.

申月에 이르면 餘氣 戊土가 未月의 己土가 넘겨준 丁火와 乙木을 이어받아 새로운 陽氣를 생산합니다. 中氣에 壬水가 드러나 申子辰 三合운동의 출발을 알립니다. 子月에 壬水에서 癸水로 전환하고 丑寅卯辰, 巳午未月까지 보이지 않았던 壬水가 申中 壬水로 다시 드러났습니다. 갑자기 어디에서 왔을까요? 午月에 丁火가 수렴을 시작했기에 가능합니다. 무엇을 수렴했을까요? 巳月에 극도로 분산되었던 癸水를 午月에 수렴해서 申月에 壬水 응축에너지가 長生하는 겁니다. 물론 癸水가 壬水로 직접 변하는 것이 아니라 丙丁 火氣가 金의 내부에 열기를 저장해주기에 부드럽던 물형이 딱딱해지고 壬水의 응축움직임이 생겨난 겁니다. 다만 申중 壬水의 기운은 무기력하고 여전히 丙火의 분산 움직임은 강합니다. 申子辰 三合운동은 시작했지만 丙火, 丁火가 여전히 강력한 기세를 드러내기에 壬水는 극히 미약합니다. 火氣 탱천한 공간에서 응축움직임을 적절하게 할 수 없습니다. 가을에 태양 빛이 훨씬 뜨겁고 건조합니다. 午月부터 丁火가 공기 중에 펼쳐진 癸水를 모아서 하강움직임이 시작되었습니다. 이런 이유로 未月까지는 후덥지근하지만 申月에 습기들이 밑으로 모여들면 하늘이 맑아지고 태양 빛이 강렬하게 느껴집니다. 그렇게 후덥지근하던 午月과 未月을 지나면 갑자기 申月부터 하늘이 높아지고 건조하게 느껴지는 이유입니다. 未月에 丙火가 무기력해지는 이유는 乙木이 성장을 마감해서 丙火를 生하기 어렵기 때문입니다. 申月 中氣에 壬水가 申子辰 응축운동을 출발하기에 正氣에 庚金이 존재감을 드러냅니다. 巳午未月을 지나면서 열매로 바뀌고 丙丁으로 부피를 확장하고 단단해지는 과정에 乙木이 申月에 庚金으로 바뀌고 金生水 과정을 통해서 壬水가 강해지기 시작합니다. 申酉戌月을 지나면서 응축운동이 점점 강화되면서 겨울을 향해 갑니다. 金生水가 가능한 이유는 金이 水를 생하는 것이 아니라 巳午未月을 지나는 과정에 庚金이 丙丁 火氣를 내부에 흡수해주기에 申酉戌에서 壬水가 증가하다가 亥月에 강력한 존재를 드러냅니다. 결국 水氣를 생산한 것은 火氣가 분명하지만 반드시 金氣를 통해서 가능합니다.

흐름을 정리하면, 첫째 火生金으로 火가 金의 성장을 도왔습니다. 둘째 火剋金으로 火가 金의 표면을 태워서 겉을 딱딱하게 만들기 시작합니다. 이런 움직임으로 金氣 내부에 壬水가 채워집니다. 셋째, 金이 丙火의 기세를 줄이고 壬水가 증가하도록 유도합니다. 이런 과정을 生으로도, 剋으로도 판단할 수 있습니다. 어떻게 보느냐에 따라 그 속성은 정반대로 보입니다. 즉, 火와 金이 만나면 火剋金이라는 생각에서 벗어나야 합니다. 사주에 응용하면, 丙火가 庚金를 태워 죽이는 상황인지 壬水를 채워주는 상황인지를 살펴야 합니다. 또 丁火가 酉月에 태어났는데 癸水를 만나면 丁酉癸로 폭발적으로 발전하는지 偏官 癸水가 丁火를 극하기에 고통을 당하는지 다양한 각도에서 살펴야 합니다. 偏官만 살피면 丁辛癸 三字로 부자가 되는 이유를 모릅니다. 丁火가 酉金을 剋하는데 乙木을 만나면 자르려고 달려들고 癸水를 만나면 엄청난 속도로 水氣에 풀어집니다. 사주구조에 따라 색욕으로도 순식간에 100억을 벌어들이는 폭발력으로도 활용합니다. 직장에서 활용하면 대리에서 임원으로 특진하는 상황입니다.

酉月로 넘어 갑니다. 庚金이 딱딱해져 갑니다. 申月에서 酉月의 餘氣 과성에 金氣가 낙낙해시실 바라는 섭니나. 丁火의 삭용이 중요해집니다. 丙火는 未中 乙이 답답해지고 申月에 乙庚 합하면서 木生火의 움직임이 무기력해졌기에 위축되었고 丁火는 酉月에 강력하게 수렴작용 해주기에 열매를 완성하고 낙하합니다. 申月에 원하는 月支時空은 丙申으로 丙火가 申열매를 확장하기에 酉月에 열매가 떨어지기 전까지는 丙火가 필요합니다. 여전히 부피확장 움직임을 포기하지 않습니다. 하지만 酉月에 이르면 열매가 낙하합니다. 午月부터 水氣를 하강시켰기에 가능합니다. 나뭇가지에 몰려있던 水氣들이 하강해서 열매의 중력이 무거워지면서 떨어집니다. 水氣의 하강으로 甲申, 乙酉에서 수확이 가능해진 겁니다. 甲申과 乙酉로 수확을 원하는데 주위에 水氣가 많으면 이러지도 저러지도 못합니다. 수확하려면 水氣를 없애고 건조해야 하는데 水氣가 많으면 성장하려는 욕망을 포기하지 않기에 수확이 어렵습니다. 甲申, 乙酉를 絶地를 만나서 뿌리가 잘렸다고 판단하는 것은 자연의지를 전혀 이해하지 못하는 겁니다. 甲申과 乙酉月이라는 시공간 상황을 살펴야 합니다. 수확하기를 원하는데 水氣를 보충해서 열매를 키우려는 것은 바보짓입니다. 甲申月은 亥水가 있으면 불편한 이유는 丙火가 필요하기에 그렇습니다. 乙酉月은 酉金을 水氣에 풀어야 하므로 亥水나 子水가 있으면 좋은 흐름입니다. 특히 일지에 있다면 더욱 좋습니다. 申酉는 五行으로 金氣이지만 월지에서 요구하는 조건은 전혀 다릅니다. <u>申月은 丙火를, 酉月은 壬水를</u> 원하는 겁니다. 한 달 차이임에도 원하는 조합은 정반대입니다. 甲申과 乙酉의 차이를 이해하는데 20년 걸렸습니다. 월지 시공을 모르면 申月에는 丙火를, 酉月에는 壬水를 원하는 이유를 모릅니다. 丁火가 酉金을 자극하는 구조가 癸水를 만나면 폭발적으로 발전하는 이유를 이해하지 못합니다. 十神으로 財生殺만 따집니다. 酉月에 庚의 물형이 辛으로 바뀌는데 모두 丁火의 작용 때문입니다. 壬水가 계속 하강하기에 辛이 낙하하고 戌月을 거쳐 亥水에 풀어지도록 합니다. 그 과정에 丁火를 辛에게 전달해야 辛金이 亥水에서 甲을 내놓을 수 있습니다. 辛金 씨종자가 좋아야 생명체 甲이 나오는 겁니다. 丁火의 행위가 빠지면 불량한 甲이 나옵니다. 이런 이유로 酉戌 月에 가장 필요한 것이 丁火입니다. 丁火가 酉金에 長生하는 것이 아니라 강력한 힘을 방사합니다. 丁火가 에너지를 쏟아야 辛金 내부에 열기를 품고 亥水에서 엄청난 탄성으로 좋은 甲木을 생산하는 겁니다. 만약 丁火가 辛에게 충분하게 전달되지 않으면 亥水에 풀어지는 힘이 약하니까 甲木도 비실거립니다. 酉月에 丁辛 조합이 중요한 이유입니다.

戌月로 넘어갑니다. 戌月의 餘氣에는 辛이 이어지는데 水氣가 더욱 마르는 상황입니다. 丁火가 辛에게 열기를 가하기에 더욱 딱딱해집니다. 이런 이유로 辛金은 丁火를 싫어합니다만 丁火는 辛金에게 열기를 가해야 하는 운명입니다. 사주팔자에서 丁辛과 丙庚이 가까이 붙어 있으면 좋지 않다는 이유입니다. 丙丁은 庚辛을 완성해야만 하므로 굉장히 집착합니다. 탐욕이 지나치거나 마약, 도박중독에 빠져 벗어나지 못합니다. 또, 사업할 능력이 부족해도 돈에 대한 집착을 버리지 못합니다. 불나방처럼 탐욕에서 벗어나지 못합니다. 특히 봄에는 癸卯, 여름에는 丙申, 가을에는 丁酉, 겨울에는 壬寅과 같은 干支들은 자신의 에너지를 그 대상에게 마구 쏟아냅니다. 丙火가 庚金을 만나면 水氣를 배합해야 문제가 없습니다. 丙火의 분산작용이 지나치면 辛金을 만나거나 己丑을 만나서 丙火의 강렬한 기세를 부드럽게 만들고 丑土에 있는 것들을 밖으로 꺼내서 활용합니다.

戌月을 지나면 丁火가 辛에게 열기를 전달하는 과정이 끝나기에 寅午戌 三合운동이 마감됩니다. 三合을 끝내야만 하는 이유는 申酉戌 金氣가 火氣를 품어서 딱딱해졌으니 丁火가 필요 없으며 亥月부터 딱딱함을 풀어내고 부드럽게 바꿔야 합니다. 寅午戌 三合은 확장에서 수렴까지 과정이고 申子辰 三合도 응축에서 분산까지 과정이기에 三合은 결코 동일오행의 특징이 아니며 여러 오행이 섞여서 순환합니다. 戌月 丁火가 寅午戌 三合운동을 마감하기에 戌中 戊土가 丁火와 辛의 기운을 품어서 亥中 戊土로 전달합니다. 亥月 戊土로 넘어가는 과정에 점점 추워지고 辛金은 차가워지며 丁火는 무기력해져 갑니다. 亥月 戊土에 새로운 陽氣를 동하는데 바로 甲으로 亥卯未 三合운동을 출발합니다. 亥月도 寅午戌, 巳酉丑, 申子辰, 亥卯未 三合이 얽히고 설키면서 움직이기에 열두 달은 독립적으로 존재할 수 없습니다. 각 글자마다 4개의 三合운동이 실타래처럼 엮여서 변화를 이끌어냅니다. 새로운 기운이 동하고, 힘을 기르고, 중간에 조절하고, 정리할 시점에 기세가 하락합니다. 亥월에 戊土에서 甲을 내놓는데 어디서 왔을까요? 丁火가 辛에게 열기를 전달해 주었기에 亥月에 金生水 과정이 이루어지고 辛이 甲으로 바뀌었습니다. 다만, 甲木이 장생해도 辛金의 물형은 크게 변하지 않았습니다. 생각해보세요. 甲木은 亥卯未 성장운동인데 亥水는 六陰이기에 성장은 불가능합니다. 다만, 亥水에서 응축해주었기에 子水에서 폭발합니다. 亥中 甲은 辛의 다른 모습으로 亥卯未 三合운동을 출발하려는 의지를 표현했습니다. 亥中 正氣 壬水는 어디서 왔을까요? 申酉戌을 지나면서 金生水로 壬水가 하강하고 戌中 丁火가 수렴작용을 이어왔기에 亥月에 임수의 기세가 강력해지고 丁火의 쓰임은 마감됩니다. 결국 壬水의 모친은 丁火입니다.

의미를 확장하면, 丙丁이 庚辛을 통해서 壬水를 생산하였기에 丙火는 壬水의 모친이라고 주장해도 틀리지 않습니다. 子月에 이르면 丁火는 폭발하는 癸水의 움직임을 견디지 못합니다. 丁火는 수렴하지만 癸水는 폭발하기에 丁火의 가치는 사라집니다. 글자의 쓰임을 상실하는 것은 굉장히 중요한 의미입니다. 예로, 己土가 辰月에 태어났다면 할 일이 없습니다. 己土가 甲辰월에 태어났는데 년에 丑이 있다면 부친은 공직자일지라도 자신은 辰土에서 살기 어렵습니다. 戊土가 乙癸戊로 조합해서 己土는 항상 경쟁에서 밀립니다. 일간이 時節을 만나지 못했기에 방황합니다. 壬子年 甲辰월의 경우 부친의 월지 시공은 좋습니다만 己土가 辰月의 시절을 만나서 경쟁력이 없으니 힘이 듭니다. 본론으로 돌아와서, 亥月에 地藏干 내부에서는 丁壬 合이 발생하고 辛金을 풀어서 甲을 내놓으려는 움직임이 시작되기에 子月의 餘氣에서 壬水가 응축을 이어가다가 癸水가 폭발합니다. 六陰을 풀어헤치고 陽氣가 동한 이유는 결국 甲木 生氣를 키우려는 자연의지 때문입니다. 生氣를 퍼트리고자 子月부터 살펴보았던 움직임이 다시 출발합니다.

▌地藏干 刑破의 작용이해

刑의 개념을 寅巳申亥, 子午卯酉, 辰戌丑未로 나눠서 살펴보려고 합니다. 모든 명리이론은 地藏干을 벗어날 수 없습니다. 모든 이론들을 명쾌하게 이해하려면 지장간이 순환하는 방식을 이해해야 합니다. 지장간 흐름을 기억하면서 刑의 개념에 집중해서 살펴보겠습니다. 시간흐름으로 분석할 수도 있고 따로 살펴볼 수도 있습니다. 즉, 寅巳申亥, 子午卯酉, 辰戌丑未로 나눠서 보거나 寅戌로 보거나 寅巳로 보거나 다양한 분석이 가능합니다. 공간, 환경, 물질, 육체, 심리변화를 설명하는 것이 刑沖破害입니다. 명리용어로 氣, 象, 形, 物 등으로 골치 아파 보이지만 간단하게 줄이면 하늘에서 氣를 방사하니까 땅에서 三合운동으로 물질을 생산하는 과정에 刑沖破害 개념이 나옵니다. 모두 사주팔자를 풀기위한 인위적인 방식이지만 자연은 억지스럽게 물형을 조정하는 것은 아닙니다. 스스로 물형을 조정하는 이치를 깨우치면 결국 명리이론은 자연의 원리임을 이해합니다. 즉, 시공간의 순환과정을 언어로 표현한 것입니다. 공간은 변함이 없는데 시간이 공간을 주물러 물형에 변화가 발생하는데 그 움직임이 단일하지 않기에 刑沖破害라 부릅니다.

辰戌丑未부터 보겠습니다. 辰未戌丑 개념을 이해하고 辰未, 未戌, 戌丑, 丑辰 그리고 辰戌未, 辰戌丑, 丑戌未 三字조합으로 확장해야 합니다. 사주예문은 카페에 올려두었으니 물상을 참조하면 됩니다. 각 글자의 의미를 이해하고 두 글자로 조합할 때, 그리고 三字로 조합할 때의 변화를 다양하게 살펴야 합니다. 辰戌丑未에 卯木이 끼어서 卯丑으로 조합할 수도, 卯戌 合하는데

丑戌 刑하거나 子丑 합하는데 未土가 沖 하거나 辰戌 沖하는데 辰酉 합해서 沖과 합이 섞이는 구조들을 파고들어야 합니다. 어렵게 생각할 필요 없습니다. 명쾌하게 변화를 살필 수 있는 방법이 시공간입니다. 각 글자와 두 글자 조합, 세 글자 조합에서 창출되는 의미가 무엇이고 어떤 방식으로 刑沖破害를 활용해서 物形을 조절하는지 이해해야 합니다. 丑戌未, 寅巳申 三刑의 물상이 무엇인지 자료를 보면서 숙지해야 합니다. 사망, 교통사고, 수술, 부도, 구속 물상을 연구하면 됩니다.

刑沖破害는 時間이 空間에 변화를 주도하고 육체와 물질에 영향을 끼치는 상황을 판단하려는 것입니다. 刑沖破害를 중요하게 인식하면서도 三刑의 원리를 명확하게 설명한 책이 없습니다. 三命通會는 설명이 극도로 부실하고 子平眞詮은 刑이 무언지 모르겠다고 자백했지만 刑의 본질을 뚫어 보자는 겁니다. 時空間과 三合운동에 대해서 설명했습니다만 하늘의 氣가 땅에서 4개의 三合운동으로 순환하는 움직임의 본질은 物形 변화입니다. 三合운동을 백업하는 시스템은 方合으로 三合이 폭발적으로 증가하도록 돕습니다. 方合이 三合을 생하는 개념을 잠시 설명해 보겠습니다. 寅卯辰월에 木生火과정을 거칩니다만 木이 직접 火를 생하는 것이 아니라 亥子丑 水氣를 빼는 방식으로 火氣가 증가하도록 돕습니다. 巳午未월에는 金을 生하는데 寅卯辰을 활용해서 金이 나오도록 합니다. 申酉戌은 巳午未 火氣를 내부에 축적하는 방식으로 水氣가 생겨납니다. 亥子丑은 申酉戌 金氣를 제거하는 방식으로 木氣가 생겨나도록 돕습니다. 겉으로는 三合의 일부가 方合이라고 보이지만 方合이 三合운동을 촉진합니다. 정리하면, 生은 반대 기운을 제거해주는 방식으로 이루어지는 겁니다. 예로, 水氣를 줄여서 火氣가 증가하도록 돕는 중간에 木氣가 매개체 역할을 하는 겁니다.

▎辰戌丑未의 刑破

辰戌丑未부터 시작해 보겠습니다. 辰戌丑未는 참으로 복잡하며 파생의미도 다양합니다. 墓庫, 十神入墓, 開庫 등 古書에서 현대에 이르기까지 정리 못한 이론들이 가득합니다만 三合과 刑沖破害와 三合과 墓庫論 그리고 三刑論 이라는 책으로 출판했습니다. 辰戌丑未의 의미가 무엇인지 개념을 잡아야 합니다. 첫째 三合운동의 마감점입니다. 辰戌丑未가 명리이론에서 가장 요긴하게 활용하는 의미는 三合을 마감하는 공간으로 중요합니다. 물질을 저장했기에 辰戌丑未에는 물질이 존재합니다. 하늘에서 방사된 기운을 三合운동을 통하여 물질로 변화시켰는데 이 과정에 반드시 시간이 개입됩니다. 둘째, 辰戌丑未는 물질을 저장하는 것으로 끝나지 않고 반드시 새로운 陽氣를 생산합니다. 어떤 방식을 활용하는지는 地藏干 흐름을 살필 때 자세히 설명했습니다. 이런 작용이 있기에 三合운동을 마감하고 물질을 저장한 후 활용해서 새로운 陽氣를 생산하는데 바로 寅巳申亥입니다. 長生이라 부르기에 간단하게 생각하지만 상상도 못할 복잡한 방식으로 陽氣가 생겨납니다. 이때 墓庫는 반드시 구분해야 하는데 陽氣를 생산하는 행위는 辰戌丑未를 庫地로 활용한 것입니다. 陽氣는 子午卯酉에서 陰氣로 전환하면 쓰임을 상실하여 墓地에 들어갔다가 寅巳申亥에서 전혀 다른 기운으로 재탄생 합니다. 墓庫에 대해서는 나중에 자세히 다루겠습니다.

셋째는 계절의 전환입니다. 三合마감, 물질저장과 활용이라는 역할 외에도 계절이 바뀌도록 유도합니다. 辰月의 경우, 申子辰 三合을 마감하고, 亥卯未 三合을 조절하는 방식으로 木氣를 억제하고 寅午戌 三合운동을 확장해서 火氣가 증폭하도록 합니다. 또 巳月에 庚金을 생산해서 巳酉丑 三合운동이 출발하도록 합니다. 이렇게 辰土는 4개의 三合운동을 정밀한 방식으로 다루는 겁니다. 정리하면, 辰戌丑未 三合운동이 물질을 저장했다가 새로운 기운을 내놓는 작용이라면 계절의 전환은 四季를 순환하는 방식을 살핀 겁니다.

넷째, 물질을 담고 저장합니다. 여기에서 墓地와 庫地로 나뉘는데 墓地는 陽氣를 담아서 더 이상 활용하지 못하도록 하는 작용이고 庫地는 물질을 저장한 후 새로운 陽氣를 내놓는 작용을 일컫습니다. 차이를 이해해야 墓庫를 깔끔하게 정리합니다. 墓地는 陽氣를 담고, 庫地는 陰氣를 담습니다. 陽氣는 子午卯酉에서 쓰임을 상실하기 시작해서 墓地에 들어오면 기운이 소멸되기에 재활용은 불가합니다. 하지만 陰氣는 地藏干 中氣에 저장되어 다음 달로 전달하여 寅巳申亥가 생겨나도록 돕습니다. 地藏干을 이해하면 陽氣는 墓地가 있지만 陰氣는 墓地가 없다는 것을 이해합니다.

이제 辰戌丑未 月의 時空間을 이해해야 합니다. 시공간은 위에서 설명한 작용들과는 다른 개념입니다. 辰月, 未月, 戌月, 丑月에 해야 할 일은 상이합니다. 춥고 덥다는 조후개념도 있지만 辰月에 무슨 행위를 하고 未月에 무슨 행위를 하는지 이해해야 합니다. 그것을 이해하려면 각 달의 地藏干을 살피면 됩니다. 고대에서 현대까지 모든 명리이론에서 가장 부족한 부분이 바로 시공간을 활용하지 못하는 겁니다. 그리고 辰戌丑未를 통해서 물질의 生成 과정과 흐름을 살펴야 합니다. 동양에서는 陰陽, 서양에서는 時空間으로 설명하는데 時間이 흘러가면 지구공간에서 어떤 방식으로 物形을 완성하는지 辰戌丑未에 그 정보가 담겨져 있습니다. 巳酉丑의 경우 金局이라는 五行 명칭이 아니라 時空間 흐름에 따라 生하고 成하는 움직임을 살피는 겁니다. 이런 흐름을 설명해줄 수 있는 것은 地藏干이 유일합니다. 그 흐름을 세분하면 예로 寅午戌은 寅戌, 午戌, 寅午戌, 巳戌, 午丑으로 나눠서 살펴야 합니다. 辰戌丑未와 연결되는 조합에는 생소한 파생의미들이 있습니다. 時間의 장단에 따라 공간에서 물형이 상이하게 변하기 때문입니다. 寅戌, 午戌, 寅午戌, 巳戌, 午丑 조합의 의미를 이해하고 물상을 학습해야 합니다. 다음 장에서는 辰戌丑未 刑의 개념을 잡고 子午卯酉, 寅巳申亥도 정리하겠습니다. 지금 설명하는 내용을 보면 매우 복잡해 보이지만 근본원리는 명확합니다. 辰戌丑未를 계절로 봤을 때, 三合과 方合으로 봤을 때, 시간흐름으로 寅戌, 午戌, 寅午戌, 卯戌, 午丑으로 나눠서 살피는 겁니다. 모든 명리이론들이 드러나고 어떤 방식으로 시공간이 거미줄처럼 엮여있는지 이해합니다.

명리 바르게 학습하기 중급
- 끝 -

命理 바르게 학습하기 - 時空學 중급편

저자 : 紫雲 김 광용
youtube : 시공명리학
http://cafe.daum.net/sajuforbetterlife
http://blog.naver.com/fluorsparr

Tel : 010 8234 7519

펴낸이 ■時空명리학
펴낸곳 ■時空명리학 출판사
표   지 ■時空學

초판 발행 ■ 2023. 03. 29.
출판등록 제 406~2020~00006호

경기도 파주시 탄현로 144~63, 102호
Tel   ■ (010) 8234~7519
ISBN 979-11-978353-2-2(03180)

정   가 ■ 45,000원

잘못 만들어진 책은 구입하신 서점에서 교환해 드립니다.
저자의 동의하에 인지는 붙이지 않았습니다.

본서의 무단전제 또는 복제행위는 저작권법 제98조에 의거
민·형사상의 처벌을 받을 수 있습니다.